DUMONT

Reise-Taschenbuch

W0172377

allgäu

Elke Homburg

Senkrechtstarter

Perspektivwechsel sind immer spannend: Von oben betrachtet wähnt man sich am Forggensee bei Füssen nicht im grünen Allgäu, sondern in der Karibik. Den in den 1950er-Jahren künstlich angelegten Stausee speist das Wasser des Lechs – zur Zeit der Schneeschmelze ein ungestümer Gebirgsfluss. Im Herbst wird der See abgestaut, und man kann auf der alten Römerstraße Via Claudia Augusta, die durch den See führt, spazierengehen. Im Frühjahr kehrt das Wasser zurück, und der Forggensee verwandelt sich wieder in ein herrliches Bade- und Wassersportrevier.

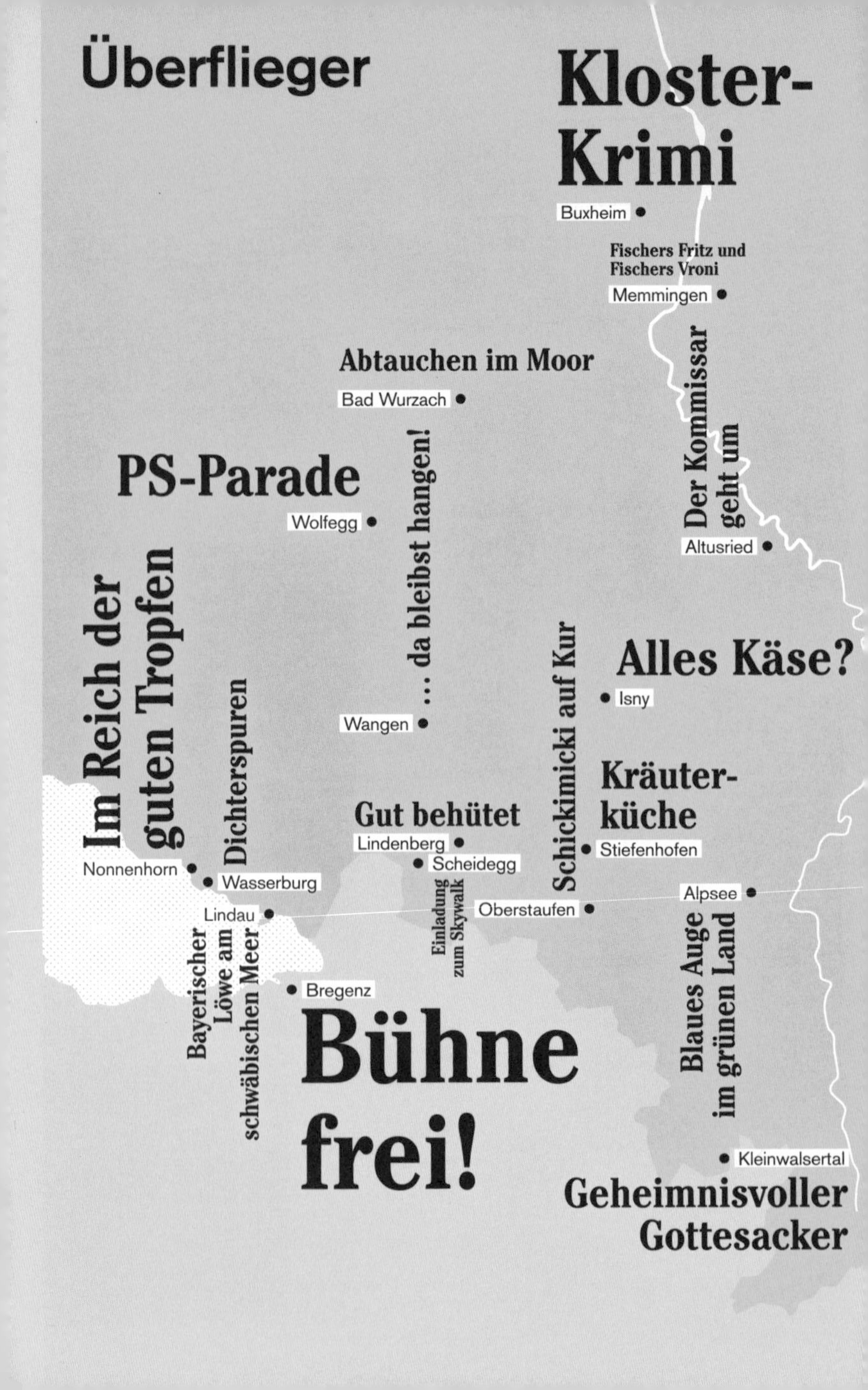
Überflieger
Kloster-
Krimi
Buxheim
Fischers Fritz und
Fischers Vroni
Memmingen
Abtauchen im Moor
Bad Wurzach
Der Kommissar
geht um
Altusried
PS-Parade
Wolfegg
… da bleibst hangen!
Im Reich der
guten Tropfen
Dichterspuren
Schickimicki auf Kur
Alles Käse?
Isny
Wangen
Kräuter-
küche
Stiefenhofen
Gut behütet
Lindenberg
Scheidegg
Nonnenhorn
Wasserburg
Lindau
Einladung
zum Skywalk
Oberstaufen
Alpsee
Bayerischer
Löwe am
schwäbischen Meer
Bregenz
Bühne
frei!
Blaues Auge
im grünen Land
Kleinwalsertal
Geheimnisvoller
Gottesacker

Das Allgäu — sattgrünes Voralpenland, zackige Alpengipfel, Städte voller Geschichte. Mal eben drüberfliegen, von Ost nach West, von Nord nach Süd. Einfach mal runterkommen, mit reichlich Futter für die Sinne.

Querfeldein

Fundstücke — zwischen Seen, Sennalpen und Gipfeln, Märchenschlössern, Städten und Allgäuer Restaurants. Wer durchs Allgäu wandert oder radelt, wird einige für sich finden.

Im Schloss des »Kini«

Ein Selfie vorm Cinderella-Schloss des »Kini«, dann rauschen sie weiter, die Besucher aus aller Welt. Wie gut, dass es auch Ludwig-Momente gibt, die man nicht mit vielen teilen muss: beim Schwimmen im Alpsee mit Blick auf die Königsschlösser, wo auch Ludwig gern ein Bad nahm, oder beim Weitblick vom Falkenstein (Abb.) bei Pfronten zum Beispiel. Und bestimmt würde der »Kini« – knackig und sportlich in seiner Jugend zumindest – heute im Radlerparadies Königswinkel auch auf zwei Rädern durch seine Sehnsuchtslandschaft rauschen.

Im Kässpatzen-Himmel

Es ist längst nicht alles Käse im Allgäu, aber ohne Käse geht gar nichts. Jeder Wirt schwört auf sein Geheimrezept für die Nationalspeise Kässpatzen. Das einstige Arme-Leute-Essen ist längst Kult und liegt als vegetarische Leibspeis' außerdem ziemlich im Trend.

Jetzt wird's kriminell

Grausame Verbrechen in ländlicher Idylle – wie gut, dass es den »Klufti« gibt! Der kauzige Kommissar von der Kripo Kempten, den das Allgäuer Autorengespann Kobr & Klüpfel 2003 erfand, löste seither manch kniffligen Fall. Die Kultkrimis rund um das Allgäu-Original stürmen die Bestenlisten und flirren vom Fernsehschirm.

Pack die Badehose ein! An warmen Sommerabenden locken unterwegs traumhafte Seen und Bäder. Zwischen dem Forggensee bei Füssen und dem Bodensee warten schicke Strandbäder, versteckte Waldweiher und romantische Moorseen. Einer meiner Lieblingsbadeplätze: das Moorschwimmbad in Reichenbach bei Oberstdorf.

Stadtansichten

Sennalpen, Berggipfel, Kuhglockengebimmel und Alpenglühen – Allgäu-Klischees, die alle wahr werden. Aber es gibt auch das städtische Allgäu mit seinen Freien Reichsstädten wie Füssen, Memmingen, Kempten (Abb.), Lindau oder Wangen, die heute noch mit Mittelalterkulisse von Blütezeiten des Handels erzählen. Mit tollen Museen und schicken Lokalen – viel zu schade, um nur als Schlechtwetterprogramm herzuhalten.

Gipfelglück
Die Welt mal von oben betrachten, vom Gipfelkreuz weit übers grüne Land blicken – traumhaft. Echte Bergfexe stürmen die Allgäuer Alpen mit Wanderstiefeln, aber glücklicherweise gibt es auch wunderbare Gipfelschaukeln für alle, die nicht den Wandervogel in sich spüren. Immer aber gilt: Ballerinas und Schläppchen sind in den Bergen ein No-go!

Neuschwanstein ist nicht zu toppen: 1,4 Mio. Besucher strömen jährlich ins König-Ludwig-Schloss!

Wellnessparadies

Dass Körper und Seele zusammengehören, wusste schon Pfarrer Kneipp, der Wasserdoktor, der im 19. Jh. Glamour ins Unterallgäu brachte. Heute liegt seine Fünf-Säulen-Lehre wieder im Trend – wenn man sie in manch schickem Allgäu-Spa auch gern mit einem Hauch Fernost mischt. Zwischen Bad Wörishofen und Oberstaufen wartet – neudeutsch – Medical Wellness mit Kneipp-Kuren, Schroth-Kuren, Moorbädern. Oder einfach nur Entspannung für jeden Geschmack und jeden Geldbeutel. Nicht nur Sternehotels, auch Kneipp-Bauernhöfe oder Kräuterlandhöfe bieten oft ein tolles Relaxprogramm.

Tourenrad, E-Bike, MTB: Im Allgäu findet sich wohl für jedes Rad die passende Strecke, hier im Stillachtal.

Inhalt

Vor Ort

Der Königswinkel 14

Ostallgäu 50

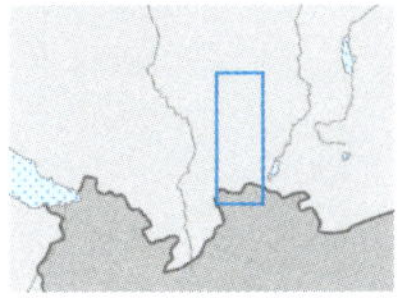

Kempten und das Allgäuer Seenland 76

Oberallgäu 96

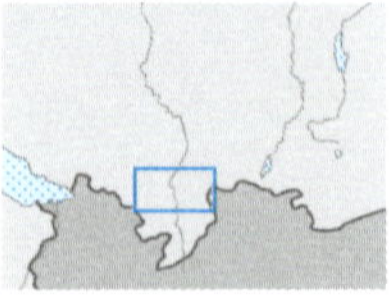

Wandern – ein echtes Outdoor-Vergnügen im Allgäu, auch mit Aussicht auf die Rast

Rund um Oberstdorf und Kleinwalsertal 124

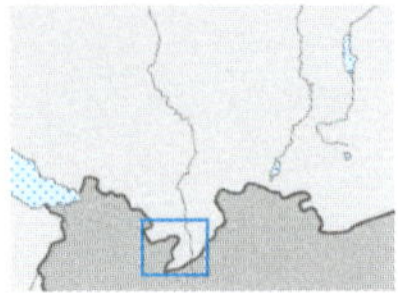

Unterallgäu 148

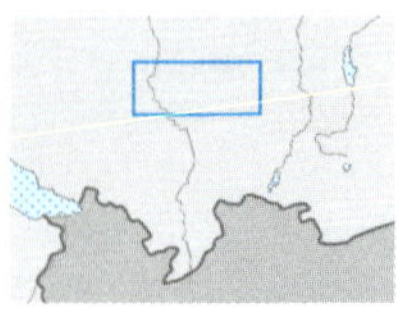

Westallgäu 176

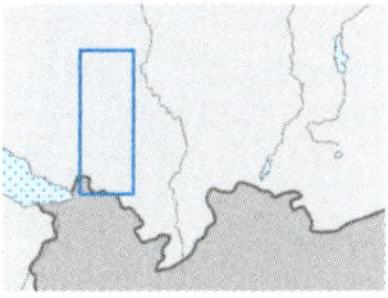

Bayerischer Bodensee 208

Das Kleingedruckte

Das Magazin

Vor

Ort

Nur Mut! – Jugendliche schwingen sich vom Baum in den Alatsee.

Der Königswinkel

Schlösser, Seen, Radwege — Ludwigs Architekturfantasien sorgen für Glamour im grün-blauen Urlaubsland, das man am besten auf zwei Rädern erkundet oder mit Wanderschuhen – so gelangt man auch zur Wieskirche und zum Forggensee.

Eintauchen

Seite 16

Füssen

Die Stadt am Lech – bekrönt vom Hohen Schloss – ist nicht nur altehrwürdig, sondern ein kleines Juwel, in dem es sich wunderbar flanieren lässt.

Seite 30

Königsschlösser

In Neuschwanstein (Foto oben), dem Schloss von Ludwig II., drängen sich die Besucher. Doch Hohenschwangau, das Sommerschloss der Wittelsbacher im Stil einer mittelalterlichen Ritterburg, ist mindestens ebenso interessant.

Perfekt für Seen-Süchtige: jeden Tag an einen anderen Strand

Seite 40

Fahrradtour von Füssen zur Wieskirche

Die Tour, die an den Königsschlössern, an Seen und Ortschaften vorbeiführt, ist auch für Genussradler geeignet. Wer Respekt vor der Länge der Strecke hat, mietet ein E-Bike. Badepausen können eingeplant werden.

Seite 40

Wieskirche

Die Gebrüder Zimmermann zeigten sich in Steingaden in Hochform. Das Ergebnis dieser brüderlichen Teamarbeit zählt zu Recht zum UNESCO-Welterbe.

Seite 22

Museum der Stadt Füssen im Kloster St. Mang

Das Kloster, eine Gründung des hl. Magnus, Allgäumissionar aus St. Gallen, ist samt Museum ein Kleinod.

Seite 25

Fahrradtour am Forggensee

Ein 32 km langer Radweg führt rund um Bayerns größten künstlich aufgestauten See, der sich im Sommer in ein Freizeitparadies verwandelt.

Seite 48

Schloss Linderhof

Das kleinste und für viele das schönste der Königsschlösser liegt abgeschieden im Graswangtal in einem wunderbaren Park. Versailler Palastarchitektur diente als Vorbild für das intimste Schloss von Ludwig II., das er auch oft und gern besuchte.

&

Seite 34

Vom Tegelberghaus zur Bleckenau

Königin Marie, die Mutter Ludwigs II., liebte das Wandern im Ammergebirge und lockte Familie und Hofstaat auf manchen Gipfel. Im Königswinkel kann man daher auf königlichen Spuren wandern.

Ein Aperitif auf einer Terrasse mit Neuschwanstein-Blick – schöner kann ein Abend im Königswinkel kaum enden.

»Es ist notwendig, sich Paradiese zu schaffen, poetische Zufluchtsorte, wo man auf einige Zeit die schauderhafte Zeit, in der wir leben, vergessen kann.« Ludwig II.

erleben

Im König-Ludwig-Land

Zum Königswinkel wurde der stille Landstrich rund um Füssen, als das bayerische Königshaus im 19. Jh. die Region entdeckte. Kronprinz Maximilian, der spätere Bayernkönig Max II., heuerte Scharen von Handwerkern an und ließ die alte Burg Hohenschwangau zum Sommersitz der königlichen Familie umbauen. Die Wittelsbacher verbrachten fortan hier ihre Sommerfrische und schwärmten zu Jagden ins Ammergebirge aus. Maximilians Sohn, der als Ludwig II. den Thron bestieg und einen mysteriösen Tod starb, legte mit dem Märchenschloss Neuschwanstein den Grundstein zur heutigen Touristenhochburg im südöstlichen Zipfel des Allgäus.

Von Füssen oder Schwangau aus kann man den Königswinkel mit den Königsschlössern, der so geschichtsreichen wie quicklebendigen Stadt Füssen, den zahlreichen Seen und imposanten Bergen erkunden. Und immer lohnt ein Abstecher ins Oberbayerische, wo mit Linderhof ein weiteres Ludwig-Schloss sowie die Wieskirche und andere kulturelle und landschaftliche Höhepunkte locken, die auch mit dem Rad gut zu entdecken sind.

ORIENTIERUNG

Infos: Touristeninformation, Tourismusverband Ostallgäu e. V.: Schwabenstr. 11, 87616 Marktoberdorf, T 08342 911-506, www.landkreis-ostallgaeu.de/tourismus.html

www.der-koenigswinkel.de: Routenvorschläge und Adressen zum Fahrradverleih

Füssen

G 5

»Es ist ein allerliebstes Gemälde der Natur, die Gegend um Füssen«, schwärmte der Schriftsteller Karl Julius Weber schon 1843. Daran hat sich bis heute nichts geändert. Wer sich auf der **Romantischen Straße,** die in Würzburg ihren Ausgang nimmt, Füssen nähert, dem zeigt sich die 15 000-Einwohner-Stadt von ihrer schönsten Seite: Aus einem Meer verwinkelter Dächer ragen das Hohe Schloss und das Kloster St. Mang heraus. In der Reichenstraße im Zentrum taucht man in ihre Lebendigkeit ein.

Ammergebirge, der Lech und die Seenlandschaft ringsum sorgen für eine Traumkulisse und machen Füssen zum städtischen Gesamtkunstwerk.

Stadtgeschichte

Wo heute Füssen liegt, querte einst die **Römerstraße** Via Claudia Augusta, die Oberitalien mit der römischen Provinzhauptstadt Augusta Vindelicum (Augsburg) verband, den Lech. Auf dem Füssener Schlossberg legten die Römer bereits im 3. Jh. das Militärlager Foetibus an. Damit gehört Füssen zu den ältesten Siedlungen im Voralpenland. Im 8. Jh. führte die Via Augusta auch den St. Gallener Wandermönch und Missionar Magnus nach Füssen, wo er eine Zelle und ein Oratorium stiftete und bis zu seinem Tod erfolgreich missionierte. Aus der Zelle entwickelte sich das Benediktinerstift St. Mang, und um das Kloster herum wuchs eine Siedlung, die 1295 erstmals als Stadt erwähnt wurde. 1313 übernahmen die Augsburger Fürstbischöfe für fast 500 Jahre die Stadtherrschaft. Füssen war, anders als Kempten oder Memmingen, nie Freie Reichsstadt.

Dass aus der **geistlichen Metropole** auch eine lebendige **Handelsstadt** wurde, hatte die Stadt ihrer Lage zu verdanken. Wie schon zu Römerzeiten war sie im Mittelalter Stapelplatz für den Handel zwischen den Städten dies- und jenseits der Alpen. Zahlreiche Bürgerhäuser gaben der Stadt ein herrschaftliches Gepräge, das auch Kaiser Maximilian I. gefiel. Er beehrte die Stadt rund 40-mal mit seinem Besuch, obwohl seine kaiserliche Veste Ehrenberg nur 15 km entfernt lag. Böse Zungen behaupteten, er habe Füssen aus Sparsamkeit vorgezogen. Als Gast des Bischofs lebte er günstig, außerdem wusste er die Jagdgründe des geistlichen Freundes zu schätzen.

Stadt der Lautenmacher

Im 16. Jh. wurde Füssen zur **Stadt der Lautenmacher,** Kunst und Kultur blühten. Heute sägen und schmirgeln sie wieder und bringen das Holz aus den heimischen Wäldern zum Klingen. Drei Geigenbauer und ein Saiteninstrumentenbauer fertigen in ihren Werkstätten wieder hochwertige Musikinstrumente – wie zu den Zeiten, als Füssen als Hauptstadt der Lautenmacher Weltruhm genoss. Als 1562 hier die erste Lautenmacherzunft Europas gegründet wurde, arbeiteten in der damals kaum 2000 Einwohner zählenden Stadt bis zu 20 Lautenmachermeister – mehr als Tischlermeister. Zur Barockzeit stellte man sich auf den Bau der nun populäreren Geige um, nicht weniger als 80 Geigenbauer belieferten vom Ostallgäu aus ganz Europa.

Was machte ausgerechnet das kleine Füssen zur Musikstadt? Zum einen fanden sich die besten Klanghölzer zur Genüge in den Bergwäldern des nahen Ammergebirges – Fichtenholz für die Decken, Eibenholz für den Resonanzkörper.

Günstig war auch die Lage der Stadt an wichtigen Handelswegen, doch entscheidend war schließlich ihre kulturelle Aufgeschlossenheit, die die Aufträge für die Musikinstrumentenmacher garantierte. Kloster

> **R**
>
> **DAS RADLPARADIES DES ALLGÄUS**
>
> Die Schlossparkradrunde im Königswinkel (www.allgaeu.de/a-schlossparkradrunde-im-allgaeu) wurde vom Allgemeinen Deutschen Fahrrad-Club (ADFC) als einer von zwei 5-Sterne-Radfernwegen in Deutschland ausgezeichnet. Es finden sich Strecken für jedes Niveau und reichlich Ausleihstationen für Fahrräder und E-Bikes. Ausgangspunkt ist die Stadt Füssen.

Ein Brunnen erinnert am Schrannenplatz in Füssen an den einstigen Kornhandel.

und Hohes Schloss, die Residenz der Augsburger Fürstbischöfe förderten die Schönen Künste großzügig, Kaiser Maximilian I. brachte bei seinen zahlreichen Aufenthalten in Füssen stets seine eigene Hofkapelle und bekannte Komponisten mit. Wer trotz allem hier kein Auskommen fand, zog nach Wien, Prag, Padua oder Venedig, wo Füssener Lautenbauer mit offenen Armen empfangen wurden. Allein im Venedig des 17. Jh. wetteiferten etliche Opernhäuser um die Gunst des Publikums.

Unter den Gastarbeitern in Italien waren auch die Söhne der berühmten Lautenbauerfamilie Tieffenbrucker aus Roßhaupten. An einen von ihnen, Kaspar Tieffenbrucker (um 1514–1571), erinnert heute ein Brunnen am Füssener Brotmarkt.

Aufschwung

Mit dem **Dreißigjährigen Krieg** setzte der Niedergang ein. Erst während der Friedensperiode des 18. Jh. begann die Stadt wieder zu wachsen. Berühmte Baumeister wie Johann Jakob Herkomer bauten und modernisierten im Stil des Barock. Im 19. Jh. ging es auch wirtschaftlich bergauf: Neue Arbeitsplätze bot die 1861 gegründete Mechanische Seilerwarenfabrik.

Zur gleichen Zeit entdeckte das bayerische Königshaus die Region und eine **ruhmreiche Kulturepoche** begann, als Kronprinz Maximilian, der spätere Bayernkönig Max II., die alte Burg Hohenschwangau zum Sommersitz der königlichen Familie umgestaltete.

Dass Maximilians Sohn Ludwig mit dem Bau seines Traumschlosses Neuschwanstein einen wesentlichen Impuls für den Allgäu-Tourismus ab dem späten 19. Jh. geben sollte, konnte bei Baubeginn niemand ahnen. Die Füssener profitierten aber schon zu Lebzeiten des Königs von den Arbeitsplätzen, die durch die königlichen Baustellen geschaffen wurden.

Bis heute ist der König-Ludwig-Kult ungebrochen und macht die Region, in der sich mit der Deutschen Alpenstraße und der Romantischen Straße zwei bedeutende Ferienstraßen kreuzen, zum internationalen Tourismuszentrum. Im Füssener Festpielhaus Neuschwanstein tanzt der König heute als Musicalstar über die Bühne.

Stadtrundgang

Die Reichenstraße

Mit ihren prächtigen Bürgerhäusern, Straßencafés und Boutiquen ist die **Reichenstraße** zweifellos die gute Stube der Stadt. Hier trifft Allgäuer Gemütlichkeit auf quirlig südländisches Lebensgefühl. Gotische Giebel harmonieren mit barocken Fassaden, zu denen auch die der Krippkirche **St. Nikolaus** ❶ (Nr. 31) zählt. Johann Jakob Herkomer erbaute sie 1717 im Auftrag der Jesuiten – Träger der Gegenreformation –, die der Augsburger Bischof im 17. Jh. in die Stadt geschickt hatte.

Die Herren der Gesellschaft Jesu waren ab 1618 auch im heutigen Kolpinghaus daheim. Der Fürstbischof überließ ihnen das ehemalige Bäckermeisterhaus, das später zur Stadtvogtei – der Vogt war ein bischöflicher Beamter, der die landesherrliche Gerichtsbarkeit innehatte – umfunktioniert wurde.

Nach der Säkularisation 1803 wurde Füssen bayerisch und in die Vogtei hielt das Landgericht Einzug.

Die alte Schranne

Im Jahr 1483 wurde am Schrannenplatz das alte **Kornhaus** ❷, die »Schranne« mit den markanten rot-weißen Fensterläden, errichtet. In seiner Halle wurden zweimal in der Woche Getreidemärkte abgehalten, während im Obergeschoss die Knaben der Lateinschule über dem ABC schwitzten. Das lange Zeit u. a. als Feuerwehrhaus zweckentfremdete Gebäude ist heute wieder Markthalle. Ging es in alten Zeiten jedoch um die Versorgung mit dem Grundnahrungsmittel Getreide, kommen heute unter den mittelalterlichen Gewölben auch Feinschmecker auf ihre Kosten. Neben einheimischen Käsespezialitäten kann man Feinkost aus aller Welt einkaufen, und mehrere Imbissstände sind vor allem mittags von Einheimischen und Besuchern umlagert.

Brunnengasse

Ein schön gearbeitetes Sandsteinrelief markiert in der Brunnengasse das Haus des österreichischen Bildhauers Anton Sturm (1690–1757), der die Innenausstattung von St. Mang mitgestaltete. Er heiratete eine reiche Füssener Bürgerstochter und verewigte sich im weiteren Verlauf seiner steilen Karriere auch in der Reichsabtei Ottobeuren sowie in der Wieskirche.

Entlang der Stadtmauer

Die Franziskanergasse führt durch ein schönes Stück Alt-Füssen, und über das schmale Pfarrgäßle erreicht man die Kirche **St. Sebastian** ❸ (Klosterstr.) am Alten Friedhof. Das ursprünglich spätgotische Gotteshaus wurde im 18. Jh. barockisiert. Der Friedhof selbst ist ein idyllischer Platz am erweiterten Stadtmauerring. Das neugotische Sandsteinmonument, gestiftet von König Max II., erinnert an Domenico Quaglio (1787–1837), den Architekten von Schloss Hohenschwangau.

Die 1338 angelegte und 1502 erweiterte Stadtmauer ist nur noch teilweise erhalten. 1812 wurden große Teile geschleift, um die Stadt neuen Verkehrsbedingungen und Wirtschaftsformen zu öffnen. Ein längerer restaurierter Abschnitt am Friedhof erinnert mit Satteldach, Wehrgang, Pulverturm und Sebastianstor an die einstige Wehrhaftigkeit der Stadt.

Im **Franziskanerkloster** ❹ (Franziskanerplatz 1), das 1629 im Zuge der Gegenreformation errichtet wurde, verbringen heute ältere Franziskanerbrüder ihren Lebensabend. Neben der Klosterkirche weist ein Schild auf das Ende der Romantischen Straße hin, die seit 1950 die mittelalterlichen Städte Würzburg, Rothenburg, Dinkelsbühl, Nördlingen und Füssen verbindet.

Von diesem erhöhten Platz aus spiegelt das Stadtbild die alte Ständeordnung wider: Das Hohe Schloss als Symbol weltlicher Macht thront auf dem höchsten Punkt, begleitet von Kirche und Kloster St. Mang als Zeichen geistlicher Macht.

Ihnen zu Füßen liegen die Bürgerhäuser, die wiederum die Häuser der Flößer und Leinweber, die hier unten am Lech ihrer harten Arbeit nachgingen, überragen.

Lechpromenade

Durch das **Bleichertörle** führte einst der Weg hinaus zur Stadtbleiche, auf der die Leintücher gebleicht wurden. Die Schweden ramponierten es allerdings, als sie während des Dreißigjährigen Kriegs durch das bescheidene Tor in die Stadt stürmten. Malerisch im wahrsten Sinne des Wortes präsentiert sich diese Ecke der Stadt heute.

Schon Carl Spitzweg fand hier das Motiv für seine Skizze »Nichts ist so fein gesponnen«, die den Geist des Biedermeier einfängt.

Der Lech war immer schon eine wichtige Handelsstraße. Viele der Waren (Wein, Olivenöl, Erz), die mit Pferdefuhrwerken aus Italien über die Alpenpässe ins Allgäu rollten, wurden in Füssen auf die schnelleren Flöße umgeladen.

Am anderen Ufer liegt das ehemalige Firmengelände der renommierten Textil AG Füssen, heute als **Magnus Park Kreativquartier** mit unterschied-

Füssen

Ansehen
1 St. Nikolaus
2 Kornhaus
3 St. Sebastian
4 Franziskanerkloster
5 Heilig-Geist-Spitalkirche
6 Brunnen am Brotmarkt
7 Benediktinerkloster St. Mang
8 Pfarrkirche St. Mang
9 Hohes Schloss mit Staatsgalerie und Städtischer Gemäldegalerie
10 Lechfall
11 Kalvarienberg

Schlafen
1 Hotel Sommer
2 Biohotel Eggensberger
3 Dreimäderlhaus am Weissensee
4 Hotel Kaufmann
5 Hotel Wiedemann
6 Appartementhotel Seespitz
7 Bauernhof Friedl
8 Jugendherberge

Essen
1 Waldwirtschaft am Mittersee
2 Seaside
3 Il Pescatore
4 Madame Plüsch

Einkaufen
1 Gwandhaus – Der Hutladen

Bewegen
1 Walderlebniszentrum Ziegelwies
2 Radsport Zacherl & Müller
3 Flori's Radverleih

Ausgehen
1 Festspielhaus

---

lichsten Werkstätten. Auf dem schön angelegten **Lechuferweg** kann man bis zum Festspielhaus Neuschwanstein spazieren oder, in die andere Richtung, nach Bad Faulenbach. Wendet man sich wieder stadteinwärts, fällt der Blick auf die reich geschmückte **Heilig-Geist-Spitalkirche** 5 (Ecke Lechhalde/Spitalgasse), die 1465 als Zunftkirche der Flößer erbaut wurde. Nach einem Brand wurde sie 1749 im barocken Stil umgestaltet. Die farbigen Fresken des Portals zeigen unter anderem den Heiligen Christophorus, den Patron der Flößer, dessen Beistand die waghalsigen Flößer nicht selten anrufen mussten.

Brotmarkt
Am Brotmarkt erinnert seit 1990 ein **Brunnen** 6 von Josef Michael Neustifter an Füssens Bedeutung als Stadt der Lautenmacher. Kaspar Tieffenbrucker, dessen Porträt den Brunnen ziert, war einer von ihnen. 1436 hatte sich in Füssen der erste Lautenmacher niedergelassen, dem zahlreiche folgen sollten. So wurde Füssen das Zentrum des gewerbsmäßig betriebenen Saiteninstrumentenbaus in Europa (S. 17).

Kloster St. Mang
Das **Benediktinerkloster St. Mang** 7 geht zurück auf den **hl. Magnus,** den ›Apostel des Allgäus‹, der als Entwicklungshelfer in Glaubensangelegenheiten aus St. Gallen nach Füssen kam. Er war aber nicht nur ein Prediger mit großer Überzeugungskraft, sondern auch ein sehr praktisch veranlagter Mann, der Wälder rodete und das Land urbar machte. Am 6. September 750 starb er in Füssen.

Der Hof, durch den man den einstigen Klosterbereich betritt, war im Mittelalter von Handwerkern bevölkert, die für das Kloster arbeiteten. St. Mang war nicht nur religiöses und politisches Zentrum, sondern auch das größte Handelsunternehmen der Stadt und weitgehend autark. Seine heutige Gestalt erhielt das Kloster, in dem auch während seiner Blütezeit nur wenige Mönche lebten, zu Beginn des 18. Jh. durch den Barockarchitekten Johann Jakob Herkomer (1652–1717). Er verstand es, dem kompakten Bau italienische Leichtigkeit zu verleihen.

Die Räume des Klosters sind nur durch das **Museum der Stadt Füssen** zugänglich. Es bietet einen spannenden Rundgang durch 1000 Jahre Klostergeschichte – angefangen beim **romanischen Kreuzgang** bis zu den **barocken Klosterräumen,** in denen auch eine Sammlung kostbarer Musikinstrumente an Füssens große Zeit als Zentrum des Instrumentenbaus erinnern.

Die hellen Barockräume spiegeln die Lust an der Dekoration und den Prunk, in dem die hohen geistlichen Herren lebten. Die streitbaren Äbte waren die bedeutendsten Großgrundbesitzer weit und breit mit einem großen Heer von Leibeigenen. Allein von ihren 67 Weinbergen in Südtirol importierten sie 80 000 l Wein – nicht zu wenig, wenn man bedenkt, dass jedem Mönch täglich 4 l Wein zustanden.

Bibliothek und **Speisesaal** sind durch ein ovales ›Guckloch‹ in der Decke miteinander verbunden – eine Anspielung auf Wechselwirkung zwischen geistiger und körperlicher Nahrung.

Im **Papstzimmer** übernachtete 1782 Papst Pius VI. Der Besuch lockte 40 000 Menschen an, die sich bis auf den Kalvarienberg hinauf ein Plätzchen suchten, um den Segen des Papstes vom Erker der Abtei aus zu empfangen.

Ein Höhepunkt ist der Besuch der **Annakapelle,** die dem Museum eingegliedert ist. Die Fundamente der ersten Kirche des Klosters gehen auf das 9. Jh. zurück. Zahlreiche Ritter und Äbte fanden hier ihre letzte Ruhestätte. Der »Totentanz«, wurde 1602 als ältester Totentanz-Zyklus in Bayern von Jakob Hiebeler geschaffen. Nach dem Motto »Sagt Ja, sagt Nein. Getanzt mueß sein«, führt der Füssener Tod auf 20 Bildtafeln Arme wie Reiche, Junge wie Alte zum letzten Tanz, der von schaurigen Gesängen begleitet wird. Doch immer buhlt er um sein Opfer, zieht vor der Jungfrau galant den Hut, reicht der Edelfrau den Arm – eine barocke Allegorie auf die Vergänglichkeit des Lebens, gepaart mit einem Schuss Ständekritik. Denn es ist sicher kein Zufall, dass gerade der Abt von zwei Gerippen genötigt werden muss.

Luitpoldstr. 12, April–Okt. Di–So 11–17, Nov.–März Fr–So 13–16 Uhr, 6 €, ermäßigt 4 €

Pfarrkirche St. Mang

Auch die heutige **Pfarrkirche St. Mang** ❽ ist ein Werk des Allroundkünstlers Herkomer, der Maler, Baumeister und Stuckateur in einer Person war. Während der Arbeit in der Kirche stürzte er vom Gerüst in den Tod, sein Neffe vollendete die Kirche. Die Deckenfresken illustrieren das Leben des hl. Magnus. Den **Hochaltar** schmücken Marmorfiguren der Benediktinerheiligen Benedikt, Scholastika, Columban, Gallus und Magnus von Anton Sturm, der auch die Kanzel und die Wangen der Bänke schuf.

Der **Volksaltar** zeugt, wie auch andere Kunstwerke in St. Mang, vom Mut des Pfarramtes zur Moderne. Über dem Altar hängen in einem gläsernen Kreuz die wertvollen Reliquien des Kirchenpatrons Magnus, der als Schutzpatron gegen das Ungeziefer zu den Vierzehn Nothelfern gezählt wird. Dazu gehört der Magnusstab, der in wundergläubigeren Zeiten häufig im Umland unterwegs war, um Wiesen und Felder von Schädlingen zu befreien.

Nach dem Erlebnis des barocken Kirchenraums wirkt die **Ostkrypta** unter dem Hochaltar archaisch. Ihr Bau geht wohl auf die Zeit des Heiligen zurück, auch wenn die Theorie, dass er hier seine letzte Ruhestätte fand, umstritten ist. Die um das Jahr 1000 entstandenen

Das ehemalige Benediktinerkloster St. Mang birgt prachtvoll ausgeschmückte Räume wie die Bibliothek, die sich im Oval öffnet, einer Form, die im Barock sehr beliebt war.

Wandmalereien, ursprünglich wohl Teil eines Zyklus der Legende des heiligen Magnus, gelten als die ältesten Bayerns und werden einem Künstler der Reichenauer Schule zugeschrieben.

Tgl. ca. 8.30–18 Uhr (abhängig von den Gottesdienstzeiten), Kirchenführung Sa 10.30 Uhr

Kunstreich im Hohen Schloss

Das **Hohe Schloss** ❾ ist eine der bedeutendsten spätgotischen Schlossanlagen Deutschlands. Es thront an historischer Stelle, nämlich dort, wo im 3. Jh. bereits die Römer ein Feldlager errichteten. Herzog Ludwig der Strenge hatte Ende des 13. Jh. mit dem Bau einer Burg begonnen. Nachdem Füssen an das Augsburger Hochstift verpfändet worden war, wurde die Anlage nach und nach erweitert und schließlich um 1500 grundlegend umgestaltet. Es entstand ein prächtiges, aber dennoch wehrhaftes Burgschloss, dominiert von einem Torturm, der bis 1960 als Gefängnis diente.

Einzigartig in Deutschland ist die **illusionistische Fassadenmalerei,** mit der Fidelis Eichele aus Hechingen 1499 das Schloss schmückte. Die Wände überzog er mit Scheinerkern und Scheinfenstern, die echten Fenster rahmte er mit Wimpergen und Kreuzblumen.

Der Habsburger Kaiser Maximilian weilte mit seinem Hofstaat häufig in Füssen und wird so manches Mal den prunkvollen **Rittersaal** mit der herrlich geschnitzten Kassettendecke durchschritten haben. Heute beherbergt das Schloss das höchstgelegene Finanzamt Bayerns. Die ehemaligen Residenzräume der Fürstbischöfe von Augsburg bilden den idealen Rahmen für die **Staatsgalerie,** für Gemälde Allgäuer und schwäbischer Künstler mit Impressionen aus der Zeit zwischen Spätmittelalter und früher

Neuzeit. In der **Städtischen Gemäldegalerie** dominiert die Bilderwelt des 19. Jh.

Beim Abstieg vom Schloss lohnt ein Schlenker in den großzügig angelegten **Baumgarten,** die grüne Oase der Stadt.

Magnusplatz 10, April–Okt. Di–So 11–17, Nov.–März Fr–So 13–16 Uhr, 6 €, ermäßigt 4 €

Lechfall

G5

Ein kleiner schöner Spaziergang über den **König-Max-Steg** führt zum **Lechfall** ⑩, wo der Lech recht ungestüm durch eine Schlucht tost. Unmittelbar am Wasserfall gibt der sagenumwobene Magnustritt noch heute Rätsel auf. Man erzählt, dass Magnus, von wilden Tieren gejagt, hier in einem Satz über den Lech sprang und dabei seinen Fußabdruck hinterließ. Geologen ohne jeglichen Sinn für Romantik sprechen allerdings von den Spuren eiszeitlicher Erosion.

Ebenfalls an der Tiroler Straße liegt die kleine Kirche Zu unserer lieben Frauen, Ausgangspunkt für die Besteigung des **Kalvarienbergs** ⑪. Die Anstrengung des Aufstiegs wird mit prächtigen Ausblicken auf Stadt, Königsschlösser und Lechtal belohnt. Wer noch Lust, Zeit und Kraft in den Beinen hat, wandert einfach weiter (s. Kasten unten).

KAPELLE UND SEE

K

Wer Lust auf mehr Bewegung hat, kann **vom Kalvarienberg zum Schwansee** (S. 44) hinabsteigen (ca. 20 Min.), dort bei schönem Wetter eine Badepause einlegen und dann auf dem Alpenrosenweg zum Lechfall zurückkehren (ca. 1 Std.) oder weiterwandern zum Schloss Hohenschwangau.

Freizeitparadies Forggensee

G4/5

Füssen liegt am **Forggensee,** dem einzigen See der Region, der nicht von den eiszeitlichen Gletschern geschaffen wurde, sondern in den 1950er-Jahren durch Aufstauung des Lechs entstand. Die Wassermassen begruben damals u. a. das Dorf Forggen, Namensgeber des Sees, aber auch die typische Lechlandschaft mit Auen, Kiesbänken und engen Schluchten.

Zwischen Ende Mai und Oktober ist der viertgrößte See Bayerns, der auch der größte künstlich aufgestaute See des Bundeslandes ist, beliebter Tummelplatz für Wassersportler; ab Anfang Juni kreuzen dann die **Passagierschiffe** der Forggensee-Schifffahrt. Der Abstau beginnt im Oktober, am Ende ist der Wasserspiegel auf 16 m abgesenkt (S. 3). Dann verwandelt sich der See in eine Mondlandschaft, in der vom Lech angeschwemmter Kies abgebaut wird. Die alte Römerstraße, im Sommer vom Wasser bedeckt, taucht wieder auf und ab dem Café Maria bei **Rieden** kann man rund 8 km ›im‹ See spazieren gehen.

Wer sich für das Stauprojekt interessiert, sollte einen Abstecher nach **Roßhaupten** am Nordufer des Sees unternehmen, wo ein Informationszentrum (Mo–Do 7–15, Fr 7–14, Sa/So 7–17 Uhr; 4. Okt.–15. Mai nur Mo–Sa) im Kraftwerk der Staustufe Roßhaupten über den Weg der Wasserkraft informiert.

Festpielhaus Neuschwanstein

Blickfang am Ufer des Forggensees ist das 2000 eingeweihte **Festspielhaus Neuschwanstein** ❶, in dem die Musicals »Sehnsucht nach dem Paradies« und »Ludwig2« König Ludwig als Musicalhelden am Originalschauplatz auf die Bühne brachten. Finanzschwierigkeiten stoppten das Projekt mehrmals. Ein neuer Investor sorgte dafür, dass Ludwig weiterhin über die Bühne tanzen kann.

Radtour um den Forggensee

Auf einer gemütlichen Radtour kann man den Forggensee umrunden (32 km) und dabei immer wieder ins Wasser springen.

Wen unterwegs die Kraft verlässt oder wer bei einer ausgedehnten Badepause die Zeit vergessen hat, kann von den Schiffsanlegestellen Roßhaupten, Staudamm, Dietringen, Osterreinen, Brunnen, Waltenhofen oder Festspielhaus nach Füssen zurückschippern.

Füssener Seenland G/H5

Neben Füssen-Stadt gibt es mehrere Ortsteile, die Urlaubern mit unterschiedlichen Bedürfnissen – vom Kurgast bis zur Familie – viel zu bieten haben.

Bad Faulenbach ist Mineral- und Moorheilbad sowie Kneippkurort. Hier wird das Thema Gesundheit groß geschrieben. Wanderungen (s. Kasten unten) sind im autofreien Faulenbacher Tal das reinste Vergnügen, und nach der Anstrengung laden die Naturfreibäder am Obersee und Mittersee zum Abkühlen ein.

Der geheimnisvoll wirkende **Alatsee,** dessen beachtliche Tiefe (32 m) auch im Hochsommer für kühle Wassertemperaturen sorgt, ist ein stiller Badeplatz und ein herrliches Fleckchen zum Träumen. Weil der See, auf dessen Grund Purpurbakterien eine rote Schicht bilden, jedoch dunkel und unergründlich ist, ist er umrankt von Sagen und Legenden. So tauchte hier schon so mancher (vergeblich) nach einem verschollenen Nazi-Goldschatz. Für Allgäu-Kommissar »Klufti« (S. 84) in »Seegrund« ist er Aufhänger für einen besonders rätselhaften Fall, in dem er ermittelte.

Der Ortsteil **Weißensee** liegt am gleichnamigen See. Seine ländliche Idylle schätzen besonders Familien mit Kindern. Im klaren Seewasser spiegelt sich der mächtige Säuling (2074 m), und vom Ufer aus kann man die mittelalterliche Burg Falkenstein erwandern, wo Ludwig II. ein weiteres Märchenschloss plante (S. 71).

Ein idealer Badesee ist auch der **Hopfensee** (S. 28) im Ortsteil **Hopfen am See,** der sich im Sommer besonders schnell erwärmt. Die schönen Badestrände mit Freizeitprogramm locken im Sommer zahlreiche Besucher an. Und weil es sich auf der Uferpromenade Eis schleckend wunderbar flanieren lässt – fast wie in Bella Italia –, schmückt man sich gern mit dem Beinamen Allgäuer Riviera.

S

VIER SEEN IM BLICK

Eine leichte Wanderung führt vom Wanderparkplatz Bad Faulenbach zu den Badeseen Ober- und Mittersee und weiter zum Alatsee. Die Seenrunde dauert etwa 2,5 Std. Wer die Wanderung ausdehnen möchte, läuft vom Alatsee auf einem breiten Forstweg steil bergauf zur Saloberalm (45 Min.), die direkt hinter der Grenze zu Österreich liegt. Bevor man sich mit einer deftigen Brotzeit oder einer Portion Kässpatzn stärkt, sollte man einen letzten Abstecher zum Vierseenblick (15 Min.) machen. Hier hat man außer Weißensee, Hopfensee, Forggensee und Bannwaldsee weite Teile des Ostallgäus im Blick.

TOUR
Schlösserfahrt mit Rokokopracht

Mit dem Rad von Füssen zur Wieskirche

Infos

G5–H4

Start/Ziel: Füssen
Strecke: 55,1 km, Hm: 403 m aufwärts, 404 m abwärts
Dauer: 3–4.30 Std.
Schwierigkeit: mittel
Radverleih: in Füssen, S. 29

Ausgangspunkt ist das Ortszentrum von Füssen. Die Tour führt vorbei an den Königsschlössern **Hohenschwangau** (S. 30) und **Neuschwanstein** (S. 33), deren Besichtigung eingeplant werden kann. Sie verläuft über Radwege, geteerte Feldwege und Nebenstraßen bis zur **Wieskirche** (s. S. 40).

Stationen auf dem Weg sind **Schwangau, Mühlberg, der Campingplatz am Bannwaldsee, Bayerniederhofen, Halblech, Trauchgau, Oberreithen, Schober** und **Resle.** Auf dem Rückweg steht die Landschaft im Mittelpunkt. Die Route folgt einem Teilstück der Forggensee-Runde (S. 25). Bis Bayerniederhofen ist die Route zurück identisch mit dem Hinweg, dann biegt man nach Kühberg ab und fährt über **Greith, Brunnen, Waltenhofen** und **Horn** zurück zum Ausgangspunkt. Badepausen sind bei gutem Wetter möglich. Trotz des Bergpanoramas sind die zu überwindenden Höhenunterschiede überschaubar, weshalb die Tour auch für Genussradler geeignet ist. Wer Respekt vor der Länge der Strecke hat, mietet ein E-Bike, das für Rückenwind sorgt.

Einige Hotels und Radsportgeschäfte bieten E-Bike-Verleih auch für externe Gäste an und verfügen über Akku-Ladestationen: z. B. das Bio- und Wellnesshotel Eggensberger oder das Hotel Sommer (S. 27).

Schlafen

Am Forggensee

1 **Hotel Sommer:** Ruhige Lage am Forggensee, in Fußnähe zum Festspielhaus. Spa mit Saunalandschaft, Sole-Freibad und Hallenbad, Spa- und Sportprogramm. Besonderer Service für Rennrad- und Motorradfahrer.

Weidachstr. 74, T 08362 914 70, www.hotel-sommer.de, €€€

Entspannung pur

2 **Biohotel Eggensberger:** In Traumlage über dem Hopfensee mit einem großem (Medical-)Wellness-Programm sowie einem Aktivprogramm für jede Jahreszeit. Bio-Vitalküche mit vielen Produkten vom familieneigenen Bauernhof.

Ringweg 6, Füssen-Hopfen am See, T 08362 910 30, www.eggensberger.de, €€€

Nur eine Autominute entfernt:

2 **Eggensberger Hof:** Die Gäste der FeWo auf dem Bio-Bauernhof, mit herrlichem Panoramablick auf den See und die Gipfel der Allgäuer, Tiroler und Ammergauer Alpen, können die Infrastruktur des Hotels nutzen.

T 08362 913 50, www.eggensbergerhof.de, €€

Oase für Schlaflose und Veganer

3 **Dreimäderlhaus am Weissensee:** Im Boutiquehotel mit nur 13 Zimmern wird der Gast nach Strich und Faden verwöhnt. Ein »Schlaflotse« sorgt für erholsamen Schlaf, und auf Wunsch wird ein veganes Frühstück serviert. Mit kleinem Wellnessbereich.

Pfrontener Str. 43 (OT Faulenbach), T 08362 9 19 00, www.dreimaederlhaus.de, €€–€€€

Mit traumhaftem Seeblick

4 **Hotel Kaufmann:** Stilvolles Wellnesshotel im nördlichen Bereich des Forggensees. Herrlich ist der Blick über See und Berge von der Restaurantterrasse, wo man Küche serviert, die auch Michelin-Testern schmeckte. Besonders beliebt ist das Hotel aber bei Radsport-Fans wegen seiner perfekten Infrastruktur.

Füssener Str. 44, Roßhaupten, T 08367-912 30, www.hotel-kaufmann.de, €€€

Kur und Wellness

5 **Hotel Wiedemann:** Absolute Ruhe ist im Faulenbacher Tal garantiert. Besonders ein reifes Publikum genießt Verwöhnservice, Kneippkuranwendungen und den sonnendurchfluteten Wintergarten des Restaurants. Eine kleine Wellnessabteilung sorgt zusätzlich fürs Wohlbefinden.

Am Anger 3, Füssen-Bad Faulenbach, T 08362 913 00, www.hotel-wiedemann.de, €€

Familienfreundlich

6 **Appartementhotel Seespitz:** Direkt am Weißenseeufer liegt das kleine Familienparadies mit netten Appartements (am besten Seeseite buchen!) sowie Liegewiese, Schwimmbad, Sauna und Fitnessbereich. Kids ab 3 Jahren fühlen sich im Gästekindergarten wohl, und Eltern haben mal Zeit für sich. Die Nutzung von Waschmaschinen, Trockner und Internetbar ist inklusive.

Pfrontener Straße 45, Füssen-Weißensee, T 08362 388 99, www.seespitz.de, im Nov. geschlossen, €€€

Im Duft frischer Kräuter

7 **Bauernhof Friedl:** Im Biohof mit schönen FeWo direkt am Weißensee fühlt sich die ganze Familie wohl. Auf dem Kräuterlandhof kann man Allgäukräuter sowohl riechen als auch schmecken – und bei einer wohltuenden Kräuterstempelmassage schließlich sogar auf der Haut spüren.

Ahornstr. 1, T 08362 22 27, www.friedl-allgaeu.de, €€

Lieblingsort

Riviera des Allgäus …

… haben die Touristiker schwärmerisch den **Hopfensee** (G 5) bei Füssen getauft. Das mag ein bisschen großspurig klingen, doch an warmen Sommertagen kann man hier tatsächlich südliches *dolce vita* erleben. Den Tag verdöse ich gern im Schwimmbad. Wem das zu langweilig ist: Segeln, Stand-up-Paddeln oder Tretbootfahren sind prima Alternativen. Abends radle ich gern einmal um den See oder flaniere Eis schleckend auf der Promenade. Zum Finale kann man mit einem Sundowner in der Hand und Blick auf See und Alpenkette den Tag ausklingen lassen.

Günstig

8 **Jugendherberge:** Preisgünstige Alternative zum Hotel für junge Leute und Familien, Zwei- bis Sechsbettzimmer.

Mariahilferstr. 5, T 08362 77 54, www.fuessen.jugendherberge.de, €

Essen

Am See

1 **Waldwirtschaft am Mittersee:** Nach Bad oder Wanderung sitzt man wunderbar am See. Die Speisekarte ist überschaubar, aber für jeden ist etwas dabei.

Badseeweg 5, Bad Faulenbach, T 08362 930 39 30, www.waldwirtschaft-am-mittersee.de, €

Bistroküche

2 **Seaside:** Burger, Salate, Flammkuchen – unprätentiöse Urlaubsküche am Hopfensee hinter der Seepromenade.

Uferstr. 21, Hopfen am See, T 08362 926 13 20, €

Feines aus Bella Italia

3 **Il Pescatore:** Guter Italiener für alle Geschmäcker und alle Budgets.

Franziskanergasse 13, T 08362 92 43 43, €–€€

Nostalgieflair

4 **Madame Plüsch:** Wohnzimmeratmosphäre im Retrostil begegnet feiner Regionalküche – vom König-Ludwig-Schnitzel bis zur Entenbrust »Königin Marie«.

Drehergasse 48, T 08362 930 09 49, €€

Einkaufen

Trachten und mehr

1 **Gwandhaus – Der Hutladen:** Allgäuer Trachtenmode trifft auf irische Strickkunst. Und auch den passenden Hut findet man hier.

Brunnengasse 8/10/13/15

Bewegen

Für Kids

1 **Walderlebniszentrum Ziegelwies:** Hier können Groß und Klein in den Naturraum Wald eintauchen sich auf naturkundliche Entdeckungen im Naturraum Wald begeben. Größte Attraktion ist der Baumkronenweg.

Tiroler Str. 10, T 08362 938 75 50, www.walderlebniszentrum.eu; Baumkronenweg: Mai, Juni 10–17, Juli–Sept. tgl. 9–19.30 Uhr

Fahrradverleih

2 **Radsport Zacherl & Müller:** Fahrräder, Bekleidung und Accessoires.

Kemptener Str. 26, T 08362 32 92, www.rad-zacherl-mueller.de

3 **Flori's Radlverleih:** Tourenräder, E-Bikes, Mountainbikes, auch Kinderräder, Reparatur-Service.

Parkplatz Ost, Hopfen am See, T 08362 397 70, www.floris-radlverleih.de

W

WELLNESS AUF DEM CAMPINGPLATZ

Ein Campingplatz der Superlative liegt am Ufer des Hopfensees. Neben Schwimmen im See und Wassersport gehören Tennis- und Bolzplatz, Internetcafé, 1000 m² Spielhaus und ein Hallenbad zum Angebot. Der Hit aber ist das Orient-Spa mit Edelsteinsauna, Heukraxen, Lunarium, marokkanischem Kräuterdampfbad, Rasulbad und mehr. Dazu zahlreiche Aktivangebote von Aqua-Fitness über Meditation oder Qi Gong bis zu Kräuterführungen. Fünf Camping-Sterne! (Camping Hopfensee: Fischerbichl 17, Uferstr., T 08362 91 77 10, www.camping-hopfensee.com)

Käsen

Sennerei Lehern: In der Sennerei bei Hopferau erfährt man, wie die Löcher in den Käse kommen.

www.sennerei-lehern.de, Mai–Okt., Mo–Fr 13.30 sowie Mo, Mi, Fr, Sa 11 Uhr, Erw. 3 €, Kinder bis 15 J. 1,50 €, Familienkarte 4 €

Naturschwimmbäder

Mittersee, Obersee (beide Bad Faulenbach), Hopfensee, Weißensee.

Boot fahren

Forggenseeschifffahrt: Festspielhaus Neuschwanstein 1, Fahrradtransport.

Rundfahrten Anfang Juni–Mitte Okt., T 08362 92 13 63, www.fuessen.de/wasser/forggenseeschifffahrt.html

Bootsverleih

Marina Hopfensee: In der Hochsaison lohnt es sich, eines der Ruderboote, Tretboote oder Elektroboote zu reservieren.

T 08362 93 90 33-0, www.marina-hopfensee.de

Yachtschule Forggensee: Segel- und Motorboot-Kurse.

Seestr. 10, Rieden, T 08367 471, www.segeln-info.de

Golfen

Auf der Gsteig: 18-Loch-Platz, benannt nach dem Bauernhof Auf der Gsteig, mit wunderbarem Alpenblick.

Gsteig 1, Lechbruck am See (ca. 20 km von Füssen), T 08862 85 20, http://gc-gsteig.de

Ausgehen

1 **Festspielhaus Neuschwanstein:** Im Sommer steht das Musical »Ludwig2« rund um den Märchenkönig im Mittelpunkt des Programms. Zu anderen Jahreszeiten Konzerte, Kleinkunst und mehr.

Im See 1, T 08362 507 70, https://das-festspielhaus.de

Infos

- **Tourist Information Füssen:** Kaiser-Maximilian-Platz 1, 87629 Füssen, T 08362 938 50, www.fuessen.de.
- **Tourist Information Weißensee:** Seeweg 4, 87629 Weißensee, T 08362 65 00, www.fuessen-weissensee.de.
- **Kaisersaalkonzerte:** Juni–Sept., Kloster St. Mang, www.stadt-fuessen.de. Klassische und moderne Kammermusik sowie Jazz, Improvisation und Weltmusik in stimmungsvollen Barockräumen.
- **Festival Vielsaitig:** Sept., www.stadt-fuessen.de/festival-vielsaitig.html. Hier lebt die Tradition Füssens als Metropole der Lauten- und Geigenbauer wieder auf.
- **Magnusfest:** So nach dem 6. Sept.

Schwangau und Königsschlösser

G/H5

Schon lange bekannt

Schwangau, das Dorf der Königsschlösser, ist Rummel gewohnt, aber dennoch beschaulich geblieben. Die meisten Besucher zieht es ohnehin zu den beiden weltberühmten Bauwerken in der Umgebung. Vor allem Schloss Neuschwanstein fehlt auf kaum einem Europatrip. Seit Maximilian II. verbrachten die bayerischen Könige in Hohenschwangau ihre Sommerfrische, aber sie waren nicht die Ersten, die die Region entdeckten.

Überreste einer römischen Villa erinnern daran, dass bereits 40 n. Chr. römische Handelswagen über die durchgängig ausgebaute Via Claudia Augusta von Venetien über das Ostallgäu bis nach Augsburg holperten.

Lieblingsort

Radeln auf Römerspuren …

… kann man entlang der **Via Claudia Augusta,** die Kaiser Claudius 46/47 n. Chr. erbauen ließ. Auf dem Weg nach Augsburg führte sie auch durchs Allgäu, und auf dem Teilstück zwischen **Füssen** und **Lechbruck** (📍 G/H 4/5) bin ich immer wieder gern mit dem Fahrrad unterwegs. Dann setze ich mich für ein paar Minuten auf die Bank neben dem neu errichteten Meilenstein und lasse in Gedanken römische Soldaten, Beamte, Kaufleute und Vagabunden vorbeiziehen – per pedes, auf Maultieren, Ochsen, in Reisewagen und auf Lastkarren. Ein Platz, an dem Natur und Kulturgeschichte wunderbar verschmelzen.

Aus manchem Blickwinkel ist es ganz besonders märchenhaft, das strahlend weiße Schloss Neuschwanstein mit seinen vielen Türmchen, Giebeln und Erkern.

Hohenschwangau

G 5

Die Ritter von Schwangau errichteten bereits im 12. Jh. die Burg Schwanstein hoch über dem Alpsee, die im 16. Jh. nach dem Aussterben des Geschlechts der Schwangauer zur Ruine verfiel. So hielt sie ihren Dornröschenschlaf, bis der damalige Kronprinz Maximilian von Bayern, getrieben von romantischer Sehnsucht nach dem Mittelalter, sie wachküsste. Keinen Architekten, sondern seinen ehemaligen Zeichenlehrer, den Architektur- und Theatermaler **Domenico Quaglio,** beauftragte er, ein romantisches Schloss im Stil der englischen Neugotik zu entwerfen. Es sollte mittelalterlichen Geist atmen, aber gleichzeitig mit höchstem Wohnkomfort ausgestattet sein.

Die Zinnen und Türme von Hohenschwangau ragten ab 1832 in den Allgäuer Himmel und wurden zur königlichen **Sommerresidenz.**

An der Innenausstattung war der aus Wien stammende, in München ansässige Historienmaler **Moritz von Schwind** maßgeblich beteiligt. Seine romantisch märchenhaften Wandgemälde trugen nicht zuletzt dazu bei, dem Schloss Wohnlichkeit zu verleihen. Motive aus Sagen und Legenden schmücken viele der Räume, so die Sage vom Schwanenritter Lohengrin, die den Schwanenrittersaal bestimmt und Wagner zu seiner Oper »Lohengrin« inspirierte.

Der Schwan, Wappentier der Ritter von Schwangau, war auch Lieblingssymbol der Romantik, und das Schwanenmotiv zieht sich wie ein roter Faden durch das Schloss. Der Gotik der meisten Räume steht die Exotik des Orientzimmers entgegen, wo Max II. seinen Reisesouvenirs aus der Türkei einen würdigen Rahmen gab.

Der von Ludwig geschätzte und bewunderte **Richard Wagner** bewohnte während seiner häufigen Besuche im Schloss das **Authari-Zimmer** im zweiten Stock. Im Hohenstaufenzimmer steht noch heute das Tafelklavier, auf dem er musizierte.

Letzter Bewohner des Schlosses war Prinzregent Luitpold, ein Onkel Ludwigs, der das Schloss noch mit den neuesten Errungenschaften der Technik wie elektrischem Licht und Fahrstuhl versah, bevor er 1912 verstarb.

Die **Besichtigung** ist nur im Rahmen einer Führung möglich: April–Sept. 9–17, Okt.–März 9–16 Uhr, geschlossen am 1. Jan., 24./25. Dez. und 31. Dez.; Deutsch, Englisch oder Audioguide, 18 € (Kinder unter 18 Jahren gratis)
Ticketcenter: Alpseestr. 12, T 08362 93 08 30, www.hohenschwangau.de, April–Sept. Mo–So 8–16, Okt.–März Mo–So 8.30–15 Uhr, empfehlenswert ist der Kauf der Tickets vorab im **Online-Ticketcenter**

Neuschwanstein G 5

Ludwig II. verbrachte in Hohenschwangau viele unbeschwerte Kindheitstage. »Dies ist einer der schönsten Plätze, die zu finden sind …«, jubelte er. Im mittelalterlichen Ambiente Hohenschwangaus wurde Ludwig zum Träumer. Tag für Tag fiel sein Blick auf den Pöllatfelsen, und ein Traumschloss auf dem Gipfel wurde zur fixen Idee.

Im Stil alter deutscher Ritterburgen sollte das neue Hohenschwangau entstehen, denn das Mittelalter war für Ludwig eine Zeit, in der er lieber König gewesen wäre als im nüchternen 19. Jh. Aber die Bauarbeiten zogen sich hin. Ludwig war in Geldnot, er baute mit seinem Privatvermögen, das allerdings begrenzt war, zumal er seine Bauwut an mehreren Baustellen gleichzeitig austobte.

Ab 1869 wuchsen die weißen Türme unter der Leitung des Königlichen Hofbaumeisters Eduard Riedel, dem später Georg Dollmann folgen sollte, in den Himmel. Als Ludwig dann 1886 starb, war die Burg, die erst nach dem Tod des Königs in Neuschwanstein umbenannt wurde, ein Fragment geblieben.

Wohnschloss oder Luftschloss?

Die obligatorische Schlossführung führt durch Zimmer, die – anders als die im benachbarten Hohenschwangau – nicht zum Wohnen gedacht waren. Die Wände zeigen Bildprogramme, in denen der König seine Sehnsuchts- und Ideenwelt offenbarte. Die Welt der alten Sagen, Mythen, Heldenepen ist allgegenwär-

W

WEGE ZUM KÖNIGSSCHLOSS

Steil bergauf zieht sich der Weg nach Neuschwanstein. Viel romantischer als der direkte Weg ist aber der selbst während der Hochsaison nie überlaufene **Wanderpfad durch die Pöllatschlucht** hinauf zum Schloss. Beim Rauschen des Bergbaches fühlt man sich Ludwig ein Stück näher. Wer nicht in Wanderlaune ist, steigt in eine der Kutschen, die in der Nähe des Ticketcounters abfahren, oder in den Minibus (ab Hotel Lisl). Ein Muss auf dem Rückweg: der Schlenker zur **Marienbrücke** (ausgeschildert) mit perfektem Fotoblick auf das Ludwig-Schloss. Am romantischsten ist der Abstecher zur blauen Stunde, wenn sich die Besucherscharen bereits verlaufen haben.

TOUR
Wandern auf den Spuren König Ludwigs

Vom Tegelberghaus zur Bleckenau

Königin Marie, die Mutter Ludwigs II., entfloh gern den Zwängen des Hofs in München. Wann immer die königliche Familie im Sommerschloss Hohenschwangau weilte, erkundete sie zu Fuß die Region. – Nach dem unerlässlichen Besuch von Schloss Neuschwanstein können Genusswanderer heute im Königswinkel auf den Spuren der Wittelsbacher wandeln.

»Fußreisen« der Königin

Ab 1837 verbrachte der spätere bayerische König Maximilian II. mit seiner Familie die Sommerfrische gern auf Schloss Hohenschwangau. Seine Ehefrau, Marie von Preußen, hatte wenig geistige Interessen, liebte aber die Bewegung in freier Natur. »Von den Bergen bin ich ganz weg!«, schwärmte sie nach ihrem ersten Besuch auf **Hohenschwangau**. So wurde ausgerechnet die Preußenprinzessin, die wohl erste Bergsteigerin Bayerns, eine Wegbereiterin des Alpinismus. Es sollten jedoch noch einige Jahre vergehen, bis 1869 der Deutsche Alpenverein gegründet wurde. Marie unternahm von Hohenschwangau aus zahlreiche »Fußreisen«, u. a. auf den gut 2000 m hohen Säuling – eine Tour, die auch heutzutage kein Spaziergang ist. Marie ließ sich eigens für ihre Bergwanderungen eine Bergsteigertracht schneidern: einen Rock aus festem schwarzem Loden und darunter eine Hose aus dem gleichen Material.

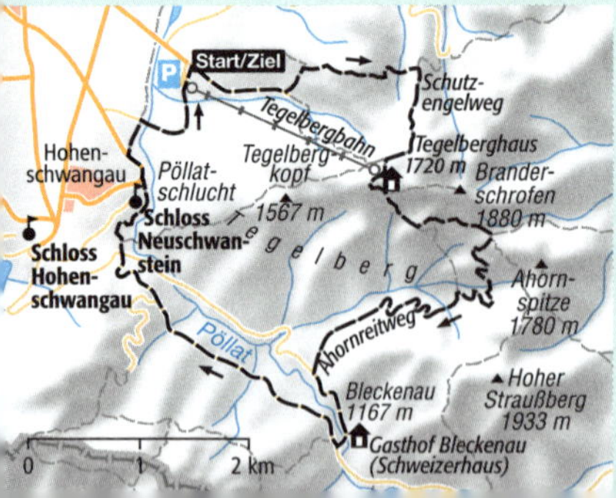

Die Söhne liebten die Naturerkundungen ebenso wie die Mutter: »Nachdem es gestern schön geworden war, durften wir zu unserer großen Freude den Säuling besteigen. Wir verließen mit der Mutter Hohenschwangau um 1/2 9 Uhr und gelangten gegen 1 Uhr auf die Spitze dersel-

ben, die eine sehr schöne Aussicht bietet (…). Um 4 Uhr machten wir uns auf den Rückweg und waren um 7 Uhr wieder in der Ebene, ohne dass selbst Otto sich übermüdet fühlte«, schrieb der zwölfjährige Ludwig 1857 an den Großvater Ludwig I.

Alternative zum Wandern auf königlichen Spuren – Paragliding vom Tegelberg

Weniger begeistert von den Bergtouren der königlichen Familie waren die Hofdamen Maries und das Küchenpersonal, das die Ausflügler stilvoll zu verköstigen hatte – nicht selten mit einem zehngängigen Menü.

Der Tegelberg

Auf dem Rundwanderweg vom Tegelberg über die Bleckenau, Neuschwanstein und zurück lernt man zwei königliche Jagdhäuser kennen und kann die Besichtigung von **Schloss Neuschwanstein** (s. S. 33) einbinden. Ehrgeizige Wanderer steigen von der Talstation der Tegelbergbahn über den Naturlehrpfad **Schutzengelweg** in rund 3 Std. zur Bergstation des Tegelbergs auf. Wer es gemütlicher angehen möchte, schwebt mit der Bergbahn zum Gipfel hinauf, wo man den Gleitschirmfliegern zusehen kann, die von oben ins Seenland des Königswinkels hinabsegeln. Grandios ist aber auf jeden Fall auch ohne Flügel der Blick von oben auf Bannwaldsee, Forggensee, Hopfensee und Weißensee, die wie tiefblaue Augen aus dem Allgäugrün hervorlugen. Nur ein Katzensprung ist es von hier zur ersten Einkehrmöglichkeit, dem **Tegelberghaus**.

Das Tegelberghaus

Maximilian war begeisterter Jäger und bekam von seinem Vater das Leibgehege Hohenschwangau zugeteilt. Doch die Jagden erforderten auch eine gewisse Infrastruktur: Reitwege wurden angelegt – Notwendigkeit und königliche ›Arbeitsbeschaffungsmaßnahme‹ in der strukturschwachen Region gleichermaßen. Einer

Infos

G 5/H 5

Dauer: Wanderung vom Tegelberghaus zur Bleckenau ca. 2,5 Std., von der Bleckenau zur Talstation der Tegelbergbahn 2–2,5 Std. Der letzte Abschnitt lässt sich durch die Fahrt mit dem Bleckenau-Hüttenbus (stdl. 9–17 Uhr, letzte Talfahrt 17.30 Uhr) nach Hohenschwangau oder zur Marienbrücke verkürzen.

Planung: Wer die Wanderung mit dem Besuch der Königsschlösser kombinieren möchte, muss die Tickets vorab im Ticketcenter (Hohenschwangau, Alpseestr. 12) besorgen. Öffnungszeiten der Königsschlösser S. 30.

dieser königlichen Jagdwege ist der **Ahornreitweg,** den Maximilian um 1850 anlegen ließ, und der weiter zur Bleckenau führt. Heute ist er Naturlehrpfad mit Info-Stelen, die über die geologischen und ökologischen Themen sowie über die Besonderheiten des Bergwaldes informieren. Darüber hinaus wurden Jagdhütten errichtet, um die Jagdgesellschaften zu beherbergen – eine davon war das Tegelberghaus, das Maximilian 1852 in 1707 m Höhe als Stützpunkt für die Hochgebirgsjagd erbauen ließ. Ludwig, in jungen Jahren ein kühner Reiter, preschte häufig hinauf zur Tegelberghütte und weiter zum Gipfel des Branderschrofen. Auch später, als die Regierungsgeschäfte dem König wenig Zeit für Vergnügungen ließen, verbrachte er regelmäßig Mitte August drei Tage auf der Tegelberghütte. Heute ist die ehemalige königliche Jagdhütte Berggasthof mit Sonnenterrasse und zwei urgemütlichen Gaststuben.

Weiter schlängelt sich der Weg auf dem Ahornreitweg hinab zum Brandnerfleck mit schöner Aussicht, und in bequemen Kehren weiter ins Tal, vorbei an der Ahornhütte zur geteerten Bleckenaustraße. Links geht es weiter (etwa 10 Min.) zur **Bleckenau.**

Die Bleckenau

Die ersten Bergtouren hatte Marie von Preußen mit ihrer Familie im Sommer von Schloss Fischbach aus ins schlesische Riesengebirge unternommen. Das Mariannen Cottage dort gehörte zu ihren schönsten Kindheitserinnerungen und war Vorbild für das **Schweizerhaus** in der Bleckenau, das Maximilian 1850 für seine Frau im Schweizer Stil erbauen ließ. Bei diesen ›Ausflugsvergnügen‹ gab sich die Monarchin leger und servierte ab und zu selbst Kaffee und Kuchen. Heute wird im Berggasthaus bayerisch gekocht (S. 45). Zurück wandert man auf ausgeschilderten Pfaden abwärts in Richtung **Neuschwanstein.** Alternativ nimmt man den Bus, evtl. zur Marienbrücke über die Pöllatschlucht, deren Vorgänger 1842 im Beisein des Kronprinzenpaares Maximilian und Marie eingeweiht wurde und die heute den Traumblick auf Neuschwanstein gewährt. Hat man sich zuvor Tickets besorgt (S. 38), kann man Ludwigs Traumschloss von innen bewundern und steigt anschließend nach **Hohenschwangau** ab. Von dort ist der Weg zur Tegelbergbahn ausgeschildert.

Viel Illusion im Thronsaal von Schloss Neuschwanstein, der sich in seiner Gestaltung an byzantinische Sakralbauweise anlehnt.

tig: Tristan und Isolde, Tannhäuser oder Parzival, die auch der von Ludwig verehrte Richard Wagner in seinen Opern verarbeitete, agieren pathetisch wie auf der Bühne.

Im **Thronsaal** stand nie ein Thron. Er erinnert weniger an einen Raum zur Ausstellung weltlicher Macht als vielmehr an eine byzantinische Kirche, – ein weihevoller Saal zur Feier der Monarchie in einer Zeit, als der bayerische König nurmehr Marionette der Machenschaften seiner Minister war. Dazu passt, dass die Kostbarkeit der Ausstattung nur vorgegaukelt ist. Für teure Materialien war kein Geld vorhanden: Glas ersetzt Edelsteine, Stuckmarmor echten Stein, das Kunsthandwerk regiert über die Kunst. Nur der Blick vom Balkon auf Hohenschwangau, die umliegenden Seen und die Alpenkette ist wahrhaft königlich.

Die vermeintlichen Wohnräume sind sämtlich im Stil der Neoromanik gehalten, nur im **Schlafzimmer** dominiert die Neugotik mit prachtvollem Schnitzwerk, das 14 bayerische Holzschnitzer vier Jahre lang beschäftigte. Das Bett erinnert denn auch eher an ein gotisches Prunkgrab als an ein Schlafmöbel. Keine erotischen Figuren bilden das Bildprogramm des Zimmers, sondern die leidvolle Trennung Liebender. So wie Tristan und Isolde erst im Tode zueinander finden, so kennzeichnet Unerfüllbarkeit Ludwigs eigenes Liebesleben. Schuld und Erlösung waren für ihn allgegenwärtige Themen.

Im sogenannten **Wohnzimmer** steht wie in Hohenschwangau die Geschichte Lohengrins im Mittelpunkt. Symbole verbinden die Lebensgeschichte des Bayernkönigs mit dem Mythos des Gralsritters. Viel deutet darauf hin, dass Ludwig sich selbst als Gralsritter träumte.

Vorbild für den **Sängersaal** war der gleichnamige Saal in der Wartburg, der Schauplatz des legendären Minnesängerwettstreits, den Wagner im »Tannhäuser« thematisierte. Hier findet der Weg durch die Welt der Sagen und Mythen seinen Abschluss in der Parzival-Sage, die wiederum mit der Gralsidee verknüpft ist. Auch der prächtige Festsaal wurde nie als solcher genutzt. Heute bildet er eine passende Kulisse für die Reihe der Schlosskonzerte, die jeweils im September stattfinden.

Das Schloss, dessen voller Symbolgehalt sich nur Eingeweihten offenbart, ist mehr als ein simpler Abklatsch der Kunst vergangener Zeiten. Neuschwanstein gilt heute als eines der **Hauptwerke des Historismus**. Dennoch scheiden sich die Geister an der Gralsburg auf dem Pöllatfelsen – Kunst oder Kitsch?

Die **Besichtigung** ist nur im Rahmen einer Führung möglich: April–Sept. 9–18, Okt.–März 10–16 Uhr geschlossen am 1. Jan., 24./25. Dez. und 31. Dez., Deutsch, Englisch oder Audioguide, 13 € (Kinder unter 18 Jahren gratis)
Ticketcenter: Alpseestr. 12, T 08362 93 08 30, www.hohenschwangau.de**,** April–Sept. Mo–So 8–16, Okt.–März Mo–So 8.30–15 Uhr, empfehlenswert ist der Kauf der Tickets vorab im **Online-Ticketcenter**

Alpsee

G 5

»Die schönen Tage nutzen«

Nach der Besichtigung des Schlosses entflieht man dem unvermeidlichen Souvenirrummel und der eher unerfreulichen Massengastronomie am besten dorthin, wo sich auch Ludwig am wohlsten fühlte: in die Berge oder an den See.

Von dem Aussichtspunkt Jugend oberhalb des Schlosses führt ein knapp einstündiger Fußmarsch bergauf zur ehemaligen königlichen **Jagdhütte Bleckenau** (S. 36), heute ein beliebter Berggasthof. (Wer sich die Wanderung nicht zutraut, kann auch in einen der geländegängigen Busse einsteigen, die regelmäßig an der Infostelle unweit des Ticketcounters oder am Aussichtspunkt Jugend abfahren.) Oder man geht das kurze Stück bis zum **Alpsee,** den Ludwig, der begabte Schwimmer, bereits als Jugendlicher regelmäßig durchschwamm.

»Wir nützen die schönen Tage teils zu Ausflügen, teils zum Fischen im Alpsee, dessen klares, mildes Wasser uns auch zum Schwimmen sehr angenehm ist«, schrieb Ludwig im Jahr 1861 an den Großvater. Der bis zu 60 m tiefe und entsprechend kühle, grünlich-blaue See zog Ludwig auch später als König gleichsam magisch an. Besonders in Vollmondnächten unternahm er gern Ruderpartien, und zu seinem 20. Geburtstag ließ er auf dem Alpsee einen Akt aus Wagners »Lohengrin« inszenieren.

In dem sauberen, klaren Wasser gedeihen Seeforelle und Saibling, was den See auch zu einem beliebten Ziel für Angler macht.

Ein Bootsverleih bietet Ruderboote und Tretboote an und im wunderbar nostalgischen Freibad mit Liegewiese, Kiosk und Badesteg kann man im erfrischenden Nass bei wahrhaft königlichen Blicken schwimmen.

W

WANDERN AUF KÖNIGLICHEN SPUREN

Die leichte Runde um den Alpsee, der Alpenrosenweg von Hohenschwangau nach Füssen mit traumhaftem Blick auf den Schwansee, ist genauso attraktiv wie die anspruchsvolle Bergtour auf den Säuling auf den Spuren von Königin Marie (S. 36).

Museum der Bayerischen Könige

Am Alpseeufer bietet das Museum einen tieferen Einblick in die Geschichte der Königsschlösser und des Hauses Wittelsbach. Nach dem Kulturprogramm lockt im selben Haus das Café Alpenrose am See mit schöner Terrasse abseits vom Trubel.

Alpseestr. 27, direkt unterhalb von Schloss Hohenschwangau, 9–17 Uhr, 11 €

St. Coloman ⚲ G 5

Als Johann Schmuzer **St. Coloman** erbaute, schuf er das Urbild der bayerisch-barocken Zwiebelturmkirche. Die Kirche steht vor der Alpenkulisse auf freiem Feld, an der Stelle, an der der Märtyrer Coloman im Jahre 1012 gerastet haben soll. Im 14. Jh. bereits war hier ein Kirchlein errichtet worden, das im 17. Jh. dem barocken Neubau weichen musste, einem Höhepunkt der Sakralkunst in Schwangau. Das Hochaltarbild zeigt den hl. Coloman inmitten einer Viehherde, darüber die hl. Dreifaltigkeit und Maria. Der nördliche Seitenaltar ist dem hl. Magnus, dem Patron des Allgäus, geweiht. Coloman wie Magnus werden bei Ungeziefer um Hilfe gebeten. Das Gotteshaus ist auch Ziel einer zünftigen **Reiterwallfahrt** am zweiten Sonntag im Oktober. Am 26. Mai, dem sogenannten Wurmfeiertag, bedankt man sich für die Hilfe bei einer Engerlingsplage vor rund 150 Jahren.

Mitte Mai–Mitte Okt. tgl. 14.30–16.30 Uhr, Führung Do 15.30 Uhr (Mai–Okt.)

Tegelberg ⚲ H 5

Der **Tegelberg** ist das Tor zum **Naturschutzgebiet Ammergebirge,** Deutschlands größtem Alpenreservat für Gemse, Adler und Edelweiß. An der Talstation der Bergbahn kommen Kinder bei Sommerrodelbahn, Spielplatz und Scooterbahn auf ihre Kosten.

Beim Bau der Tegelberg-Talstation wurden ein römischer Gutshof (Villa Rustica) und weitere Gebäude aus der Mitte des 2. Jh. n. Chr. ausgegraben, die von der frühen Besiedlung der Region zeugen. Zu bewundern ist seither an der Talstation das **Römerbad** – ein Beispiel für römische Baukunst und eine verfeinerte Badekultur gleichermaßen. Eindrucksvoll ist das deutlich erkennbare Befeuerungssystem (Hypocaustum) der Therme: Heißluft zirkulierte mithilfe eines Röhrensystems unter den Fußböden.

Mit der **Tegelbergbahn** kann man zum Gipfel schweben oder alternativ hinaufsteigen. Der schön angelegte Kulturpfad Schutzengelweg (Karte S. 34) mit Schautafeln über das Werden von Natur und Kultur in der Region führt zur Bergstation, von wo aus man herrliche Blicke über die Umgebung genießt und den Drachen- und Gleitschirmfliegern zuschauen kann. Außerdem kann man von hier auf königlichen Spuren wandern (S. 34).

Bannwald- und Schwansee ⚲ G/H 5

Der Königswinkel ist ein wahres Badeparadies. Sind Forggen- und Hopfensee bei Besuchern überaus beliebt, ziehen viele Einheimische die stilleren Perlen vor.

Bannwaldsee

Der **Bannwaldsee** ist ein verschwiegenes Baderevier, beliebt nicht zuletzt deswegen, weil sich sein mooriges Wasser im Sommer schnell erwärmt. Im Naturschutzgebiet gedeihen Frauenschuh und andere geschützte Pflanzen und tum-

TOUR
Ein Meisterstück der Rokoko-Zauberer

Besuch in der Wieskirche

Infos

H 4–J 5

Info: Wies 12, 86989 Steingaden T 08862 932 30 (Mo–Fr 8–12 Uhr), www.wieskirche.de

Dauer: 30–60 Min.

Planung: Sommer tgl. 8–19, Winter 8–17 Uhr

Ein weißes Kircherl auf der grünen Wiese und lautstarkes Kuhglockengebimmel – Bayern wie aus dem Bilderbuch. Idylle pur aber nur, wenn man auf Rädern oder in Wanderstiefeln vor den Ausflugsbussen kommt! Schließlich ist die Wallfahrtskirche zum gegeißelten Heiland in der Wies kein Geheimtipp.

Als UNESCO-Welterbe bringt sie jeden Kunstliebhaber zum Schwärmen. Vor allem aber ist sie heute wie vor fast 270 Jahren ein Pilgerziel ersten Ranges.

Ein Raum, der zu schweben scheint: Architektur, Bauplastik und Malerei verschmelzen zu einer Einheit von Farbe und Form, und die Sonnenstrahlen bringen die Engel zum Tanzen und den Raum zum Schwingen. Und mittendrin die schlichte und anrührende Figur des gegeißelten Heilands, den Menschen aus aller Welt verehren.

Das Wunder der Wies

Am Anfang stand das Wunder. In **Steingaden** spielte es sich 1738 vor den Augen der Wiesbäuerin Maria Lory ab: Sie beobachtete, wie die ausrangierte und wenig ansehnliche Prozessionsfigur des gegeißelten Heilands echte Tränen vergoss. Dies überbrachte sie dem Steingadener Abt. Nun blieb das Tränenwunder nicht mehr lange ein Geheimnis. Die Pilger strömten und die kleine, in Eile errichtete Feldkapelle konnte die Scharen von Wallfahrern schon bald nicht mehr aufnehmen. Eine neue Kirche musste her.

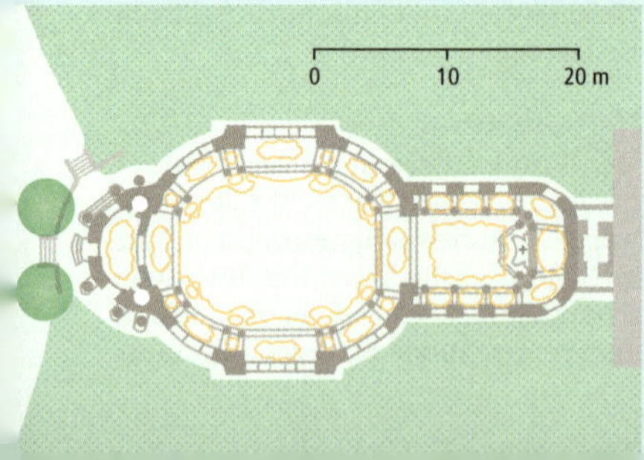

Wie die Wieskirche ist auch die Heilig-Kreuz-Kirche südlich von Steingaden Ziel von Wallfahrten, hier beim Ulrichsritt.

Paradies für Künstler

Pfaffenwinkel nennt man den an Klöstern und Kirchen überreichen Landstrich zwischen der Südspitze des Ammersees und Starnberger Sees und dem Ammergebirge. Und ganz besonders in Wessobrunn und den Dörfern ringsum waren im 17. und 18. Jh. Scharen von kunstsinnigen Stukkatoren, Vergoldern, Bildhauern, Malern und Baumeistern am Werk. Kein Wunder, denn die Auftragslage war gut: Kaum irgendwo sonst im katholischen Bayern sind Klöster, Kirchen und Kapellen zum Ruhme Gottes so dicht gesät. Beseelt vom Glauben und sicher nicht zuletzt motiviert durch zahlungskräftige Auftraggeber schufen die Wessobrunner wahre Rokoko-Träume. Künstlerischer Höhepunkt: die Wieskirche in Steingaden.

Die Gebrüder Zimmermann

Zwei Rokoko-Zauberer par excellence waren die Gebrüder Zimmermann aus Gaispoint bei Wessobrunn. Johann Baptist Zimmermann (1680–1758), Stuckateur und Maler, war zwischen Ottobeuren und Amberg tätig, bevor er 1720 an den Hof in München berufen wurde und u. a. in Schloss Schleißheim, Schloss Nymphenburg und der Münchner Residenz Wunderwerke aus Stuck und grandiose Fresken schuf. Dominikus (1685–1766) war ebenfalls ein begabter Stuckateur, aber vor allem ein genialer Architekt.

Im Laufe ihres Lebens gingen die vielseitig talentierten Brüder getrennte und gemeinsame Wege. In der Wieskirche vereinten sie ihre Talente als Architekten, Freskenmaler und Stuckateure im gemeinsamen Meisterwerk. Den Auftrag zum Bau der Wallfahrtskirche erhielten sie 1746, sechs Jahre später wurde sie vollendet. Das Gnadenbild des gegeißelten Christus fand eine neue Heimat in der Wies. Dominikus zumindest ließ die Wies nicht mehr los. Seine reifen Jahre verbrachte er in der Nähe seines Alterswerks: Unterhalb der Kirche baute er ein Haus, in dem er bis zu seinem Tod lebte. Sein Sohn nahm die ›Wunderbäuerin‹ Maria Lory zur Frau.

Idyllischer geht es kaum – die Wieskirche.

Ein Meisterwerk für den Glauben

Schon von außen strahlt der Bau mit seinen eleganten Säulen himmlische Leichtigkeit aus. Doch das Innere übertrifft alle Erwartungen: Die Grenzen zwischen den Kunstgattungen verschmelzen und rücken die Figur des Gegeißelten in den Mittelpunkt. Darüber das Altarbild des Münchner Hofmalers Balthasar August Albrecht, das die heilige Familie zeigt. Das Christuskind mit ausgebreiteten Armen deutet seinen Tod am Kreuz an.

Und dann wandert der Blick zur Decke, die das grandiose Fresko Johann Baptist Zimmermanns schmückt: Der Himmel der Wies scheint sich in Gelb und Blau über dem Betrachter zu wölben. Im Mittelpunkt des Deckengemäldes – auf einem Regenbogen thronend – der

auferstandene Jesus Christus, Mittler zwischen Erde und Himmel, zwischen Menschen und Gottvater. Er weist mit einer Hand auf ein hell erleuchtetes Kreuz – Symbol der göttlichen Liebe –, mit der anderen Hand auf sein Herz. Der Thron des Weltenrichters unter ihm steht bereit zum Weltgericht, ist aber noch leer. Das Tor zur Ewigkeit über ihm ist noch verschlossen. Dem Menschen bleibt noch Zeit, den rechten Weg einzuschlagen.

Die Wies heute

Rund eine Million Menschen besuchen die Wieskirche Jahr für Jahr. Sie darf als Station auf kaum einer Bayernreise fehlen, lockt Kunstfreunde aus aller Welt an.

Der Meditationsweg Ammergauer Alpen von der Wieskirche nach Schloss Linderhof ist in 14 angenehme Spazierwegetappen aufgeteilt.

Doch noch heute ist sie nicht zuletzt Ziel zahlloser Pilger und Hilfesuchender. Immer wieder neu angebrachte Votivbilder zeugen vom ungebrochenen Wunderglauben. Gerade heute, in unserer oft allzu schnelllebigen Zeit, wächst vielfach der Wunsch nach Rückzug und Stille, und so ist es nicht verwunderlich, dass seit einigen Jahren das Pilgern (S. 275) einen neuen Boom erlebt.

Etwas Ruhe für mich

Dazu passt auch der **Meditations-Wanderweg,** der sich von der Wieskirche auf insgesamt rund 80 km – übers Kloster Rottenbuch, um den Soier See und durch die Ammerschlucht, vorbei an der Hörnlehütte und schließlich Oberammergau mit der Kreuzigungsgruppe und das Kloster Ettal passierend – quer durchs Ammergebirge und weiter nach Schloss Linderhof (S. 48) vorbei an manchem Kraftort schlängelt (www.ammergauer-alpen.de oder www.meditationsweg.bayern).

meln sich Schmetterlinge, während im Schilfgürtel seltene Vogelarten brüten. Unweit des Idylls trafen sich im Sommer des Jahres 1947 im Haus der Dichterin Ilse Schneider-Lengyel am Bannwaldsee eine Reihe von Schriftstellerinnen und Schriftstellern zum allerersten Treffen der berühmten Gruppe 47, der die bekanntesten westdeutschen Autoren der Nachkriegszeit angehörten wie Ilse Aichinger, Heinrich Böll, Walter Jens und Martin Walser.

Schwansee

Schöne Spielwiesen und Badestege inmitten des Schwanseeparks machen den nahen **Schwansee** zu einem Badeparadies. Der See mit seinen Mooren, Feuchtwiesen und Kalkmagerrasen wurde im 19. Jh. von König Max II. in eine Parklandschaft im Englischen Stil – der Mode der Zeit entsprechend – eingebettet. Er ist auch ein herrlicher Platz für Botanikfans, denn in den sumpfigen Seewiesen wachsen Knabenkräuter und in den Schilfzonen wuchern Seerosen. Mit etwas Glück kann man Enzian und Mehlprimeln erspähen.

Schlafen

Wellness & Genuss

Hotel Rübezahl: Höchst romantisch: der Blick auf die Königsschlösser – von der Terrasse, vom Balkon, vom Pool und sogar aus der Sauna. Aber auch der schöne Spa-Bereich und vor allem die feine Küche im Gams & Gloria machen Gäste glücklich (s. Essen).

Am Ehberg 31, Schwangau, T 08362 88 88, www.hotelruebezahl.de, €€€

Königliche Kulisse

AMERON Alpsee Resort & Spa: Drei Traditionshäuser erwachten – ergänzt um Neubauten – nach langem Leerstand zu neuem Leben und vereinten sich zu einer Luxusherberge in spektakulärer Lage direkt am Alpsee und zu Füßen der Königsschlösser. Edelambiente, das allerdings auch seinen Preis hat.

Alpseestr. 21, T 08362 7 03 00, www.ameron-neuschwanstein.de, €€€€

Für Aktivurlauber

Feriengasthof Helmer: Familienbetrieb mit gemütlichen Zimmern. Ruhige Lage im Ort mit Liegewiese. Ein netter Service: Die Ausleihe von Fahrrädern und Wanderstöcken ist inklusive.

Mitteldorf 10, T 08362 98 00, www.hotel-helmer.de, €€–€€€

Mit Kuhglockengebimmel

Beim Landhannes: Urlaub auf dem Bauernhof in Schlossnähe zwischen Schwangau und Füssen. Gemütliche Zimmer und FeWo mit ein bisschen Nostalgieflair.

Am Lechrain 22, T 08362 83 49, www.landhannes.de, €

Camping

Ein Campingplatz liegt am **Bannwaldsee** (Münchener Str. 151, T 08362 930 00, www.camping-bannwaldsee.de), ein weiterer trägt den Namen **Brunnen am Forggensee** (Seestr. 81, T 08362 82 73, www.camping-brunnen.de).

Essen

Gourmetküche

Gams & Gloria: Das Küchenteam unter Schuhbeck-Schüler Michael Bernhard kocht ganz nach Wunsch regional oder international – immer auf hohem Niveau. Serviert wird in der gemütlichen Zirbelstube, im Wintergarten oder auf der Terrasse mit herrlichem Neuschwanstein-Blick. Zum Chill-out lädt die Almrausch Bar ein.

im Hotel Rübezahl (s. o.), Hauptgerichte ab 25 € (z. B. Gebratene Royal Taubenbrust 36 w€), 4-Gänge-Menü 89 €

Italienisch

Da Pietro: Wer nach Abwechslung von deftiger Allgäuer Küche und süffigem Bier lechzt, findet hier Pizza, Pasta, eine gute Auswahl an Weinen und italienisches Flair zu fairen Preisen.

Kröb 2, T 08362 983 90, €–€€

Rustikal

Rohrkopfhütte: Auf der Panoramaterrasse genießt man bei bestem Bergblick deftige Hüttengerichte auf hohem Niveau.

Rohrkopf 1, T 08362 83 09, Juni–Okt. tgl. außer Di 9.30–17.30, Do bis 21.20 Uhr, €–€€

Königlich bayerisch

Berggaststätte Bleckenau: Das ehemalige königliche Jagdhaus ist ein äußerst beliebtes Ausflugsziel, das man auch erwandern kann. Ein herrlicher Platz für eine Brotzeit. Die Preise entsprechen jedoch nicht immer ganz der Leistung. Nur zu Fuß oder mit dem Bus (tgl. stdl. 9–17 Uhr ab Tourist Information Hohenschwangau, letzte Talfahrt 17.30 Uhr) erreichbar. Im Winter Betriebsruhe.

T 08362 7 03 00, tgl. 9–18, Di Radlerabend bis 22 Uhr, €

Bewegen

Baden

Kristalltherme: tgl. 9–21 Uhr. Sole-Thermalbad drinnen und draußen mit Wellnessangeboten, Saunalandschaft, u. a. mit Panoramablick auf Schloss Neuschwanstein.

am Kurpark Schwangau, Am Ehberg 16, T 08362 81 96 30, www.kristalltherme schwangau.de

Freibadeplätze: Sehr schöne Badeplätze findet man sowohl am Forggensee, Bannwaldsee, Schwansee (Familienbad) als auch am Alpsee (eher für stille Genießer).

Schifffahrt

Städtische Forggenseeschifffahrt: s. Füssen S. 30. Die Zeiten für die Rundfahrten (Haltestellen in Schwangau sind die Ortsteile Brunnen und Waltenhofen) können telefonisch erfragt werden

T 08362 92 13 63

Bootsverleih

Ruderboote in Waltenhofen, Ruderboote, Segelboote und Kanus in Brunnen – beide Forggensee; Ruder- und Tretboote am Alpsee und am Bannwaldsee.

T 08362 983 60, www.tegelbergbahn.de

Hoch hinauf

Tegelbergbahn: Der Tegelberg ist ein ideales Revier für Drachen- und Gleitschirmflieger und natürlich für Wanderer. Kinder freuen sich über die Sommerrodelbahn an der Talstation.

Bergbahn tgl. 9–17 Uhr, T 08362 983 60

Ausgehen

Musik und Tanz

Schlossbrauhaus Schwangau: Konzerte und jeden Dienstag Tanz.

Gipsmühlweg 5, T 08362 92 68 70, www.schlossbrauhaus.de

Infos

- **Tourist Information Schwangau:** Münchener Str. 2, 87645 Schwangau, T 08362 819 80, www.schwangau.de.
- **Colomannsfest:** am 2. So im Okt. Das Fest mit der Reiterprozession ist Höhepunkt des Schwangauer Brauchtumsjahres (S. 277).
- **Schlosskonzerte:** im Sept. im Sängersaal von Neuschwanstein. Bei Redaktionsschluss erfolgt die Renovierung des Saals und es finden keine Konzerte statt.
- **Alphornblasen am Alpsee:** Mai–Sept., Mo 20 Uhr.

Die Lüftlmalerei, die feine Augentäuschung betreibt, lässt sich besonders gut in Oberammergau bestaunen.

Oberammergau

5

Einige der interessantesten Plätze **Oberbayerns** wie die Wieskirche, Schloss Linderhof und der Passionsspielort Oberammergau liegen nur wenige Kilometer östlich der Grenze des Ostallgäus im **Pfaffenwinkel** bzw. **Werdenfelser Land** und lassen sich ohne großen Aufwand auf einem Tagesausflug besichtigen.

Passionsfestspiele

Bis in die fernsten Winkel der Welt kennt man den Namen Oberammergau – dank eines Großereignisses, das alle zehn Jahre über die Oberammergauer wie eine Naturkatastrophe hereinzubrechen scheint. Anspannung, Stress und klingelnde Kassen – das alles bedeuten die Passionsspiele für die 5000-Seelen-Gemeinde.

1633 hatte die in Deutschland wütende Pest auch diese Gebirgsregion erreicht. Da sie keine andere Möglichkeit wussten, sich vor ihr zu schützen, gelobten die Oberammergauer, alle zehn Jahre die Passion Christi aufzuführen, sollten sie verschont bleiben. Der Seuche wurde Einhalt geboten, und aus Bauern wurden Schauspieler auf Zeit. Während der Gegenreformation waren die Oberammergauer nicht die einzigen Passionsspieler der Region. Allein für die erste Hälfte des 17. Jh. sind im bayerisch-österreichischen Raum 40 Spiele dokumentiert. Viele von ihnen sind inzwischen vergessen, die Oberammergauer aber hielten an ihrer Tradition fest und 2020 sollte die Passionsgeschichte zum 42. Mal in Oberammergau aufgeführt werden. Bedingt durch die Corona-Pandemie musste man sie auf 2022 verschieben. Wurden die Spiele auch über die Jahre professionalisiert, so sind sie ein Großereignis und ein gewaltiger Kraftakt geblieben. Immer noch ist die Passion schließlich ein Laienspiel, an dem über 2000 Oberammergauerinnen und Oberammergauer mitwirken, darunter über 450 Kinder.

Ein junges Team um den Münchner Spielleiter Christian Stückl, der selbst aus Oberammergau stammt, brachte im Jubiläumsjahr 2000 frischen Wind in die jahrzehntealten Strukturen. Streichungen und die Eliminierung aller antisemitischen Anklänge bekamen dem Text gut. Markus Zwinck, der musikalische Leiter, bearbeitete die Passionsmusik und der Bühnen- und Kostümbildner Stefan Hageneier befreite die Bühne von hausbackenem Naturalismus.

Die Oberammergauer diskutierten derweil ausgiebig die Frage, ob die Darstellerin der Maria älter als 35 und noch dazu verheiratet sein dürfe. Sie durfte schließlich, und nicht nur das: Auch Einwohner, die nicht in Oberammergau geboren wurden, dürfen nun mitwirken, wenn sie wenigstens zwanzig Jahre im Ort ansässig sind.

Passionsspielhaus

Neben der Bühne, auf der das Leiden Christi in Szene gesetzt wird, gibt es im Passionsspielhaus auch eine Ausstellung zur Geschichte der Spiele mit Originalkostümen und -requisiten zu sehen. In den Sommern zwischen den Passionsspieljahren spielt man Theaterstücke oder Opern auf der Bühne (Programm unter www.oberammergau.de).

Theaterstr. 16, T 08822 941 36, Ausstellung: Di–So 10–17 Uhr, Erw. 6 €

Besondere Traditionen

Oberammergau ist schon ›Ludwig-Landl‹, und weil vom Ruhme des Monarchen und dem Geld, das dieser mit sich bringt, auch ein Stück auf das Umland seiner Schlösser abfällt, ehrt man den Bayernkönig denn auch jeweils am Vorabend seines Geburtstags, am 24. August. Aus Brennholz-Scheiten wird u. a. auf dem Oberammergauer Hausberg, dem Kofel, eine riesige Königskrone errichtet, die nach Anbruch der Dunkelheit mit musikalischer Untermalung feierlich entzündet wird.

Eine weitere Besonderheit des Ortes sind die **Lüftlmalereien,** eine Form illusionistischer Fassadenmalerei mit vorwiegend religiösen Motiven, die sich im 18. Jh. besonders im Werdenfelser Land großer Beliebtheit erfreute. Ob die Bezeichnung wirklich daher kommt, dass in frischen ›Lüftln‹ gemalt wurde, darf bezweifelt werden. Eher geht der Name auf Franz Seraph Zwinck (1748–92) zurück, den wohl berühmtesten ›Lüftlmaler‹, der zeitweise im Haus Zum Lüftl lebte. Farbenfroh zeigt sich die Pfarrkirche **St. Peter und Paul,** ein Beispiel der Sakralkunst des Rokoko.

Pilatushaus mit Werkstätten

Von Franz Seraph Zwinck stammt das wohl schönste Beispiel für die Lüftlmalerei, das er 1784 mit Scheinarchitektur und religiösen Szenen aufs Bunteste schmückte. Innen ist eine der größten Sammlungen von Hinterglasbildern weltweit zu bewundern.

Außerdem geben die **Lebenden Werkstätten** Einblick in die Oberammergauer Volkskunst: Die Herrgottsschnitzerei kam im 16. Jh. auf, um den Bauern ein Zubrot zu verschaffen. Traditionen weiß man in Oberammergau zu pflegen, und so gibt es neben der Fachschule für Holzschnitzerei fast 30 Schnitzwerkstätten – auch Urlaubsgäste können Schnitzkurse buchen.

Ludwig-Thoma-Str. 10, Infos zu Öffnungszeiten unter www.oberammergaumuseum.de oder T 08822 94 95 11, 3,50 €

Kloster Ettal

📍 5

Der Kniefall eines Pferdes

Vor dramatischer Bergkulisse erhebt sich die überdimensionale Kuppel der **Wallfahrtskirche des Klosters Ettal.** 1330 schon stiftete Ludwig der Bayer an der Stelle, wo das Pferd des Kaisers vor einer Tanne dreimal in die Knie gegangen sein soll, ein Kloster, dessen kostbarster Besitz eine vom Kaiser aus Italien mitgebrachte marmorne **Marienfigur** wurde. Sie wurde Zentrum einer Wallfahrt. Zu Ruhm und Ehren gelangte das Kloster aber erst in der Barockzeit. Während des Nationalsozialismus fanden die Widerstandskämpfer Pater Rupert Mayer und Dietrich Bonhoeffer hier Unterschlupf, obwohl der Abt bereits von der Gestapo verhaftet worden war.

Die Kirche, ein ursprünglich gotischer Bau, erhielt ihre heutige Gestalt als zwölfeckiger Zentralbau im 18. Jh. Himmelwärts führt der Blick durch das gewaltige Kuppelfresko des Tirolers Jakob Zeiler, auf dem die Engel aus 400 Kehlen die Herrlichkeit Gottes und des Benediktinerordens preisen.

Leben im Kloster

Die Besuchermassen strömen von der Kirche geradewegs ins **Klosterbräustüberl,** um nach barockem Kunstgenuss ebenso barock zu speisen. An kalten Tagen wärmt der berühmte Klosterlikör, für den im Mittelalter der Klosterapotheker Rezepturen komponierte, und an warmen Tagen kühlt das Ettaler Klosterbier, das hier seit dem 16. Jh. gebraut wird. Der Tagesablauf der Mönche ist zwar wie vor 700 Jahren den Regeln des heiligen Benedikt unterworfen, doch das Wirtschaftsleben hat sich dem 21. Jh. angepasst. Neben der Brauerei betreibt man das **Klosterhotel** Ludwig der Bayer mit Spa, den Ettaler Verlag, die **Schaukäserei** Ettal, den Ettaler Onlineshop und eine renommierte Schule mit Internat.

Kaiser-Ludwig-Platz 1, Ettal, www.kloster-ettal.de, Basilika 8–19.45 Uhr, Führungen Mo und Do 15 Uhr

E

LOHNENDE EINKEHR

Wer im Klosterbräustüberl keinen Platz gefunden hat, kann in der Ettaler Mühle (an der Abzweigung nach Linderhof) einkehren. Das traditionsreiche Gasthaus in einer ehemaligen Mühle lockt an Sommertagen mit Biergarten und Spielplatz, an kalten Tagen mit gemütlicher Stube. Die Qualität des Essens schwankt ein bisschen. Ein Klassiker im Mühlenlokal: Forelle Müllerin. Und immer gut aufgelegt ist die Bedienung (Ettaler Mühle 1, Ettal, T 08822 64 22, €–€€).

Schloss Linderhof

H 5

Im verschwiegenen **Graswangtal** liegt Ludwigs intimstes und wohnlichstes Schloss: **Linderhof.** Hier verbrachte er, anders als in den anderen Schlössern, tatsächlich mehr als nur ein paar Nächte. Eines der Lustschlösser im Park von Versailles, das Petit Trianon, diente als Vorbild für die Königliche Villa, wie Ludwig das Schloss gern nannte.

Mittelpunkt des königlichen Appartements war das riesige **Schlafzimmer** mit der gewaltigen Bettstatt in Ludwigs Lieblingsfarbe Blau. Sein Allerheiligstes ist zugleich eine Huldigung an den Sonnenkönig Ludwig XIV., der für das absolute, das einzig ›wahre‹ Königtum einstand.

Im **Speisezimmer** ist das berühmte »Tischlein deck dich«, ein trauriges Symbol für die Kommunikationsunfähigkeit des Königs, der an dem bis in die Küche versenkbaren Tisch ohne die Anwesenheit von Dienern speisen konnte und dafür Gesellschaft mit imaginären Seelenverwandten aus dem Frankreich des verehrten Sonnenkönigs pflegte.

Ein Höhepunkt ist der prunkvolle **Spiegelsaal,** dessen Wirkung noch beeindruckender sein musste, wenn Ludwig, der Nachtmensch, hier beim Schein unzähliger Kerzen weilte.

Garten der Überraschungen

Der Name Linderhof geht auf eine alte Linde zurück, die Ludwig bei der Anlage des Parks nicht fällen lassen wollte. Vielmehr ließ er in ihrer Krone einen **Freisitz** errichten – einen herrlichen Platz für ein königliches Frühstück. Bei den **Wasserspielen,** die jeweils zur vollen Stunde stattfinden, entfaltet der Garten einen besonderen Zauber.

Der Garten in der Achse von Schloss Linderhof ist im strengen französischen Stil angelegt. Drumherum windet sich aber ein weitläufiger englischer Landschaftsgarten mit etlichen kleinen exotischen Parkbauten.

Von Ludwigs exotischen Träumen erzählt der **Maurische Kiosk**, den der König auf der Pariser Weltausstellung 1867 entdeckte und aufkaufte. Eine Kopie des persischen Pfauenthrons ließ er einfügen. Das Marokkanische Haus erwarb er 1878, ebenfalls auf der Weltausstellung. In exotische Gewänder gekleidete, auf Teppichen lagernde Diener waren die Statisten in den »tableaux vivants«, lebenden Bildern, die Ludwig von Zeit zu Zeit hier inszenierte.

Insbesondere aber ließ der Theaterliebhaber **Schauplätze aus Wagner-Opern** nachempfinden. So etwa entführt die Hundinghütte, in der Ludwig Met-Gelage nach germanischem Vorbild zelebrierte, in den ersten Akt der »Walküre«. Die Idee zur Einsiedelei des Gurnemanz stammt von »Parsifal«. Das verfallene Gebäude wurde rekonstruiert, die Innenausstattung ging allerdings unwiederbringlich verloren.

Die meisten Besucher des Schlosses Linderhof zieht es aber zur spektakulären **Venusgrotte** aus dem ersten Akt des »Tannhäuser«: eine künstliche Tropfsteinhöhle mit Wasserfall und See. Mit Vorliebe ließ sich König Ludwig in einem elektrisch betriebenen Muschelkahn (S. 278) über den See fahren. Ganze 24 Dynamo-Maschinen – das erste »Elektrizitätswerk« Bayerns gewissermaßen – sorgten für die perfekte Illusion. Ein faszinierendes Beispiel für die Technikaffinität des Königs.

Linderhof 12, Ettal, T 08822 92 03 0/21, https://schlosslinderhof.de, April–15. Okt. tgl. 9–18, 16. Okt.–März tgl. 10–16 Uhr, Führungen auf Deutsch und Englisch, Schloss mit Parkbauten, 7,50 €, Tickets am besten vorab online buchen: https://ticketshop-linderhof.de, der Park ist frei zugänglich

Ostallgäu

Kochkünstler, Craft Beer und eine Heilige — Bodenständiges trifft auf Übersinnliches, und vom Flachland kommt man ratzfatz ins Reich der Berggipfel, wo Ludwig seinen letzten Traum träumte.

Seite 52

Kaufbeuren

Stolz blickt die größte Stadt und das Geschäftszentrum des Ostallgäus auf eine 1000-jährige Geschichte zurück. Durch Handel wurde die einstige Freie Reichsstadt wohlhabend. Heute noch erzählen Bürgerhäuser, Kirchen und Türme von der frühen Blütezeit.

Seite 67

Golfen bei Nesselwang

Dass Golfen unerschwinglich teuer ist, entkräften Golfpauschalen auf dem Alpenseehof bei Nesselwang und Golfschnupperwochen und -kurse am Attlesee.

Craft Beer braute man hier schon lange, bevor es in Mode kam.

Eintauchen

Seite 68

Burgruinen Eisenberg und Hohenfreyberg

Daran, dass das Allgäu einst stolzes Burgenland war, erinnert noch so manche Burgruine. Eisenberg und Hohenfreyberg (Abb.) verbindet ein Spaziergang.

Seite 69

Das Sudhaus in Eisenberg

Eisenbergs urgemütliches Gasthaus Maria Hilfer Sudhaus hat eine eigene Brauerei. Bierspezialitäten vom Feinsten sind begleitet von schnörkelloser bayerischer Regionalküche mit besten Produkten.

Seite 70

Pfronten

Im Allgäuer Bilderbuchgasthof Schlossanger Alp zu Füßen der Burg Falkenstein in Pfronten steht Barbara Schlachter-Ebert am Herd, die sich als eine der wenigen Frauen in die Oberliga der Küchenchefs kochte.

Seite 73

Tannheim

Zimmer mit edlen Naturmaterialien, Feinschmeckerküche und ein Wellnessbereich der Superlative erlebt man im Hotel Jungbrunn.

Seite 62

Apfeltrang

Bier ist im Allgäu wie überall in Bayern flüssige Nahrung. Spannend für jeden Biertrinker sind Exkursionen zu kleinen Privatbrauereien, wo man sogar selbst brauen lernen kann, etwa im Landgasthof Hubertus. Bierschätze gibt es auch in der Umgebung zu heben.

&

Seite 75

Haldensee

Baden vor Bergkulisse: Der Haldensee bei Grän im Tannheimer Tal ist ein richtiger Bilderbuchsee – und das Wasser hat Trinkwasserqualität!

Moderne Architektur trifft auf Ausstellungen zeitgenössischer Kunst – das Kunsthaus in Kaufbeuren ist ein solcher Treffpunkt.

Crescentia, die erste Heilige des neuen Jahrtausends, war Ostallgäuerin. Genau wie Heimatdichter Ludwig Ganghofer. Ein Besuch in Kaufbeuren bringt beide näher.

erleben

Burgen, Bier und eine Heilige

U

Unbestrittener Mittelpunkt der Region ist Kaufbeuren. Die einstige Freie Reichsstadt und Heimatstadt der hl. Crescentia, die der Papst 2001 heiligsprach, punktet mit reichlich Kunst und Kultur und liegt mitten im Allgäuer Bierland, wo manch kleine Brauerei vorzügliche Biere braut. Weiter südlich wird es gebirgig, und rund um Pfronten am Alpenrand finden Wanderer, Radler, Gesundheitsurlauber im weiten Talkessel der Vils ein ideales Revier. Nicht versäumen sollte man einen Ausflug über die Grenze nach Österreich ins Wanderparadies Tannheimer Tal.

Kaufbeuren ✪ G 2

Die größte Stadt des Ostallgäus ist auch **Geschäfts- und Kulturzentrum** der Region. Im Vorort Neugablonz fand nach dem Zweiten Weltkrieg die sudetendeutsche Schmuckindustrie eine neue Heimat. Kloster Irsee schließlich ist Pilgerort für Liebhaber barocker Kirchenkunst und vollendeter Bierbrauerkunst gleichermaßen.

ORIENTIERUNG

O

Infos: Tourismusverband Ostallgäu, Schwabenstr. 11, 87616 Marktoberdorf, T 08342 91 15 06, www.landkreis-ostallgaeu.de/tourismus.html
... für Wanderer und Radler: www.wandern-ostallgaeu.de/ www.rad-ostallgaeu.de/
Gästekarte: Wer bei Partnerbetrieben der KönigsCard (www.koenigscard.com) nächtigt, kann 150 Angebote in den Regionen Allgäu, Naturparkregion Reutte und den Ammergauer Alpen (Bergbahnen, Skilifte, Bäder, Museen etc.) kostenlos nutzen.

Stadtgeschichte

Die ehemalige **Freie Reichsstadt** mit heute rund 43 000 Einwohnern kann auf eine mehr als 1000-jährige Geschichte zurückblicken. Ein karolingischer Königshof, der an der Stelle des späteren Franziskanerinnenklosters stand, bildete die Keimzelle der Stadt, die 1286 zur Reichsstadt erhoben wurde.

Zuvor hatte man ihr durch den Bau der **Stadtmauer** Wehrhaftigkeit verliehen. Tuchhandel und Weberei vor allem brachten Kaufbeuren in den folgenden Jahrhunderten Wohlstand. Man konnte es sich leisten, die Stadt aufs Prächtigste zu schmücken, und heute noch zeugen Mauerreste, Türme, stolze Bürgerhäuser und gotische Kirchen von der Blütezeit Kaufbeurens.

Diese Ära ging mit dem Dreißigjährigen Krieg zu Ende. Krieg und Seuchen ließen die Bevölkerungszahl dahinschmelzen. 1802 teilten die Kaufbeurer das Schicksal der anderen Schwabenstädte im Allgäu: Sie gerieten unter bayerische Herrschaft.

Tänzelfest

Unbestrittener Höhepunkt des Kaufbeurer Festkalenders ist das Tänzelfest, das älteste Kinderfest in Bayern. Die Ursprünge lassen sich auf jeden Fall bis ins 16. Jh. zurückverfolgen, sind bis heute aber nicht geklärt. Möglicherweise entstand es wie zahlreiche andere Kinderfeste im Allgäuer Raum im Mittelalter, als kindliche Imitation von Zunftfesten.

Immer hat das Tänzelfest seine Zeit gespiegelt: In kriegerischen Zeiten standen militärische Übungen im Mittelpunkt, nach dem Dreißigjährigen Krieg sollte das Fest in erster Linie der Freude der Kinder dienen, die um eine unbeschwerte Kindheit betrogen worden waren.

Heute steht es unter dem Motto »Kinder spielen die Geschichte ihrer Stadt«. In einem gewaltigen Umzug mit Pferden und Musikkapellen ziehen 1600 Kinder in mittelalterlichen Trachten und Renaissance-Gewändern durch die Straßen. Jagdgesellschaften und Gauklertruppen gehören ebenso dazu wie die Kaufbeurer Zünfte, Landsknechtsgruppen aus dem Dreißigjährigen Krieg, schmucke Bauernpaare und biedermeierliche Gruppen aus dem

Feste feiern? Kaufbeuren kann's. Das Tänzelfest bringt im Sommer zwölf Tage lang Schwung in die Stadt.

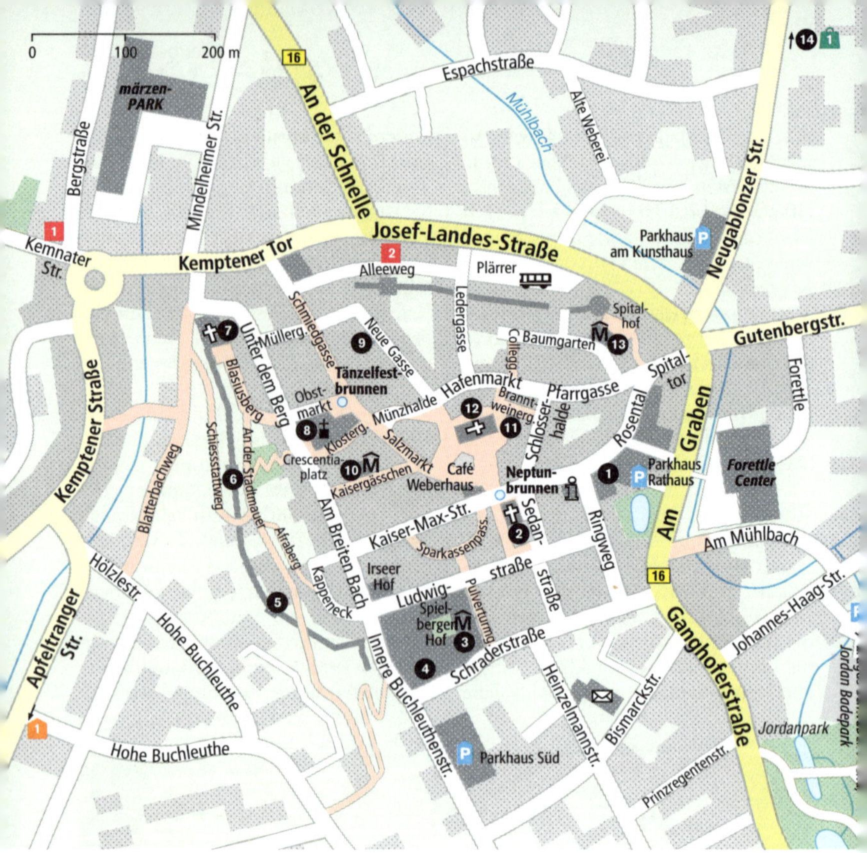

Kaufbeuren

Ansehen

1. Rathaus
2. Dreifaltigkeitskirche
3. Puppentheatermuseum
4. Jörg-Lederer-Haus
5. Hexenturm
6. Fünfknopfturm
7. St.-Blasius-Kirche
8. Crescentia-Kloster
9. Geburtshaus der hl. Crescentia
10. Stadtmuseum
11. Ganghofer-Haus
12. St. Martin
13. Kunsthaus
14. Isergebirgsmuseum

Schlafen

1 Landgasthof Hubertus

Essen

1 Adlerkeller
2 Barfood

Einkaufen

1 Haus der Gablonzer Industrie

19. Jh. Trachtengruppen zeigen Zunft- und Reigentänze und natürlich wird auch ein entsprechend zünftiges Lager abgehalten.

Voller Glauben

Die erste deutsche Heilige des 3. Jt. stammt aus Kaufbeuren – die **hl. Crescentia.** Die Weberstochter Anna Höß, geboren im Jahre 1682 in Kaufbeuren, wurde als junge Frau in das Kloster der Franziskanerinnen aufgenommen und stach schon bald – nun unter dem Namen Crescentia – durch Glaubens- und Tatkraft aus der Gemeinschaft der Klosterfrauen hervor. Sie wurde 1741 zur Oberin des Klosters gewählt.

Unmittelbar nach dem Tod der Ordensfrau 1744 setzte die Wallfahrt zu ihrem Grab in der Kaufbeurer Klosterkirche ein. Pro Jahr sollen 60 000 bis 70 000 Wallfahrer jährlich Zuspruch erfleht haben. Bereits ein Jahr nach ihrem Tod wurde der Prozess der Seligsprechung eröffnet, doch erst 1900 wurde dieser Form der Verehrung von Crescentia von Kaufbeuren durch Papst Leo XIII. entsprochen. Unzählige Gebete soll Crescentia im Laufe der Jahrhunderte erhört haben, eine Wunderheilung nach dem Badeunfall eines Mädchens führten Angehörige auf die Fürbitte der Crescentia zurück. Auch eine Kommission von medizinischen Sachverständigen musste feststellen, dass die Heilung medizinisch nicht zu erklären sei. Crescentia von Kaufbeuren wurde schließlich am 25. November 2001 in Rom von Papst Johannes Paul II. heiliggesprochen.

Dichter-Dichte

In Kaufbeuren erblickten aber auch nicht weniger als drei Dichter das Licht der Welt: Zu den ersten Frauen, die sich schreibend einem größeren Publikum zuwandten, gehörte **Sophie von La Roche,** die 1731 in Kaufbeuren geboren worden war. Heimatdichter **Ludwig Ganghofer,** 1855 ebenfalls hier geboren, gelangte jedoch in Oberbayern zu Ruhm. Und auch der kritische Lyriker, Essayist und Übersetzer **Hans Magnus Enzensberger** (geb. 1929), der zahlreiche Preise erhielt, wie den Frank-Schirrmacher-Preis 2015, stammt aus der ehemaligen Freien Reichsstadt Kaufbeuren.

Kaiser-Max-Straße

Der staufische Straßenmarkt, wo seit 1286 Wochenmarkt abgehalten wird, ist auch heute noch die gute Stube der Stadt und wichtigste Einkaufsstraße. Der Straßenname erinnert an Kaiser Maximilian I., der während seiner Regierungszeit (1493–1519) häufiger Gast in Kaufbeuren war. Manches Bürgerhaus zeugt vom mittelalterlichen Wohlstand der Stadt. Den Abschluss der Straße bildet das **Rathaus** ❶ (Nr. 1) aus dem späten 19. Jh. Im Stil der Neo-Renaissance erbaut, fügt es sich harmonisch dem Mittelalterensemble ein. Schräg gegenüber vom **Neptunbrunnen** liegt das beliebte **Café Weberhaus** – bis 1805 Zunfthaus der Weber, die noch vor den Waffenschmieden die wichtigste Zunft der Stadt bildeten.

Spannungen zwischen Katholiken und Protestanten führten zum Bau der **Dreifaltigkeitskirche** ❷ (Ludwigstr. 1): 1604 nämlich hatte man den Protestanten verboten, die Martinskirche weiterhin für ihre Gottesdienste zu nutzen. Prompt ließen die reichen lutherischen Kaufleute in kürzester Zeit das ehemalige Kaiserhaus, in dem Kaiser Maximilian I. während seiner Besuche genächtigt hatte, zu einer der ersten protestantischen Kirchen in Deutschland ausbauen. Das Ergebnis war eine typische Predigerkirche, in der nicht der Altar, sondern die Kanzel den Mittelpunkt bildet.

Der Flügelaltar von St. Blasius in Kaufbeuren hat eine bemalte Predella, die sehr bewegte Szenen zeigt.

Entlang der Stadtmauer

Im Schutz der Stadtmauer, im Spielberger Hof, fand das **Puppentheatermuseum** ❸ eine Heimat (Ludwigstr. 41 a, Do–Sa 10–12 und 14.30–17 Uhr, 3 €, erm. 1 €). Gezeigt werden Marionetten, Stabpuppen und Handpuppen sowie Puppentheaterbühnen aus aller Welt, außerdem Drehorgeln und Plakate. Im **Jörg-Lederer-Haus** ❹ schuf einer der begabtesten Holzschnitzer der Spätgotik Wunderwerke christlicher Kunst. Lederer lebte und arbeitete von 1507 bis zu seinem Tod 1550 in Kaufbeuren und hinterließ der Stadt einige seiner schönsten Werke. Im ehemaligen **Irseer Hof** (Ludwigstr. 44) unterhielten die Mönche der Abtei Irsee eine Stadtresidenz.

Zu den erhaltenen Türmen der Stadtmauer gehört der 1420 als Wehrturm errichtete **Hexenturm** ❺. Wahrzeichen der Stadt ist der im selben Jahr erbaute **Fünfknopfturm** ❻.

Hier im Westen der Altstadt zieht sich der längste erhaltene Teil der einst 1500 m langen Stadtmauer entlang, die über drei Tortürme und neun Wehrtürme verfügte. Die bereits 1200 erbaute Mauer wurde zweihundert Jahre später durch einen Wehrgang ergänzt. Die spätgotische **St.-Blasius-Kirche** ❼ (Di–So 10–11, 14–16 Uhr, Schlüssel im Mesnerhaus gegenüber) ist zweifellos das Schatzkästchen unter den Kaufbeurer Kirchen und glänzt durch stilistische Einheitlichkeit. Herausragendes Kunstwerk ist der von Jörg Lederer geschaffene Altar, wenn auch die Schnitzfiguren neben dem Kirchenpatron ursprünglich für einen älteren Altar geschaffen wurden. Mit Blasius, dem Patron der Wollhändler, Erasmus, dem Patron der Garnbinder, und Ulrich, dem Patron der Waffenschmiede, sind hier die Schutzherren der wichtigsten Kaufbeurer Zünfte vereint.

Der **Wehrgang,** den man nur im Rahmen einer Stadtführung betreten kann, führt durch die Kirche hindurch bis zum angrenzenden **Blasiusturm**. So konnten die Angehörigen der Bürgerwehr in der Kapelle beten, ohne ihren Posten zu verlassen.

Crescentia-Kloster

Unter Frauen

Unterhalb des Wehrgangs liegt der Eingang zum **Kloster-Biergarten** des **Crescentia-Klosters** ❽, den die Schwestern zum Thema »Sonnengesang des hl. Franziskus« schufen – ein Ort der Stille, der Besinnung, voller Duft und Farben (tgl. 9–20 Uhr). Nachdem man den herrlichen Blick auf die Dächer der Stadt genossen hat, schlendert man langsam zum Klostergebäude, das zwischen schmalen Giebelhäusern liegt, in denen im 15. und 16. Jh. die Leineweber der Stadt lebten.

In der vom Edelfräulein Anna vom Hof gegründeten Frauengemeinschaft (1150), dem heutigen Crescentia-Kloster, lebte und wirkte Crescentia ab 1703 und starb hier 1744. Heute leben im Kloster noch 50 Schwestern nach der Ordensregel des heiligen Franziskus. Einkehrtage machen das Klosterleben im 21. Jh. transparent.

In der eingegliederten **Crescentia-Gedenkstätte** (Führung Mi und jeden 1. und 3. Sa im Monat und jeden Mittwoch um 15 Uhr) erinnern Kleidungstücke, die Crescentia auf Reisen trug, oder das Dekret ihrer Heiligsprechung an die Klosterfrau.

Die Reliquien der wackeren Ordensfrau, die in einem Schrein in der **Klosterkirche** (Mo–Do und Sa 7–18.15, Fr 11–18.15, So 8.30–18.15 Uhr) ruhen, wurden anlässlich der Seligsprechung 1900 zu einem Körper zusammengefasst und eingekleidet.

Der 86 km lange **Crescentia-Pilgerweg** führt von Kaufbeuren nach Ottobeuren (s. u. und S. 161).

Obstmarkt 5, www.crescentiakloster.de, Führungen auf Anfrage

Geburtshaus der hl. Crescentia

Auf dem Weg zum **Geburtshaus der hl. Crescentia** ❾ passiert man den **Tänzelfestbrunnen**. Er zeigt Anna vom Hof, der Überlieferung nach die Gründerin des Frauenklosters, und Tänzelfestkinder – eine Hommage an das wichtigste Fest der Stadt.

In dem Haus in der Neuen Gasse (nur Außenbesichtigung möglich) wurde 1682 Anna Höss als Tochter armer schwäbischer Webersleute geboren, die wie der Großteil der Handwerkerfamilien der katholischen Minderheit angehörten. Sie trat als junge Frau ins Kloster ein und nahm den Ordensnamen Crescentia an. Als praktisch veranlagte und zudem überaus geistreiche Oberin stand sie dem Franziskanerinnenorden vor. Darüber hinaus war die tatkräftige Seelsorgerin, die den kirchlichen Würdenträgern durchaus Kontra geben konnte, Beraterin wichtiger Persönlichkeiten ihrer Zeit und sie zählte allein 70 Fürsten zu ihren Briefpartnern. Um die Lebensrealität einer Weberfamilie des 17. Jh. zu verdeutlichen, wurde neben Crescentias Geburtshaus im Weberhaus (Besichtigungsanfragen bei der Tourist Information im alten Rathaus) eine Wohnung entsprechend den Größenverhältnissen im 17./18. Jh. umgestaltet.

Ähnlich beengt werden die spätere Klosteroberin und ihre Familie einst gelebt haben. In zwei Zimmern drängte sich eine Großfamilie – kein Wunder, dass die Aufnahme ins Kloster für viele einem sozialen Aufstieg gleichkam. Lernen zu dürfen und sich geistigen

TOUR

Allgäuer Braukunst – Hopfen und Malz, Gott erhalt's

Tour zu Privatbrauereien, einem Museum und einem Gasthof

Lange bevor Mikro-Brauereien wie Pilze aus dem Boden schossen, konnten im Ostallgäu in kleinen und kleinsten Privatbrauereien Liebhaber des nahrhaften Getränks auf Entdeckungsreise gehen. Bevor es ans Probieren geht, kann man im Bierseminar oder Bierbraumuseum einiges über die hohe Kunst des Brauens lernen.

Die älteste Lebensmittelverordnung der Welt ist und bleibt das bayerische Reinheitsgebot, das am 23. April 1516 festlegte, was ins Bier gehört - Malz, Hopfen und Wasser nämlich. Später kam noch Hefe als erlaubte Zutat hinzu. Die Vorschrift kam nicht von ungefähr: Bierpanscher kippten im Mittelalter alles ins Bier, was verfügbar war. Harmloses wie Hirse und Bohnen oder wenig Appetitliches wie Pech, Ochsengalle oder Ruß.

Eine reine Erfolgsgeschichte

Der Erfolg der bayerischen Verordnung war überwältigend und machte sie schnell über Bayerns Grenzen hinweg populär. Nach dem Zweiten Weltkrieg wurde das Reinheitsgebot schließlich im Biersteuergesetz verankert und ist bis heute deutschen Bierbrauern heilig.

Doch wie wird aus vier Zutaten ein schmackhaftes Gebräu? Basis ist das aus Getreide gewonnene Malz, das man drei Tage lang einweicht und keimen lässt. Bei 85–100 °C wird das sogenannte Grünmalz getrocknet. Dieser

Prozess – das Mälzen – beeinflusst ganz entscheidend Geschmack, Farbe und Haltbarkeit des Bieres. In der Brauerei wird das Malz dann geschrotet, gefolgt vom ›Einmaischen‹ – Malz und Wasser werden im Maischebottich vermischt –, bevor der Treber, die festen Bestandteile, abgetrennt und die Flüssigkeit mit dem Hopfen, dem eigentlichen Gewürz des Brauers, vermischt wird. Nach Abkühlung auf 5 °C heißt es: Ab in den Gärkeller! Hier wird Hefe zugesetzt, die die Gärung in Gang setzt. Dabei wird Zucker in Alkohol und Kohlensäure umgewandelt. Meist wird die Hefe nach einer Woche wieder abgezogen, und die Reifezeit beginnt. Je nach Sorte dauert dies bis zu drei Monate. Zuletzt wird das fertige Bier meist gefiltert und schließlich zur Verköstigung vorbereitet.

Dafür gibt es das Reinheitsgebot: Damit man das Bier einfach unbeschwert genießen kann!

Brautraditionen

Schon die Germanen schätzten den süffigen Trank, der zu ihrer Zeit allerdings wohl recht süßlich schmeckte. Erst im 8. Jh. kam man auf die Idee, dem Bier durch Zugabe von Hopfen einen fein-herben Geschmack zu verleihen. Im Mittelalter verfeinerten vor allem Mönche die Braukunst. Für sie war das Bier, besonders das Starkbier, willkommene Fastenspeise – so auch im Ostallgäuer Kloster Irsee.

Mit der Säkularisierung wurden die Mönche vertrieben, und in vielen Klöstern ging damit auch die Braukunst verloren. In einigen blieb sie glücklicherweise erhalten oder wurde wiederbelebt. Und die Biere munden nach wie vor vorzüglich – unabhängig davon, ob Mönche oder private Braumeister am Braukessel stehen.

Privatbrauereien im Allgäu

In Bayern gilt Bier als flüssiges Brot und ist aus dem Alltag nicht wegzudenken. Und in Regionen, wo alte Traditionen gehegt und gepflegt werden – wie im Allgäu –, fand man immer, noch vor dem Trend zum Craft Beer, eine Vielzahl kleiner und kleinster Brauereien. Mit pfiffigen Ideen und Leidenschaft setzen sich die über 30 Privatbrauereien, in denen nach Familienrezeptur

Infos

F 2/G 3

Dauer: je nach Programm 4 Std., ein Tag oder ein Wochenende

Planung: Beide Brauereien können an einem Tag besichtigt werden. Wer ein Bierseminar belegen möchte, sollte ein Wochenende einplanen.

Langasthof Hubertus: Apfeltrang, www.hubertus-apfeltrang.de; Braukurs: Sa und auf Anfrage, S. 62

gebraut wird, gegen die großen Konzerne durch. Die Braumeister übertreffen sich gern gegenseitig mit neuen Sorten und Geschmacksvariationen. So können Bierfans in den zahlreichen kleinen Brauereien immer wieder unterschiedliche Biere kosten.

Kloster Irsee

Im Ostallgäuer **Kloster Irsee** (S. 63) bei Kaufbeuren ist eine der ältesten deutschen Brauereien beherbergt. An die historischen Gerätschaften der Irseer Brauer erinnert das **Braumuseum** (tgl. 9–19 Uhr), wo man den Weg vom Rohstoff über die Verarbeitung mit Maschinen einst und jetzt nachverfolgen kann. Am Ende können Besucher einen Blick in das Sudhaus werfen und steigen hinab in das kühle Kellergewölbe, in dem der Kloster Urtrunk wie in alten Tagen langsam und stetig reift. Rund 5000 hl im Jahr werden gebraut – immer einmal im Monat 2–3 Tage lang. Und bis heute gibt man dem Bier reichlich Zeit zum Reifen – bis zu 50 Wochen! Führungen mit Probe gibt es nur für Gruppen, denen sich Privatleute aber immer anschließen können. Höhepunkt des Rundgangs ist stets die Kostprobe der beliebtesten Sorten wie dem Irseer Klostertrunk. Es muss ja nicht immer der Abttrunk sein, der mit stolzen 9% Alkohol zu den stärksten Bieren der Welt zählt … (www.irsee.com).

Apfeltranger Bier

In **Apfeltrang** bei Kaufbeuren, im **Landgasthof Hubertus** (S. 62), kann man (noch) nicht von langer Tradition sprechen. Der gelernte Koch Thomas Petrich braute erst 2006 sein erstes Bier. Längst füllt er stolze 200 hl im Jahr in die Fässer und versorgt sein Restaurant mit eigenem Bier. In der Hausbrauerei kann man außerdem Braukurse buchen.

Brauen lernen

Auch im Brauereigasthof zur Post in **Nesselwang** (S. 67) können Bierfans bei einer Brauereiführung mit der Bier-Sommelière und bei der anschließenden Bierprobe lernen, was sich hinter Fachbegriffen wie »Einmaischen«, »Läutern« oder »Anschwärzen« versteckt, oder an einem erlebnisreichen Tag, begleitet vom Braumeister, die Grundbegriffe des Brauens erlernen.

Interessen zu widmen, statt webend den Lebensunterhalt zu verdienen und Jahr für Jahr – wie es das Schicksal der meisten Frauen war – ein Kind zur Welt zu bringen, war sicher nicht die schlechteste Alternative.

Zwischen Salzmarkt und Spitaltor

Mit viel Gemüt

Stadt- und Regionalgeschichte stehen im Zentrum der Ausstellungen des **Stadtmuseums ⑩**. Aber auch ein berühmter Sohn der Stadt wird hier in einer Gedächtnisstätte geehrt: Ludwig Ganghofer, der bayerische Heimatdichter schlechthin. Der bis heute meistverfilmte deutsche Schriftsteller schrieb seine gemütvollen Romane, Erzählungen und Volksstücke allerdings in Oberbayern. Im **Ganghofer-Haus ⑪** (Kirchplatz 8) wurde er 1855 geboren. Seine Jugend in Kaufbeuren beschrieb er in seiner Autobiografie »Lebenslauf eines Optimisten«.

Kaisergässchen 12–14, Di–So 10–17 Uhr, Erw. 5 €, erm. 4 €, Kinder und Jugendliche (unter 18) 1 €, Fam. 10 €, Sa freier Eintritt

St. Martin

Die spätgotische katholische **Stadtpfarrkirche St. Martin ⑫** (Pfarrgasse 18) betritt man heute noch durch das Portal des romanischen Vorgängerbaus. Der Innenraum wurde im Laufe der Jahrhunderte mehrfach umgestaltet, zunächst barock, später neugotisch. An die Zeit künstlerischer Hochblüte in Kaufbeuren erinnern einige spätgotische Schnitzarbeiten wie die Anbetung der Könige von Hans Kels d. Ä. (1525).

Kunsthaus

Die Architektur des 1996 eröffneten **Kunsthauses ⑬** an der alten Stadtmauer empfindet mit modernen Mitteln mittelalterliche Bauformen nach und erinnert an die mittelalterlichen Salz- und Kornstadel. Ausstellungen zeigen nicht selten Werke renommierter zeitgenössischer Künstler von Beuys bis Baselitz, erinnern aber auch an wichtige Persönlichkeiten der Stadtgeschichte wie Ludwig Ganghofer oder die hl. Crescentia.

Spitaltor 2, www.kunsthaus-kaufbeuren.de, Di–So 10–17 Uhr, 6 €, auch Führungen und Workshops für Kinder

Neugablonz

Nach dem Ende des Zweiten Weltkriegs fanden Flüchtlinge und Heimatvertriebene aus dem Osten, aus Böhmen, Schlesien und dem Sudetenland, im Allgäu eine neue Heimat. Die Allgäuer Bevölkerung stieg insgesamt um ein Drittel an. Einzigartig aber war die Ansiedlung von 18 000 Heimatvertriebenen aus Gablonz (Jablonec nad Nisou) im Sudetenland bei Kaufbeuren. Sie schufen sich im Allgäu eine neue Existenz und machten den neu entstandenen Ortsteil **Neugablonz** zum Markenzeichen. Im heimischen Sudetenland hatten sie durch die Erzeugung von Modeschmuck Weltruf erworben. Was lag näher, als mit diesem Know-how im Westen neu anzufangen? Auf dem Gelände einer einstigen Dynamitfabrik, das die Stadt Kaufbeuren zur Verfügung gestellt hatte, begann man mit der Produktion, und der Erfolg stellte sich schnell ein. Schmuck aus Neugablonz erlangte bereits Anfang der 1950er-Jahre wieder weltweite Bedeutung.

Bis heute ist Neugablonz ein Zentrum des Modeschmucks in Deutschland – auch wenn den Betrieben die Konkurrenz aus Billigländern längst zu schaffen macht. Von der Schmuckherstellung hat man mehr und mehr auf die Produktion technischen Zubehörs für Großbetriebe umgestellt.

C

DER HEILIGEN CRESCENTIA AUF DER SPUR

Eine **Karte** des Crescentia-Pilgerwegs mit Streckenbeschreibungen, Höhenprofilen und Sehenswürdigkeiten am Wegesrand, ergänzt durch einen Pilgerpass mit Übernachtungs- und Einkehrmöglichkeiten, sind kostenlos in den Tourist Informationen Kaufbeuren, Mindelheim und Ottobeuren erhältlich oder stehen zum Download bereit: www.kaufbeuren-tourismus.de/pilgern/crescentia-pilgerweg/etappenbeschreibungen.html.
Zum Weiterlesen: Die heilige Crescentia Höß von Kaufbeuren. Biografie der Heiligen aus dem Ostallgäu, Karl Pörnbacher.

In dieser größten Ansiedlung Heimatvertriebener in ganz Europa werden die Traditionen und die Mundart der verlorenen Heimat bis heute bewahrt und gepflegt. So stellte man auch den alten Gablonzer Stadtbrunnen des Jugendstil-Bildhauers Franz Metzner wieder auf.

Isergebirgsmuseum

Das **Isergebirgsmuseum** (14) im Gablonzer Haus ermöglicht eine unterhaltsame Reise durch die deutsche Geschichte, veranschaulicht Kultur des Isergebirges und das Schicksal der Sudentendeutschen zwischen Vertreibung und Neuanfang, führt in die traditionsreiche Glitzerwelt der **Gablonzer Schmuckwarenindustrie** ein und porträtiert Unternehmer, Wissenschaftler und Künstler aus dem Isergebirge wie etwa **Ferdinand Porsche**, den Kinderbuchautor **Otfried Preußler** oder den Kristallkünstler **Daniel Swarovski**.

Marktgasse 8, Neugablonz, Di–So 14–17 Uhr, www.isergebirgs-museum.de, 4 €

Schlafen, Essen

Für Bierfans und Familien

1 **Landgasthof Hubertus:** Neue Zimmer und Ferienwohnungen, gemütlich und großzügig dimensioniert, findet man hier zu familienfreundlichen Preisen. Viel Platz zum Spielen für die Kleinen, Braukurse für Väter, Massage für Mütter. Fürs Wohlbefinden: eine kleine Wellnessoase und ein Pool für die ganze Familie. Der Clou sind Thomas Petrichs Bierbrauerkurse in der hauseigenen Mini-Brauerei (S. 58). Bodenständige Regionalküche im Gasthaus mit Biergarten.

Wenglinger Str. 2, Apfeltrang (5 km südl. von Kaufbeuren), T 08341 819 76, www.hubertus-apfeltrang.de, €€

Traditionsgasthaus

1 **Adlerkeller:** Schwäbisch-bayerische Küche mit schönem Biergarten. Außerdem Jazz, Swing und Kleinkunst im Live-Club im alten Kellergewölbe.

Kemnater Str. 2, T 08341 24 41, www.adlerkeller.de

Vegane Küche

2 **Barfood:** Sympathisches kleines Café mit großem Herz für alle, die auf Fleisch und tierische Produkte verzichten.

Alleeweg 2a, T 0176 95 14 71 06, Do/Fr 11.30–20, Sa 9–20 Uhr, €

Einkaufen

Fabrikverkauf

1 **Haus der Gablonzer Industrie:** Eine Erlebnisausstellung der Gablonzer Industrie zeigt anschaulich die Entwicklung der Schmuckherstellung durch die Jahrhunderte. Außerdem bekommt man Infos zu Fabrikverkäufen von Herstellern.

Neue Zeile 11, Mo–Fr 9.30–12, Mo–Do 14–17 Uhr, Ende Juli bis Mitte Aug. geschl.; mit Verkauf

Bewegen

Stadtführungen

Führungen durch die historische Altstadt, Themen- und Kinderführungen bei Kaufbeuren Tourismus.

Infos

- **Kaufbeuren Tourismus- und Stadtmarketing e. V.:** Kaiser-Max-Str. 1, 87600 Kaufbeuren, T 08341 43 71 90, www.kaufbeuren.de.
- **Tänzelfest:** im Juli. Das Kaufbeurer Kinderfest ist das wichtigste Stadtfest, mit Aufführungen von Kindern (S. 53).

Kloster Irsee F 2

Die Geschichte des Klosters begann im Jahr 1182. Die barocke Pfarrkirche von Irsee, bis zur Säkularisation 1803 Klosterkirche, wurde aber erst – wie der heutige Klosterbau selbst – an der Schwelle vom 17. zum 18. Jh. erbaut. Feine Stuckaturen schmücken den Raum, in dem die ungewöhnliche **Schiffskanzel** den Akzent setzt: ein starkes Schiff in den Wogen der Welt. Der Kanzelkorb hat die Form eines Schiffsbugs, auf dem Schalldeckel flattert ein blaues Segel.

Das Prunkstück der ehemaligen Abtei ist das **Treppenhaus,** dessen prächtige Ausschmückung am einstigen Rang der geistlichen Residenz keinen Zweifel lässt. Die Klosterräume, in denen heute die **Schwabenakademie,** ein Bildungszentrum des Regierungsbezirks Schwaben, untergebracht ist, sind wie **Museum** und **Bibliothek** nur im Rahmen einer Führung zu besichtigen. Ein 1981 eingeweihtes Denkmal von Martin Wank erinnert an ein dunkles Kapitel der Klostergeschichte: Während des Nationalsozialismus wurden über 2000 Patienten der damaligen Heil- und Pflegeanstalt Irsee in Vernichtungslager deportiert und dort ermordet.

Was wäre ein bayerisches Kloster ohne Brauerei? Das kann man sich hier – wenn auch nicht mehr von Mönchen gebraut – nach wie vor schmecken lassen. Vor dem Genuss kann man sein Bierwissen im **Braumuseum** aufpolieren (tgl. 9–19 Uhr; S. 60).

Klosterring 1, Irsee

Schlafen, Essen

Hinter dicken Klostermauern

Irseer Klosterbräu Hotel und Braugasthof: Komfortable Zimmer hinter massiven Klostermauern. Hier speist man unter mittelalterlichen Gewölben oder im Biergarten unter Kastanien. Das selbst gebraute Bier schmeckt zu Bierbrotbrezensuppe sowie zu deftigen bayerischen Klassikern wie Spanferkel, Ochsengulasch oder Wildschweinbraten aus der Kräuter-Bierbeize.

T 08341 43 22 00, www.irsee.com, €€–€€€

Marktoberdorf

G 3

Die Hauptstadt des Landkreises Ostallgäu mit ihren 18 500 Einwohnern wirkt ländlich-gemütlich. Sie wurde 1150 als »Oberdorf« erstmals erwähnt und nannte sich nach der Markterhebung 1453 folgerichtig Markt Oberdorf. Die Anbindung ans Eisenbahnnetz 1870 brachte Leben in den bäuerlich geprägten Ort, und Industrieunternehmen siedelten sich an. 500 Jahre nach der Markterhebung schließlich wurde der Ort zur

R

ROOFTOP UND VIEL MEHR

Aus der Sky Bar, der coolsten Roof-Top-Bar des Allgäus, aber auch von den Balkonen der großzügig dimensionierten Zimmer, blickt man im Wellnesshotel Weitblick über sattgrüne Wiesen und Wälder bis zur Alpenkette. Auch das Spa lässt keine Wünsche offen, und in den beiden Restaurants speist man vorzüglich – leicht und frisch. Programme wie eine Yoga-Session über eine Hüttenwanderung und diverse Ausflüge sind inklusive oder zubuchbar (Schongauer Str. 48, T 08342 410 10, www.weitblick-allgaeu.de, €€€).

Stadt erhoben, die seither Marktoberdorf heißt. Größter Arbeitgeber ist die Firma Fendt, die Traktoren und Erntemaschinen produziert.

Die wichtigsten Sehenswürdigkeiten konzentrieren sich auf dem **Schlossberg**, der vom einstigen Jagdschloss der Augsburger Fürstbischöfe dominiert wird.

Schloss

Die einstige Sommerresidenz der Augsburger Fürstbischöfe, ein prächtiger Barockbau des Füssener Architekten Johann Georg Fischer (1723–28), ist heute Sitz der **Bayerischen Musikakademie,** die zahlreiche Veranstaltungen rund ums Jahr durchführt und als Begegnungsstätte für Musiker aller Sparten und Altersgruppen dient.

Eine Sehenswürdigkeit ganz anderer Art ist die 200 Jahre alte und 2 km lange Lindenallee, die vom Schloss abwärts führt. Kurfürst Clemens Wenzeslaus, Herzog von Sachsen und Kurfürst von Trier, ließ sie für seine Ausfahrten anlegen.

Lindenallee

St. Martin

Die Kirche steht unterhalb des ehemaligen Schlosses. Um 1200 bereits war am Platz des heutigen Gotteshauses eine romanische Kirche errichtet worden, im 18. Jh. erfolgte der Umbau im Stil des Rokoko nach Plänen des Baumeisters Johann Georg Fischer. Er schuf einen mächtigen Raum mit farbigen Fresken und zartem Stuck, der prächtig und feierlich, dabei aber keinesfalls überladen wirkt.

Schlossberg

Künstlerhaus Marktoberdorf

Das **Künstlerhaus,** ein gelungenes Ensemble aus einer Gründerzeitvilla und einem modernen kubischen Klinkerbau, bietet seit 2001 der zeitgenössischen Kunst in Marktoberdorf eine Heimat. Zum Teil hochkarätige Ausstellungen locken ein breites Publikum an.

Kemptener Str. 5, www.kuenstlerhaus-marktoberdorf.de, Di, Mi, Do Fr 15–18 Uhr, Sa, So 14–18 Uhr, 5 €

Auerberg

G3

Am Auerberg scheiden sich die Geister – die einen blicken ins Ostallgäu, die anderen nach Oberbayern. Auf der Kuppe thront die gotische **St. Georgskirche,** heute eine beliebte Hochzeitskapelle. Schon wegen Jörg Lederers geschnitzter spätgotischer **Madonna auf der Mondsichel** (1520) ist sie einen Besuch wert.

Den romanischen Kirchturm sollte man unbedingt besteigen, denn die **Aussichtsplattform** ist ein herrlicher Platz, um den Blick über das Voralpenland und sein Mosaik aus Wiesen, Wäldern, Seen und Dörfern vor der grandiosen Alpenkulisse zu genießen.

Neben Spazierwegen gibt es natürlich auch ein Wirtshaus **(Panorama-Gasthof auf dem Auerberg)**, sodass man problemlos einen ganzen Urlaubstag hier genießen kann.

Essen

Allgäu trifft Austria

Zum Sailer: Im ältesten Gasthaus der Stadt aus dem 15. Jh. kocht heute der Österreicher Johannes Hirtl, der rundum gute Küche – mal bodenständig, mal kreativ – auf den Tisch bringt.

Marktplatz 6, T 08342 969 35 77, www.zum-sailer.de, Mo Ruhetag, €

Einkaufen

Für Hobbyköche

Firma Rösle: Die Firma hat ihren Ursprung im 19. Jh. Im Fabrikverkauf kann man Küchenwerkzeuge aus Edelstahl, aber auch vieles zum Grillen erwerben.

Johann-Georg-Fendt-Str. 38, T 08342 91 22 11, www.roesle.de, Mo–Fr 10–17, Sa 10–14 Uhr

Infos

- **Tourismusbüro:** Richard-Wengenmeier-Platz 1, 87616 Marktoberdorf, T 083 42 400 80, www.marktoberdorf.de.
- **Musica Sacra International:** alle zwei Jahre an Pfingsten (gerade Jahre). Festival geistlicher Musik aller fünf Weltreligionen, www.modfestivals.org.
- **Internationaler Kammerchor-Wettbewerb:** alle zwei Jahre an Pfingsten (ungerade Jahre) im Wechsel mit Musica Sacra, www.modfestivals.org.
- **Jugend jazzt:** jeweils im Dezember.

Seeg

G 4

»Die Seeger Kirche ist die Bürgersfrau, die Wies ist die feine Hofdame«, hieß es einst. Und noch heute wird die Pfarrkirche **St. Ulrich** in **Seeg** gern als die »kleine Wies« bezeichnet. Doch neben der Kunst ist vor allem viel Natur geboten. Natürlich gibt es auch in Seeg mehr **Wanderwege** durch die Voralpenlandschaft, als man in einem Urlaub erwandern kann.

Und nicht alles, aber viel dreht sich um den Honig. Imkerei hat im Honigdorf Seeg mit seinen 55 aktiven Imkern und 600 Bienenvölkern eine lange Tradition. Besonderes Highlight ist die **Erlebnisimkerei** mit Schaubienenhaus (s. u.).

St. Ulrich

Das Gotteshaus wurde 1700–1711 nach Plänen des Füssener Baumeisters, Malers, Bildhauers und Stuckateurs Johann Jakob Herkomer erweitert. Stuckaturen, Fresken und Altäre aus dem späten 18. Jh. verwandelten St. Ulrich in ein **Rokoko-Juwel**. Ein Hingucker ist das Deckengemälde im Hauptschiff von Johann Baptist Enderle, das den Sieg der »Heiligen Liga« in der Schlacht bei Lepanto (1571) über das viel größere osmanische Heer verherrlicht.

Hauptstr. 42

Erlebnisimkerei

In den Räumen des **Heimatmuseums Seeg** kann man sich über Honig und den Beruf des Imkers informieren und erhält auf Führungen Einblicke in das Leben und den Lebensraum der Bienen. Im Schaubienenhaus sieht man mehreren Bienenvölkern bei der Arbeit zu, im Bienenstüberl kann man feine Honigsorten und Honigprodukte probieren und natürlich auch kaufen.

Hauptstr. 66, Di und Do Führung um 15 Uhr (Anm.: T 08364 9830-33 oder info@seeg.de), ohne Führung: So 14–17 Uhr, 8/4 €

Essen

Zünftig

Alpe Beichelstein: Beliebtes Ausflugsziel mit herrlicher Aussichtsterrasse und zünftigen Hüttengerichten. Außerdem bietet das gesamte Wegenetz rund um die Alpe Beichelstein hervorragende Wandermöglichkeiten.

am Heimatmuseum im Ort links abbiegen und der Beschilderung »Alpe Beichelstein« folgen, T 08364 397, www.alpe-beichelstein.de, 11–23 Uhr, Mi Ruhetag

Bewegen

Baden

Seepark Schwaltenweiher: mit Strandcafé, https://schwaltenweiher.de.

Ballonfahren

Bavaria Ballonfahrten: Mindestteilnehmerzahl 4 Pers.

Hitzlerieder Str. 15, T 08364 98 60 68, www.bavaria-ballon.de, p. P. ab 190 €

Infos

- **Tourist-Information Seeg:** Hauptstr. 33, 87637 Seeg, T 08364 98 30 33, www.seeg.de.

Nesselwang F 4

Vom Handel zu Wallfahrten

Zwischen **Grüntensee** und **Alpspitze** (1575 m) erstreckt sich der beliebte Familienferienort, der in der kalten Jahreszeit auch Wintersportfans anlockt, entlang einer alten Römerstraße, die ab dem Mittelalter zudem eine wichtige **Salz- und Handelsstraße** war.

Nesselwang ist **Wallfahrtsort** mit gleich zwei Wallfahrerkirchen in der Umgebung. Hingucker im Ortszentrum ist zweifellos die mächtige Zwiebelhaube der Pfarrkirche **St. Andreas** (Kemptener Str. 1). Außerdem ist Nesselwang alte **Bierbrauerbastion**. Von den Brauerei-Gasthöfen, die schon im 17. Jh. Stützpunkte für Reisende und Fuhrleute entlang der Route waren, überlebte bis heute die Post-Brauerei.

Die **Alpspitzbahn** erschließt ein ausgedehntes Wandergebiet und neben zwei ortseigenen Badeweihern garantiert der nahe **Grüntensee** Badespaß inmitten der Natur.

Maria Trost

Ein schöner Fußweg (ca. 45 Min.) führt von Nesselwang zur **Wallfahrtskirche Maria Trost** auf dem Wankerberg. Die Geschichte der Wallfahrt begann im 17. Jh. mit einem nach einem Brand unversehrt gebliebenen Muttergottesbild aus Regen in Niederbayern, das auf Umwegen ins Allgäu gelangt war. Auch nachdem das Gnadenbild an die rechtmäßigen Erben zurückgegeben und durch eine Kopie ersetzt worden war, flossen die Opfergelder so reichlich, dass 1704 die heutige Kirche, die nach und nach prächtig ausgestattet wurde, erbaut werden konnte. Maria Trost ist jedes Jahr Mitte Mai Ziel der traditionellen Trachtenwallfahrt des Allgäuer Gauverbandes.

So 14–16.30 Uhr

Maria Rain

Ein Kleinod ist die **Wallfahrtskirche Heilig Kreuz** im Ortsteil Maria Rain. Das spätgotische Kirchlein aus dem ausgehenden 15. Jh., von außen bescheiden, prunkt im Inneren mit einer kostbaren

Ausstattung aus dem 16.–18. Jh. Vor allem die **Kanzel,** ein Meisterwerk des Weilheimer Kunstschnitzers Bartholomäus Steinle, gehört zu den Höhepunkten des Allgäuer Barock. Ein Seitenaltar birgt das verehrte Marienbild, das der Legende nach an einem Baum unweit einer Quelle entdeckt wurde.
Do–So 8–20 Uhr

Schlafen, Essen

Familienparadies

Ferienhof Mayr: Bio-Bauernhof mit Spielplatz, Ponyreiten, Heuhüpfen, Trettraktoren und Bademöglichkeit.
Attlesee 5 a, T 08361 12 00 und 569, www.ferienhof-mayr.de, €–€€

Bier & mehr

Brauereigasthof Hotel Post: Im Ortszentrum wird zum hauseigenen Bier gepflegte Regionalküche serviert. Der Klassiker: Original Postwirts Dunkel Haxen. Fr 19 und Sa 11 Uhr: Brauereiführung mit Bierprobe. Bierseminare auf Anfrage, s. auch S. 60.
Hauptstr. 25, T 08361 309 10, www.hotel-post-nesselwang.de, €€

Golfen auf dem Bauernhof

Alpenseehof: Bauernhof in Toplage am kleinen Attlesee. Spielplatz, Ponyreiten, Saunen und Wellness, 9-Loch-Golfplatz. Pauschalen für Familien, inkl. Ponyreiten und vielen kleinen Extras.
Attlesee 14, T 08361 637, www.alpenseehof.de, €–€€

Bewegen

Baden

Attelsee und Kögelweiher: Badeweiher.
ABC Alpspitz-Badecenter: Erlebnisbad mit Saunalandschaft.

B

BIER UND KÄSE – GENUSS IM ALLGÄU

Welcher Käse am besten zu welchem Bier mundet, erfährt man vom Biersommelier, der heutzutage oft genug weiblich ist. Dass Frauen jede Menge von Bier verstehen, beweist Stephanie Meyer, Bierbrauerin und Bier-Sommelière im **Gasthof Post** in Nesselwang. Sie gehört zur fünften Generation im Traditionsgasthof mit eigener Brauerei und braut unter anderem Edel-Biere wie das Allgäu Kräutermärchen oder Liberitas Bavaria. Welchen Käse die Kennerin wohl dazu empfiehlt? (Brauereigasthof Hotel Post, Hauptstr. 25, T 08361 309 10, www.hotel-post-nesselwang.de)

Badeseeweg 11, T 08361 92 16 20, www.abc-nesselwang.de

Wandern

Alpspitzbahn: Erschließt die Wandergebiete Alpspitze und Edelsberg. Und wer beim Abstieg schlapp macht, kann ab der Mittelstation per Sommerrodelbahn talwärts sausen. Mit Abenteuerspielplatz.
T 08361 12 70, www.alpspitzbahn.de

Golfen

Golfanlage Alpenseehof: 9-Loch-Platz sowie 18-Loch-Stufen-Puttinggreen, Pitch- und Chip-Area mit Sandbunker, Driving-Range, attraktive Golfpauschalen.
Attlesee 14, T 08361 637, www.alpenseehof.de

Infos

- **Tourist Information Nesselwang:** Lindenstr. 16, 87484 Nesselwang, T 083 61 92 30 40, www.nesselwang.de.

Eisenberg

G 4

Der Ferienort **Eisenberg** besteht aus insgesamt 17 Dörfern und Weilern. Ein Höhepunkt im wahrsten Sinne des Wortes: der Ortsteil Zell, überragt von den imposanten **Burgruinen Eisenberg** und **Hohenfreyberg,** die man beide vom Ortszentrum aus erwandern kann.

Burgmuseum

Das kleine Burgmuseum im Ortsteil Zell informiert über die Geschichte des Burgenlandes Allgäu und zeigt Funde aus den Burgen Eisenberg und Hohenfreyberg. Baumaterialien, Waffen, Schmuck oder Haushaltsgeräte erzählen anschaulich vom Leben der Burgherren zwischen Mittelalter und Renaissance.

Dorfstr. 12, Sa, So und Fei 14–17 Uhr, Juli/Aug. zusätzlich Mi 14–17 Uhr, Eintr. 2,50 €

Maria Hilf

Die **Wallfahrtskirche Maria Hilf** (17. Jh.) im Ortsteil Speiden gefällt durch zurückhaltende Stuckarbeiten und die schön beschnitzten Kirchenbänke – eine gelungene Mischung aus Eleganz und Volkstümlichkeit zeichnet das Gotteshaus aus. Nebenan hält eine Holzschnitzerwerkstatt alte Traditionen aufrecht.

Burg Eisenberg

Die **Burg Eisenberg** wurde im Jahre 1340 als Sitz der Edelfreien von Hohenegg erstmals erwähnt. Bevor sie im Bauernkrieg kurzzeitig von aufständischen Bauern besetzt und beschädigt wurde, hatte sie mehrfach den Besitzer gewechselt. Während des Dreißigjährigen Krieges wurde sie dann wie die nahe gelegenen Burgen Hohenfreyberg und Falkenstein niedergebrannt, weil man fürchtete, sie würden den Schweden in die Hände fallen.

Erst 1980 kaufte sie die Gemeinde auf und setzte sie nach und nach behutsam instand. Die sogenannte Mantelmauer, eine sehr hohe Ringmauer, die die auf eiförmigem Grundriss stehende Kernburg wie ein Mantel umschließt, ist heute noch gut auszumachen. Vom außerhalb stehenden Viereckturm genießt man herrliche Blicke auf die Ortschaften im Tal und den Alpenkamm.

Zugang kostenlos, in den Sommermonaten sporadisch Führungen (Termine zu erfragen im Fremdenverkehrsamt)

Burg Hohenfreyberg

Ein kurzer Spaziergang verbindet Burg Eisenberg mit **Hohenfreyberg,** einer der größten Burgruinen Bayerns. Sie gehörte im frühen 15. Jh. zu den letzten Burgen, die errichtet wurden, als sich die Zeit des Rittertums bereits ihrem Ende zuneigte. Das Aufbegehren der Ritterschaft gegen die neue Zeit zeigt sich deutlich am Beispiel des Burgherrn Friedrich Freyberg zu Hohenfreyberg, der die mächtige Gipfelburg mit hohen Mauern und Türmen bewusst im Stil einer zweihundert Jahre älteren Anlage erbauen ließ. Ab 1995 wurde die Burgruine in mehreren Phasen einfühlsam restauriert.

Zugang kostenlos, in den Sommermonaten sporadisch Führungen (Termine zu erfragen im Fremdenverkehrsamt)

Schlafen, Essen

Ländlich-gemütlich

Landhotel Gockelwirt: Netter Landgasthof mit gepflegtem Restaurant, Innenpool, Saunen und Wellnessabteilung inmitten einer herrlichen Landschaft. Ringsum gibt es viel Platz zum Toben für Kinder und im Winter beginnt die Loipe direkt vor der Haustür.

Pröbstener Str. 23, T 08364 8 30, www.gockelwirt.de, €€€

Sie liegen nah beieinander: Von der Burgruine Eisenberg fällt der Blick auf die Burg Hohenfreyberg – und deren Ruine zeigt noch, wie trutzig der Bau einst dastand.

Frische Marktküche

Burghotel Bären: Spezialitäten: Fisch, Wild, Lamm, Geflügel, teilweise aus eigener Landwirtschaft. Tgl. wechselnde Tageskarte mit saisonalen Spezialitäten. Do–So zusätzlich ein raffiniertes Menü (auch vegetarisch) mit dem Besten vom Füssener Wochenmarkt und aus dem eigenen (Kräuter-)Garten.

Dorfstr. 4, Eisenberg-Zell, T 08363 50 11, Di (außer im Aug., Sept.) Ruhetag

Für Bierfans

Maria Hilfer Sudhaus: Urgemütliches Gasthaus mit Bier aus eigener Brauerei, Speisen vom kalten und warmen Büfett (Selbstbedienung), nach Hausschlachtung Fleisch- und Wurstspezialitäten (z. B. Krustenbraten mit Knödel und Kraut oder Ochsenbrust mit Kartoffelsalat). Das berühmte bernsteinfarbene Mariahilfer Vollbier, mit speziellem Karamellmalz gebraut, und andere Biersorten gibt es auch zum Mitnehmen.

Maria-Hilfer-Str. 17, Eisenberg-Speiden, T 08364 85 56, www.koessel-braeu.de, Mo Ruhetag, €–€€

Für Schnitzelfans

Restaurant Christine: Eine riesige Auswahl an Schnitzel- und Steakgerichten erfreut sich besonders bei Fans einer Allgäuer Fleischküche großer Beliebtheit.

Kirchplatz 4, Eisenberg-Speiden, T 08364 107 30, €–€€

Infos

- **Touristikbüro Eisenberg:** Pröbstener Str. 9, 87637 Eisenberg, T 08364 12 37, www.eisenberg-allgaeu.de.

Pfronten

F 5

Hätte Ludwig II. noch Zeit gefunden, den Plan für sein letztes Traumschloss auf dem Falkenstein zu realisieren – heute wäre Pfronten mindestens so rummelig wie Neuschwanstein. Manch einer mag bedauern, dass es nicht dazu kam, aber so ist **Pfronten** heute ein entspannter Urlaubsort, der sich auf 13 Dörfer verteilt. Auf den **Breitenberg** (1838 m), Hausberg der Pfrontener, schwebt eine Bergbahn, die den Zugang zu einem ausgedehnten Wanderrevier öffnet.

Pfarrkirche St. Nikolaus

Schon von Weitem grüßt in Berg, einem der 13 Ortsteile Pfrontens, der barocke Kirchturm mit höchst ungewöhnlicher Turmspitze – statt der klassischen Zwiebel setzte man ihm eine umgestülpte Enzianblüte auf. Im Innenraum beeindrucken vor allem die illusionistischen Kuppelgemälde aus dem 18. Jh.

Am Hörnle 5

Alpengarten

Ob Alpendistel oder Gelber Enzian – hier hat die Alpenflora ihren großen Auftritt. Ein liebevoll angelegter Garten mit Kneippbecken, Ruhebänken und sogar einer Open-Air-Bibliothek.

Pfronten-Steinach, an der Steinacher Ach, immer geöffnet

Burg Falkenstein mit Museum

Hoch oben auf dem Falkenstein in 1268 m Höhe würde sich heute, hätten Zeit und Geldbeutel des Bayernkönigs es zugelassen, ein weiteres Königsschloss erheben – prächtiger noch als Neuschwanstein. Ein Märchenschloss versprechen die Pläne des Bühnenmalers Christan Jank – einzusehen im winzigen **Burgenmuseum** am Falkenstein (Eintritt frei). Schon 1280 hatte Graf Meinhard von Tirol auf dem Felsen eine Burg erbaut, eine provokante Drohgebärde in Richtung Herzogtum Bayern. Als Wohnburg war sie durch die Lage und die schlechte Versorgungsmöglichkeit mit Wasser und Lebensmitteln wenig attraktiv. Außerhalb der Sommermonate war sie von ihren Burgherren kaum bewohnt, was den Verfall förderte, sodass Burg Falkenstein schon Ende des 16. Jh. kaum mehr als ein Steinhaufen war. Während des Dreißigjährigen Krieges wurde die Burg gänzlich niedergebrannt und interessierte niemanden mehr, bis die Ruine König Ludwig ins Auge stach. 1883 ließ der Märchenkönig trotz desolater Finanzlage Pläne für ein weiteres Schloss anfertigen, die mehrfach überarbeitet wurden. Realisiert wurden lediglich eine Fahrstraße und eine Wasserleitung, dann beendete der Tod des Königs alle Bauaktivitäten. So blieb die letzte Vision des Träumers ein Traum, und Pfronten ruhig und beschaulich. Die Zufahrt zum Falkenstein ist tagsüber nur Gästen des gleichnamigen Hotels möglich; viel schöner ist es ohnehin, ihn zu Fuß vom Füssener Ortsteil **Weißensee** (S. 25) zu ersteigen und sich den Ausblick über das Ostallgäu bis zur Zugspitze zu verdienen.

Auf dem Falkenstein 1

Schlafen

Für Romantiker

Burghotel auf dem Falkenstein: Romantikhotel mit Themenzimmern wie »Ludwigs Schatzkisterl«, toller Küche (s. u., Pavo) sowie einem geradezu majestätischen Burgherrenblick in 1277 m Höhe.

Auf dem Falkenstein 1, T 08363 91 45 40, www.burghotel-falkenstein.de, €€€

Wohlfühlambiente

Schlossanger Alp: Berghotel im Landhausstil am Fuße des Falkensteins

Lieblingsort

Ludwigs letzter Traum

Oben auf dem **Falkenstein** (📍 G 5) plante König Ludwig ein neues Schloss, das noch viel prächtiger als Neuschwanstein werden sollte. Vor Baubeginn starb Ludwig, und der Falkenstein, auf dem eine mittelalterliche Burgruine thront, blieb ruhig und beschaulich. Hier genieße ich manchmal Ludwigflair ohne Neuschwanstein-Rummel. Aber um ehrlich zu sein: Auch das Essen lockt mich hinauf – auf der Terrasse des Burghotels oder zu Füßen der Burg in der Schlossanger Alp (S. 72) kann man wunderbar schlemmen!

H

HIPSTER-HÜTTE

Die **Hündleskopfhütte** – die erste vegetarische Allgäuer Hütte, vor der Allgäuer Gebetsfahnen flattern – kann sogar vegan: Die Zucchini-Lasagne ist ein Hit bei Besuchern, genau wie die Krautkrapfen. Die Seele der Hütte ist Wirtin Silvia Beyer, für die der gesunde Lifestyle keine Mode, sondern Lebensphilosophie ist. Der Aufstieg (45 Min.) beginnt am öffentlichen Parkplatz am westlichen Ortseingang von Pfronten-Kappel, unterhalb des Waldseilgartens (Am Hündeleskopf, T 160 90 11 34 31, https://huendeleskopfhuette.de, im Sommer tgl. 11–18, Mi/Do auch bis 20 Uhr, €).

in wunderbar ruhiger Lage, mit toller Küche und Spa, Pools, Bio-Schwimmteich und heimeliger Kaminstube.

Am Schlossanger 1, T 08363 91 45 50, www.schlossanger.de, €€€–€€€€

In Sonnenlage

Hotel-Garni Zugspitzblick: Toller Bergblick, Felsenschwimmbad, Wellnesslandschaft und netter Service.

Edelsbergweg 71, Pfronten-Halden, T 08363 910 10, www.zugspitzblick.de, €€–€€€

Familienfreundlich

Beim Hummelbaur: Familienparadies mit vielen Tieren auf dem Bauernhof.

Obweg 44, Pfronten-Heitlern, T 08363 85 94, www.beimhummelbaur.de, €–€€

Essen

Allgäuküche modern interpretiert

Schlossanger Alp: (s. Schlafen). Zu Füßen der Burg Falkenstein steht Barbara Schlachter-Ebert am Herd. Die Meisterköchin ist Mitglied des Gourmetzirkels der Jeunes Restaurateurs und Kochbuchautorin. Sie kocht mit regionalen Zutaten der Saison auf hohem Niveau: Hirschrücken mit Nusskruste und Quittenblaukraut, Maronen und Kartoffelkrapfen-Menüs oder Genießermenüs mit Weinbegleitung (€€€). Gute Weine lagern im Keller.

Hüttenflair

Gundhütte: Zu erreichen über den Weg über Pfronten-Weißbach oder Pfronten-Ried zum Parkplatz in Pfronten-Röfleuten (gegenüber dem Feuerwehrhaus), von dort aus ist es ein bequemer Fußmarsch in ca. 75 Min. zur Hütte; oder über den Weg vom Parkplatz im Vilstal über einen Wald- und Wiesenweg, ca. 40 Min. Gehzeit. Ein bisschen muss man sich schon plagen, bevor man sich vor der Hütte oder in einer der urgemütlichen Stuben niederlassen kann. Ob Hüttenfrühstück, zünftige Brotzeiten oder Allgäuer Schmankerln – in frischer Bergluft mit Gipfelblick schmeckt es immer köstlich.

www.gundhuette.de

Fine Dining

PAVO: Im Hotelrestaurant (s. Schlafen) auf dem Falkenstein konnte man schon immer fein speisen. Das Gourmetrestaurant ist die exklusive Ergänzung, die die Michelin-Tester mit einem Stern bekrönten. Juniorchef Simon Schlachter vereint in seinen Kreationen die besten Produkte der Region mit exotischen Zutaten der asiatischen Küche. Fusion auf höchstem Niveau. Das hätte auch dem »Kini« geschmeckt.

Do–So ab 18 Uhr, €€€

Rustikales Ambiente

Schankwirtschaft Wohlfahrt: In der wunderschönen Bauernstube mit Kachelofen oder im Biergarten mit Bergblick könnte man stundenlang sitzen und sich verwöhnen lassen. Zum Charakter des Pfrontener Bauernhauses passt die Küche: Allgäuer Marktküche mit heimischen Produkten. Klein und sympathisch ist die Speisekarte mit Gerichten wie Allgäuer Maultaschen, aber auch exklusiveren wie Hirschsteaks mit Williamsoße. Dazu gibt's Holundersprudel und Himbeerwasser oder das Bier nach eigener Rezeptur aus dem Holzfass.

Kienbergstr. 61, Pfronten-Dorf, T 08363 92 87 95, Mo–Fr ab 16, Sa ab 14, So ab 12 Uhr, €–€€

Bewegen

Baden

Alpenbad Pfronten: Familienbad für alle Jahreszeiten. Im Sommer locken Felsenrutsche, Schwimmen unter freiem Himmel und ein grandioses Bergpanorama; im Winter genießt man es durch Glasscheiben, außerdem Sauna- und Fitnessinsel.

Falkensteinweg 14, Pfronten-Meilingen, T 08363 85 85, www.alpenbad-pfronten.de

Wandern

Breitenbergbahn: Startpunkt für zahlreiche Wanderungen.

Pfronten-Steinach, T 08363 58 20, www.breitenbergbahn.de, 9–16.30 Uhr

Reiten

Fohlenhof Pfronten: Familie Sengmüller, Josbergweg 9, Pfronten-Weißbach, T 0 8363 85 21.

Klettern und Schweben

Waldseilgarten Höllschlucht: Auf 8 Parcours unterschiedlicher Schwierigkeit durch die Baumwipfel schwingen.

Pfronten-Kappl, T 08363 925 98 96, www.waldseilgarten-hoellschlucht.de, Ostern bis Anf. Nov., meist 10–17 Uhr, pro Parcours 23 €

Infos

- **Pfronten Tourismus:** Vilstalstr. 2, 87459 Pfronten, T 08363 698 88, www.pfronten.de.

Tannheimer Tal

F 5

Rund 1000 m hoch liegt das **Tannheimer Tal** – ein Hochtal inmitten der Allgäuer Alpen und doch schon jenseits der Grenze, in Tirol. Mehrere Seen lugen aus dem Grün der Matten hervor – eine Landschaft, die zum Wandern wie geschaffen ist. Kein Wunder, dass die Österreicher das Tannheimer Tal schon mehrfach zum Wanderziel des Jahres wählten.

Tannheim F5

Der Hauptort **Tannheim** bietet mit der Nähe zum **Neunerköpfle** und zum **Naturschutzgebiet Vilsalpsee** zwei Top-Wanderregionen, ist zugleich aber auch ein Zentrum der Drachenflieger und Paraglider. Ruhiger, ländlicher noch geht es in **Grän** zu, wo der Haldensee im Mittelpunkt der sportlichen Aktivitäten steht. Weitere Orte im Tal sind Nesselwängle-Haller, Schattwald und Zöblen. Einen Sonderstatus genießt **Jungholz,** österreichische Enklave im Allgäu, die nur am Gipfelkreuz des Sontschrofens mit dem Mutterland verbunden ist, und einziges Tiroler **Alpenkräuterdorf.**

Die Tannheimer Pfarrkirche **St. Nikolas** war einst religiöser Mittelpunkt des gesamten Tals, und der barocke Bau (1722–24) beeindruckt heute noch allein durch seine Größe. Tatsächlich ist St. Nikolas die zweitgrößte Dorfkirche Tirols. Stolz ist man zu Recht auf das einzige vollständig erhaltene **Geläute Tirols,** eine Arbeit der bekannten Tiroler Gießerfamilie Löffler. Gegenüber befindet sich in einem schönen alten Tiroler Haus die **Raiffeisengalerie** mit wechselnden Ausstellungen (15–18 Uhr).

Kostenlose Kirchenführung Ende Juni bis Anf. Okt., jeweils Do 16 Uhr

Heimatmuseum

Im alten Bauernhaus in Tannheim-Kienzen erwarten den Besucher Wohnräume mit historischer Ausstattung sowie Geräte, Fahrzeuge, Musikinstrumente sowie Fotodokumente von anno dazumal.

Mitte Mai bis Anfang Okt., Mi, Fr 13.30–17 Uhr, kostenlose Führung Mo 11.15 Uhr

Wandern auf dem Neunerköpfle

Mit der Bergbahn kann man ohne Anstrengung nach oben schweben ins **Wanderparadies.** Die kleine, nicht minder reizvolle Variante bietet der **Erlebnisweg zum Gipfelkreuz** (ca. 1–1½ Std.), wo man sich ins größte Gipfelbuch der Alpen eintragen und den großartigen Blick übers Tal und zum **Haldensee** genießen kann. Ein anspruchsvollerer Weg (ca. 5 ½ Std.) führt über die **Landsberger Hütte** (1810 m) hinab zum **Vilsalpsee.**

Bergbahn Mai–6. Nov. (Mai, Okt., Nov. nur bei Schönwetter) 8.45–16 Uhr, Berg- und Talfahrt 14 €

Vilsalpsee F6

Tiefblaues Wasser, blühende Bergwiesen und Kühe, die vor dramatischer Bergkulisse grasen. Das **Naturschutzgebiet Vilsalpsee** (F 6) ist zweifellos ein traumhaftes Plätzchen. Von Tannheim aus kann man (ca. 1 Std.) den See erwandern (die Straße ist von 10 bis 17 Uhr für den Privatverkehr gesperrt), dann in einer Stunde umrunden und unterwegs in der **Vilsalpe** einkehren und sich mit einer deftigen Suppe oder Kuchen stärken. Wer nicht zurücklaufen möchte, nimmt den Bus, die Pferdekutsche oder den **Alpen-Express** (Mini-Bähnchen). Und wer das Naturschutzgebiet ausführlicher erkunden möchte, hat die Qual der Wahl zwischen vier markierten Wanderungen.

Bergwiesen und ein See vor imposanten Berggipfeln: das Naturschutzgebiet Vilsalpsee

Haldensee
F/G 5

Ein Bilderbuchsee vor prächtiger Bergkulisse ist der **Haldensee** (F 5), der anders als der Vilsalpsee auch ein großartiger **Badesee** ist (mit Trinkwasserqualität!) und Ziel vieler **Wander- und Radtouren.**

Schlafen, Essen

Wellnesshotel der Superlative
Hotel Jungbrunn: Wunderschöne Zimmer und Suiten, ausgestattet mit edlen Naturmaterialien – ausgesucht von Chefin Ulrike Gutheinz persönlich –, Gourmetküche und ein Wellnesserlebnis auf 5000 m^2: Schwimmbäder und Saunen für jeden Geschmack, Sport und Fitness, Spa-Anwendungen von fernöstlich bis alpin. Wer hier nicht entspannt, ist selber schuld …

Oberhöfen 74, Tannheim, T 0043 5675 6544, www.jungbrunn.at, €€€€

Sympathisch
Drei Tannen: Familienfreundliches Mittelklassehotel in frischem Gewand. Netter Service, tolles Frühstücksbuffet und Kaffeehaus.

Geist 2, T 0043 5675 62 61, www.dreitannen.at, €€–€€€

Ferien auf dem Bauernhof
Vilshof: Biobauernhof mit Kühen, Schafen und Eseln mitten im Ort mit großem Herz für Familien. Liebevoll eingerichtete Zimmer – und ein besonders nettes Detail: Vom Frühstücksraum blickt man in den Kuhstall.

Unterhöfen 38, T 0043 5675 63 40, www.vilshof.com, €–€€

Campen deluxe
Comfortcamp Grän: Luxuriöser Platz mit Hallenbad, Sauna, Jugendraum und Kinderspielplatz.

Engetalstr. 13, Grän/Haldensee, T 0043 5675 65 70, www.comfortcamp-gehring.at

Für Gourmets
Tannheimer Stube: Mitten im Hotelrestaurant liegt das 2-Hauben-Lokal mit nur vier Tischen. Küchenchef Markus Pichler kreiert ambitionierte Menüs.

im Hotel Hohenfels, T 0043 5675 62 86, www.hohenfels.at, Di u. Mi Ruhetag, €€€

Für Bierfans
s'Höf Brauhaus: In einem der ältesten Häuser Tannheims werden die köstlichen Biere der Privatbrauerei und leckere deftige Tiroler Hausmannskost (z. B. Tiroler Speckknödel mit Kraut) serviert.

An der Kirche, T 0043 676 843 12 82 09, €

Zünftig
Gigge Hi: Terrasse und gemütliche Stube mit bodenständiger Tiroler Küche, vor allem Spezialitäten vom Huhn, aber auch Mehlspeisen und Eisspezialitäten. Kostenloser Taxitransfer für Gäste.

Oberhöfen 141, T 0043 676 333 62 16, Mi. Ruhetag, €

Bewegen

Baden
Freibad Haldensee: direkt am See vor Bergkulisse, u. a. mit Massagesprudel, Wasserfall, Sportbecken 50 m, Rutsche.

Bergbahnen
Die Lifte Neunerköpfle (www.lift-tannheim.at), Füssener Jöchle (www.lifte-graen.com), Krinnenalpe (www.lifte-nesselwaengle.at), Wannenjoch (www.tannheimer-bergbahnen.at) bringen Wanderer zu Ausgangspunkten für alpine Routen.

Infos

- **Tourismusverband Tannheimer Tal:** Oberhöfen 110, A-6675 Tannheim, T 0043 5675 622 00, www.tannheimertal.com.

Kempten und das Allgäuer Seenland

Bieder war gestern — die Allgäu-Metropole lebt heute auch vom Studentenflair, beim Jazzfrühling swingt die Stadt.

Eintauchen

Seite 78

Kempten

Im Rennen um die älteste Stadt Deutschlands liegt Kempten ganz weit vorn – schon die Römer gaben hier ein Gastspiel. Prächtige Bürgerhäuser rund ums Rathaus und die fürstäbtliche Residenz entführen ins Zeitalter der Religionskriege. An langen Sommerabenden atmet Kempten in der Gegenwart eindeutig südliches Flair.

Seite 83

Prunkräume in Kemptens Residenz

Kemptener Fürstäbte hielten Hof in der Residenz – Mittelpunkt der katholischen Stiftsstadt.

»Klufti« ist Kult und Kempten ein Pilgerziel für Krimifans.

Seite 84

Kempten – auf »Kluftis« Spuren

Die Allgäu-Krimis rund um den Kemptener Kommissar Kluftinger stehen auf den Bestenlisten bundesweit ganz oben. Wer mehr über die Wirkungsstätten von »Klufti« erfahren möchte, erkundet die Allgäu-Metropole auf neuen Wegen.

Seite 88

Archäologischer Park Cambodunum

Wie schmeckt wohl Brot aus dem Lehmbackofen? Im Archäologischen Park in Kempten wird unterhaltsam historisches Wissen vermittelt.

Seite 91

Kemptener Theater

Moderne Bühnentechnik trifft im THEATERINKEMPTEN auf mittelalterliches Ambiente. Hervorragende deutsche Bühnen sind hier zu Gast.

Seite 93

Rottachsee

Offene Meditationsabende und Meditationskurse bietet ein buddhistisches Waldkloster am Rottachsee.

Seite 93

Weiher Buchenberg

Krönender Abschluss eines warmen Sommertages – ein paar Runden im Moorweiher Buchenberg oder im Eschacher Weiher schwimmen. So oder so, man badet in einem der schönsten Badeseen der Region.

&

Seite 95

Niedersonthofen

Viel Spannendes und Wissenswertes rund um die Allgäuer Kräuter verraten die Allgäuer Kräuterhexen aus dem Kräuterdorf Niedersonthofen bei Kräuterwanderungen und -kursen.

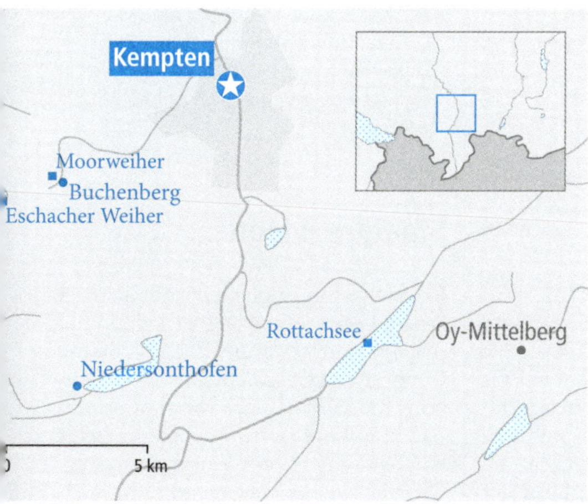

Nach der Tour kommen Kässpatzen unter Kastanienbäumen in einem Biergarten gerade recht.

Kässpatzen sind nicht nur das Leiblingsrezept von »Klufti«, sie sind ein »Must-eat« für jeden Urlauber.

erleben

Rund um die Allgäu-Metropole

K

Kempten ist Kulturmetropole des Oberallgäus, drumherum begeistert eine Region, die sich in puncto landschaftlicher Schönheit nicht vor den auf den ersten Blick spektakuläreren Allgäu-Regionen verstecken muss. Das Allgäuer Seenland liegt nicht in, sondern vor den Bergen – mit herrlichen Badeseen und einem atemberaubenden Blick auf die beeindruckende Alpenkette.

Kempten

E 4

Die größte Stadt des Allgäus mit rund 71 000 Einwohnern ist Industriestandort, Verwaltungs- und Handelsstadt sowie Sitz einer Hochschule, deren Studenten für frischen Wind in dieser jahrhundertealten Stadt sorgen. Und auch kulturell muss sich Kempten nicht verstecken – ob Kunstevents, Festivals, Tanz und Theater oder Kunstausstellungen, rund ums Jahr ist einiges geboten. Im Umkreis von nur wenigen Kilometern liegen außerdem im Allgäuer Seenland beliebte Urlaubsorte ohne Rummel, in denen man wunderbar entspannen kann.

ORIENTIERUNG

O

Verkehr: Die Städtischen Busse verkehren tgl. zwischen 5 und 20.45 Uhr. Die Website www.mona-allgaeu.de informiert Fahrgäste über Fahrzeiten, Linienführung, Fahrpreise, Ermäßigungen und spezielle Angebote.
Sammeltaxis verkehren auf festen Routen – auch in die umliegenden Gemeinden. Fahrten kosten je nach Entfernung 3,80–10,10 €. Eine rechtzeitige Buchung ist notwendig: T 0831 125 55.

Stadtgeschichte

Kempten rühmt sich, eine der ältesten Städte Deutschlands zu sein, denn bereits im 1. Jh. erwähnte der griechische Geograf und Geschichtsschreiber Strabon eine Stadt namens **Kambodounon** (lat. Cambodunum), was soviel heißt wie Siedlung an der Flusskrümmung. Ob es sich dabei um eine keltische Siedlung oder eine erste römische Stadt für die vorwiegend keltische Bevölkerung handelte, ist ungewiss. Sicher ist nur, dass die erste Siedlung aus Holz erbaut war und im Jahr 69 n. Chr. zerstört wurde. Die in Stein wiedererrichtete Stadt

Städtisches Leben verbindet sich am Sommerabend mit südländischem Flair – vor dem Rathaus in Kempten kann man wunderbar in den Abend chillen.

hielt sich bis zum Einfall der Alemannen 259/60 und wurde anschließend vom rechten Illerufer an den Fuß der Burghalde verlegt.

Im 8. Jh. kamen die St. Gallener Missionare Magnus und Theodor ins Allgäu. Magnus zog nach Füssen weiter, Theodor blieb im Illertal und gründete eine Marienkirche und eine Mönchszelle. Das eigentliche Kloster Kempten wurde aber um 752 von einem Franken namens Audogar gegründet und entwickelte sich im Laufe der Jahre zu einem bedeutenden Reichskloster. Der Abt des Klosters war auch Herr über die Siedlung, aus der sich später die Reichsstadt entwickeln sollte.

1289 hatte Rudolf I. die Stadt Kempten unter seinen Schutz gestellt. Ein neues Selbstbewusstsein ließ die Bürger fortan nach mehr Unabhängigkeit streben und die Zeit der Streitigkeiten zwischen Stifts- und Reichsstadt begann. Während des **Bauernkriegs** 1525 musste der Fürstabt vor den aufgebrachten Bauern in die Stadt fliehen und verkaufte als Gegenleistung für die Aufnahme der Bürgerschaft fast alle seine Rechte an der Stadt. So wurde Kempten auch auf dem Papier zur Freien Reichstadt und schloss sich zwei Jahre später der Reformation an. Als protestantische Stadt lag Kempten inmitten des katholischen Stiftsgebiets. Sie unterstand unmittelbar dem Kaiser und war gewissermaßen ein selbstständiger Staat, dessen Leben von Handwerkern und Händlern geprägt war.

1802 war das Ende der Reichsfreiheit gekommen, und mit der Säkularisation waren auch die Tage des Stifts gezählt. Die Stadt Kempten wurde dem Königreich Bayern einverleibt und die bayerische ›Fremdherrschaft‹ vereinte 1803

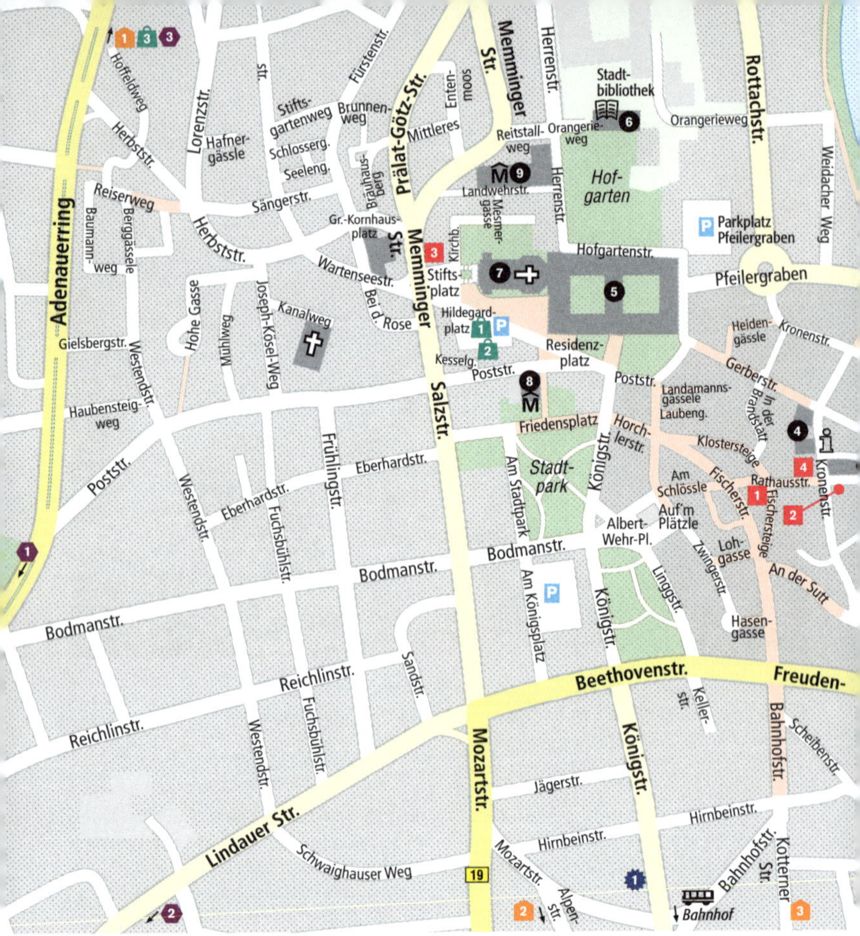

Kempten

Ansehen

❶ Burghalde mit Allgäuer Burgenmuseum

❷ St. Mang und Erasmuskapelle

❸ Rathaus

❹ König'sche Häuser

❺ Residenz

die feindlichen Gebilde von Reichsstadt und Stiftsstadt. Mit der Industrialisierung entstanden zahlreiche Fabriken in und um Kempten. In der 1842 gegründeten Zündholzfabrik kam 1898 zum ersten Mal ein Fabrik-Dieselmotor zum Einsatz, und der Anschluss an das Eisenbahnnetz zehn Jahre später trieb die Entwicklung voran.

Mehr als 1000 Arbeiter saßen 1900 an den Webstühlen der Mechanischen Baumwoll-Spinn- und Weberei. Wie

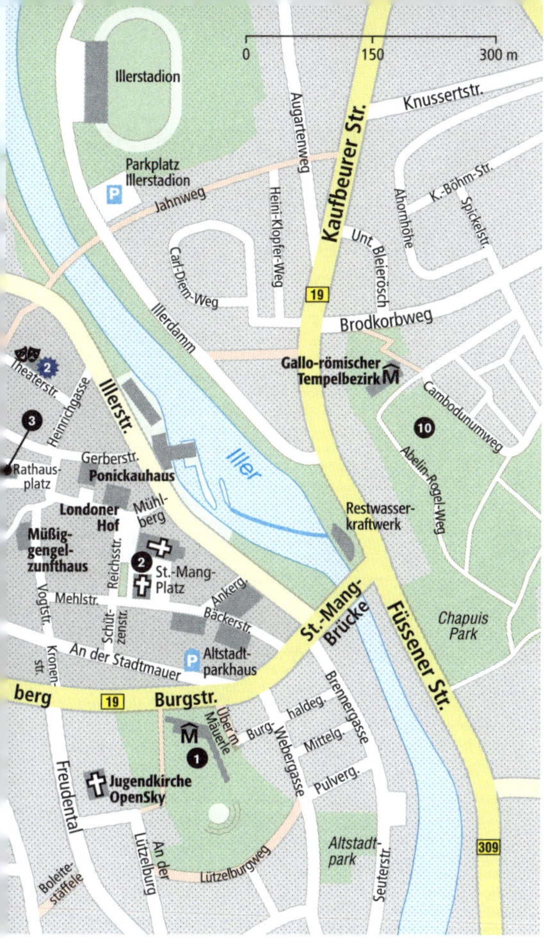

Schlafen

1. Mäser's Allgäuherz
2. Allgäu Art Hotel
3. Cityhotel Kempten

Essen

1. Schalander
2. Nova
3. Zum Stift
4. Rendez-vous à Quiberon

Einkaufen

1. Wochenmarkt
2. jamei laibspeis
3. Speith Keramik

Bewegen

1. CamboMare
2. Golfclub Hellengerst
3. Golfclub Waldegg-Wiggensbach

Ausgehen

1. Colosseum Center Kempten
2. THEATERINKEMPTEN

6. Orangerie
7. St. Lorenz
8. Kempten-Museum
9. Alpin-Museum
10. Archäologischer Park Cambodunum

das Stift war das Kemptener Umland zur Zeit der Reformation katholisch geblieben. Die Industrialisierung zog viele Arbeitskräfte aus der Umgebung an, sodass heute wieder zwei Drittel der Einwohner katholisch sind. 1887 schon war Kempten mit Gründung des Milchwirtschaftlichen Vereins zum Zentrum der Milchwirtschaft geworden.

Die Landwirtschaft kränkelte, da die Qualität von Milch und Käse zu wünschen übrig ließ, sodass die Ausbildung

Ruhiger Tagesausklang am Hildegardplatz neben dem Dom in Kempten

der Fachleute verbessert werden musste. Heute ist Kempten ein Zentrum der Molkereiwirtschaft mit der größten Molkerei-Schule Deutschlands sowie einer Reihe von Einrichtungen, die die Qualität der Milch sichern und ihre Vermarktung fördern.

Burghalde mit Burgenmuseum

An der **Burghalde** ❶ kann man noch einige Reste der alten Stadtmauer von Kempten ausmachen. Hier an der Iller standen einst die schlichten Häuser der Weber. Der Handel mit Leinwand bildete in Kempten wie in vielen Allgäuer Städten jahrhundertelang die wirtschaftliche Basis.

Im **Burgenmuseum** wird die Entwicklung der einst zahlreichen Allgäuer Burgen nachgezeichnet. Originalfundstücke sowie Modelle, Zeichnungen und Fotos ermöglichen die **Zeitreise ins Mittelalter.** Statt nur graue Theorie zu studieren, dürfen Kinder im Rittersaal an einer Rittertafel Platz nehmen und auch mit Kettenhemden rasseln.

Burghalde 1, bei Redaktionsschluss ist das Burgmuseum wegen Bauarbeiten geschlossen

St. Mang und Erasmuskapelle

Die evangelische Kirche **St. Mang** ❷ (St.-Mang-Platz 2) war bis 1525 katholisch. Nachdem sich die Stadt der Reformation angeschlossen hatte, wüteten die Bilderstürmer und zerstörten die kostbare Ausstattung. Später wurde der Innenraum barock umgestaltet, im Chor blieb jedoch das Rippengewölbe erhalten. Im Altar sind Kopien ausdrucksstarker Schnitzwerke des berühmten Tilman Riemenschneider zu sehen.

23 Stufen führen am St.-Mang-Platz hinab in Kemptens Geschichte, ins Untergeschoss der **Doppelkapelle** für St. Michael und St. Erasmus. Erst 2008 entdeckte man im Rahmen der

Umgestaltung des Platzes, wie gut das untere Geschoss der ehemaligen Michaelskapelle, das dem hl. Erasmus geweiht war, noch erhalten ist: Mit Resten von Wandmalereien und zahlreichen Ausstattungsdetails wie Gewölbeansätzen, Treppen, Fenster- und Wandnischen ist es ein dreidimensionales Geschichtsbuch vom Mittelalter bis zur Neuzeit. Heute kann man fast acht Jahrhunderte wechselvoller Stadtgeschichte – vom Beinhaus zur Kapelle St. Erasmus, von der Kapelle zur Trinkstube, vom Weinkeller zum Schützengraben, von der Ruine zum Schauraum – multimedial erleben (tgl. außer Mi 11–17 Uhr, Multivision jede volle Std., Eintritt 4 €).

Um den Rathausplatz

Hier lag das weltliche Zentrum der protestantischen Freien Reichsstadt. Das heutige **Rathaus** ❸ (Rathausplatz 1), hervorgegangen aus der Kornschranne, stammt von 1474, wurde aber mehrfach verändert. Der Habsburger Adler an der Fassade weist darauf hin, dass die Freie Reichsstadt nur dem Kaiser untertan war. Gesäumt wird der Platz von schön restaurierten Patrizierhäusern. Die Familien, die durch den Leinwandhandel reich geworden waren, veränderten die Fassaden ihrer Häuser mit den Baumoden. Bemerkenswert sind der **Londoner Hof** (Nr. 2) mit der wohl schönsten Rokoko-Fassade der Altstadt oder das im Kern gotische **Ponickauhaus** (Nr. 10) mit großzügig dimensioniertem barockem Treppenhaus und Festsaal. Die damit beschäftigten Künstler arbeiteten ohne Gewissensbisse für den Fürstabt und die evangelischen Patrizier gleichermaßen.

In der Vogtstraße steht das **Müßiggengelzunfthaus** mit Renaissance-Fassade und reich verziertem Portal, einst das Zunfthaus der Großkaufleute. Die **König'schen Häuser** ❹ in der Kronenstraße (Nr. 29 und 31) weisen eine barocke Fassadenbemalung auf.

Die **Freitreppe** zur Stiftsstadt wurde erst 1902/03 angelegt, um die Vereinigung der protestantischen Bürgerstadt und der katholischen Stiftsstadt auch äußerlich sichtbar zu machen.

Die Stiftsstadt

Residenz

Das katholische Fürststift Kempten mit dem Fürstabt als Oberhaupt regierte ein großes Territorium, zu dem viele Dörfer gehörten, nicht aber die protestantische Reichsstadt. Selbstverständlich unterhielt das Stift Wirtschaftsbetriebe wie Mühlen, eine Druckerei und eine eigene Brauerei.

Die im 17. Jh. nach den Zerstörungen des Dreißigjährigen Kriegs im barocken Stil erneuerte **Residenz** ❺ hatte eine Doppelfunktion als Kloster und gleichzeitig als Regierungssitz. Sie sollte Macht und Reichtum des Stifts zur Schau stellen, war aber eigentlich viel zu groß dimensioniert. Baumeister war zunächst Michael Beer, ein Vertreter der Vorarlberger Barockschule, doch nach einem Streit mit dem Fürstabt wurde Beer durch den Graubündner Johann Serro ersetzt.

Die **Prunkräume** der Residenz – Fürstensaal, Tagzimmer, Audienzzimmer, Thronsaal, selbst das Schlafzimmer – waren die Repräsentationsräume der Fürstäbte und wurden nach französischem Vorbild im feinsten Rokoko gestaltet. Von mönchischer Kargheit keine Spur, im Gegenteil: Wie jeder weltliche Fürst unterhielt der Fürstabt einen Hofstaat. Vom Stallmeister über den Barbier bis zum Hofnarren reichte die Schar der dienstbaren Geister. Die eigentlichen

TOUR
Der Kommissar geht um … – auf ›Kluftis‹ Spuren

Ein Spaziergang zu den Orten des Geschehens im Krimi

Kriminalhauptkommissar Kluftinger, Ermittler der Kripo Kempten und (Anti-)Held der Krimis von Volker Klüpfel und Michael Kobr, ist Allgäuer mit Leib und Seele – ein heimatverbundener Grantler mittleren Alters mit einer Schwäche für Weißbier und Kässpatzen.

Seit die Bücher des Allgäuer Autorenduos den Sprung aus der Nische des Regionalkrimis in die Bestsellerlisten schafften, ist ›Klufti‹ Top-Werbeträger fürs Allgäu. Denn dessen Charakter scheint immer wieder in den Romanen auf: »Es verschlug Kluftinger manchmal fast den Atem, so sehr liebte er diese Landschaft. Besonders um diese Tageszeit, wenn eine eigentümliche Schwermut über den Wiesen, den Hügeln und den Wäldern lag. (…).« (aus: »Milchgeld«)

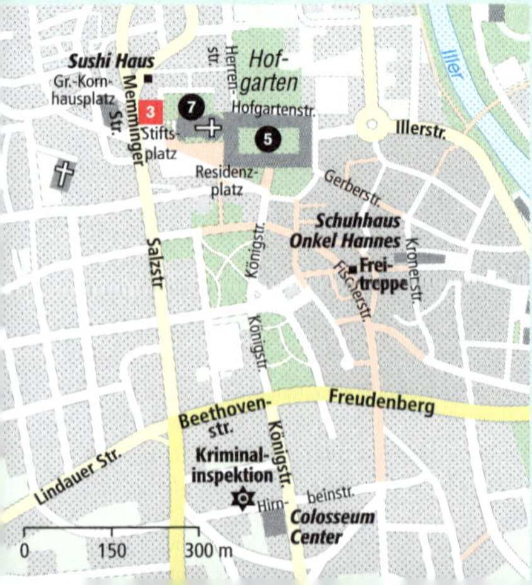

Kommissar Kluftinger, Mitte 50, lebt mit Gattin Erika in Altusried bei Kempten, wo er jeden Montag im Blasorchester spielt und zu seinem großen Verdruss immer wieder Dr. Langhammer, dem besserwisserischen Altusrieder Arzt und Ehemann von Erikas bester Freundin, über den Weg läuft.

›Klufti‹ ist kein muskelgestählter Held, kein Allgäuer James Bond, eher ein bayerischer Columbo – kantig, unwirsch, tollpatschig, übergewichtig, stockkonservativ und kein bisschen weltgewandt. Und gerade deshalb wunderbar liebenswert.

Der Erfolg des ersten Kluftinger-Romans überraschte. Regionalkrimis gibt es schließlich fast so viele wie Kühe im Allgäu. Und an einen Bestseller mochten Redakteur Volker Klüpfel aus Altusried und sein Freund Michael Kobr, Realschullehrer in Kempten, nicht glauben, als sie Kommissar Kluftinger erfanden und 2003 der erste Band »Milchgeld« erschien. Doch aus dem Geheimtipp wurde ein Sensationserfolg. Lesungen sind stets ausverkauft, die Gesamtauflage hat längst die 2-Millionen-Grenze überschritten, der zweite Band »Erntedank« wurde vom Bayrischen Rundfunk verfilmt, und Klufti avancierte zur Kultfigur. 2020 erschien Kluftingers elfter Fall »Funkenmord«, der auf Anhieb auf Platz 1 der Spiegel-Bestsellerliste preschte.

Peter Klüpfel, Vater des Autors Volker Klüpfel, ist im Heimatort des Altusrieder Kommissars Kluftinger in Lesungen und Führungen eingespannt.

Auf Klufti-Spuren durch Kempten
Zugegeben, wer auf Kluftis Spuren in **Kempten** unterwegs ist, sieht nicht unbedingt die klassischen Sehenswürdigkeiten, dafür lernt man mit dem kauzigen Kommissar ganz neue Seiten der Allgäu-Metropole kennen.

Die **Residenz** ❺ war einst Mittelpunkt der Stiftsstadt Kempten. Heute ist ein Teil Museum, ein anderer Teil Sitz des Land- und Amtsgerichts, wo Kommissar Kluftinger häufiger zu tun hat. In der Eingangshalle erzählt ein Wandgemälde Szenen aus der Geschichte der Stadt – vom Doppelleben der Fürstäbte etwa oder von der Verurteilung der letzten Hexe durch den Scharfrichter. Dieses Gemälde passiert auch Kluftinger in seinem zweiten Fall (»Erntedank«, S. 363 f.) – es liefert einen entscheidenden Hinweis für die Auflösung des Falles. Es lohnt sich, anschließend einen Blick in den **Hofgarten** zu werfen, wo Kluftinger manchmal eine ruhige Mittagspause auf der Parkbank verbringt. Außerdem lernte er hier während der Allgäuer Festwoche, so weiß der aufmerksame Leser, seine Ehegattin Erika kennen, die den weltbesten Zwetschgendatschi backt und Kluftinger jeden Montag sein Leibgericht, Kässpatzen, vorsetzt.

Infos

E 4

Dauer: 2 Std. in Kempten, mit Ausflügen nach Altusried (S. 89), zum Alatsee (S. 25) in Füssen oder zur Kartause Buxheim (S. 158) mind. 1–1,5 Tage.

Planung: Führung auf Kluftingers Spuren: www.kempten.de oder www.kommissar-kluftinger.de. Auch auf eigene Faust lassen sich Schauplätze der Allgäu-Krimis entdecken.

Auf dem Weg in die einst protestantische Bürgerstadt sollte man einen Schlenker zur **Kriminalinspektion** machen (Hirnbeinstr. 10), wo Kluftingers Schreibtisch steht. Schräg gegenüber liegt neben dem **Colosseum Center Kempten** das **›Etablissement‹**, wo Uschi leicht bekleidet ihrem Beruf nachgeht. Eine Szene zwischen Kluftinger und der leichtlebigen Dame wird im »Laienspiel« (S. 234 f.) ausgerechnet von einem endlich einmal sprachlosen Dr. Langhammer beobachtet, der hier in ärztlicher Mission unterwegs ist. Die **Freitreppe** markiert die einstige Grenze zwischen Stiftsstadt und Bürgerstadt. Nicht weit davon lag früher eine Buchhandlung (heute Boutique), in der Kluftinger ein Sagenbuch kauft, um sich in die Gedankenwelt des Mörders einzuarbeiten (»Erntedank«, S. 188–193).

Zwischen Kässpatzen und Sushi

Eine Vorliebe für Shopping kann man dem Kommissar nicht nachsagen. Aber weil Erika mit ihm einen Tanzkurs belegen möchte, müssen neue Schuhe her. Zu diesem Zweck sucht er mit Gattin und Mutter im **Schuhhaus Onkel Hannes** (Kronenstr. 23) nach Tanzschuhen (»Laienspiel«, S. 118–127). Gegenüber der **St.-Lorenz-Basilika** 7 kehrt der Kässpatzen-Fan Kluftinger samt Erika, Sohn Markus und dessen japanischer Freundin ausgerechnet im **Sushi-Haus** (Memminger Str. 6; »Seegrund«, S. 88–93) ein und verbrennt sich den Mund an japanischem Meerrettich, den er mit Pistazienmarzipan verwechselt. Kein Wunder, dass Klufti Kässpatzen vorzieht.

Die bekommt man übrigens um die Ecke in der Brauereigaststätte **Zum Stift** 3 (S. 90), wo sie im Biergarten unter schattigen Kastanien ganz sicher wunderbar schmecken.

Wer ein echter »Klufti«-Fan ist …

Mönche waren allesamt adelige Herren, die keine Seelsorger waren, sondern sich wie Adelige bei der Jagd vergnügten. Das spiegelt sich in der Architektur wider. Höhepunkt ist der **Festsaal,** der zu den Meisterwerken des bayerischen Rokoko zählt. Das Deckenbild des mächtigen Tonnengewölbes, begleitet von aufwendigen Stuckkompositionen, verherrlicht das Fürststift und seine Geschichte. Unrühmliche Berühmtheit erlangte das Stift, als hier 1775 der letzte **Hexenprozess** stattfand. Einer ledigen Dienstmagd warf man Unzucht mit dem Teufel vor. Das Todesurteil wurde jedoch nicht vollstreckt.

In den 1950/60er-Jahren erhielt der einstige **Hofgarten** der Fürstäbte nach seiner wenig rühmlichen Vergangenheit als Exerzierplatz wieder sein altes Gesicht. Seinen nördlichen Abschluss bildet die **Orangerie** ❻, in der in barocker Zeit exotische Pflanzen gezogen wurden und heute die **Stadtbibliothek** untergebracht ist.

Die ursprüngliche Klosterkirche **St. Lorenz** ❼, eine dreischiffige romanische Basilika, fiel im Dreißigjährigen Krieg einem Brand zum Opfer. Die neue Klosterkirche wurde wie die Residenz von Michael Beer und später Johann Serro geplant. Sie war der erste monumentale Sakralbau in Deutschland nach dem Dreißigjährigen Krieg und gleichzeitig **Kloster- und Gemeindekirche** – eine ungewöhnliche Kombination. Der frühbarocke Raum erstrahlt seit der letzten Renovierung in den 1990er-Jahren wieder in den originalen Gold-Weiß-Tönen. Die wahre Pracht des Kirchenraums offenbart sich im Oktogon des Chors, das sich über mehrere Etagen in die Höhe zieht. Schwere Altäre in buntem Marmor setzen Akzente. Größte Kostbarkeit aber ist das Chorgestühl mit seltenen Stuckintarsien in der sogenannten Scagliola-Technik, einer aufwendigen Marmorimitation.

Residenzplatz 4–6, Führungen (Treffpunkt Eingang Westseite): April–Sept. Di–So 9–15.45, alle 45 Min., Okt. 10–16, Nov.–März nur Sa/So 10–16 Uhr, alle 45 Min. Sonderführungszeiten im Dez. während des Weihnachtsmarktes; 3,50 € inkl. Führung

Geschichte zum Mitmachen

Die wichtigsten Museen liegen in der alten Stiftsstadt nur wenige Minuten voneinander entfernt. Im neu gestalteten **Kempten-Museum** ❽ geht es um die Geschichte der Stadt – multimedial und sehr zeitgemäß präsentiert, sodass Kinder wie Erwachsene auf ihre Kosten kommen. Die Ausstellung im Erdgeschoss bietet einen schnellen Überblick, im Obergeschoss kann man in Themenräumen tiefer in Aspekte der Zeitgeschichte einsteigen – so geht es um Bereiche wie Glauben, Gesundheit, Verkehr, Migration, Wohnen oder Freizeit, die von der Römerzeit bis heute beleuchtet werden. Aktivstationen, die sich über die Ausstellung verteilen, machen die lokale Geschichte mit allen Sinnen erlebbar und laden zum Mitmachen ein.

Kempten-Museum (Zumsteinhaus), Residenzplatz 31, https://kempten-museum.de, Di–So 10–18 Uhr, Eintritt frei

Alpin-Museum

Im barocken **Marstall,** wo früher Pferde und Wagen der Fürstäbte ihren Platz fanden, ist heute eine Zweigstelle des Bayerischen Nationalmuseums in München. Zentrales Thema des **Alpin-Museums** ❾ ist »Der Mensch und der Berg«. Die Ausstellung verdeutlicht die Bedeutung der Berge als Verehrungsstätten in unterschiedlichen Kulturen, entführt aber im Besonderen in die Erlebniswelt der Alpen. Dargestellt sind die Geschichte der Alpen als Lebensraum, die mühevolle Besiedlung des Gebirges sowie der Kampf ums Überleben in den Bergen. Aber auch die Entwicklung der Alpen zu einem Zentrum des Tourismus und die

Geschichte des Alpinismus sind wichtige Themen.

Landwehrstraße 4, Di–So 10–16 Uhr, öffentl. Führung Sa 14 Uhr, Erw. 4 €, Kinder 10–16 Jahre 2 €, Familien 8 €

Jenseits der Iller

Cambodunum

Auf der östlichen Illerhochterrasse lag einst die Römerstadt **Cambodunum,** die neben Augusta Vindelicorum (Augsburg) und Castra Regina (Regensburg) bedeutendste römische Siedlung der Provinz Raetien. Die jüngste archäologische Forschung sieht in Cambodunum sogar die erste Hauptstadt Raetiens im 1. Jh. n. Chr.

Im Jahr 1885 begann die Ausgrabung der Stadt, die anders als viele andere Römersiedlungen nicht aus einem Militärlager entstanden war, sondern als reine Zivilstadt, in der vor allem Händler und Handwerker lebten. Das Ausgrabungsgelände vermittelt als **Archäologischer Park Cambodunum** ⑩ ein lebendiges Bild der Vergangenheit.

Im gallo-römischen **Tempelbezirk** fand man die Spuren keltischer und römischer Kulte. 13 Tempel wurden auf Basis der originalen Grundmauern teilweise rekonstruiert. Kopien von Götterfiguren und Schautafeln geben Einblick in den hier praktizierten Kult. Der zweite Komplex besteht aus den **Kleinen Thermen,** dem privaten Badehaus, welches zum palastartigen Wohnhaus des römischen Statthalters gehörte. Bestaunen kann man dort die bestens erhaltenen 2000 Jahre alten Heizsysteme (Hypokausten) sowie die öffentlichen Latrinen.

Neben den Kleinen Thermen gab es auch die **Großen Thermen,** öffentliche Bäder mit Schwimmbad, Sauna und Sportplatz. Interessantester Baukomplex ist das Forum, das Zentrum des städtischen Lebens. Es ist umgeben von öffentlichen Gebäuden, darunter der **Basilika,** der größte Versammlungsraum der Stadt. Ihr Grundriss ist auf dem Parkgelände markiert. Den Ausmaßen nach stand sie der St.-Lorenz-Basilika kaum nach.

Zeugnisse der römischen Vergangenheit: Archäologischer Park Cambodunum

Beliebt sind die **Familienprogramme:** Kinder backen auf römische Art im Lehmbackofen, und auch Projektthemen wie Römische Mode, Spielen wie die Römer, Schreiben in der Antike machen Geschichte lebendig.

In der angegliederten »Taberna« serviert man Speisen ganz angemessen auf römische Art.

Cambodunumweg 3, März–Nov. Di–So 10–17 Uhr, an einigen Sonntagen im Sommerhalbjahr kostenlose Führungen, 4 €, erm. 2 €, Familien 8 €

Kemptens Umgebung

Wiggensbach E3

Die Rokoko-Kirche **St. Pankratius** liegt im Zentrum von **Wiggensbach** (12 km westlich von Kempten), das sich darüber hinaus mit einem bildhübschen Ortskern und traditionsreichen Fachwerkgasthof auszeichnet. Im Informationszentrum locken ein kleines **Heimatmuseum** und eine Filzwerkstatt. Berühmt ist Wiggensbach aber vor allem bei Golfern, die hier nicht nur einen 27-Loch-Platz mit traumhaftem Bergblick, sondern auch den höchsten Abschlag Deutschlands (auf dem Kreuzberg in 1011 m Höhe) vorfinden.

Altusried E3

In **Altusried** dagegen ist die 1999 neu erbaute, architektonisch gelungene **Freilichtbühne,** unter deren Dach insgesamt 2500 Zuschauer Platz finden, wichtigster Anziehungspunkt. Die Tradition der Freilichtspiele in Altusried ist aber viel älter. 1879 bereits sahen 9000 Zuschauer das erste große Freilichtspektakel, und in dem Theaterstück »Andreas Hofer« spielten im Jahr 1911 500 Altusrieder mit. Nach dem Zweiten Weltkrieg wurden weitere Stücke in den Spielplan aufgenommen, und bis heute stehen bis zu 800 Altusrieder ehrenamtlich auf der Bühne oder garantieren den Erfolg der Vorstellung durch unterschiedlichsten Einsatz hinter den Kulissen. Das Thema Freiheitskampf zieht sich wie ein roter Faden durch alle Aufführungen. Die Freilichtspiele werden alle drei Jahre (2021, 2024 …) abgehalten, aber auch in den Jahren dazwischen wird ein abwechslungsreiches **Kulturprogramm** im Ort veranstaltet (www.allgaeuer-freilichtbuehne.de).

Altusried ist aber auch die Heimat von Kommissar Kluftinger, dem Helden der kultigen Allgäu-Krimis (S. 84). »Klufti« lebt in Altusried wie auch Herr Dr. Langhammer, an dessen Äußerungen sich Klufti häufig reibt. Hier spielt er in der Blaskapelle und hier geht er zum Kreis der Laienspieler, die im bestimmten zeitlichen Rhythmus auf der Freilichtbühne stehen.

Und natürlich wird hier auch gemordet und ermittelt. In Kluftis viertem Fall, »Laienspiel«, macht der Kommissar Bekanntschaft mit dem internationalen Terrorismus. Von Frühjahr bis Herbst finden Führungen auf den Spuren des Kommissars an jedem zweiten Freitag des Monats um 16 Uhr statt (www.altusried.de).

Schlafen

Im Landhausstil

1 **Mäser's Allgäuherz:** Charmantes Landhotel in einem schönen Fachwerkhaus mit großzügigen Zimmern, Wohlfühlabteilung und Greenfee-Ermäßigung im hübschen kleinen Wiggensbach, rund 12 Automin. vom Zentrum Kemptens entfernt.

Marktplatz 1a, Wiggensbach, T 08370 206, www.maesers.de, €€€

Barrierefrei

2 **Allgäu Art Hotel:** Das stylishe Hotel mit großzügigen Zimmern, Inklusionskonzept und Saunawelt ist auch perfekt für Gäste mit Handicap. Man wohnt zudem zentrumsnah und trotzdem ruhig. Und auch der Service ist zuvorkommend.

Alpenstr. 9, T 0831 540 8600, www.allgaeuarthotel.de, €€

Familiär

3 **Cityhotel Kempten:** Freundliches kleines Hotel im Zentrum. Autofahrer finden kostenlose Parkplätze vor, Gäste mit dem Fahrrad sind herzlich willkommen.

Kottener Str. 72, T 0831 52 18 70, www.cityhotel-kempten.de, €€

Essen

Frisch und regional

1 **Schalander:** Drinnen wie draußen auf der Terrasse im Herzen der Stadt isst man gut und bodenständig. Die Produkte für die modernen Allgäuer Küche stammen vorzugsweise aus der Region.

Fischersteige 9, T 0831 168 66, So/Mo Ruhetag, €–€€

Stylish und mediterran

2 **Nova:** Schickes Ambiente und eine Küche mit vielen Klassikern vom Mittelmeer, die auch ein Herz für Vegetarier und Veganer hat.

Rathausplatz 21, T 0831 57 07 22 88, €–€€€

Traditionsreich

3 **Zum Stift:** Haxn, Schweinsbraten & Co. – zünftig bayerisch speist man im Traditionsgasthaus direkt neben der Basilika St. Lorenz. Die Preise sind mehr als fair, und im Sommer sitzt man unter schattigen Kastanien im Biergarten.

Stiftsplatz 1, T 0831 223 88, www.zum-stift.de, €

Très français

4 **Rendez-vous à Quiberon:** Crêpes und Buchweizengalettes wie in der Kempter Partnerstadt Quiberon, aber auch Coq au vin oder Muscheln bretonischer Art. Perfekter Platz für das kleine Mittagessen.

Rathausstr. 2, T 0831 520 81 16, So Ruhetag, €

Einkaufen

Allgäuer Schmankerln

1 **Wochenmarkt:** Käse aus Allgäuer Käsereien und mehr Verführungen für Feinschmecker.

Hildegardplatz, im Winter in der Markthalle am Königsplatz, Mi, Sa 7–13.30 Uhr

Käse

2 **jamei laibspeis:** Für viele der beste Käseladen weit und breit.

Hildegardplatz 3, Mi 8–13, Fr 12–18, Sa 8–13 Uhr

Keramik

3 **Speith Keramik:** Töpferei und Galerie. Geschirr in fröhlichen Farben und fantasievolle Gartendeko. Sehenswert ist der Garten mit riesiger Keramik-Froschskulptur.

Wiggensbach-Westenried, T 08370 81 83

Bewegen

Baden

1 **CamboMare:** Badespaß für die ganze Familie mit Rutschen, Strömungskanal, Saunawelt und mehr.

Aybühlweg 58, T 0831 58 12 10, www.cambomare.de

Sightseeing

Stadtführungen: Sa 11, Mo 14 (ganzjährig) und Do 14 Uhr (Mai–Okt.), ab Tourist-Info, Rathausplatz. **Kinder-Stadtführungen:** Mai–Okt. jeden 2. Sa 11 Uhr ab Tourist-Info. Über Themenführungen und Museumsführungen informiert die Tourist-Info.

Golf

Golfer gehen ihrem Sport im **Golfclub Hellengerst** 2 (T 08378 920 01 19, www.golf-allgaeu.de) nach oder im **Golfclub Waldegg-Wiggensbach** 3 (T 08370 930 73, https://golf-wiggensbach.de). Letzerer ist ein 27-Loch-Platz mit höchstliegendem Abschlag Deutschlands.

Ausgehen

Kino

1 **Colosseum Center Kempten:** Königsstr. 3, www.kinokempten.de.

Theater

2 THEATERINKEMPTEN: Kein eigenes Ensemble, aber ein breites Spektrum an Gastspielen im ehemaligen Salzstadel.
Theaterstr. 4, T 08370 96 07 88 10, www.theaterinkempten.de

Infos

- **Tourist Information:** Rathausplatz 24, 87435 Kempten, T 0831 252 52 37, www.kempten-tourismus.de.
- **Gemeinde Altusried:** Rathausplatz 1, 87452 Altusried, T 08373 29 90, www.altusried.de.
- **Markt Wiggensbach:** Marktplatz 3, 87487 Wiggensbach, T 08370 920 00, www.wiggensbach.de.
- **Kemptener Jazzfrühling:** Ende April–Anfang Mai, Jazzkonzerte auf allen möglichen Straßen, Plätzen und in Kneipen. Was im Jahr 1985 klein anfing, hat sich zu einem der größten Jazzfestivals in Deutschland gemausert, bei dem auch internationale Größen auftreten.
- **APC Sommer:** Juni–Sept. Konzerte, Lesungen und Theateraufführungen finden im Sommer im Park Cambodunum statt.
- **Allgäuer Festwoche:** Aug. Handelsmesse auf dem Messegelände, mit Volksfestcharakter und kulturellem Rahmenprogramm.

Allgäuer Seenland

E/F4

Nicht in den Bergen, sondern vor den Bergen liegt das Allgäuer Seenland mit den Gemeinden Waltenhofen, Buchenberg und Sulzberg. Die Gletscher der Eiszeit schufen eine sanfte All-

Der Niedersonthofener See ist ein kleines Freizeitparadies im Allgäuer Seenland.

Lieblingsort

Ein Juwel im Allgäuer Seenland

Hier ist die Zeit stehen geblieben: Einzige Attraktion des Schwimmbads am Nordufer des **Sulzberger Sees** (📍 E/F 4) ist der Sprungturm oder vielleicht noch die Schwimminsel, auf die sich die Teenagerpaare zum Knutschen verziehen. Hierher komme ich gern an schönen Sommerabenden, genieße Ruhe, die Naturstimmungen, das nostalgische Flair und hoffe, dass niemand auf die Idee kommt, ein Rutschenparadies zu bauen – davon gibt es nämlich im Allgäu schon genug.

gäu-Landschaft mit zahlreichen Seen, unter denen bestimmt jeder seinen Lieblingssee findet. Und beim Baden oder Radeln verliert man niemals das grandiose Panorama der Allgäuer Alpen aus den Augen.

Sulzberg

E 4

Schon den Rittern des Mittelalters gefiel es hier: Die **Burg Sulzberg** geht zurück aufs 12. Jh., wurde über die folgenden Jahrhunderte hinweg ausgebaut und war bis ins Jahr 1648 bewohnt.

Das **Burgmuseum** (Mai–Okt. So 13.30–16.30 Uhr, 2 €, erm. 1 €) im Bergfried der Ruine zeigt Grabungsfunde und ein Modell der eindrucksvollen Burg. Vom Turm genießt man einen herrlichen Blick über das Allgäuer Seenland, bei klarer Sicht bis zu den Alpen. Klein, aber fein ist der **Sulzberger See** (S. 92) mit meist naturbelassenen Ufern und hübschem nostalgischen Strandbad.

Rottachsee

F4

Nicht eiszeitliche Gletscher, sondern Staumaßnahmen der Neuzeit schufen erst 1992 den **Rottachsee**. Der jüngste Stausee Bayerns sorgt für den Wasserausgleich von Iller und Donau sowohl in Trocken- als auch Regenperioden und ist ein Paradies für **Schwimmer und Wassersportler.** Rund um den See führt ein 15 km langer **Wander- und Radweg.**

Waltenhofen

E 4

Der Waltenhofener Ortsteil **Niedersonthofen** ist offizielles Kräuterdorf. Ein **Kräutertor** und der **Kräuterschaugarten** im Ortszentrum sorgen für einen duftenden Einstieg ins Thema Kräuter. Bei Kräuterwerkstätten und Kräuterwanderungen unter Leitung einer der ausgebildeten Kräuterfrauen des Ortes kann man tiefer ins Thema einsteigen (S. 95). Ein beliebtes Wanderziel mit und ohne Kräuter: der **Niedersonthofener Wasserfall,** den man auf einem verschwiegenen Weg am Falltobelbach entlang erreicht.

Saftige Wiesen und lichte Wälder umrahmen den **Niedersonthofener See** (S. 91) und machen ihn zu einem Juwel inmitten der an Seen beileibe nicht armen Vorgebirgslandschaft. Nur zum Anschauen ist er aber zu schade: Im Sommer trifft man sich hier zum Schwimmen, Rudern, Segeln, Surfen, Angeln oder einfach nur zum Entspannen.

Buchenberg

E 4

Im Luftkurort verstecken sich gleich zwei der schönsten Badeseen der Region zwischen Hügeln und Wäldern – der **Eschacher Weiher** liegt mitten im Naturschutzgebiet. Eine Längsseite ist in den Sommermonaten aber für Badegäste reserviert – mit einem abgegrenzten FKK-Bereich. Ein weiteres kleines Juwel: der **Moorweiher Buchenberg**.

Schlafen

Landidylle

Landhotel Sulzberger Hof: Familiengeführtes Hotel mit einem Herz für Familien und Radfahrer. Entspannte Atmosphäre und faire Preise.

Sulzberg, T 08376 92 13 30, www.sulzbergerhof.de, €–€€

Mit Aussicht

Golfhotel Hanusel Hof: Erste Adresse für Golfer, denn das elegante

Der Eschacher Weiher in einem Naturschutzgebiet bei Burgberg ist Kreuzungspunkt verschiedener Wanderwege.

Haus ist dem Golfclub Hellengerst mit 18-Loch-Golfplatz angegliedert. Weitere Pluspunkte: tolle Lage auf dem Weitnauer Hochplateau, Spa, Kinderbetreuung und Specials für Golfer.

Helinger Str. 5, Weitnau-Hellengerst, T 08378 92 00-0, www.hanusel-hof.de, €€€

Kleinod am See

Pension Seebad: Idylle am Sulzberger See, mit eigenem Badestrand und Bootsverleih. Die Preise sind familienfreundlich, und Kempten ist nicht fern.

See 4, Sulzberg, T 08376 493, www.pension-seebad.de, €

Wellness auf dem Bauernhof

Gablerhof: Schwimmteich, Kneipp-Anwendungen, Sauna, Massagen und noch mehr verwöhnen inmitten der Natur. Die hautnahen Begegnungen mit Kühen, Pferden, Katzen, Hasen und Zwergziegen sind große Attraktionen für die Kinder, die hier zu Gast sind.

Langenegg 3, Waltenhofen-Martinszell, T 08379 75 24, www.gablerhof-allgaeu.de, €€

Campen

Camping Zeh am See: Niedersonthofen, T 0 8379 70 77, www.camping-zeh-am-see.de. **Insel Camping Am See:** Insel 32 3/4, Waltenhofen, T 08379 881, www.insel-camping.de.

Essen

Deftige Wirtshausküche

Landgasthof Sonne: Saisonal, regional, schnörkellos. Mit Blick auf den Niedersonthofener See von der Sonnenterrasse. Klassiker wie Schweinsbraten oder Allgäuer Wurstsalat lohnen die Einkehr. Bei

Gemüseburgern & Co. werden aber auch Vegetarier glücklich.
Waltenhofen, T 08379 72 87 35, Mo/Di Ruhetag, €–€€

Gemütlich

Gasthof Zur Krone: Gasthof mit Tradition und bodenständiger schwäbischer Küche, veredelt mit Kräutern. Schön sitzt es sich auf der Terrasse.
Sonnenstr. 1, Niedersonthofen, T 08379 212, Mi Ruhetag, €

Bewegen

Für Kräuterhexen

Kräuterwanderungen und Kräuterseminare für Kinder und Erwachsene werden im Kräuterdorf Niedersonthofen angeboten.
T 08379 13 01, www.niedersonthofen-see.de/kraeuterdorf.html

Meditationskurse

Buddha-Haus: Das Seminarzentrum ist eingebettet in der Voralpenlandschaft. Außerhalb der Kurse gibt es Di einen Meditationsabend, bei dem jeder willkommen ist.
Buddhistisches Waldkloster im Meditations- und Studienzentrum e.V., Uttenbühl 5, Oy-Mittelberg, T 08376 502, www.buddha-haus.de

Fahrradverleih

Sport Frey: Neben Tourenrädern stehen natürlich auch E-Bikes zur Verfügung.
Rathaussteige 1, Buchenberg, T 08378 78 88. Mi Ruhetag

Hochseilgarten

Kletterwald Grüntensee: Am Kletterwald 1, Oy-Mittelberg (Haslach), T 08323 96 80 50, www.kletterwald-gruentensee.de, Einzelkarte 23,50 €.

Einkaufen

Düfte, Öle & Co.

Primavera Life: Verkauf von Aromaölen sowie Fabrik- und Gartenführungen in der Allgäuer Erlebnis-Aromawelt.
Naturparadies 1, 87466 Oy-Mittelberg, www.primaveralife.com, Mo–Sa 10–18 Uhr, Firmenführung nach Anm. Fr 16, Sa 13, Gartenführungen (wetterabhängig) Fr 14, Sa 11 Uhr

Infos

- **Allgäuer Seenland:** Rathausplatz 4, 87477 Sulzberg, T 08376 920 10, www.allgaeuerseenland.de.
- **Ritterspiele auf Burg Sulzberg:** meist im Sept., Termine s. Tourist-Info.

W

MIT DEM WASSERSCHMECKER UNTERWEGS

Die Suche nach Wasser war im Mittelalter Aufgabe des Wasserschmeckers, wie man im Allgäu die Wünschelrutengänger nennt, die die Wasseradern, Verwerfungen und Gittersysteme unter der Erdoberfläche aufspüren.
Entlang des **Buchenberger Wasserschmeckerwegs** (E 4; 2 km), der durch eine wunderschöne Hügellandschaft führt, informieren Schautafeln über das Handwerk des Wasserschmeckens einst und heute. Stilecht begeht man den Weg mit einer Wünschelroute, einer Art Antenne, die die Messwerte weitergibt und die man in der Tourist-Info Buchenberg (www.buchenberg.de) oder im Rathaus kaufen oder auch ausleihen kann. Besonders eindrucksvoll sind die von einem leibhaftigen Wasserschmecker geführten Wanderungen (Termine ebenfalls in der Tourist-Info Buchenberg erfragen).

Oberallgäu

Kuhglockengebimmel — grüne Weiden und himmelhohe Berge: Allgäu wie aus dem Bilderbuch. Perfekt für Familienferien und alle, die hoch hinauswollen. Unverfälscht und einfach unwiderstehlich.

Eintauchen

Seite 98

Bad Hindelang

Grüne Hügel, plätschernde Bäche, Wasserfälle, Sennalpen, zu denen nur Wanderpfade führen, und majestätische Berggipfel, über denen Adler kreisen – die Hindelanger Täler sind Naturparadiese.

Seite 104

Bad Oberdorf

Laue Sommerabende kann man kaum angenehmer verbringen als im traumhaft schönen Mühlengarten des Gasthauses Obere Mühle – man sitzt unter alten Bäumen auf dem mehr als 500 Jahre alten Anwesen.

In der Sommerfrische auf der Alp fühlen sich Kühe rundum wohl.

Seite 107

Erzgruben-Erlebniswelt

Der Allgäu-Wächter Grünten ist ein Wanderberg mit Aussicht. Aber es führen auch Wege in den Berg hinein. Ein spannender Ausflug in die Vergangenheit.

Seite 110

Bergbauernmuseum in Diepolz

Was wäre das Allgäu ohne seine Bergbauern? Durch ihre harte Arbeit erhalten sie eine einzigartige Kulturlandschaft. Über den Bauernalltag heute und gestern erfährt die ganze Familie im Bergbauernmuseum von Diepolz eine ganze Menge.

Seite 102

Hirschberggipfel

Über Brücken und Stege durch den Hirschbachtobel und dann steil bergauf, bis am Gipfelkreuz des Hirschbergs (1456 m) ein genialer Ausblick wartet. Ein bisschen Kondition sollte man mitbringen, aber die Ausblicke sind jeden Tropfen Schweiß wert!

Seite 119

Café Blaues Haus in Oberstaufen

Ein bisschen Pippi-Langstrumpf-Idylle im himmelblauen Holzhaus in Oberstaufen. Kaffee und selbst gebackener Kuchen schmecken auch im Garten.

Seite 121

Enzianhütte in Oberstaufen

Hier macht das Kurleben Spaß! Die Hüttenabende des Enzianwirts sind legendär – mit Livemusik!

&

Seite 117

Naturpark Nagelfluhkette

Der Premiumwanderweg »Luftiger Grat« führt zu den schönsten Aussichtspunkten des Naturparks, dessen »Hochgrat« seinen Namen nicht von ungefähr trägt.

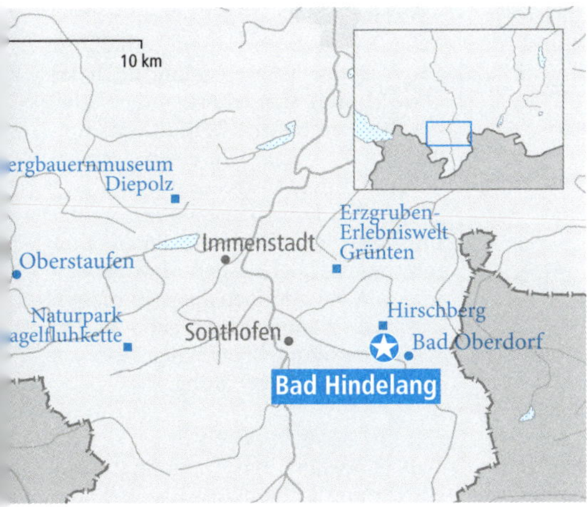

Einen Kräuterstempel zur Entspannung oder doch lieber eine Zirbenholzmassage?

Statt Dichter und Denker waren Bergbauern die Helden des Landstrichs – und ein Käser, der Wirtschaftsgeschichte schrieb.

erleben

Sennalpen und Kurleben

I

Im Oberallgäu werden Ferienträume wahr: Die Dörfer sind allesamt Schmuckstücke und die Wiesen grün, die Berge schwingen sich zu stattlichen Höhen auf. Mit Oberstaufen und Bad Hindelang gibt es gleich zwei Orte, bei denen sich viel um die Gesundheit dreht. Auch Wandervögel, Familien und Aktivsportler kommen voll und ganz auf ihre Kosten.

Bad Hindelang ✪ E 5

Es krabbelt, summt und surrt auf den Hindelanger Wiesen. Blumen und Bergkräuter sprießen, Leckereien für glückliche Kühe auf Weiden, die es eigentlich schon gar nicht mehr geben sollte – Buckelwiesen sind anderswo längst plattgewalzt.

In der Gemeinde Hindelang, deren 5000 Einwohner sich auf sechs Dörfer verteilen und deren Ausdehnung mit 140 km² fast die Größe des Fürstentums Liechtenstein erreicht, sind diese Naturschätze (wieder) zu erleben. Dahinter stecken eine Philosophie und viel Arbeit.

Ende der 1980er-Jahre beschloss man in Hindelang, nicht länger im Wettrennen um immer mehr Gäste mitzulaufen, denen man immer neue Attraktionen bieten muss. Man wollte auf Qualität setzen, und das bedeutet in einer Region, die von ihrer landschaftlichen Schönheit lebt: intakte Natur, frische Luft und beste landwirtschaftliche Produkte aus artgerechter Tierhaltung. Der Weg dorthin war steinig, doch das **Öko-Modell Hindelang** – eine Allianz aus Bergbauern, Naturschutz und Tourismus – wurde zu einem vielfach ausgezeichneten Vorzeigeprojekt.

Ein weiterer Baustein der Tourismusstrategie ist das »Immaterielle Kulturerbe« der hochalpinen Alpwirtschaft in den Allgäuer Hochalpen. In diesem Zusammenhang gewann auch die Direktvermarktung bäuerlicher Produkte immer größere Bedeutung.

Ein Ort auf zwei Etagen

Bad Hindelang, das Heilklimatischer Kurort und Kneippkurort ist, befindet sich auf zwei Etagen: Im Tal der Ostrach, das schon Ende des 12. Jh. besiedelt war, liegen auf 800 m Höhe die Ortsteile Vorderhindelang, Bad Hindelang – Verwaltungssitz der Gemeinde mit hübschem kleinem Zentrum –, Bad Oberdorf und

Hinterstein, im ›oberen Stockwerk‹ auf über 1100 m Höhe Ober- und Unterjoch.

Hindelang und Oberjoch sind heute durch den **Jochpass** verbunden, die kurvenreichste Passstraße Deutschlands mit 105 Kurven auf 7 km, die 300 Höhenmeter überwindet. Vorläufer der spektakulären Strecke war im 16. Jh. die **Salzstraße** von Tirol, wo es große Salzvorkommen gab, bis an den Rhein und nach Frankreich. Zwischen 1540 und 1823 holperten täglich bis zu 100 Wagen über die Straße, die rund 60 t Salz beförderten. Das brachte Wohlstand in die Region. Vor allem kassierte der Fürstbischof von Augsburg, in dessen Hoheitsgebiet man sich befand, Zoll. Aber auch die hiesigen Wirte verdienten an den Fuhrtransporten wie die Salzroder – Fuhrleute, die die Ware übernahmen und bis Immenstadt weitertransportierten.

Die Jochstraße war nicht nur Handelsstraße, sondern auch **Pilgerweg**, denn die Jakobspilger zogen auf dieser Straße zum Bodensee und weiter zum Grab des hl. Jakobus nach Spanien.

Im Ortskern des **Hauptortes Bad Hindelang** zeugt e in zweistöckiges Haus (Marktstr. 22) vom früheren Wohlstand der Bürger – errichtet wurde es vom Salzfaktor Thomas Scholl im Jahre 1671. Sehenswert ist auch das **Rathaus,** das Mitte des 17. Jh. der Fürstbischof als Jagdschloss erbauen ließ.

O

ORIENTIERUNG

Infos: Oberallgäu Tourismus Service GmbH: Hindelanger Str. 35, 87527 Sonthofen, T 08321 800 40, www.oberallgaeu.de.

Gästekarten:

Bad Hindelang PLUS: Die **Bonusgästekarte,** die viele Gastgeber inkludiert haben, bietet Gästen viele Vorteile, wie die freie Nutzung der Bergbahnen, der Freibäder, aber auch ein Erlebnis-Plus von Bergyoga bis zur Kräuterwanderung. Man kann lernen, wie man Kässpatzen zubereitet, ein Alphorn bläst oder mit der Sense Allgäuer Buckelwiesen mäht. Dass man im Zuge der Nachhaltigkeit die Busse kostenlos nutzen kann, versteht sich von selbst.

Oberstaufen PLUS Card: Übernachtungsgäste können in Oberstaufen deutlich an den Nebenkosten sparen. Rund 250 Gastgeber geben die Oberstaufen PLUS Card aus. Das bedeutet: kostenlos sind Bergbahnen, Erlebnisbad, Sommerrodelbahn, Minigolf, geführte Wanderungen – im Winter auch der Skipass. 14 Gastgeber mit der Gästekarte PLUS GOLF bieten zusätzlich Golfen ohne Greenfee auf fünf Plätzen in Oberstaufen und Umgebung an.

Bad Oberdorf

E 5

Der Ortsteil B**ad Oberdorf** bietet bäuerliche Idylle: schmucke Holzhäuser, teils mit verschindelten Fassaden, blumengeschmückte Balkone und Bauerngärten. Im wohltuend unprätentiösen **Kurort** liegen noch Kuhfladen auf der Straße, Tanzcafé und Shoppingmeile sucht man vergeblich. Dass man sich hier großartig erholen kann, wusste schon Prinzregent Luitpold, der immer wieder gern zur Jagd hierher kam.

Der Kurbetrieb begann im 19. Jh. nach Entdeckung einer Schwefelquelle. Die Kombination von Schwefel- und Mooranwendungen als Heilmittel gegen Arthrose und Rheuma ist in Bayern noch heute einzigartig.

Im Februar 1888 wurde der damaligen Badeanlage im Ortsteil Bad Oberdorf durch Seine Königliche Hoheit, Prinzregent Luitpold, der Titel **Prinz-Luitpold-Schwefelmineralbad** zuerkannt – Geburtsstunde eines der ersten Kurhotels Bayerns.

Noch heute gehört das Traditionshotel Prinz-Luitpold-Bad zu den ersten Adressen des Ortes. Die Heilquelle des Hauses war auch der Grund, weshalb sich der Ortsteil Oberdorf ab 1902 mit dem Zusatz Bad schmücken durfte.

Dem Wohlwollen des Prinzregenten war es auch zu verdanken, dass eine der ersten Buslinien Bayerns Hindelang mit dem 7 km entfernen Bahnhof Sonthofen verband.

N

NOSTALGIE AUF DER ALPE

In rund zwei Stunden steigt man vom Wanderparkplatz Hinterstein zur Willersalpe (F 6, 1456 m) auf, die von Markus Bertele bewirtschaftet wird (S. 257). Bis heute führt weder Versorgungsstraße noch -lift zur Alpe. Packpferde tragen Tag für Tag den Käse ins Tal und bringen Verpflegung und Werkzeug auf dem Wanderweg hinauf. In der Sennerei wird feinster Bergkäse gemacht – ein perfektes Souvenir, das in jeden Wanderrucksack passt. Und in der Stube oder vor der Hütte sitzt man wunderbar bei Bier und Hüttengerichten. So mancher Gast findet nicht den Absprung und bleibt über Nacht (Willersalpe: Mai–Okt., T 0171 993 98 47, Übernachtungsmöglichkeit im Bettenlager, Brotzeit und kleinere Gerichte, Verkauf von Bergkäse; S. 257).

Mariä Himmelfahrt und St. Jodok

Auch der größte Kunstschatz Hindelangs, der **Hindelanger Altar,** ist in Bad Oberdorf zu finden, in der modernen **Kirche Mariä Himmelfahrt und St. Jodok** (Richard-Mahn-Straße). Das großartige Altarbild gaben die Hindelanger beim Bildschnitzer Jörg Lederer aus Kaufbeuren in Auftrag, der es 1519 vollendete. Demütig kniet hier eine volkstümlich anmutende Maria und empfängt von Gottvater und Sohn die himmlische Krone. Noch zwei weitere Schätze hütet die Kirche: ein **Marienbild** von Hans Holbein dem Älteren (1493) und einen geschnitzten **Palmesel** (1470).

Hammerschmieden

Die Grafen von Montfort eröffneten im Hintersteiner Tal **Erzbergwerke,** und für frühen Wohlstand sorgten in Hindelang neben dem Salzhandel diese Hammerschmieden an der Ostrach, die mit Hilfe der reichlich vorhandenen Wasserkraft das an Grünten und Hochvogel geförderte Eisenerz verarbeiteten. Im 15. und 16. Jh. waren Oberdorf und Hindelang gar Zentren der Rüstungsindustrie, die das Heer Kaiser Maximilians mit Landsknechtspießen und Hellebarden versorgte. Drei der alten **Hammerschmieden** sind wieder in Betrieb. Hier werden heute hochwertige schmiedeeiserne Pfannen gefertigt (S. 104).

Hintersteiner Tal F 6

Das weite Ostrachtal zwängt sich zusammen und öffnet sich nur in Hinterstein noch einmal. Doch hier ist Endstation für Autos und Ausgangspunkt großartiger Wanderungen für jeden Geschmack und jedes Niveau. Ein Bus fährt ein Stück weiter ins Tal bis zum Gasthaus Giebelhaus, von wo aus man in etwa 30 Min. zur **Alpe Laufbichl** (Hintersteiner Str. 7)

Überholmanöver ungeduldiger Autofahrer? Gibt's hier kaum. Das Hintersteiner Tal ist überwiegend autofrei.

hinauflaufen kann, wo eine Brotzeit auf hungrige Wanderer wartet. Eine Tour für Könner ist der Aufstieg zum **Hochvogel** (2592 m), einem der wirklich majestätischen Allgäu-Gipfel. Entlang der Ostrach führen bequeme Spazierwege, und an heißen Sommertagen bietet sich eine Erfrischung in der **Prinze-Gumpe** (Auf dem Buck 6) an, wo schon Prinzregent Luitpold zu baden pflegte. Das kleine Naturschwimmbad mit Kinder- und Kneippbecken ist etwas für Nostalgiker, die von der liebevoll restaurierten Badeanstalt entzückt sein werden. Und am besten kommt man am frühen Abend, wenn man die Idylle fast für sich allein hat.

Ein weiteres Kleinod im Tal ist das **Kutschenmuseum** (nahe Ostrachbrücke) eines privaten Sammlers, das zu einer Fantasiereise in die Zeit der Kutschen und Schlitten einlädt (tgl. 8–20 Uhr, Eintritt frei).

Oberjoch und Unterjoch

F 5

Wenn im Frühjahr im Tal bereits die Krokusse sprießen, ist es in Hindelangs zweiter Etage oft noch tief verschneit – zur Freude der Wintersportler, die am **Iseler** ein schneesicheres **Skigebiet** vorfinden. Als die 17 km lange Jochstraße Ende des 19. Jh. erbaut wurde, war die Autorennstrecke bald als ›Haarnadelboulevard‹ berüchtigt. Unterwegs hat man an der **Jochpass-Kanzel** einen grandiosen Ausblick auf das Ostrachtal. Die Kapelle **St. Jakobus** in Oberjoch (Ostrachstraße) erinnert daran, dass die Salzstraße auch Pilgerstraße war. Hier rasteten und beteten die Fuhrleute der Salzkarren, bevor sie ins Tal hinabstiegen.

TOUR
Kräftiges Gegurgel vor steilem Fels

Wanderung zum Hirschberggipfel

Infos

E5

Strecke: 8,9 km, Aufstieg: 768 m, Abstieg: 767 m. Schattige Wanderung, die wegen der steilen Aufstiege etwas Kondition erfordert.
Dauer: 4–5 Std.
Schwierigkeit: schwer
Einkehr: Café Polite, Schindackerweg 30

Ausgangspunkt der Wanderung ist der Parkplatz der Gästeinformation in **Bad Hindelang.** Von dort geht es Richtung **Schnitzelalm,** die oberhalb von Bad Hindelang liegt. Kurz vor dem Gasthaus folgt man nach links der Beschilderung zum Hirschberg.

Über Brücken und Stege geht es nun durch die Schlucht des **Hirschbachtobels.** Der Bach gurgelt und sprudelt durch das Tal, während sich rechts und links schroffe Felsen auftürmen. Wie diese Bilderbuchlandschaft entstanden ist, darüber informieren Tafeln – schließlich ist dieser Abschnitt der Wanderung auch ein geologischer Lehrpfad. Weiter geht es auf einem Steig, der durch Trittstufen und Seile gesichert ist, stetig bergauf (Rutschgefahr bei Nässe!). Wasserfälle und Gumpen säumen den Weg zum Ausgang der Schlucht. In vielen Schleifen wandert man nun recht steil bergauf, dann durch den Wald und schließlich über freies Gelände zum **Hirschbergkreuz.** Ein Schlenker führt weiter zum Gipfel, wo herrliche Ausblicke warten.

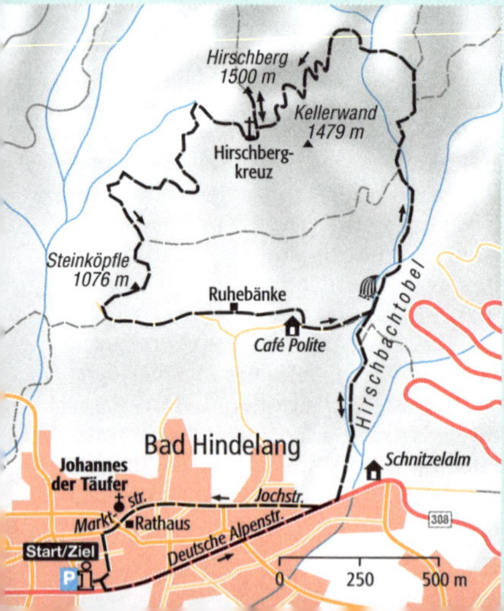

Auf einem kleinen, gut gesicherten Steig geht es nach ausgedehnter Pause bergab in südwestlicher Richtung. In lang gezogenen Kehren geht es zum **Steinköpfle** und an einer Weggabelung hält man sich links und folgt dem Wegweiser zum **Café Polite.** Hier lohnt es sich einzukehren und noch einmal den herrlichen Blick auf Hindelang zu genießen. Nun folgt man dem Wanderweg über eine Brücke und läuft durch den **Hirschbachtobel** zurück nach Bad Hindelang. Über die Marktstraße und den Bauernmarkt erreicht man den Ausgangspunkt der Wanderung.

Die oberen Ortsteile von Bad Hindelang sind beliebte Wintersportorte und **Alpenallergiestationen**, denn die Luft auf über 1000 m lädt ein zu »Ferien von der Allergie«. Mit der **Iselerbahn** fährt man in wenigen Minuten zur Bergstation hinauf (1886 m), von wo aus man mehrere familienfreundliche Wanderungen unternehmen kann. Gegenüber der Talstation informiert ein 2,5 km langer **Moorlehrpfad** über Flora und Fauna der Hochmoorlandschaft. Gleich daneben lockt das wunderbar nostalgische **Moorbad.**

Schlafen

Alles bio

Mattlihüs: Zirbenduft empfängt Gäste im Biohotel in Vollholzbauweise, das in herrlicher Alleinlage in Oberjoch Urlaub von der Allergie bietet. Die Küche hat ein Herz für alle, die fleischlos leben. Aber auch das riesige Alpin-Spa und Zusatzprogramme von Morgenyoga bis zur Kräuterwanderung sorgen für beste Erholung.

Iselerstr. 28, T 08324 98 02 89, www.mattlihues.de, €€€€

Altehrwürdig

Hotel Prinz-Luitpold-Bad: Old-World-Charme trifft im historischen Haus auf ein tolles Spa, dessen Herz nach wie vor das Mineralwasserbad mit Schwefelwasser aus eigener Quelle ist. Der Bergblick ist sowieso unbezahlbar – bei einem Bad im Außenpool bei Sonnenuntergang zum Beispiel. Zum Hotel gehört der höchste Weinberg Deutschlands.

Andreas-Gross-Str. 7, Bad Oberdorf, T 08324 89 00, www.luitpoldbad.de, €€€–€€€€

Familiär

Du-Familotel-Krone: Tolle Familienzimmer, leckeres Essen, Ponyhof und Reitschule, im Winter Kinderskikurse, Aktionsprogramm für Groß und Klein.

Sorgschrofenstr. 2, Unterjoch, T 08324 98 20 10 oder 90 16 08, www.bibi.de, Preise der Familienarrangements auf der Website inkl. HP und Aktionsprogramm

Mit Aussicht

Schwandenhof: In ruhiger Lage empfangen gut ausgestattete Ferienwohnungen die Gäste mit Panoramablick. Garten mit Grill und Liegeplätzen und persönlicher Service.

Schwandenweg 11, Vorderhindelang, T 08324 23 30, www.hotel-schwandenhof.de, €€

Familiär

Haus Landgraf: Gut ausgestattet sind die Ferienwohnungen, dazu kommen als Pluspunkte eine herzliche Betreuung – und ein großer Garten.

Hirschbergstr. 26, T 08324 931 90, www.haus-landgraf.com, €€–€€€

Wellness auf dem Bauernhof

Gesundheitshof Ammann: Für Allergiker geeignete FeWo auf dem Bio-Bauernhof, Kneipp-Kuren, Massagen und Bäder.

Untergschwend 14, Unterjoch, T 08324 76 48, www.ferienhof-ammann.de, €€

Familienidylle

Haflingerhof Kematsried: Ferien auf dem Bio-Bauernhof. Familienparadies mit Pferden und viel Platz zum Spielen. Angegliedert sind Gasthaus und Hofladen.

Ornachstr. 29–33, Oberjoch, T 08324 76 98, www.haflingerhof.de, €€–€€€

Essen

Mit Historienflair

Schlosskeller: Feine Speisen (auch vegetarisch) im Gewölbekeller oder auf der Terrasse des alten Jagdschlosses (17. Jh.).

Marktst. 9, T 08324 973 84 81, www.schlosskeller-hindelang.de, €€

S

SCHLEMMERPARADIES

Eine alte **Mühle** (📍 E5) mit bildschönem Garten – Idylle pur. Dazu eine raffinierte Küche mit besten Produkten der Region: Tranchen vom Hindelanger Weideochsen über dem offenen Feuer gegrillt oder doch lieber Kalbslüngerl mit Semmelknödel? Nicht zu vergessen die hausgemachten Maultaschen mit Bergkäse aus der eigenen Käserei. Egal, wie die Wahl ausfällt, alles schmeckt hier köstlich und der Service ist ausgesprochen freundlich! Zünftige Brotzeiten gibt es in der angrenzenden Käserei (Gasthaus Obere Mühle, Ostrachstr. 40, Bad Oberdorf, T 08324 28 57, Mi–So ab 16 Uhr, €).

Urig

Gasthaus Kematsried: Im ehemaligen Kuhstall der Alpe Kematsried sitzt man supergemütlich und die Speisen – von Hüttenklassikern bis zu den Hausspezialitäten Spanferkel mit Biersauce und Zwiebelrostbraten – schmecken prima.
Ornachstr. 31, T 08324 973 49 79, Di Ruhetag, €€

Kleine Speisen, tolle Weine

Keck Café und Weinbar: Mal keine Lust auf deftige Allgäu-Küche? In gemütlichem Ambiente serviert man hier Käse, Dips, Tapas und dazu vorzügliche Weine.
Marktstr. 5, T 08324 97 34 48, €–€€

Einkaufen

Alles vom Schaf

Schäferladen: Teppiche, Kuschelkissen und mehr aus der Schäferei von Familie Blanz auf dem Hindelanger Bauernmarkt.
Am Bauernmarkt 2

Schönes aus Holz

Finkel's Holzlädele: Haushaltsartikel, Spielzeug, Schmuck und Skulpturen aus heimischem Holz.
Kurze Gasse 2, Bad Oberdorf, Mo–Fr 14–18 Uhr

Pfannen

Hammerschmiede Albert Scholl: Hornweg 3 (beim Parkplatz Grüebplätzle), www.hammerschmiede-scholl.de; **Hammerschmiede Franz Scholl:** Schmittenweg 17, www.hammerschmiede-badoberdorf.de; **Hammerschmiede Konrad Nessler:** Ostrachstr. 46, konrad.nessler@t-online.de. Alle in Bad Oberdorf. Die Hammerschmieden sind die ältesten Gewerbebetriebe des Ostrachtals, hier kauft man schmiedeeiserne Bratpfannen aus unbehandeltem Stahlblech direkt vom Schmied.

Feines aus Leder

Ledermanufaktur Klaus Bensmann: Wer immer schon von einer maßgeschneiderten Hose aus sämisch gegerbtem Hirsch- und lohgarem Rindsleder träumte, wird hier fündig. Aber auch Rucksäcke, Taschen und Gürtel gehören zum Angebot.
Ostrachstr. 38, Di–Fr 10–17, Sa 10–13 Uhr

Bewegen

Käsereibesichtigungen

Schaukäserei Obere Mühle: Hier kann man nicht nur Käse kaufen, sondern auch beim Käsen zuschauen.
Ostrachstr. 40, Bad Hindelang, tgl. 10–13 und 14–18 Uhr, Ladenöffnungszeiten: Mo–Sa 9.30–13 und 14–18, So 9–13 und 14–18 Uhr. Termine fürs Schaukäsen s. www.oberemuehle.de/bio-kaeserei/schaukaesen

Baden

Naturfreibad: Sprungfelsen, Felsendusche, Wasserfall, schwimmende Pirateninsel und andere Attraktionen; Hochmoorschwimmbad: Oberjoch (freier Eintritt); Prinze-Gumpe Hinterstein: schönes Naturbad mit Kneippanlagen (freier Eintritt).

Ostrachstr. 21, Bad Hindelang, T 08324 95 30 56

Reiten

Haflingerhof Kappeler: Pferdekutschfahrten, Ponyreiten. **Du-Familotel Krone:** Sorgschrofenstr. 1, T 08324 98 20 10. Ponyreiten.

Winkelgasse 23, Vorderhindelang, T 08324 80 61

Klettern

Hindelanger Bergführerbüro: Bergsteigen, Klettern, Berg- und Skitouren.

Hauptstr. 28, Vorderhindelang, T 08324 95 36 50, www.bergschulen.de

Infos

- **Gästeinformation Bad Hindelang:** Unterer Buigenweg 2, 87541 Bad Hindelang, T 08324 89 20, www.badhindelang.de.
- **Jochpass Memorial & Historic Rallye:** Eine Parade von Traumautos erinnert jährlich im Okt. an die historischen Rennen am Jochpass.

Sonthofen

E 5

Sonthofen, im 9. Jh. erstmals urkundlich erwähnt, erhielt 1429 durch Kaiser Sigismund das Marktrecht. Die südlichste Stadt Deutschlands (22 000 Einw.) gibt sich beschaulich, besitzt aber dennoch städtisches Flair. Man lebt nicht in erster Linie vom Fremdenverkehr; neben Textilgewerbe und Metall verarbeitender Industrie ist die Bundeswehr ein bedeutender Arbeitgeber, der aus der Garnisonsstadt nicht wegzudenken ist.

In der näheren Umgebung locken hübsche Dörfer und beliebte Ausflugsziele wie die Starzlachklamm oder der »Wächter des Allgäus«, der Grünten (1783 m), ein toller Aussichtsberg.

Stadtzentrum

Wie eine Trutzburg wacht die ehemalige NS-Ordensburg Sonthofen über die Stadt. Was die Deutsche Arbeitsfront 1934 als NSDAP-Schulungsstätte erbaute, dient heute der Bundeswehr als **Kaserne.**

Einen ganz anderen Akzent setzt auf dem Kalvarienberg der preisgekrönte **Ökologische Kurpark**. Ein Stück Wiesengrund wurde dazu in ein Feuchtbiotop verwandelt und mit seltenen heimischen Blumen und Bäumen bepflanzt – ein grüner Ruhepunkt in der geschäftigen kleinen Stadt.

Bombenangriffe in den letzten Kriegswochen 1945 zerstörten viel vom mittelalterlichen Stadtkern, auch die ursprünglich spätgotische, später barockisierte Stadtpfarrkirche **St. Michael**, die nach den Kriegswirren wieder aufgebaut wurde.

Vor dem **Rathaus** steht der **Egga-Spiel-Brunnen,** der Figuren aus dem uralten pantomimischen Spiel aufgreift, das den Kampf des Menschen gegen die Naturkräfte zum Thema hat. Das Spiel, das in vorchristlich-alemannischer Zeit gründet, wurde 1955 wiederbelebt und wird seither alle drei Jahre auf dem Rathausplatz aufgeführt. Eine Hexe symbolisiert die dämonischen Kräfte, die für Misserfolge oder Unheil verantwortlich gemacht werden. Sie stiftet Verwirrung und »eggt« überall an, macht das Vieh scheu und verdirbt die Speisen, bis ihrem Treiben symbolisch durch das Verbrennen im »Funkenfeuer« ein Ende bereitet wird.

Heimathaus Sonthofen

Die kunstvoll geschnitzten Masken der Darsteller des **Egga-Spiels** sind im Heimathaus Sonthofen, einem charakteristischen Allgäuer Bauernhaus aus dem 18. Jh., ausgestellt. Das kleine Museum gibt einen Einblick in die Stadtgeschichte und die traditionelle Allgäuer Wohnkultur. Größter Schatz ist die **Altmummener Krippe,** die größte Weihnachtskrippe des Allgäus.

Sonnenstr. 1, T 08321 33 00, bis voraussichtlich 2022 wegen Umbau geschlossen

Ausflüge in die Umgebung

Berghofen

Berghofen gehört nicht nur zu den besonders idyllischen Orten im Oberallgäu, sondern verfügt auch über den größten Kunstschatz Sonthofens: das schindelgedeckte Kirchlein **St. Leonhard,** das auf einem Hügel thront. Der Schreinaltar, den der Memminger Künstler Hans Strigel 1438 schnitzte, zieht die Blicke auf sich: Maria mit dem Kind wird begleitet von der hl. Agatha und dem Kirchenpatron, dem hl. Leonhard, dem Befreier der Gefangenen, der später zum Patron des Viehs wurde.

A

ABSCHIED

Nach dem Almabtrieb (s. auch S. 257) im September wird am Scheidplatz, der meist außerhalb des Ortes liegt, der eigentliche Viehscheid abgehalten. Jeder Hirte ruft den Namen des Bauern auf, der ihm seine Tiere über den Sommer für die Alpe anvertraut hat. Anschließend scheidet (trennt) er die jeweiligen Kühe aus der Herde, und dann darf ausgiebig gefeiert werden. Auf Hirten, Bauern und Besucher warten im Festzelt Bier vom Fass, »Scheidwürste«, Brotzeiten und Blasmusik – ein Mordsspektakel, das sich längst zur Touristenattraktion gemausert hat. Was wäre das Allgäu schließlich ohne seine Kühe?

Starzlachklamm

Ein Muss ist der Weg durch die wildromantische **Starzlachklamm** beim Ortsteil Winkel. Die Starzlach, die zwischen Grünten und Wertacher Horn entspringt, schuf in jahrtausendelanger Arbeit die Klamm mit ihren tosenden Strudeln, Wasserfällen, kesselförmigen Gletschermühlen und steilen Felswänden.

Ein Rundweg führt über die Alpe Topfen, wo man sich mit frischer (Butter-)Milch und Brotzeiten versorgen kann, zum Ausgangspunkt.

Mai–Okt. 8–18 Uhr

Burgberg und Grünten

Burgberg war bis 1856 Bergwerksort, wo Eisenerz abgebaut wurde. Heute ist Burgberg Ausgangspunkt für die Besteigung des Grünten, der mit seinen 1738 m nicht der höchste Berg der Allgäuer Alpen, aber in seiner Alleinlage, als Vorposten der Gebirgskette gewissermaßen, sicher einer der eindrucksvollsten ist. Nicht zufällig wurde er mit dem Namen »Wächter des Allgäus« bedacht.

Bevor er zum Ziel von wanderfreudigen Urlaubern wurde, war er als Industriestandort von besonderer Bedeutung. Ab dem 15. Jh. machten Eisenerzfunde den Grünten zu einem Revier der Eisenindustrie. Erst im 19. Jh. wurde der Erzabbau unrentabel und eingestellt.

Auch als Touristenattraktion und Wanderziel rückte der Grünten frühzeitig in den Blick. Im Jahr 1774 ließ sich Kurfürst Clemens Wenzeslaus in einer Sänfte auf den Berg tragen, 51 Pferde und 56 Bauern bildeten seinen Tross.

1851 wurde mit dem **Grüntenhaus** die erste Touristenunterkunft in den Allgäuer Bergen eröffnet. Ein beliebtes Ziel für Bergwanderer ist der **Grünten** bis heute, denn als Aussichtsberg sucht er weit und breit seinesgleichen. Die ungefährliche, aber dennoch relativ kraftzehrende Besteigung dauert ab Burgberg insgesamt 5 Std. (mit einem Abstecher in die Starzlachklamm ca. 6 Std.). Der Blick auf Bergkette und Voralpenland entschädigt für müde Knochen.

Schon im Mittelalter wurde am Grünten Erz abgebaut – ein wichtiges Zubrot für viele Bauern. Erst im Jahr 1856 wurde das nicht mehr rentable Bergwerk geschlossen. Diese Entscheidung zwang eine ganze Reihe von Familien zum Auswandern.

Heute erinnert die **Erzgruben-Erlebniswelt** an die mühevolle Arbeit im Stollen. Den Weg von Burgberg aus zum Bergwerk kann man mit einem Bähnchen abkürzen (Mai–Nov. 11–17 Uhr, Führungen in der Hauptsaison 11.30 und 14.15 Uhr, T 08321 788 46 46, www.erzgruben.de, Erw. mit Grubenführung 8 €, Familie bis 19 €).

Blaichach und Gunzesrieder Tal

Ein Pilgerziel für alle Käsefans – schließlich wurde in dem schönen Hochtal südwestlich von Sonthofen der erste Allgäuer Emmentaler gekäst. Dies geschah 1827 auf der **Au Alpe** durch den Schweizer Senn Johann Althaus, den man als Entwicklungshelfer in Sachen Käse engagiert hatte. Käse wird hier auch heute noch gemacht. Aber abgesehen davon ist das Tal auch ein schönes Wanderziel. So kann man den **Stuiben** erklimmen oder den **Haldentobel** erkunden.

Rettenberg

Der Ort **Rettenberg** war schon im Mittelalter Bierbrauerdorf. Im Jahr 1447 bereits, vor der Einführung des bayerischen Reinheitsgebots von 1516 (S. 58), braute man in der Brauerei Zötler Bier. Man überlebte den Dreißigjährigen Krieg, Pestepidemien und zwei Weltkriege und ist heute stolz darauf, die älteste Familienbrauerei Deutschlands – in 21. Generation! – zu sein.

Seit 1668 wird im zweiten Traditionsunternehmen vor Ort, dem Engelbräu, gebraut. Besichtigungen sind in den beiden Privatbrauereien möglich.

Schlafen

Großzügig

Hotel AllgäuStern: Riesige Hotelanlage mit mehreren Restaurants, diversen Sportangeboten, Aquapark und großzügigem Wellnessbereich.

Buchfinkenweg 2, T 08321 27 90, www.allgaeustern.de, €€€

Wellnessbauernhof

Landhaus Waibelhof: Wunderschöner alter Hof in Traumlage mit FeWo im Landhausstil, Sauna, kleinem Spa, Kneippanwendungen und Kräutergarten.

Talstr. 74, Gunzesried, T 08321 45 80, www.waibelhof.de, €€–€€€

Essen

Städtisch

Bene: Stylishes Café mit kreativen kleinen Gerichten – vom Wildkräutersalat bis zum Burger mit vielen vegetarischen Optionen. Auch tolle Frühstückskarte.

Spitalplatz 2, T 08321 66 59 14, Di–So, €

Einkaufen

Käse

Sennerei Gunzesried: Mo–So 9–12 und 15–18 Uhr (April–Okt. bis 19 Uhr).

Talstr. 32, T 08321 841 09, www.gunzesrieder-bergkaese.de

Bewegen

Für Bierfans

Brauerei Zötler: Die Traditionsbrauerei bietet Bierbraukurse an.

Grüntenstr. 2, T 08327 921 28, www.zoetler.de

Baden

Erlebnisbad Wonnemar: Stadionweg 5, T 08321 78 09 70, www.wonnemar.de, tgl. 10–21 Uhr; **Freibad Altstädten:** Freibadweg 16, T 08321 811 15.

Rafting, Canyoning & Co.

Spirits Of Nature: Spezialprogramme für Familien in Pfingst- und Sommerferien.

Bergstr. 19, Burgberg, T 08321 61 94 65, www.spirits-of-nature.de

Ausgehen

Jede Menge Kultur

Kulturwerkstatt Sonthofen: Vielfältiges Kulturprogramm, zwischen Techno und Alphorn changierend.

Altstädter Str. 7, T 08321 24 92, www.kult-werk.de

Infos

- **Gästeamt Sonthofen:** Rathausplatz 1, 87527 Sonthofen, T 08321 61 52 91 oder -292, www.sonthofen.de.
- **Egga-Spiel:** alle drei Jahre (2022, 2025 …) im Februar (S. 105).

Immenstadt

E 5

Hoch über dem Alpsee thronen spätmittelalterliche Burgruinen, die an die einstigen Herren der Stadt, die Grafen von Montfort, erinnern. Während ihrer Herrschaft erhob Kaiser Karl IV. Immendorf zur Stadt. Heute ist die 14 500-Einwohner-Stadt Industriestandort, aber mit seinen eingemeindeten Dörfern und Weilern, attraktiven Wandergebieten und den Badestränden an den beiden Alpseen auch ein anziehender Ferienort.

Stadtgeschichte

Leinen und Salz machten die Stadt einst reich. 1497 erhielt Immenstadt das Recht auf **Leinwandschau** verliehen: Fast 400 Jahre lang mussten die Leinwandhändler der Region ihre Erzeugnisse im hiesigen Weberhaus prüfen lassen. Nachdem die billigere Baumwolle das heimische Produkt unrentabel gemacht hatte, ging 1867 die Zeit der Leinwandmärkte zu Ende.

Im 16. Jh. war die **Salzstraße** von Hall in Tirol über Immenstadt zum Bodensee ausgebaut worden; Immenstadt wurde bis ins 18. Jh. Ober-Salzfaktorei, Zoll- und Umschlagplatz für Salztransporte. Mit dem Salztransport verdienten sich die Bauern, die im Sommer ihre Felder bestellten, im Winter aber zwischen Immenstadt und dem Bodensee mit Lastschlitten unterwegs waren, ein Zubrot.

Nach der Eröffnung der **Eisenbahnlinie Augsburg–Lindau** 1853 lieferten Senner aus dem gesamten Oberallgäu Käse zum Immenstädter Bahnhof. Das neue Verkehrsmittel transportierte riesige Mengen Butter und Käse in andere Regionen Deutschlands, was zuvor wegen der Verderblichkeit der Ware nicht möglich war.

Nach dem Zweiten Weltkrieg sorgte die Ansiedlung der Kunert-Strumpfwerke für den Ausbau des **Industriestandortes** Immenstadt und so für einen raschen wirtschaftlichen Auf-

Von Bühl oder Gschwend nahe Immenstadt gelangt man wandernd auf die 300 Jahre alte Alpe Gschwenderberg, die sommers wie winters bewirtschaftet ist.

schwung. 1985 folgte mit einem Industriewerk der Bosch-Unternehmensgruppe ein weiterer Arbeitgeber, der die Massenabwanderung verhinderte.

Stadtzentrum

Im Mittelpunkt der Kleinstadt liegt der gemütliche **Marktplatz,** um den herum sich die meisten historischen Gebäude gruppieren. Das **Stadtschloss** der Grafen von Königsegg-Rothenfels, in deren Besitz die Stadt im 16. Jh. übergegangen war, wurde 1550 erbaut. Heute sind hier Vermessungsamt und Stadtbücherei untergebracht, der sehenswerte Rittersaal mit Ahnengalerie ist während der Öffnungszeiten der Bibliothek zugänglich. Seit 1753 hat die Stadtverwaltung ihren Sitz im **Rathaus** an der Südseite des Platzes. Etwas zurückversetzt liegt die Kirche **St. Nikolaus.** In dem barocken Bauwerk aus dem frühen 18. Jh. gefallen besonders die Marmorkanzel und die Marmoraltäre in Rot und Schwarz sowie eine Muttergottes-Statue an der rechten Langhausseite, die 1470 in der Werkstatt Ivo Strigels in Memmingen entstand.

Museum Hofmühle

Die Hofmühle an der Aach stammt im Wesentlichen aus dem 18. Jh. und war einst die leistungsfähigste Getreidemühle im Bezirk Schwaben, die bereits im 19. Jh. mit Turbinen ausgestattet wurde. Alltagsleben zwischen Mittelalter und Hightech-Zeitalter vermittelt unterhaltsam das **Heimatmuseum.** Zu sehen gibt es Ritterrüstungen, aber auch einen Markt des 19. Jh. oder das Kultmo-

TOUR
Kühe, Käse, Kinder – ein Familienmuseum zum Anfassen

Ein Tag im Bergbauernmuseum in Diepolz

Infos

D 4

Dauer: mind. 2–3 Std.

Planung: Allgäuer Bergbauernmuseum e. V., Diepolz 44, Immenstadt, T 08320 925 92 90, www.bergbauernmuseum.de; Ostern bis 8. Nov. tgl. 10–18 Uhr; 7 €, erm. 4,50 €, Familien 14 €

Ohne die harte Arbeit der Bergbauern sähe die Allgäu-Landschaft ganz anders aus. Den Alltag dieser unermüdlichen Landschaftsarchitekten heute und gestern würdigt das **Bergbauernmuseum** in Diepolz. Und weil eine Brotzeitalpe, Picknickplätze mit Bergblick, zwei Abenteuerspielplätze und Streicheltiere die Ausstellungen ergänzen, kann man hier problemlos einen ganzen Tag verbringen.

Traumhaft ist das Allgäu als Urlaubslandschaft, doch sie zu gestalten und zu erhalten war und ist letztlich harte (Bauern-)Arbeit. Steile Hanglagen, karge Böden und lange, harte Winter machten den Bergbauern das Leben schwer. Von Heuernte und Hütebuben und vom Käsemachen gestern und heute erzählt die Ausstellung im Eingangsbereich. Ein Spaziergang verbindet die weiteren Museumsstationen.

Zwischen Kuhstall und Waschküche

Der **Sattlerhof**, ein typisches Allgäuer Bauernhaus, stand ursprünglich in Schöllang bei Oberstdorf. 2007 wurde er Balken für Balken abgetragen und in Diepolz wieder aufgebaut. Im Bauerngarten gedeihen im Sommer Gemüse, Kräuter und Blumen. Innen sieht es aus, als wäre die Familie nur schnell zum sonntäglichen Kirchgang ausgeflogen – Wohntrakt und Wirtschaftsräume vermitteln einen lebendigen Eindruck vom Bauernleben vergangener Zeiten. Plumpsklo, Waschbottich und Nachttopf ersetzten das Badezimmer, warm war es im Winter nur am Kachelofen in der Küche. Waschtage waren für Bauersfrauen Schwerstarbeit – vom Einweichen der Kleidungsstücke in selbst angesetzter Lauge über das

Schrubben und Bürsten bis zum Kochen der Wäsche im Kessel. Ein wahrer Festtag dagegen war der Schlachttag, wenn die ganze Familie Blut rührte, Wurst einkochte und Fleisch zum Räuchern vorbereitete.

Im Bergbauernmuseum haben die Jüngsten ihren Spaß, wenn sie den Alltag der einstigen Bergbauern nacherleben.

Rund um die Kuh

Der **Bauernhof Wiedemann** wird noch bewirtschaftet und ist mitsamt dem Museumsbauern ins Museum eingegliedert. Im Wohntrakt des Hofes lebt die Familie, aber Stall und Scheune stehen den Besuchern offen. Wie viel Milch gibt eigentlich eine einzelne Kuh pro Jahr? Und warum haben die meisten Kühe heute keine Hörner mehr? Jede Menge Fragen und jede Menge Antworten. Auch das Melken will gelernt sein, und hier kann es jeder ausprobieren. Das Versuchsobjekt ist gutmütig, weil aus Pappmaché. Höhepunkt des Besuchs für die meisten Kinder: Heuhüpfen im Stadel. Nebenan blöken die Schafe und gackern die Hühner, und wenn der Museumsbauer dann auch noch mit dem Traktor übers Gelände braust, ist das Museum tatsächlich höchst lebendig und lebensnah.

Auf der Höflealpe

Bergbauernhöfe hatten oft zwei Etagen – den Hof im Tal und dazu auf über 1000 m die Alpe, wo das Vieh den Sommer verbrachte. Die Museumsalpe wurde 1872 bei Oberstdorf erbaut und diente später Prinzregent Luitpold als Jagdhütte. Seit 2001 steht sie in Diepolz. Im Stall erfährt man Interessantes über den Sommer auf der Alp (S. 257), nebenan in der Stube werden zünftige Brotzeiten serviert. Nach der Theorie in den Ausstellungsräumen können die Kinder sich immer wieder austoben und auf dem **Waldspielplatz** das Baumtelefon testen, über Baumstämme balancieren oder überdimensionale Klangspiele aus Holz zum Klingen bringen. Währenddessen dürfen die Eltern das Picknick auspacken und das Bergpanorama von den Ammergauer Alpen in Oberbayern bis zu den Appenzeller Alpen in der Schweiz genießen. Kurz vor dem Ausgang wartet noch ein Spielelandschaft, wo man schaukeln, klettern und mit Wasser experimentieren kann.

torrad ›Imme‹ sowie den Damenstrumpf ›Soraya‹ – Immenstädter Produkte aus der Wirtschaftswunderzeit.

An der Aach 14, Mi–So 14–17 Uhr, Erw. 3 €, erm. 2 €

Großer Alpsee

D 5

Der Ortsteil Bühl am **Großen Alpsee,** dem mit rund 2,5 km² Fläche größten Natursee des Allgäus, darf sich Luftkurort nennen. Ende des 19. Jh. entdeckte man im Allgäu die Badefreuden. Bis 1890 blieben sie jedoch den Männern vorbehalten, und noch 1925 waren die Badeanstalten nach Geschlechtern getrennt. Heute tummelt sich Alt und Jung bei sommerlichen Temperaturen am Großen Alpsee und seinen beiden Trabanten, dem **Kleinen Alpsee** und dem **Teufelssee.** Schwimmer, Segler und Surfer finden eine entsprechende Infrastruktur vor, ein Erlebnissteg lädt zum Flanieren ein. Den schönsten Blick auf die Seen genießt man übrigens von der **Salmaser Höhe**, die man von der B 308 in Richtung Oberstaufen, nördlich von Thalkirchdorf, erreicht.

Seit dem 17. Jh. wacht ein Ensemble von Kirchen und Kapellen über den See: die ausgemalte **Loreto-Kapelle,** die der Graf von Königsegg-Rothenfels als Nachbildung des Heiligen Hauses im italienischen Loreto 1666 erbauen ließ, die **Anna-Kapelle** und die Pfarrkirche **St. Stephan** mit einer Nachbildung des Heiligen Grabes in der Unterkirche.

Innen wie außen ein Hingucker: das **AlpSeeHaus** – ein Holzhaus in Passivhaus-Bauweise, ein Naturerlebniszentrum und Eingangstor zum **Naturpark Nagelfluhkette** (S. 117) mit

Ein Bade- und Wassersportparadies allererster Güte: der Große Alpsee bei Immenstadt. Hier kann man nicht nur baden, sondern auch mit Alpenblick auf dem SUP oder Boot übers Wasser gleiten.

multimedialer Erlebnisausstellung (tgl. 9–18 Uhr). Der Alpsee ist auch ein Wandergebiet. Abwechslungsreich führt der **Alpsee-Rundwanderweg** (8 km) von der Promenade über **Trieblings, Gschwend** und **Rieder** zurück nach Bühl. Für Kinderwagen und Fahrräder ist der Weg allerdings nicht geeignet, dafür ist er auch im Winter begehbar. In nur 30 Min. kann man den Felsen mit den Ruinen der alten Ritterburgen **Rothenfels** und **Hugofels** erklimmen (E 5).

Wandergebiet Mittag E5

Der Hausberg der Immenstädter ist der **Mittag** (1451 m), Mittelpunkt eines schönen Sennalpgebietes, das zu herrlichen Wanderungen einlädt. Frühaufsteher können auf der **Alpe Oberberg** unweit des Gipfelkreuzes von Ende Mai bis Mitte September zwischen 8 und 10 Uhr beim Käsen zuschauen. Eine anspruchsvollere Wanderung führt von der Bergstation der Bahn über **Steineberg** und **Stuiben** zur **Alpe Gund,** wo man ein einfaches Nachtquartier findet (Mitte Juni–Sept. durchgehend warme Küche und Brotzeiten). Der Mittag ist aber auch Ausgangspunkt für die traumhaft schöne, aber anspruchsvolle Wanderung über die **Nagelfluhkette** bis zum **Hochgrat** nach Oberstaufen (6–7 Std.).

Alpsee Bergwelt

Westlich des Alpsees schwebt man per Sesselbahn in ein Action-Paradies: hier stehen die meisten Besucher Schlange, um mit dem **Alpsee-Coaster,** der mit 3 km Strecke längsten Ganzjahres-Rodelbahn Deutschlands durch 68 Kurven und in rasantem Tempo abwärts zu brausen.

Wer immer schon mal wie Tarzan von Baum zu Baum schwingen wollte, ist im **Kletterwald Bärenfalle** (S. 114) nebenan gut aufgehoben. Hier locken Kletterparcours auch für Anfänger.

Juli/Aug. tgl. 9–19 Uhr, www.alpsee-bergwelt.de; Alpsee-Coaster (ohne Bergfahrt) 6 €, erm. 5 €, Berg- und Talfahrt 11 €, erm. 9,50 €

Schlafen

Gute Adresse

Hotel Krone: Bei den Zimmern hat man die Wahl zwischen stylish oder gemütlich. Mit Spa, großem Herz für Radler und empfehlenswertem Restaurant.

Rottachbergstr. 1, T 08323 966 10, www.hotel-krone-stein.de, €€–€€€

Gemütlich

Bergpension Christine: Schöne Lage direkt am Alpsee-Rundwanderweg, schlichte, aber gut ausgestattete Zimmer und FeWo, nettes Ambiente.

Rieder 6, Bühl am Alpsee, T 08325 760, www.bergpension.de, €€

Kneipp-Gesundheitshof

Gmeinders Landhaus: Idyllisch gelegener Hof, wo neben Sauna, Whirlpool und Kräutergarten auch qualifizierte Kneipp-Anwendungen geboten werden.

www.gmeinders-landhaus.de, €–€€€

Camping

Bucher's Alpsee Camping: Perfekte Lage zwischen Großem und Kleinem Alpsee, mit Blick auf das Immenstädter Horn. An Regentagen locken Sauna und Massagen.

Seestr. 25, T 08323 77 26, www.alpsee-camping.de, €

Essen

Gutes vom eigenen Hof

Zum lustigen Hirsch: Bodenständige Regionalküche und viele Specials wie Kässpatzenabende mit Livemusik.

Ein Gag für die Kids: Pommes von der Kehrschaufel.

Akams 3, T 08323 49 15, €–€€

Einkaufen

Outdoor-Wear und mehr

AlpseeOutlet: Shoppingparadies für Regentage: Hier kann man manches Marken-Schnäppchen machen.

Julius-Kunert-Str. 44, Mo–Fr 9–19, Sa 9–16 Uhr

Bewegen

Baden

Freibad Kleiner Alpsee: mit beheiztem Freibad. **Strandbad Hauser am Großen Alpsee:** T 08323 63 41, auch Tret- und Ruderbootverleih, Windsurfen. Öffentliche Badeplätze an der B 308 und am Ostufer (Nähe Campingplatz).

Wasserski- & Wakeboardpark: Inselsee bei Blaichach, T 08323 96 89 98.

Wassersportschule Oberallgäu: Burgangerweg 2, Oberstaufen (Büro), T 08323 522 00. Segel-/Surfunterricht, Verleih von Segelbooten und Surfbrettern.

Bergbahn

Mittagbahn: T 08323 61 49, www.mittagbahn.de.

Hochseilgarten

Kletterwald Bärenfalle: T 08323 96 80 50, www.kletterwald-baerenfalle.de

Rodelbahn

Alpsee-Coaster: S. 113.

Infos

- **Tourist-Info Alpseehaus:** Seestr. 10, Immenstadt-Bühl, T 08323 99 88 77, www.immenstadt.de.
- **Seenachtsfest:** Ein Volksfest mit Feuerwerk am letzten Samstag im Juli.

Oberstaufen

D 5

Der schlesische Arzt Dr. Hermann Brosig machte die Schrothkur 1949 im Westzipfel des Oberallgäus bekannt. Seit 1991 darf sich **Oberstaufen** »einziges Schroth-Heilbad Deutschlands« nennen. Mit Schrot und Korn hat das allerdings überhaupt nichts zu tun. Vielmehr kombiniert das Naturheilverfahren, das Brosigs Landsmann Johann Schroth (1798–1856) entwickelte, die wohltuende Wirkung von feuchter Wärme mit einer speziellen Diät (S. 282). Und was Pfarrer Sebastian Kneipp für Bad Wörishofen war, wurde Schroth für Oberstaufen, obwohl er selbst nie im Allgäu praktizierte.

Längst zählt Oberstaufen mit den drei eingemeindeten Orten **Thalkirchdorf, Steibis** und **Aach** zu den bayerischen Vorzeigebädern. Und weil die Hotellerie vom Feinsten ist und das Unterhaltungsprogramm legendär, lässt sich auch gern Prominenz aus Kultur, Sport und Wirtschaft blicken, um frische Kraft in Wellnesstempeln zu tanken oder auf den Golfplätzen in und um Oberstaufen mit Panoramablick auf die Alpenkette zu putten. Auch Tina Turner entschlackte schon im Allgäuer Kurort …

Doch das mondäne Kurleben ist nur eine Seite – vor allem in den Dörfern ringsum ist Oberstaufen durchaus bäuerlich und bodenständig geblieben. Tatsächlich verteilen sich mehr als 160 **Alpen** und **Alphütten** rund um Oberstaufen.

Wanderer genießen ein höchst abwechslungsreiches **Wandergebiet,** das von drei Bergbahnen erschlossen wird.

Von oben ein herrliches Fotomotiv, unten angekommen ein beliebter Ort für eine erfrischende Wander- oder Badepause: die Buchenegger Wasserfälle bei Oberstaufen.

Und mehr und mehr umwirbt man mit besonderen Naturerlebnissen und Abenteuerprogrammen ein jüngeres Publikum.

Ortszentrum

Zentrum des Ortes (7200 Einw.), in dem einige schöne alte Schindelhäuser Akzente setzen, ist der **Kirchplatz** mit der neugotischen Kirche, historischen Bürgerhäusern und Traditionsgasthöfen. So wurde das Gasthaus zum Löwen erstmals 1748 erwähnt.

Das heutige Hotel Bayerischer Hof, in dem 1949 die Schroth-Kur erstmals praktiziert wurde, war einst der Käsekeller des Händlers Aurel Stadtler. Er war ein Pionier der Emmentaler-Käserei im Allgäu. Das Hotel Adler wurde Ende des 16. Jh. als Posthalterei erbaut.

Unbedingt einen Abstecher wert ist das **Färberhaus** (Färberweg 1), in dem ab dem Jahr 1540 eine Färberei existierte. Am Dachgebälk des restaurierten Hauses sind noch die hölzernen Sprossen zu sehen, an denen die gefärbten Tücher zum Trocknen aufgehängt wurden. Heute bietet das Färberhaus ein stimmungsvolles Ambiente für Ausstellungen.

Heimatmuseum »Beim Strupfar«

In dem ehemaligen Bauernhaus aus dem 18. Jh., in dem einst auch eine Strumpfwirkerei betrieben wurde, demonstrieren eine **Hauskäserei,** eine **Enzianbrennerei** und eine **Mosterei** weitere Formen bäuerlichen Nebenerwerbs.

Auf dem Hochgrat Richtung Allgäuer Hochalpen genießen die Kühe ganz entspannt das saftige Grün. Wanderer erleben das Panorama von dieser Höhe nach einem anspruchsvollen Aufstieg.

Ausstellungen zu bäuerlichem Wohnen, alten Handwerkstechniken wie Seilerei, Sattlerei und Schuhmacherei, Volks- und Sakralkunst, Spielzeug und Puppen ergänzen das Angebot des liebevoll hergerichteten Heimathauses.

Jugetweg 10, Sa/So 10–12 und Mo–Fr 15–17 Uhr, 3 €, ermäßigt 1,50 €

Zell D5

Das Kirchlein **St. Bartholomä** (15 Jh.) im kleinen Ort Zell 3 km nördlich von Oberstaufen wirkt auf den ersten Blick schlicht und unscheinbar inmitten der dörflichen Idylle ehrwürdiger Bauernhäuser. Umso größer ist die Überraschung beim Blick in den Innenraum, der üppig mit **Fresken** geschmückt ist. Im Torbogen schildert der Künstler das Jüngste Gericht: Wehe den armen Sündern, über die sich die garstigen Teufelchen hermachen! An der linken Chorwand werden die Freuden und Schmerzen des Marienlebens vor Augen geführt, rechts dagegen lassen die Folterqualen verschiedener Heiliger erschauern. Allemal ein drastischer Religionsunterricht für die mittelalterlichen genauso wie für die vergesslichen Christen des 21. Jh. ... Den gotischen **Hochaltar** mit Muttergottes, hl. Barbara und hl. Stephan schnitzte Johann Strigel aus Memmingen. Sinn für Humor zeigt der Künstler beim linken Seitenaltar: Geradezu neckisch enthüllt der Pestheilige Rochus das Knie, um einem Engelchen seine Pestbeule zu zeigen.

Heute ist St. Bartholomä beliebte Hochzeitskapelle, und ab und zu trifft man auf Pilger, denn das Kirchlein liegt am **Jakobsweg** in Richtung Santiago de Compostela (S. 275).

Ausflüge in die Umgebung

Buchenegger Wasserfälle D5

Dramatisch stürzt die Weißach zu Tal. Kein Wunder, dass die **Buchenegger Wasserfälle** bei Groß und Klein ein beliebtes Wanderziel (1 Std. von Steibis aus) sind – im Sommer auch erfrischender Badeplatz, den man in einer einfachen Bergtour über das Hündle auch erwandern kann.

Auf dem Weg in den ruhig gelegenen Ortsteil **Thalkirchdorf,** der sich mit seinen sieben Dörfern und traditionellen Schindelhäusern in eine Bilderbuchlandschaft zwischen Berg und Tal schmiegt, liegt am Fuß der Berge die Station der **Hündlebahn,** mit der man ins Wanderparadies schwebt.

Naturpark Nagelfluhkette D5

Sechs Gemeinden im südwestlichen Oberallgäu und acht Gemeinden im Vorderen Bregenzerwald bilden den grenzübergreifenden **Naturpark Nagelfluhkette**.

Der größte Teil des majestätischen Gebirgszugs und mit dem **Hochgrat** (1833 m) auch ihr höchster Gipfel liegen auf Oberstaufener Gebiet. Ein herrliches Gebiet für Wanderer und Mountainbiker gleichermaßen.

Die Fahrt mit der **Hochgrat-Bahn** erspart den schweißtreibenden Aufstieg (ca. 2,5 Std.) zum Bergriesen. Grandios ist der Ausblick vom Gipfel über die Bergwelt zwischen Zugspitze und Säntis und bis zum Bodensee.

Erfahrene Bergwanderer werden den Kammweg vom **Hochgrat** über **Rindalphorn** und **Stuiben,** der in 6–7 Std. zum **Mittag** (Immenstadt) führt, genießen. Voraussetzung sind allerdings neben dem passenden Schuhwerk Trittsicherheit und Schwindelfreiheit. Eine perfekte Einkehr für hungrige Wanderer: die Berghütte **Staufener Haus**. Hier werden deftige und süße Hüttengerichte – sonntags auch gern begleitet von Blasmusik – serviert.

Steibis und Imberger Horn D5

Eine kurvige Straße führt in den hoch gelegenen Ortsteil **Steibis** mit ruhigen, angenehmen Quartieren und herrlicher Aussicht auf Oberstaufen. Steibis, das in 860 m Höhe am Fuße des Naturparks Nagelfluhkette liegt, grenzt mit seinem Ortsteil Aach an Österreich. Eingerahmt von den Hausbergen **Hochgrat** und **Imberg** ist Steibis idealer Ausgangspunkt zu zahlreichen Wanderungen.

Die **Imbergbahn** bringt Wanderer in ein ausgedehntes Wandergebiet. Eine beliebte Wanderung ohne allzu große Steigungen (allerdings größtenteils auf asphaltierter Straße) führt vom Imberghaus zur **Alpe Hörmoos** (1 Std.). Neben dem Gasthof liegt die Kräuteralpe Hörmoos, die als höchstgelegene Brennerei Deutschlands mit einem Superlativ glänzen kann, aber auch hochprozentige Stärkung bietet.

Den Weg zurück zur Bergbahn kann man mit dem Bus abkürzen (nach Fahrzeiten erkundigen!).

Mit der Hündlebahn zum Erlebnisrundweg D5

Die Bergstation der Hündlebahn (1060 m) ist Ausgangspunkt für einen familienfreundlichen und abwechslungsreichen Erlebnisrundweg (6 km) mit insgesamt 22 Stationen, die Eltern und Kindern (geführt von einem schlauen Fuchs als Wegsymbol) die Welt des Waldes und der Berge auf höchst anschauliche und sinnliche Art und Weise näherbringen. Zunächst wandert man über die **Sennalpe Obere Hündle** und weiter in Richtung Hochsiedel zur **Schwandalpe.** Doch zuvor lockt ein Schlenker zum Gipfelkreuz

TOUR
Mit festem Schritt

Premiumwanderung »Luftiger Grat«

Infos

D5

Strecke: 10,2 km, Aufstieg: 486 m, Abstieg: 952 m
Dauer: 4.45 Std.
Schwierigkeit: schwer
Einkehr: Alpengasthof Oberstiegalpe, T 08386 81 78; Berggasthof Falkenhütte, T 08386 81 13

Der »Luftige Grat« gehört zu den drei Premium-Wanderwegen, die ihren Ausgangspunkt in Oberstaufen haben. Er führt zu den schönsten Aussichtspunkten des **Naturparks Nagelfluhkette.** Trittsicherheit und eine solide Kondition sind notwendig.

Ausgangspunkt der Tour ist die Bergstation der **Hochgratbahn.** Von dort läuft man auf einem gut ausgebauten Weg zunächst entlang des Grats in Richtung **Falkenhütte.** Zwischen **Hochgrat** und **Rohnehöhe** führt der Weg über die höchsten Erhebungen des Naturparks Nagelfluhkette – Lebensraum für zahlreiche geschützte Tiere wie Alpendohle, Kolkrabe und Steinadler. Vor allem im Winter ist der Fels Wind und Wetter ausgesetzt – nur wenige Überlebenskünstler der Pflanzenwelt gedeihen hier. Am auffälligsten ist die Silberwurz, eine arktische Pflanze, die nach der letzten Eiszeit im Nagelfluhgebiet einen neuen Lebensraum fand. Sie sorgt zur Blütezeit im Juli für helle Farbtupfer.

Von einem Aussichtsplateau unweit der **Falkenhütte** genießt man bei guter Sicht ein grandioses Dreiländer-Panorama – ins Westallgäu, zu den Bergen des österreichischen Bregenzerwaldes, über das Schweizer Säntis-Massiv und den Bodensee bis nach Oberschwaben. Unweit der Falkenhütte, in der man auch einkehren kann, verlässt man den Grat, um zum **Lanzenbach** abzusteigen (Achtung: Nach ergiebigen Niederschlägen ist die Überquerung des Lanzenbaches schwierig!).

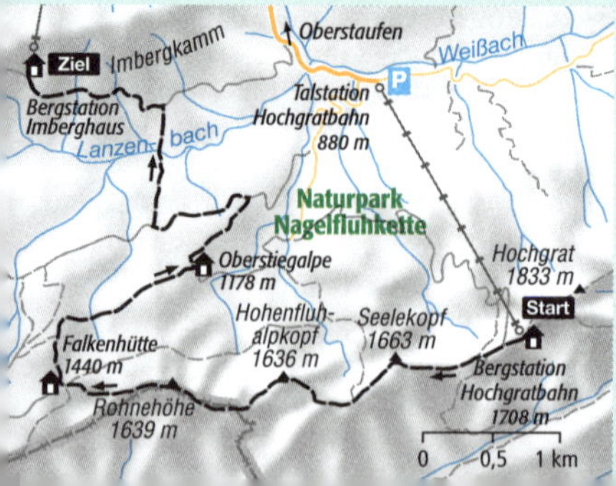

Von dort geht es stetig wieder hinauf bis zur **Bergstation des Imberghauses** und mit der Bahn schwebt man wieder hinab. Mit dem Bus gelangt man zurück zum Parkplatz an der Hochgratbahn.

mit grandioser Aussicht auf die Nagelfluhkette und bis zum Alpsee (S. 112) bei Immenstadt.

Weil Kinder meist wenig Sinn für schöne Ausblicke haben, motivieren Aufgaben am Wegesrand zum Weiterlaufen. Was ist eigentlich eine Sennalpe? Wie wird Käse gemacht? Welche Tiere leben in den Bergen und wie sah das Allgäu eigentlich während der Eiszeiten aus? Man lernt aber auch durch sinnliche Erlebnisse: So kann man das Ohr an einen Summstein legen, ausprobieren, wie unterschiedlich verschiedene Hölzer klingen, oder die Schuhe ausziehen und den Tastsinn auf einem Barfußparcours herausfordern. So wird das Wandern zur schönsten Nebensache. Der untere Teil des Wanderwegs zurück in Richtung Hündle führt auf bequemen Wegen durch den Wald.

Feinschmecker nehmen vom Gipfel den Weg abwärts, – für den man ca. 70 Minuten braucht – über die Bärgundalpe zur Demeter-Alpe Sonnhalde (S. 122) mit ausgesprochen feiner Küche.

Zurück im Tal, locken zahlreiche Familienattraktionen. Lust auf eine Runde Minigolf oder vielleicht lieber einen Besuch im Streichelzoo? Favorit der Kinder ist jedoch eindeutig die **Sommerrodelbahn.**

Hündle-Erlebnisbahn, an der B 308, T 08386 27 20, www.huendle.de

Schlafen

Erholung pur

Bergkristall: Kraft, Harmonie und Licht: Allgäu meets Asia – lautet das Motto im Spa, das keine Wünsche offen lässt. Erholung pur bieten Garten und Terrasse mit Blick auf die Hirsche im Garten und die Gipfel am Horizont.

Willis 8, T 08386 91 10, www.bergkristall.de, €€€€

W

WOHNTRÄUME IN HIMMELBLAU

Geschenke, Wohnaccessoires und wunderschöne Bildbände – alles mit viel Geschmack ausgewählt. Auch für das leibliche Wohl ist gesorgt: Kaffee, selbstgebackene Kuchen und leckere Kleinigkeiten schmecken in der guten Stube oder im wunderschönen Garten des Holzhauses mit Skandinavienflair. Hier kann man sich mitten im Allgäu ein bisschen wie in Bullerbü fühlen (Café Blaues Haus, Freibadweg 2, T 08386 44 76, www.blaueshaus-oberstaufen.de, tgl. 10–18 Uhr, €).

Wellness aktiv

Bad Rain: Das Traditionshaus wird von sympathischen und sportlichen Gastgebern geführt, die zu gemeinsamen Aktivitäten einladen. Die zahlreichen Stammgäste schwärmen – je nach Saison – vom gemeinsamen Walken, Golfen oder Schneeschuhwandern.

Hinterstaufen 9, T 0 8386 93 24 0, www.bad-rain.de, €€€

Bodenständig

Landhaus Staufenblick: Solider Komfort, schöne Sonnenterrasse, familiäre Atmosphäre und ein kleiner Wohlfühlbereich. Hier kann man zu jeder Jahreszeit wunderbar entspannte Urlaubstage verbringen.

Paul-Rieder-Str. 6, T 08386 930 50, www.staufenblick.de, €€€

Ein Herz für Kinder

Ferienhof Höss: Hier werden Kinderträume wahr. Gemäß dem Motto: »Mit Natur und Kuh auf Du und Du« dürfen die Kleinsten hier Tiere streicheln, Traktor fahren und haben darüber hinaus jede

Menge Platz zum Spielen. Und die Eltern dürfen derweil ruhige Momente mit einem guten Buch und einer Tasse Kaffee im Garten genießen.

Höfen 11, T 08386 22 07, www.ferienhof-hoess.de, €€

Essen

Stylish

Nagelfluhlounge: Von der großen Sonnenterrasse des Hauses blickt man bis zur Nagelfluhkette. Abends sorgen brennende Feuerkörbe auf der Terrasse oder der Designkamin, der von der Decke baumelt, im Lokal für Kuschelambiente. So ist durch die Betreiber eine perfekte Stimmung für gute Drinks und Allgäu-Tapas zum Teilen geschaffen.

Am Kurhaus, Argenstr. 3, T. 08386 93 00-443, Do Ruhetag, €–€€

L

LANDLUST

Klaus Hauber ist noch immer Landwirt mit Leib und Seele – davon profitieren seine Gäste, die nicht nur 4-Sterne-Luxus genießen können, sondern **Luxus-Landleben.** Vom Pool schaut man direkt auf die Berge, und die Glocken von Nachbars Kühen sorgen für Hintergrundmusik; der hauseigene Wanderweg ist ein Klimapfad (2,5 km) mit Hängematten und Schaukeln.
Im hofeigenen Bio-Bergheu kann man baden und entspannen, und das Gourmetfrühstück wird sonntags am Berg serviert. Der Luxus-Spa am Natursee ist einfach nur genial und der Golfplatz für Aktivisten gleich nebenan **(Haubers Alpenresort,** Oberstaufen-Kalzhofen, Meerau 34, T 08386 933 05, www.hauber-hotels.de, **€€€€).**

Gediegen

Hotel Traube: Sympathischer Familienbetrieb im denkmalgeschützten Fachwerkbau mit schönem Biergarten. Auf den Tisch kommt verfeinerte Regionalküche mit köstlichen Versuchungen wie Allgäuer Berglammrücken an Rosmarinsößle oder Thaler Wildragout mit Preiselbeeren.

Thalkirchdorf, T 08325 92 00, Di Ruhetag, €–€€

Gourmetadresse

Die Speisekammer: Im neo-alpenländlichen Ambiente vereint der italienische Küchenchef im Chalethotel DAS.HOCHGRAT kulinarisch die Alpen mit dem Mittelmeer. Kreative Gerichte wie die »Halt's Maul-Tasche« (Maultasche vom Wangener Reh, im Holunder-Rotkohl-Sud und mit gebratener Entenstopfleber) begeistern auch Feinschmecker.

Rothenflesstr. 6/8, T 08386 991 46 20, www.die-speisekammer.de, €€

Kultig

Altstaufner Einkehr: Eine Institution in Oberstaufen, Regionalküche, z. B. Jägerteller, in uriger Stube. Der Wirt sorgt – jedenfalls in virusfreien Zeiten – dafür, dass die Gäste miteinander ins Gespräch kommen.

Bahnhofstr. 4, T 08386 71 93, ab 17 Uhr, So/Mo Ruhetag, €–€€

Biokäse & mehr

Alpe Sonnhalde: Ein Wanderweg vom Parkplatz an den Buchenegger Wasserfällen (40 Min.) führt Gäste hierher, die gebackenen Ziegenkäse oder Kräuterquark mit gekräuterten Bratkartoffeln genießen, Brotzeiten, göttlichen Käsekuchen und Kräuterschnaps (Kräuter in Korn gebadet und gebrannt). Die Milchprodukte in Demeter-Qualität (S. 122) stammen, wie sollte es anders sein, von der Milch der Tiere auf der Alpe.

www.alpe-sonnhalde.de, €

Ein aussichtsreiches Wanderziel: Schritt für Schritt geht es zum Gipfelkreuz des Seelekopfs bei Oberstaufen, der wie der Hochgrat zur Nagelfluhkette der Allgäuer Alpen zählt.

Kaffee, Kuchen, Bücher

Café Zendler: Lesecafé mit Terrasse, gutem Gebäck und kleinen vegetarischen Gerichten. Leseratten können in Zeitschriften, Zeitungen und Büchern schmökern.

Hugo-v.-Königsegg-Str. 12, €

Ausgehen

Kultbar

Bubi's Bar: Klein, eng und urgemütlich: Bei Bubi stehen die Gäste sogar gern in der Warteschlange. Ein Muss: den legendären Schumi probieren.

Rainwaldstr. 2, T 08386 1588, So Ruhetag

Hier tanzt der Bär!

Enzianhütte: Frühschoppen oder Tanz, hier ist immer Bombenstimmung. Nicht ganz unwichtig: Das Essen in der schönen Stube oder im Biergarten schmeckt einfach lecker.

Mühlenstr. 24, T 08386 661 (unbedingt reservieren!), Di, Mi Ruhetag, So Frühschoppen, Do Tanz, €€

Einkaufen

Dirndl & Co.

Trachtenmoden Strele: Für alle, die sich in die einheimische Mode verliebt haben: Hier werden traditionelle Trachten und Landhausmode nach Maß gefertigt.

Rainwaldstr. 1

Teppiche

Allgäuer Teppichmanufaktur: Eine der letzten deutschen Handwebereien bietet so strapazierfähige wie schöne

Lieblingsort

Slow Food auf der Bioalpe

Eine Sennalpe erwandern und bei Kuhglockengebimmel ein kühles Bier zum Käsebrot genießen, das gehört für mich zu den schönsten Allgäu-Momenten. Besonders gern sitze ich unter dem Holunderbaum auf der **Bioalpe Sonnhalde** (D 5), die Jakl Köhler seit 1989 nach Demeter-Richtlinien bewirtschaftet. Alles, was aus der Küche kommt, schmeckt herrlich. Mein eindeutiger Favorit aber: Gebackener Ziegenkäs' mit gekräuterten Bratkartoffeln – von Jakl mit viel Charme serviert (www.alpe-sonnhalde.de).

Teppiche aus Schafwolle. Außerdem ist diese Produktion ökologisch einwandfrei. Sehenswert ist der Ausstellungsraum in der Handweb-Tenne.

Salzstr. 7–11, Thalkirchdorf, T 08325 92 20, www.allgaeuer-teppichmanufaktur.de
Mo–Fr 10–12 und 14–16 Uhr (Mi Nachmittag geschlossen), Sa 10–14 Uhr

Käse

Dorfladen im Dorfhaus: Tatsächlich ein klassischer Dorfladen, wo man morgens die Semmeln oder das Holzofenbrot holt. Natürlich gibt's auch Mitbringsel wie Käsespezialitäten aus der eigenen Sennerei, Heuschnaps oder Selbstgemachtes aus dem Dorfhaus.

im Dorfhaus, Kirchdorfer Str. 7, Thalkirchdorf, www.dorfhaus.de/dorfladen.html

Hochprozentiges

Michels Kräuter-Alp: Edelbrände und Liköre aus der höchstgelegenen Brennerei Deutschlands.

Hörmoos, Imbergbahn, Sa–Mo und Fei 14.30–16.30 Uhr, Sa, So und Mo 14–16.30 Uhr, Brennereiführungen: Mo 13.30 Uhr mit Verkostung

Bewegen

Baden

Ein Erlebnisbad mit Saunalandschaft und Wellnessangeboten ist das **Panorama-Erlebnisbad Aquaria** (Alpenstr. 5, www.aquaria.de). Das **Freibad Thalkirchdorf** (Alpenstr. 5, Thalkirchdorf, T 08386 931 30) ist ein klassisches Freibad für schöne Sommertage.

Alles für Sportler

Sport Hauber: Gute Adresse für Wanderer und Radsportfans (mit E-Bike-Verleih). Auch Pro-Shop für Golfer und im Winter Skiservice und Skiverleih.

In der Au 5, Steibis-Oberstaufen, T 08386 99 10 78

Klettern

Klettergarten Imberg: Parcours in unterschiedlichen Schwierigkeitsgraden. Erw. 17 €, Kinder 12 €.

T 08386 85 26, www.sport-hauber.de/info-hochseilgarten.html

Fahrradverleih

Oli's Ski- und Bikeshop: Rainwaldstr. 1, T 08386 96 10 64. **Fahrradecke Thal:** Thalkirchdorf, T 08386 92 70 30.

Golf

Golfzentrum Oberstaufen: Buflings 1 a, T 08386 93 92 50, www.golfclub-oberstaufen.de. 18- und 6-Loch-Platz. **Golfclub Steibis:** In der Au 5, Oberstaufen-Steibis, T 08386 85 29, www.golf-oberstaufen.de.

Bergbahnen

Sesselbahn Hündle: T 08386 27 20, www.huendle-imberg.de, tgl. 9–16.30 Uhr. Mit Sommerrodelbahn und großem Kinderspielplatz.
Hochgratbahn: T 08386 82 22, www.hochgrat.de, tgl. 8.45–16.30 Uhr.
Imbergbahn: T 08386 81 12, www.huendle-imberg.de, tgl. 9–16.30 Uhr.

Käse machen

Käseschule Thalkirchdorf: Im Dorfhaus kann man in Kursen die Grundbegriffe des Käsens erlernen und am nächsten Tag den selbst gemachten Weichkäse abholen. Eine Spezialität sind die Vollmondkurse.

Kirchdorfer Str. 7, T 0172 890 87 38, www.kaeseschule.de

Infos

- **Oberstaufen Tourismus:** Hugo-v.-Königsegg-Str. 8, 87534 Bad Oberstaufen, T 08386 930 00, www.oberstaufen.de.
- **Steibis:** T 08386 81 03.
- **Thalkirchdorf:** T 08325 97 60.

Rund um Oberstdorf und Kleinwalsertal

Mit Wanderstiefeln, MTB oder auf Skiern — Oberstdorf ist supersportlich. Wie auch das Tal der Walser nebenan …

Seite 132

Breitachklamm ✪

Sie gurgelt, rauscht und plätschert – ein Naturspektakel erster Güte, das man auf einem beeindruckenden Weg mit Stegen, Brücken und Geländern erkunden kann.

Seite 136

Gerstruben

Im schmucken Bergdorf Gerstruben sind Sennküche, Sägemühle, die Marienkapelle aus dem 17. Jh. und einige Bauernhäuser längst verlassen, aber wunderbar restauriert. Sie erinnern an den harten Bergbauernalltag vergangener Zeiten.

Bloß nie unten ohne in die Berge!

Eintauchen

Seite 140

Vom Fellhorn ins Kleinwalsertal

Zwischen Oberstdorf und dem Kleinwalsertal sind die Grenzen fließend. Eine schöne Tour führt vom Fellhorn, der sich zur Zeit der Alpenrosenblüte im Frühsommer von seinen schönsten Seiten zeigt, nach Riezlern.

Seite 134

Von Oberstdorf zur Dreiangelhütte

Per E-Bike geht es bergauf zur Hütte. Ein Schlenker führt zur Erzgruben-Erlebniswelt am Grünten und endet bei schönem Wetter am Moorweiher.

Seite 127

Hubertus Alpin Lodge & Spa in Balderschwang

Wellness für Leib und Seele erlebt der Gast hier. Ein stylishes Hotel, gemütlich wie eine Berghütte – so richtig zum Einkuscheln.

Seite 137

Moorbad

Im Sommer lockt das wunderbar nostalgische Schwimmbad in Oberstdorf-Reichenbach mit herrlichem Blick auf die Oberstdorfer Gipfel.

Seite 144

Gottesacker-plateau

Bei gutem Wetter gibt es kaum ein eindrucksvolleres Wandererlebnis als die Überquerung des Gottesackerplateaus am Hohen Ifen. Ein Naturwunder aus Kalkstein, das Wind und Wasser über die Zeit hinweg schufen.

&

Seite 138

Berghütten-wanderung

Ein Genuss ist schon der mehrstündige Aufstieg von Oberstdorf, und dann belohnt der Blick für alle Mühen – wie auch das opulente Frühstück am nächsten Morgen.

Das Brennen der Oberschenkel und Waden beim langen Aufstieg wird später zur tollen Erinnerung.

»Wandern ist Meditation, Versenkung, innere Sammlung (…). Es ist Werden und Sein, Bewegung und Stillehalten, Fortschreiten und gleichzeitiges In-Sich-Ruhen.« Albert Kitzler

erleben

Im Reich der höchsten Gipfel

F

Fischen, Ofterschwang, Obermaislestein, Bolsterlang und Balderschwang, die Hörnerdörfer, sind die Vorhut, bevor man in Oberstdorf mit seinen herrlichen Gebirgstälern direkt ins Hochgebirge vorstößt. Von hier ist es nicht mehr weit ins Kleinwalsertal, das zwar bereits zu Österreich gehört, aber nur von Deutschland aus zugänglich ist.

Hörnerdörfer

D/E 6

Wie aufgereiht liegen die Hörnerdörfer Fischen, Ofterschwang, Balderschwang, Bolsterlang und Obermaiselstein entlang der Kette der (Berg-)›Hörner‹ zwischen **Ofterschwanger** (1406 m) und **Riedberger Horn** (1787 m), der höchsten Spitze der Hörnergruppe. Diese ist Teil des Zwei-Länder-Naturparks Nagelfluhkette, wo Wanderer voll und ganz auf ihre Kosten kommen. Ein Highlight ist der Panoramaweg über die Hörnergipfel. Unterwegs locken Hütten zur Einkehr und zwei Bergbahnen (die Hörnerbahnen in Bolsterlang und Ofterschwang) erleichtern Auf- und Abstieg.

O

ORIENTIERUNG

Kleinwalsertal
Walserbus: Im Kleinwalsertal kann man das Auto getrost stehen lassen. Fünf Buslinien erschließen es und verbinden es mit dem benachbarten Oberstdorf. Die Nutzung ist bei Vorlage der Kleinwalsertaler Gästekarte gratis.
Gästekarte: Allgäu-Walser-Card, www.allgaeu-walser-card.com. Über die freie Nutzung der Busse hinaus diverse Vorteile bei Partnerunternehmen (Bergbahn, Brauerei etc.).

Fischen im Allgäu

E 6

Das kleine Kurdorf **Fischen** nördlich von Oberstdorf ist ländlich gemütlich und liegt idyllisch – mit grandioser Aussicht auf die Allgäuer Bergriesen und die Hörnerkette – im Illertal. Über den ruhigen Ortskern wacht die Pfarrkirche **St. Verena,** die ursprünglich aus dem ausgehenden Mittelalter stammt, aber im 19. Jh. baulich verändert wurde. Ein schmucker Barockbau ist die **Frauenkapelle** des Vorarlberger Baumeisters Michael Beer, der auch St. Lorenz in Kempten entwarf. Nicht versäumen sollte man den Besuch im **Gschwenderhaus,** einem typischen Allgäuer Bauernhaus des 17. Jh., das heute Heimatmuseum und Skimuseum (Di, Do 15–17 Uhr) beherbergt.

Balderschwang D 6

Der erste Bauer, der das Tal rodete oder »gschwendete«, wie man hier sagt, hat Balthasar geheißen, erzählt man, und von ihm bekam das Bergdorf seinen Namen. Vom Käsen und Schmuggeln sollen die Siedler im abgeschiedenen Tal, das dem Bregenzerwald stets näher lag als dem Allgäu, gelebt haben. Heute ist das Dorf immer noch abgeschieden und nur über den **Riedbergpass** (1420 m), Deutschlands höchste Passstraße, die mit 16 % Steigung auch eine der steilsten ist, erreichbar. Heute lebt man vom Fremdenverkehr und Hauptsaison ist der Winter. Kein Wunder, Balderschwang liegt mitten in einem Schneeloch, das gern halb spöttisch, halb neidisch als »Allgäuer Sibirien« bezeichnet wird.

Auch im Sommer ist Balderschwang ein herrliches Urlaubsziel für alle, die Ruhe und Naturerlebnis dem Rummel vorziehen, und ganz besonders für Eltern mit Kindern, die hier familienfreundliche Unterkünfte und einen riesigen Tummelplatz zwischen Wald, Wiese und Bergbächen schätzen.

In der Umgebung gibt es viele Sennalpen, die man erwandern kann. Eine schöne Tour beginnt bei der **Schelpenalpe** und führt zur **Höfele Alpe,** wo man ein Stück vom würzigen Bergkäse mitnehmen kann. Ein Schlenker führt zu einem besonderen Naturdenkmal: Die 2000-jährige Eibe mit zwei Stämmen – so alt wie das Christentum – gilt als ältester Baum des Allgäus.

Obermaiselstein E 6

Nicht nur an Regentagen lohnt der Besuch der **Sturmannshöhle** in Obermaiselstein am Nordostfuß des **Schwarzenbergs.** Die 280 m lange Höhle ist die einzige erschlossene Höhle im Allgäu. Begleitet vom Rauschen und Tosen des Höhlenwassers steigt man hinab zum Höhlensee, wo auch im Hochsommer die Temperaturen winterlich sind (stündliche Führungen Mai bis Anfang Nov. 9.30–16.30 Uhr).

Schlafen

Luxus pur

Sonnenalp: Ein Haus der Spitzenklasse. Golfer schwärmen von den zwei 18-Loch-Plätzen tollem Bergpanorama.

Schweineberg 10, Ofterschwang, T 08321 27 20, www.sonnenalp.de, €€€€

Alpin Lodge & Spa

Hubertus: »Lust auf Leben« ist das Motto des Hotels, das von Gastgebern und Team auch gelebt wird. Alpenländisch-schick und urgemütlich sind Zimmer und Stuben. Ein Traum ist der Spa mit erstklassigen Anwendungen, die unter dem Label »Alpyurveda« das Beste aus Ost und West vereinen. Auch das Aktivprogramm von Yoga bis zur geführten Wanderung mit dem Hausherrn kann sich sehen lassen.

Dorf 5, Balderschwang, T 08328 92 00, www.hotel-hubertus.de, €€€€

Sportlertreff

Explorer Hotel Oberstdorf: Im Sommer ist das Hotel ein Treff für Mountainbiker mit Bike Area, Tourenangebot und E-MTB-Verleih, im Winter steht Skisport im Mittelpunkt. Aber es gibt auch gute Familienangebote. Zimmer zu fairen Preisen ohne Schnickschnack.

An der Breitach 3, Fischen, T 08322 940 790, www.explorer-hotels.com/oberstdorf, €€–€€€

Familienberg

Allgäuer Berghof: Berghütten-Idylle im 4-Sterne-Hotel auf 1200 m Höhe.

Oben auf dem Berg haben Kinder das Sagen. Attraktives Familienprogramm inkl. Family-Spa.

Gunzesried-Ofterschwang, T 08321 80 60, www.allgaeuer-berghof.de, €€€€

Oase der Ruhe

Gästehaus Sonnenberg: Die Gäste erleben eine ländliche Idylle – Ferienwohnungen mit großem Garten und tollem Bergblick.

Dietrichs 6, Bolsterlang, T 08326 364 10, www.gaestehaus-sonnenberg.de, €–€€

Essen

Feine Regionalküche

Zum Dorfwirt: Schmankerl aus dem Alpenland kocht man hier auf höchstem Niveau, Hauptgerichte ab 12 €.

Burgberger Str. 48, Blaichach, T 08321 888 22, €€

Dorfgasthof

Poststüble: Mitten im Ort sitzt man nett und isst gut – viel Fleischiges, auch Wild aus heimischer Jagd.

Am Anger 4, Fischen, T 08326 70 36, €

Eine feine Adresse

Freistil: Stylish und modern ist das Ambiente, die Küche regional und saisonal mit dem besonderen Kick. Hier kommt z. B. Gunzesrieder Saibling mit Rauchschaum, Paprika, Pfifferlingen und Gerste auf den Tisch. Das war den Michelin-Testern eine Empfehlung wert.

Schweineberg 20, Ofterschwang, T 08321 7071, Do und So Ruhetag

Bewegen

Allgäuer Hörnerbahnen

Hörnerbahn Bolsterlang: T 08326 90 93, www.hoernerbahn.de, und **Bergbahnen Ofterschwang Gunzesried:** T 08321 67 03 33, www.go-ofterschwang.de. Mit kostenlosem Bike- und Kinderwagentransport. Info allgemein: www.allgaeuer-hoernerbahnen.de.

Golf

Golfresort Sonnenalp-Oberallgäu: Das gesamte Areal umfasst einen 18-Loch-Platz (Par 72) nebst 9-Loch-Kurzplatz sowie den 18-Loch-Platz der Sonnenalp – zusammen spielbare 45-Löcher.

Oferschwang, T 08321 27 21 81, www.golfresort-oberallgaeu.de

Infos

- **Tourismusgemeinschaft Hörnerdörfer:** Am Anger 15, 87538 Fischen, T 08326 36 46 0, www.hoernerdoerfer.de.
- **Fischinger Kulturzeit:** Anfang Mai bis Sept. werden in Fischen Theatervorführungen, Mundart-Dichterlesungen, klassische Konzerte & mehr geboten.

Oberstdorf

E 6

Der Kurort **Oberstdorf** liegt auf 843 m Höhe inmitten eines weiten Talkessels im Herzen der Allgäuer Alpen, umgeben von imposanten Gipfeln wie Fellhorn (2038 m), **Nebelhorn** (2224 m), **Höfats** (2258 m) und **Mädelegabel** (2645 m): unbestritten das touristische Zentrum des Oberallgäus.

Das einst abgelegene Dorf im südlichsten Zipfel Deutschlands wurde gegen Ende des 19. Jh., besonders nach dem Anschluss an die Eisenbahn 1888, bereits von den ersten Sommerfrischlern entdeckt und damit begann sein Siegeszug als Fremdenverkehrsort. Bergbauern verdienten bald als Bergführer und Trä-

Wunderschön im Tal wie auf dem Berg: Von Oberstdorf fährt die Seilbahn hinauf aufs Nebelhorn.

ger für Sommergäste ein willkommenes Zubrot. Nach und nach verwandelte sich das Bergbauerndorf in einen Urlaubsort, dem 1937 die Prädikate »Heilklimatischer Kurort« und »Kneippkurort« verliehen wurden. Auf knapp 10 000 Einwohner kommen heute ca. 16 000 Gästebetten. Das Zentrum gibt sich städtisch, und dennoch legt man Wert darauf, Dorf zu sein – immerhin das südlichste Dorf in Deutschland.

Als Wintersportort genießt Oberstdorf Renommee: Als einer der Austragungsorte der Vierschanzentournee ist es ein Treffpunkt der Skispringer, weltbekannte Eiskunstläufer drehen im Bundesleistungszentrum ihre Runden und Skiläufer schätzen das riesige Skigebiet, das sich bis ins Kleinwalsertal erstreckt. Zusammen mit dem Kleinwalsertal bietet Oberstdorf das größte Wander-, Berg- und Skisportgebiet der nördlichen Alpen. Ehrgeizige Bergwanderer tummeln sich auf Klettersteigen, aber auch für den Genusswanderer eröffnet sich eine riesige Auswahl an Touren – im Gipfelbereich der Bergbahnen, auf halber Höhe und auf Wald- und Talwegen. Neben den bekannten Routen auf Fellhorn und Nebelhorn oder durch die Breitachklamm gibt es viele stille Wege für geruhsames Wandern oder Nordic Walking.

Doch neben all den sportlichen Aktivitäten kommt auch die Kultur nicht zu kurz: Der **Oberstdorfer Musiksommer** bringt seit mehr als zwölf Jahren Künstler von Rang ins Allgäu. Für die Pflege des Brauchtums sorgt der Trachten- und Brauchtumsverein. Ihm ist es auch zu verdanken, dass die **Wilden Männle** bis heute alle fünf Jahre aktiv sind (wieder 2021, 2026 …). Mit kraftvollen Sprüngen hüpfen 13 wahrlich wilde Gestalten in urtümlichen Kostümen aus Tannenbart über die Bühne. Glaubt man alten Überlieferungen, so geht der kultische Figurentanz schon auf die keltischen Vorfahren zurück.

Doch genauso wenig, wie man sein genaues Alter oder seine Ursprünge kennt, weiß man um seine Bedeutung, denn die ersten Berichte von Aufführungen stammen aus dem ausgehenden 18. Jh.

Ortsmitte

Bereits 1495 war Oberstdorf zum Markt erhoben worden. Von den älteren Gebäuden sind allerdings nach einem Brand im Jahr 1865 nur noch wenige erhalten. Dazu gehört die **Seelenkapelle** mit Wandmalereien aus dem 16. Jh. auf der Nordwand und der zentralen Skulptur des hl. Michael als Geleiter der Seelen.

Die Pfarrkirche **St. Johannes der Täufer** ist ein neugotischer Bau aus der Zeit nach dem Brand, in dem sich jedoch einige Werke der Gotik finden, darunter eine Figurengruppe der Mutter Anna mit dem Kind Maria (1340) oder die »Schöne Oberstdorferin«, eine Muttergottes im Strahlenkranz, die dem Meister des Imberger Altars zugeschrieben wird und rund 150 Jahre jünger ist.

Heimatmuseum

Das Museum in einem alten Bauernhaus trotzte als eines der wenigen der Brandkatastrophe. Bäuerliches Wohnen, Handwerk, Alp- und Landwirtschaft sowie Alpinismus gehören u. a. zu den Themen der Dauerausstellung. Jäger von Superlativen finden Gefallen am größten Schuh der Welt.

Oststr. 13, Di–Sa 11–17 Uhr, So zu den gleichen Zeiten bei Regenwetter, Führungen Di 16 Uhr, 3 €

Rund um Oberstdorf

Nebelhorn — E6

Auf dem **Nebelhorn** (2224 m), wo sich im Winter Skifahrer tummeln, finden Wanderer im Sommer ein ausgeschildertes Wanderwegenetz vor, das Touren für jeden Schwierigkeitsgrad bietet. Von der Bergstation genießt man den beeindruckenden 400-Gipfel-Blick.

Hier ist auch der Ausgangspunkt für den berühmten **Hindelanger Klettersteig,** der allerdings Bergerfahrung voraussetzt. Leicht machbar ist dagegen der Weg von der Station Höfatsblick zum herrlich gelegenen **Seealpsee** und zurück (3 Std.).

Für Familien mit Kindern ist die Station **Seealpe** ein ideales Ziel. Hier beginnt der Naturerlebnispfad »Uff d'r Alp«. Einmal rund um die Seealpe, wo sich rund 200 Kühe in den Sommermonaten wie im Paradies fühlen müssen, führt der 3 km lange Themenweg in 1280 m Höhe.

Nebelhornbahn, Nebelhornstr. 67, T 08322 96 00 14 21, www.ok-bergbahnen.com, Mitte Mai bis Ende Okt. 8.30–16.50 Uhr

Fellhorn — E7

Das **Fellhorn** (2037 m) ist der Oberstdorfer Blumenberg und begeistert besonders im Frühsommer zur Zeit der Alpenrosenblüte Wanderer mit einem Farbenspiel ohnegleichen.

Mal türkisfarben, mal moosgrün glitzert der **Schlappoldsee,** umgeben vom Grün der Wiesen, auf denen Kühe genussvoll grasen. In der Gipfelstation stimmt die »Bergschau 2037« (tgl. 8.30–16 Uhr) auf die Wanderung ein und präsentiert Wissenswertes zu Wald, Wild und Jagd, Alpwirtschaft und Tourismus übersichtlich und anschaulich. Mit Kurzfilmen, Kuhglockengeläute und Donnergrollen werden alle Sinne angesprochen.

Von der Bergstation steigt man in rund 10 Min. hinauf zum Gipfel, wo man den herrlichen Ausblick auf den Alpenkamm genießt: auf der einen Seite die Gipfelparade der Allgäuer Alpen bis zum Grünten, auf der anderen Seite der Blick ins Kleinwalsertal mit dem markanten Hohen Ifen und dem Gottesackerplateau (S. 144).

Eine schöne Runde (Wanderweg 4a, ca. 2,5 Std.) führt vom Gipfel zum **Söllerkopf** (1940 m). Dort ist der Weg zur **Schlappoldalpe** hinunter ausgeschildert, wo eine gute Brotzeit in der größten und höchstgelegenen Sennalpe Deutschlands wartet. Fast 100 Kühe verbringen hier ihre Sommerfrische und produzieren zwischen Juni und September rund 1000–1200 l Milch täglich, beste Basis für Bergkäse, Buttermilch und den Quark für den wunderbaren Käsekuchen, der bei herrlichem Blick auf unzählige Gipfel auf der Zunge zergeht.

Eine anspruchsvollere Tageswanderung führt über die **Fiderepasshütte** ins österreichische Kleinwalsertal (S. 140) und mit dem Walserbus bequem zurück nach Oberstdorf.

Fellhornbahn, Faistenoy 10, T 08322 96 00 24 21, www.ok-bergbahnen.com, Mitte Mai bis Mitte Okt. 8.30–16.50 Uhr

Söllereckbahn E6

Das **Söllereck** hat sich in den letzten Jahren zu einem richtigen Familienberg gemausert – mit Spielplätzen, Allgäu-Coaster, Kletterwald und mehr – kein Wunder, dass es zu den Lieblingszielen von Eltern und Kindern in Oberstdorf zählt. Ein ebenso spannender wie lehrreicher **Naturerlebniswanderweg** führt von der Bergstation in Richtung Hochleite. An der Hochleite angekommen, kann man auf dem gleichen Weg zurückwandern oder weiterlaufen zum **Freibergsee** (Badepause!) und zur **Skiflugschanze** (S. 132); insgesamt ist man etwa 2 Std. unterwegs.

W

FAMILIENWANDERUNG

Die Alpwanderung vom **Söllereck nach Riezlern** (E6) im Kleinwalsertal verbindet Deutschland und Österreich und streift gleich zwei **Sennalpen.** Zwischen Juni und September kann man den hausgemachten Allgäuer Bergkäse vor Ort kosten. Wer früh aufsteht, kann mit etwas Glück beim Käsen zuschauen.
Aber auch außerhalb der Käsesaison begeistert die Wanderung auf dem Höhenweg durch großartige Ausblicke ins Tal. Mehr über das Thema Alpwirtschaft gestern und heute vermitteln fünf Infostelen unterwegs. Friedlich grasende Kühe säumen den bequemen und auch kinderwagentauglichen Weg durch das Alpgelände und bald öffnet sich ein großartiger Blick in das Kleinwalsertal mit dem charakteristischen Kalksteinplateau des Hohen Ifen. Unterwegs kann man sich in der **Mittelalpe,** die auf 1359 m Höhe unter dem Fellhornrücken liegt, an leckeren Brotzeiten mit hausgemachtem Käse, einem warmen Mittagessen oder selbst gebackenem Kuchen laben. Dann ist es nicht mehr weit bis Riezlern. Von dort geht es mit dem Walserbus zurück zur Talstation der Söllereckbahn.

Der **Kletterwald Söllereck,** Deutschlands höchstgelegener Kletterparcours, lockt zu neuen Abenteuern. Höhepunkt für viele Kinder aber ist sicherlich der **Allgäu Coaster Söllereck**, eine Sommerrodelbahn der rasanten Art an der Talstation: 850 m lang braust man mit bis zu 40 km/h durch die Kurven – nervenkitzelig eingebaut sind Jumps und Wellenstrecken.

Söllereckbahn, Kornau-Wanne 8, T 08322 987 56, www.ok-bergbahnen.com, bis voraussichtlich 2022 befindet sich die Söllereckbahn im Umbau; Sommerrodelbahn (10–18 Uhr) und Kletterwald Söllereck (tgl. 10–17 Uhr) sind geöffnet

Skiflugschanze, Freibergsee E6

Pilgerziel für Freunde des nordischen Skisports (aber nicht nur für diese) ist die **Heini-Klopfer-Skiflugschanze** im **Stillachtal** (Richtung Birgsau), die 1949 erbaut und zur Skiflugmeisterschaft 1973 erweitert und 2016 erneut verändert wurde. Auch wenn das Oberstdorfer Springen der Vierschanzentournee auf der Großen Schattenbergschanze in der Erdinger Arena ausgetragen wird, so treffen sich hier immer noch die besten Skispringer der Welt, um majestätisch ins Tal zu schweben. Architektonisch ist die frei auskragende Spannbetonkonstruktion in Leichtbeton bemerkenswert. Sie ist zurzeit die drittgrößte Skiflugschanze der Welt mit einer Hillsize von 235 m und einem Schanzenrekord von 238,5 m (2018).

Von hoch oben kann man nachvollziehen, wie sich ein Skiflieger vor dem Start fühlt und die meisten Besucher sind sicherlich froh, nach dem Genuss der Aussicht über den türkisgrünen Freibergsee wieder den Lift hinabnehmen zu dürfen.

Wer ein bisschen Zeit mitgebracht hat, sollte unbedingt einen kurzen Spaziergang zum **Freibergsee** einplanen. So kann man den Besuch der Schanze zum Tagesprogramm ausweiten. Im Sommer locken die kühlen Fluten zum Schwimmen und ein idyllisches kleines Schwimmbad bietet Liegeflächen und Liegestühle – das perfekte Plätzchen, um hier einen schönen Sommertag zu verbringen.

Mai –Nov. tgl. April–Okt. 9.30–17.30 Uhr, im Winterhalbjahr bis 16.30 Uhr, Erw. 12 €, Jugendliche und Kinder 9 €

Breitachklamm E6

Die Wassermassen der Breitach, eines der drei Quellflüsse der Iller, schufen in den mehr als 10000 Jahren seit dem Ende der letzten Eiszeit eine rund 2 km lange Schlucht – ein Naturspektakel erster Güte. Glatt geschliffene Kieselsteine und Felsungetüme zeugen von der immensen Kraft des Wassers, das die enge Schlucht mit fast 100 m hohen Wänden durchbricht, mit Getöse über hohe Felsbänke stürzt, Mulden und Abbruchstellen gräbt und blitzende Wassertropfen versprüht. Im Schutz der düsteren Klammwände, die kaum von Sonnenstrahlen erreicht werden, gedeihen Moose und Farne.

Pfarrer Johann Schiebel aus Tiefenbach erkannte bereits vor mehr als 100 Jahren, dass die Erschließung der Klamm für den noch jungen Oberstdorfer Fremdenverkehr von großer Bedeutung war. Er trommelte Geldgeber zusammen und 1905 wurde ein spektakulärer Weg durch die Klamm mit Stegen, Brücken und Geländern angelegt. Er musste nach Hochwasserkatastrophen wie zum Beispiel im August 2005, als das Wasser 6,60 m über dem Steg stand, mehrfach neu befestigt werden.

Ein Geheimtipp ist der Weg durch die Breitachklamm nicht und der schmale Pfad in der Hochsaison entsprechend überlaufen.

Wer die Klammwanderung mit dem Weg über die **Alpe Dornach** (Rundweg 1,5–2 Std.) kombiniert, lässt jedoch die Massen hinter sich. Ein abwechslungsreiches Wandererlebnis ist dann garantiert – auch bei schlechtem Wetter.

Rundwanderweg (1,5–2 Std.) auf schmalem, aber bestens gesichertem Pfad durch die Klamm, Sommer 9–17, Winter 9–16 Uhr, 5 €, erm. 2 €

Mehr Naturspektakel geht kaum: die Breitachklamm.

St. Loreto
E6

Zu den schönsten Kirchenbauten im Oberstdorfer Tal gehören die drei südlich des Zentrums gelegenen Loretokapellen (Loretostraße). Aus dem späten 15. Jh. stammt die **Appachkapelle**, die errichtet wurde, um die im Mittelalter häufig über die Ufer tretende **Stillach** zu besänftigen.

Ein Freskenzyklus im Inneren zeigt Evangelisten, Kirchenväter, Märtyrer und Szenen aus der Heilsgeschichte. Als nach dem Dreißigjährigen Krieg die Verehrung Unserer Lieben Frau von Loreto im Allgäu heimisch wurde, erbaute man im Jahre 1657 die **Marienkapelle** mit einem sehenswerten Rokoko-Altar des Füssener Bildhauers Anton Sturm, in dessen Mittelpunkt das aus Ton geformte Gnadenbild steht.

Gewissermaßen als Anbau entstand 14 Jahre später die **Josefskapelle** mit Gemälden des Oberstdorfer Künstlers Claudius Schraudolph.

Die Kapellen sind Ausgangspunkt für einen kleinen Spaziergang zum **Moorweiher** (Am Rauhen 3) und **Moorschwimmbad** (9–19 Uhr).

Trettachtal
E6/7

Von den Loretokapellen führt die größtenteils für den Autoverkehr gesperrte Straße weiter ins **Trettachtal** bis **Spielmannsau**, das bis 1844 noch zu Österreich gehörte. Zur Einkehr hat man die Wahl zwischen dem Berggasthof Spielmannsau mit großem Kinderspielplatz und schöner Sonnenterrasse und der 30 Min. nördlich davon gele-

TOUR
Mit Power zur Hütte, dann ins moorige Bad

Mit dem E-Bike zur Dreiangelhütte

Die Tour führt von Oberstdorf zunächst ohne große Steigungen auf dem Illerradweg bis **Sonthofen/Burgberg.** Auf einer Asphaltstraße geht es mit Rückenwind recht steil bergauf zur idyllisch gelegenen **Dreiangelhütte** (Akkuwechselstation) und zurück nach Oberstdorf. Ein Schlenker führt zur **Erzgruben-Erlebniswelt** am Grünten (S. 107) und bei schönem Wetter lockt eine entspannende Badepause im **Moorweiher.**

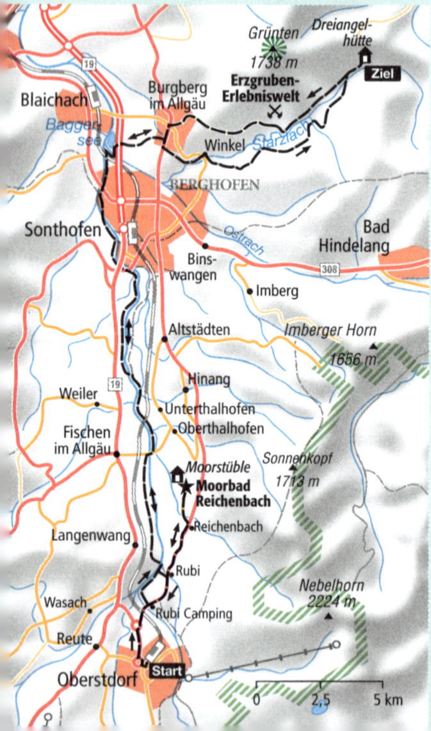

Den Fluss entlang …

Vom E-Bike-Testcenter am Bahnhof **Oberstdorf** radelt man zunächst in Richtung Sonthofen. Am ersten Kreisel und am zweiten Kreisel hält man sich jeweils rechts und erreicht nach ca. 10 Min. den Ortsteil **Rubi.** Nach dem Ortseingangsschild biegt links eine Straße zum Illerradweg ab, der auf einer Strecke von ca. 145 km vom Illerursprung bei Oberstdorf – wo Breitach, Stillach und Trettach sich zur Iller vereinen – bis nach Ulm führt.

Ohne nennenswerte Steigungen führt der breite Schotterweg an der **Iller** entlang, die hier noch ein türkisfarbener Bergfluss ist, zunächst nach Sonthofen. Zurück blickend bietet sich ein grandioses Bergpanorama – besonders eindrucksvoll im Frühjahr, wenn sich schneebedeckte Gipfel vor Löwenzahnwiesen himmelwärts recken.

Radlerpause am Fluss

Infos

E5/6

Strecke: ca. 60 km, **Dauer:** ca. 4 Std., **Schwierigkeit:** mittel

E-Bike-Ausleihe: S. 139

Einkehr: Dreiangelhütte, zw. Burgberg und Wertach, Am Köngissträssle, Burgberg, T 0163 666 65 70, www.dreiangelhuette.de, Mi–So 10–18 Uhr; Moorstüble, Reichenbach 70, T 08326 15 09, www.moorstueble.de, Mitte Mai bis Mitte Sept. Di–So 11–22 Uhr

Moorschwimmbad: Mitte Mai–Mitte Sept. 10–19 Uhr, S. 137

Sonthofen ist nach ca. 1 Std. erreicht – allerdings ignoriert man den Abzweig und folgt dem Radweg weiter in Richtung Blaichach, Burgberg.

... bis zum Winkel

Wenn man eine schmale Brücke erreicht, überquert man diese und kommt an einen Baggersee, den man gegen den Uhrzeigersinn umfährt. Nach ca. 200 m hält man sich rechts und fährt durch eine Unterführung. Weiter geht es Richtung **Burgberg, Winkel.** Sobald man Winkel erreicht, biegt man nach rechts und bald wieder nach links ab, der Straße in Richtung Starzlachklamm folgend. Nach wenigen Minuten nimmt man den Abzweig nach rechts in Richtung Dreiangelhütte. 7 km geht es auf asphaltierter Straße recht steil bergauf. Unterwegs verlocken immer wieder Blicke über Sonthofen bis Oberstdorf zum Anhalten. Zur anderen Seite erhebt sich der Grünten.

Die **Dreiangelhütte** liegt idyllisch im Wald und lädt zu einer Pause ein. Auf dem Rückweg kann man einen Abstecher zur **Erzgruben-Erlebniswelt** (S. 107) machen, die im Rahmen von Führungen besichtigt werden kann. Von dort rollt man abwärts nach **Burgberg,** wo man wieder den Hinweisschildern zum Illerradweg folgt, um auf dem gleichen Weg zurück nach Rubi zu radeln.

An schönen Sommertagen bietet sich ein Schlenker zum **Moorschwimmbad in Reichenbach** an. Dafür biegt man in Rubi links nach Reichenbach ab (1,4 km) und folgt dort dem Hinweisschild zum Moorschwimmbad bzw. zum Moorstüble. Der Weg zurück nach Oberstdorf ist ausgeschildert.

genen **Alpe Oberau.** Auf dem Rückweg kann man eine Rast am türkisgrünen **Christlessee** einlegen, der zwar zum Baden auch in den Sommermonaten zu kalt, aber ein herrlicher Platz zum Entspannen ist.

Auch ein Abstecher nach **Gerstruben** bietet sich von hier aus an. Einige Häuser, Sennküche, Sägemühle und die **Marienkapelle** aus dem 17. Jh. des Bergdorfs sind längst verlassen, aber liebevoll restauriert, und ein Berggasthof erwartet hungrige Wanderer.

Rohrmoostal D6

Über Tiefenbach erreicht man auch, am besten zu Fuß oder mit dem Rad, das **Rohrmoostal** (Mautstraße), Jagdgebiet der Fürsten von Waldburg-Zeil. Hier steht die verschindelte Kapelle **St. Anna,** die um 1568 erbaut wurde und damit wohl eine der ältesten erhaltenen hölzernen Kapellen Europas ist.

Die Originalbemalung an der Westwand zeigt Teufelsgestalten und die Qualen der zur Hölle hinabgestoßenen Verdammten. Wunderbarer Kontrast in der naiven Darstellung: die Scharen der von einem Engel mit Lilie geleiteten Seligen.

Auch einen Blick wert ist die vermutlich älteste Darstellung eines Alphorns im Allgäu auf dem linken Altarflügel.

Schlafen

Medical Wellness

Schüles Gesundheitsresort & Spa: Wellness mit ärztlicher Unterstützung, Kneipp-Kuren modern interpretiert, 2600 m² Spa-Landschaft und ein tolles Aktivprogramm, dazu ein parkähnlicher Garten mit Blick auf Allgäuer Hochalpen – im Oberstdorfer Traditionshaus spielen Ruhe und Erholung die Hauptrolle.

Ludwigstraße 37–41a, T 08322 70 10, www.schueles.com, €€€€

Klein & sehr fein

Das Freiberg: Gemütlich wie ein Privathaus ist das kleine Boutiquehotel und dennoch so komfortabel wie es sich für ein 4-Sterne-Hotel gehört. Schickes Design, Verwöhnservice und Sterneküche.

Freibergstr. 21, T 08322 96 78 0, www.das-freiberg.de, €€€€

Jung & sportlich

Hotel Oberstdorf: Frisches Design und ein toller Wellnessbereich begeistern Familien und ein junges, sportliches Publikum.

Reute 20, T 08332 94 07 70, www.hotel-oberstdorf.de, €€€€

Villenflair

Geldernhaus: Liebevoll restaurierte Adelsvilla der Belle Époque mit großem Garten. Naturpool, Liegewiese und Aktivprogramm des benachbarten Parkhotels Frank können genutzt werden.

Lorettostr. 16, T 08322 97 75 70, www.geldernhaus.de, €€€

Barrierefrei

Landhaus Viktoria: Ruhige Lage im Ortsteil Rubi. Die DZ und die Apartments sind, wie auch das Hallenbad, barrierefrei.

Oberstdorfer Str. 10, T 08322 967 90, www.oberstdorf-landhaus.de, €€€

Ferien auf dem Ponyhof

Landhaus Boxler: Ponyreiten (für Gäste kostenlos), Streicheltiere und viel Auslauf für Kinder.

Am Dummelsmoos 37, T 08322 962 10, www.landhaus-boxler.de, €–€€

Naturparadies

Berggasthof Spielmannsau: Im wildromantischen autofreien Trettachtal liegt der Gasthof mit einfachen günstigen Zimmern paradiesisch ruhig. Spielplatz, Streicheltiere und ganz viel Platz zum Spielen für Kinder. Auch 2 FeWo.

T 08322 30 15 oder 960 30, www.landhaus-spielmannsau.de, €€

JuHe

Jugendherberge Oberstdorf: Die südlichste JH Deutschlands bietet paradiesische Ruhe und gleichzeitig ein tolles Freizeitprogramm: Bolzplatz, Tischtennis, Volleyballplatz, Outdoor-Kletterwand, Boule- und Outdoor-Bowlingbahn, Flying Fox, Kinderland und mehr.

Kornau 8, T 08322 22 25, €

Camping

Camping Oberstdorf: 15 Min. zu Fuß vom Zentrum. Mit Kinderclub (gegen Gebühr). Rubi-Camp: Rubinger Str. 34, T 08322 95 92 02, www.rubi-camp.de, 5,35 € p. P. Ruhig und ländlich, mit ADAC-Empfehlung.

Rubinger Str. 16, T 08322 65 25, www.camping-oberstdorf.de

Essen

Sternenbekrönt

Das Maximilians: Im kleinen Gourmettempel zaubert Tobias Eisele am Herd und erkochte den südlichsten Michelin-Stern Deutschlands. Die Atmosphäre: sehr relaxt. 4-Gänge-Menü 89 €.

Freibergstr. 21, T 08322 967 80, nur abends, Mi–Sa ab 18 Uhr, €€€

Zwei Konzepte unter einem Dach

Löwen & Strauss: Das **Ess Atelier Strauss** ist ein Gourmettempel, der seine Gäste in die Welt der feinen Aromen entführt. In der **Löwenwirtschaft** kocht man bodenständiger, dennoch kreativ auf hohem Niveau.

Kirchstr. 1, T 8322 80 00 80, €€–€€€€

Eine kulinarische Landpartie

Königliches Jagdhaus: Wo Prinz Luitpold von der Jagd entspannte, kann man sich heute kulinarisch verwöhnen lassen – kein Wunder, dass erstklassige Wildgerichte (z. B. Braten aus der Rehkeule mit Holunderblütensoße, Kohlrabi-Pfifferling-Gemüse und Eierspätzle) einen Schwerpunkt bilden. Deftig speist man im Biergarten.

Ludwigstr. 13, T 08322 98 73 80, Di Ruhetag, €€, Biergarten €

Deftig

Saschas Kachelofen: Tgl. werden Kässpatzen bis zum Abwinken gemacht, gebackener Bergkäse, deftiger Wildschweinbraten, große Schnitzelkarte – so richtig zum Sattessen.

Kirchstr. 3, T 08322 977 50, €–€€

Idylle mit Bergblick

Café und Restaurant Karatsbichl: Im Jahr 1928 wurde hier eine Skihütte am ersten Oberstdorfer Skihang errichtet, heute speist man in der Stube am Kachelofen oder auf der Terrasse mit Ausblick wunderbar. Spezialitäten sind die Forellen aus dem eigenen Quellwasser sowie die selbst gebackenen Kuchen.

Karatsbichl 1, T 08322 45 72, Mi–So 10–18 Uhr, €–€€

S

SCHWIMMBAD FÜR NOSTALGIKER

Die reine Idylle in Oberstdorf ist das **Moorbad** im Ortsteil **Reichenbach** (Reichenbach 70). Nach ein paar Schwimmrunden im wunderbar weichen Moorwasser kann man an warmen Sommerabenden noch lange im Biergarten des **Moorstüble** hocken bleiben: Brotzeiten, Kinderteller und Allgäuer Küche gibt es hier – auch mit Herz für Vegetarier und leckere Kuchen (Moorbad, Oberstdorf-Reichenbach, T 08326 15 09, www.moorstueble.de, €–€€).

Lieblingsort

Berghüttenwanderung

Grüne Bergwiesen, auf denen Kühe grasen, und tiefblaue Bergseen, in denen sich die Berggipfel spiegeln – die Region rund um Oberstdorf ist ein Wanderparadies, keine Frage. Und obwohl ich noch längst nicht alle Wanderwege abgelaufen habe, manche Ziele steuere ich immer wieder an. Dazu gehört die **Enzianhütte** (E 7; ab Fellhornparkplatz Oberstdorf, www.enzianhuette-oberstdorf.de, nur im Sommer geöffnet). Schon der Aufstieg ist ein Genuss. Und oben wartet eine Hütte, die gar nicht spartanisch, sondern recht komfortabel ist: Müde Knochen kann man sogar in Sauna und Whirlpool pflegen! Morgens lockt ein Frühstück vor herrlicher Bergkulisse, das Kraft für weitere Touren verleiht.

Urig

Berggasthof Laiter: Zwischen Skiflugschanze und Fellhornbahn – mit dem Auto fährt man ins Stillachtal und an der Skiflugschanze rechts – versteckt sich der idyllisch gelegene alte Gasthof. Geniale Kässpatzn und knackige Salate, Fleisch vom eigenen Bergbauernhof kommen auf den Tisch. Nette Stuben und Natur pur.

Laiter 5, T 08322 48 60, www.laiter.de, tgl., €–€€

Wanderpause

Alpe Dornach: Ein Ausflugslokal, in dem alles stimmt – zur gemütlichen Atmosphäre in der Stube kommen tolle Blicke von der Terrasse. Die gehobene Allgäuer Küche verdient ein klares Lob – wie auch die Gerichte für Vegetarier und Veganer.

Sesselweg 16, T 08322 66 30, €–€€

Ladencafé

Die Spezerei: Laden, Café oder Bar? Eigentlich alles und mal was anderes. In und vor der ehemaligen Apotheke isst man gut und sitzt man nett.

Freiherr-von-Brutscher-Str. 1, T 08322 305 91, www.spezerei.de, Mo/Di Ruhetag, €–€€

Einkaufen

Käse & Kuchen

Käsladen: Hier kann man nicht nur leckeren Alpkäse kaufen, man kann ihn auch gleich probieren. Für ein Stück superleckeren hausgemachten Kuchen ist sicher auch noch Platz.

Oststr. 37, T 08322 86035

Haferl- und Bergschuhe

Schratt: Hier im Stammhaus wurde der Haferlschuh erfunden; auch großes Angebot an Sportbekleidung.

Weststr. 12, www.schratt-1803.de

Bewegen

Baden

Freibad Freibergsee: Am Freibergsee, T 08322 82 66; **Moorbad Oberstdorf:** Am Rauhen, beim Moorweiher, T 08322 48 63; **Moorbad in Reichenbach:** s. S. 137.

E-Bike

Rebike-Verleih: Nebelhornstr. 33 A, T 08322 809 39 55, https://rebike1.de, 9–13,14–18 Uhr, Mi Ruhetag, Ausleihe pro Tag ab 29 €, 1 Tag ab 25 €.

Golf

Golfclub Oberstdorf: Trettachtal, T 08322 28 95. 9-Loch-Golfplatz mit Driving Range.

Reiten

Reiterhof St. Georg: Tiefenbach, T 08322 70 20.

Ponyreiten

Ponyhof Boxler: Ein Paradies vor allem für kleine Urlauberinnen. Pferdefans können auch übernachten (s. S. 136). Am Dummelsmoos 37, T 08322 962 10, www.landhaus-boxler.de.

Ausgehen

Gutes Bier, gute Laune

Dampfbierbrauerei: Bier aus eigener Herstellung, tgl. frische Haxen, zünftige Livemusik, z. T. mit Tanz.

Bahnhofstr. 6–8, T 08322 89 08, www.dampfbierbrauerei.de, Mi–So 11–24 Uhr, Mo ab 17 Uhr Brauereiführung

Feuchtfröhlich

Cocktailbar Joselito: Die Bar ist gemütlich, klein und mit guten Drinks mitten in der Altstadt.

Weststr. 3, T 8322 38 11, tgl. 20–3 Uhr

TOUR
Grenzenlos wandern

Vom Fellhorn an der österreichischen Grenze ins Kleinwalsertal

Infos

D/E 7

Dauer: 5–6 Std reine Wanderzeit

Planung: Mit der Fellhornbahn bis zur Mittelstation, von dort über die Obere Bierenwangalpe und Kühgundalpe zur Fiderepasshütte und Abstieg über das Wildental nach Mittelberg

Fellhornbahn: www.fellhorn.de; Juni–Nov. 8.30–16.30 Uhr; Bergfahrt 23 €, Kinder 8,50 €

Das Allgäu ist herrliches Wanderterrain – für Genusswanderer genauso wie für wagemutige Bergsteiger. Eine besonders schöne Tagestour führt vom Fellhorn über die Fiderepasshütte, die zur Hälfte in Deutschland und zur Hälfte in Österreich liegt, ins Kleinwalsertal.

Mit der Bergbahn schwebt man hinauf zur Mittelstation des **Fellhorns** (2037 m). Der Oberstdorfer Blumenberg ist Ausgangspunkt für herrliche Wanderungen in allen Schwierigkeitsgraden, so auch für die Bergtour über die Fiderepasshütte ins Wildental. Beste Wandersaison ist der Frühsommer, wenn Alpenrosen die Berghänge in ein leuchtend rotes Blütenmeer verwandeln.

Im Reich der Alpenblüten

Auf breiten Wanderpfaden geht es in Richtung **Obere Bierenwangalpe**. Hier zweigt der Weg ab über den Untergern an den Katzenköpfen vorbei zur verfallenen Roßgundalpe und hinüber zur **Kühgundalpe** (1745 m).

Im Sommer ist die Strecke ein Blütenparadies. Die Alpenrosen, die in Höhenlagen zwischen 500 und 2800 m gedeihen, zählen zweifellos zu den Stars unter den Alpenpflanzen – gemeinsam natürlich mit Edelweiß und Enzian. Auch den Blauen Enzian (Kalk-Glocken-Enzian) erspäht man hier manchmal. Verbreiteter als die niedrig wachsende Enzianart ist jedoch ihr Verwandter, der Gelbe Enzian. Aus den Wurzeln dieser hoch wachsenden Blütenart wird der berühmte Schnaps gebrannt. Häufig kann man auch Arnika entdecken, eine der wichtigsten Heilpflanzen unter den Alpengewächsen.

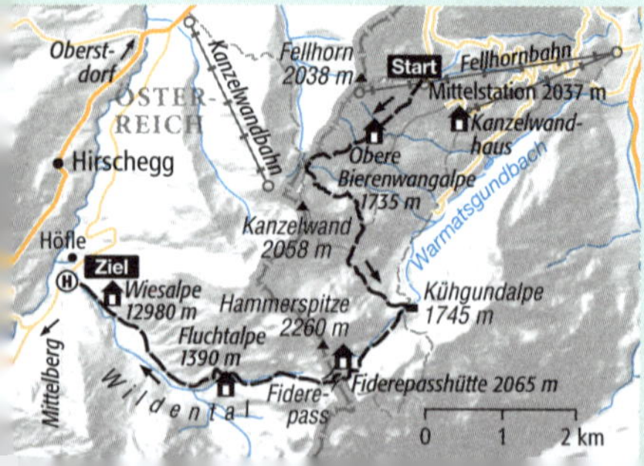

Zur Fiderepasshütte

Latschenkiefern säumen den Wanderpfad, der nun unterhalb der Kan-

Alpenrosen, auch Almrosen genannt, können ganze Berghänge in leuchtend rote Blütenmeere verwandeln.

zelwand verläuft. Felsspitzen türmen sich auf und schräg durch die Hänge schlängelt sich der Pfad zur Kühgundalpe. Ein letztes Teilstück führt durch eine Hochmulde zunächst sanft, dann in Serpentinen steiler empor zum **Fiderepass** und zur gleichnamigen Hütte – eine Region, in der man mit etwas Glück Steinböcke und Murmeltiere erspähen kann. Der Name Fidere soll, so erzählen die Walser, »Stelle, über die man befördert«, bedeuten. Möglicherweise führte die erste Verbindung aus dem Walsertal nach Oberstdorf über diesen Pass. Eine regelmäßige Verbindung ins Oberallgäu war notwendig, um die Toten zu bestatten und die Kinder taufen zu lassen, bevor das Walsertal eine eigene Kirche bekam.

An der **Fiderepasshütte** (2065 m) angekommen, kann man sich entscheiden, ob man die Kässpatzn lieber in Österreich oder Deutschland genießen möchte – die deutsch-österreichische Grenze verläuft nämlich genau über die Terrasse. Der Blick auf Oberstdorf und die Allgäuer Berge sowie ins Kleinwalsertal mit dem charakteristisch abgeschrägten Ifen-Gipfel ist auf jeden Fall grandios. Die Idee zum Bau der Hütte hatte der Bergsteiger Anderl Heckmair, Bezwinger der Eiger-Nordwand. 1935 war er Skilehrer in der Region und stieg eines Nachmittags allein zum Fiderepass auf. Von der Nacht überrascht, vermisste er eine Hütte, die drei Jahre später auf dem Hochplateau gebaut wurde. Heute ist sie Alpenvereinshütte mit Übernachtungsmöglichkeit (T 0043 664 320 36 76, www.fiderepasshuette.de). Viele Wanderer tanken hier aber auch nur frische Kraft, bevor sie weiter zur Mindelheimer Hütte aufsteigen – Ausgangspunkt für den berühmten Mindelheimer Klettersteig. Der Abstieg ins **Wildental** führt über viele Serpentinen, und die gut 800 m Höhenunterschied gehen in die Knie – Wanderstöcke leisten gute Dienste.

Vor der letzten Etappe kann man sich in der **Fluchtalpe** stärken. Dann läuft man auf einem breiten Wanderweg bis zur Haltestelle des Walserbusses, der müde Wanderer nach Mittelberg oder weiter nach Oberstdorf bringt.

Infos

- **Tourismus Oberstdorf:** Prinzregenten-Platz 1, 87561 Oberstdorf, T 08322 70 00, www.oberstdorf.de.
- **Oberstdorfer Musiksommer:** Mitte Juli–Mitte Aug. Klassische Konzerte und Soireen, außerdem Kurse berühmter Musiker für Musikstudenten.
- **Oberstdorfer Kulturtage:** Ende Sept.–Anf. Okt. Theater, Konzerte, Ausstellungen.

Kleinwalsertal

D/E 6/7

Länder verbindend

Das **Kleinwalsertal,** ein 16 km langes Hochtal mit den vier Orten Riezlern, Hirschegg, Mittelberg und Baad, gehört politisch zum österreichischen Bundesland Vorarlberg, zu erreichen ist es aber nur von Deutschland aus. Kein Wunder, dass man sich auch wirtschaftlich ganz und gar nach Deutschland orientierte.

Als Urlaubsziel ist das Kleinwalsertal seit Langem etabliert – im Winter wie im Sommer. Fünf Bergbahnen, die im Winter Skifahrer auf den Berg bringen, erschließen das abwechslungsreiche Wandergebiet in drei Klimazonen und einer Höhenlage von 1000 bis 2536 m Höhe.

Erstklassige Hotels und mehrere Haubenköche stellen auch ein verwöhntes Publikum zufrieden.

Von den Walsern

Ursprünglich stammen die Walser aus der Schweiz, aus dem oberen Teil des Kantons Wallis, was heute noch an der Mundart zu hören ist, die anders klingt als der Allgäuer oder auch Vorarlberger Dialekt. Auch der Baustil der Walserhäuser und die historischen Trachten mit den kostbaren Goldkronen der Mädchen und aufwendigen Stickereien weisen auf alte Traditionen hin.

Politische Unruhen und Naturkatastrophen hatten die Walser ab der Mitte des 13. Jh. gezwungen, ihre Heimat im oberen Rhonetal zu verlassen und ins Tessin, nach Norditalien und nach Vorarlberg zu wandern. Zu den zwischen 1280 und 1300 im westlichen Alpenraum entstandenen Walsersiedlungen gehörten das Großwalsertal und das Kleinwalsertal, das bis dahin ein unbesiedeltes Jagdgebiet war.

Dass das Kleinwalsertal – übrigens schon seit 1453 – zu Österreich gehört, gestaltete das Wirtschaftsleben oft schwierig. Im Winter war man gänzlich vom Mutterland abgetrennt, im Sommer musste man hohe Pässe überwinden. Große Erleichterung schuf deshalb der 1891 in Kraft getretene und heute noch gültige »Zollanschlussvertrag«, der das Kleinwalsertal wirtschaftlich an Deutschland anbindet, ohne österreichische Hoheitsrechte in Frage zu stellen.

Im Kleinwalsertal bezahlte man vor Einführung des Euro mit D-Mark statt mit Schilling, auch Steuern waren an das österreichische Finanzamt in deutscher Währung zu zahlen. Noch heute haben die Gemeinden eine österreichische und eine deutsche Postleitzahl, nur die doppelten Telefonnummern wurden abgeschafft.

Riezlern

D6

Der größte, lebendigste Ort ist **Riezlern** mit Läden, Restaurants, Cafés und Abendprogramm vom Casino bis zur GoGo-Bar. Ein **Heimatmuseum** informiert über Geschichte und Brauchtum der Walser. Neben Trachten und Hausgeräten ist auch eine Sennerei mit Käsküche zu sehen (Walserstr. 54, Mo–Sa 14–17 Uhr). Die **Kanzelwandbahn** erschließt das Zwei-Länder-Wandergebiet (S. 140) und bietet herrliche Blicke auf den Kamm der Allgäuer Alpen mit **Hohem Ifen, Höfats, Hochvogel, Mädelegabel, Trettachspitze** und vielen anderen Gipfeln.

Hirschegg D7

Ein Hingucker schon aus der Ferne: der **Hohe Ifen** (2232 m), wie er über dem Schwarzwassertal thront. Nicht der höchste der Bergriesen im Tal, aber sicher der markanteste – wie ein Schiffsbug lugt der Gipfel über dem zerklüfteten Gottesackerplateau hervor – Ziel einer eindrucksvollen, aber auch anspruchsvollen Wanderung (S. 144).

Im **Walserhaus,** im Ortszentrum von Hirschegg, liegt nicht nur die Zentrale von Kleinwalsertal Tourismus, hier informiert auch die Bergschau (Mo–Sa 8–19, So, Fei 8–16 Uhr) – eine Multimedia-Ausstellung, die in Oberstdorf im Alten Rathaus und auf dem Fellhorn zwei Dependancen hat – über die Bergwelt der Region. Besucher erfahren anschaulich, dass Steine ganz und gar nicht tot und langweilig sind. Bilder und Installationen veranschaulichen die Geschichte eines Alpentals von der Steinzeit bis in die Gegenwart und erläutern das Zusammenspiel von Natur und Kultur.

Das **Skimuseum** (Mo–Sa 8.30–17, So, Fei 9–15 Uhr) im selben Haus zeigt originelle Exponate aus den Anfängen des Wintersports.

Mittelberg D7

In **Mittelberg** liegt die Pfarrkirche **St. Jodok** mit Wandfresken aus dem 15. Jh. Von dort führt das schönste Stück des **Walser Kulturwegs** auf einem sonnigen Höhenweg in den Weiler **Baad,** den hintersten Zipfel des Kleinwalsertals.

Unterwegs begegnet man schönen alten Walserhäusern, die, abgesehen vom steinernen Fundament, bis zu den Dachschindeln hinauf nur aus Holz erbaut sind. Die schönsten Exemplare, die teilweise unter Denkmalschutz stehen, sind rund 400 Jahre alt. In Baad angekommen, kann man die Wanderung verlängern, indem man durchs wildromantische Bärgunttal zur **Bärgunthütte** aufsteigt (ca. 1 Std.), wo Hüttengerichte auf müde Wanderer warten.

Die **Walmendingerhornbahn** entführt in ein familienfreundliches Wandergebiet. Auf 2000 m Höhe lädt eine Entspannungsstation mit Audiosystem ein: Walser Stubenmusik, klassische Klänge oder auch Geschichten aus dem Tal.

Schlafen, Essen

Verwöhnprogramm

Naturhotel Chesa Valisa: Modernes Design trifft auf ein 500 Jahre altes Walserhaus, Alpin-Spa trifft auf Yoga & Co. Und natürlich werden die Gäste von Klaus und Sieglinde Kessler mit »grüner Haubenküche« auch hervorragend bekocht. Auch der Weinkeller mit edlen Tropfen ist bestens bestückt.

Gerberweg 18, Hirschegg, T 0043 5517 541 40, www.naturhotel.at, €€€€, inkl. »Vitalpension«

Eine Klasse für sich

Travel Charme Ifen Hotel: Wie ein Phönix aus der Asche erhob sich 2010 die große alte Dame der Walserhotellerie zu neuem Leben – als Designhotel der Extraklasse, mit Gourmetküche, erstklassigem Spa und vielen Extras.

Oberseitestraße 6, Hirschegg, T 0043 55 17/608-0, www.travelcharme.com/ifenhotel, €€€€

Familienglück

Rosenhof: Hier kommen Familien ganz auf ihre Kosten: Ein riesiger Kinderbereich drinnen wie draußen, Kinderbetreuung für drei Altersstufen sowie angenehm

TOUR
Durch die Mondlandschaft aus Karst

Wanderung auf dem Gottesackerplateau

Infos

D 6/7

Strecke: Nach der Besteigung des Hohen Ifen Durchquerung der Mondlandschaft des Gottesackerplateaus; 12 km, Höhendifferenz: 770 m
Dauer: 5,5–7,5 Std.
Schwierigkeit: mittel

Bei gutem Wetter gibt es kaum ein eindrucksvolleres Wandererlebnis als die Überquerung des Gottesackerplateaus, ein Meer, aus Felsen geschaffen. Diese einzigartige Karstlandschaft breitet sich unterhalb des **Hohen Ifen** aus und entstand im Laufe von Jahrmillionen durch die lösende Kraft der Niederschläge. Und was auf den ersten Blick wie eine abweisende Steinwüste wirkt, entpuppt sich bei näherer Betrachtung als Blumenparadies.

Je nach Route ist man 5,5–7,5 Std. unterwegs, kann aber mit der Ifenbahn den Anstieg verkürzen. Von der Bergstation aus läuft man in Richtung Hahnenköpfle/Gottesackerplateau und lässt den Hohen Ifen links liegen. Nach der Überquerung des Kalkplateaus steigt man ins Rohrmoostal ab.

Von der **Bergstation** des Ifenlifts (1586 m) folgt man dem Wegweiser in Richtung Hoher Ifen, Gottesackerplateau zur nahen Ifenhütte. In Serpentinen geht es recht steil aufwärts bis zur ersten Weggabelung. Hier hält man sich links, dem Wegweiser Hoher Ifen folgend. Durch einen Geröllhang gelangt man links zu einer gestuften Wand und steigt auf teilweise seilgesichertem Weg zur Hochfläche auf. Der Weg biegt nach rechts und führt durch Bergwiesen aufwärts weiter zum Gipfelkreuz des **Hohen Ifen** (2229 m). Hier

Ein Meer aus Felsen: das Gottesackerplateau

genießt man den Ausblick, bevor man vom Gipfel auf gleichem Weg abwärts steigt. Man hält sich nun jedoch links und geht auf dem gelb markierten Steig weiter. An der Gabelung dem Wegweiser zum Gottesackerplateau folgen, der links zum Kalksteinplateau führt.

Das **Gottesackerplateau** besteht größtenteils aus Schrattenkalken, die sich vor ca. 100 Millionen Jahren im Kreidemeer ablagerten. Regenwasser verwandelte das lösliche Gestein im Laufe der Zeit in eine bizarre Karstlandschaft mit Rillen, Karren, Dolinen und Schlünden, die Lebensraum für zahlreiche Pflanzen sind.

Man folgt weiter den gelben Markierungen und steigt über Metallklammern auf einen niedrigen Rücken. Über Kalkfelsen, Bergwiesen und durch Latschenfelder führt ein schmaler Steig durch die Mondlandschaft aus Kalkstein zu einer Wegkreuzung an der verfallenen **Gottesackeralpe.** Hier hält man sich rechts, dem Wegweiser Kleinwalsertal folgend, und steigt durch ein Karsttal zur **Jagdhütte** auf der Schneiderkürenalpe ab.

Weiter abwärts geht es durch den Wald. Bald erreicht man eine Forststraße und folgt im Weiteren den Wegweisern zur **Auenhütte.** Kurz nach dem **Bergheim Wäldele** stößt man auf einen breiten Weg, der über eine bewaldete Kuppe zurück zur Ausgangsstation, dem Parkplatz an der Talstation des Ifenlifts, führt.

Erholsam, so ein Sonnenbad auf der Terrasse der Hammerspitzbar an der Bergbahnstation Kanzelwand.

große und familiengerechte Zimmer sorgen dafür, dass auch die Eltern mal Pause haben.

An der Halde 15, Mittelberg, T 0043 5517 51 94, www.rosenhof.com, Familienpreise auf der Website

Kleines Juwel

Der Sonnenberg: 16 individuell gestaltete Zimmer mit Charme in einem 400 Jahre alten Walserhaus. Kleines Schwimmbad, Sauna und wunderschöner Garten mit Sonnenliegen. Liebevoller Service.

Am Berg 26, Hirschegg, T 0043 5517 54 33, www.kleinwalsertal-sonnenberg.de, €€€

Familiär

S'Breitachhus: Boutique-Pension in Familienbesitz mit nur 10 Zimmern im alten Walserhaus und sehr persönlicher Atmosphäre.

Eggstr. 14, Riezlern, T 0043 5517 62 66, www.breitachhus.com, €€€

Freundlich

Das Kleemanns: Gemütliche kleine Frühstückspension mit geräumigen Zimmern und persönlicher Betreuung.

Mittelberg, T 0043 55 17 53 73, www.kleemanns.at, €€€

Camping

Campingplatz Vorderboden: Angenehmer Platz in naturschöner Lage.

Vorderboden 1, Mittelberg, T 0043 5517 61 38, www.camping-vorderboden.de

Walserküche light

Walser Stuba: Leichte, zeitgemäße Walserküche mit einheimischen Produkten, neu und frech interpretiert. Auch abwechslungsreiche Gerichte für Vegetarier. Urige Walserstube.

Eggstr. 2, Riezlern, T 0043 5517 534 60, Di Ruhetag, €€

Haubenküche

Humbachstube (Alpenhof Jäger): Gourmets kommen im 300 Jahre alten Walserhaus auf ihre Kosten bei kreativer, mehrfach ausgezeichneter Küche. Lieblingszutat von Küchenchef Martin Jäger: Wild in allen Varianten.

Unterwestegg 17, Riezlern, T 0043 5517 52 34, Di, Mi Ruhetag, €€–€€€

Rustikal

Eberlehof: Hüttenflair und gute, deftige Walserküche zu fairen Preisen. Gratis dazu: der traumhafte Bergblick.

Riezlern, Mahdtalweg 8, T 0043 5517 200 73, www.eberlehof.com, €–€€

Kräuterküche

Alpengasthof Hörnlepass: Die Hochlandrinder, die das Fleisch für die köstlichen Rindfleischgerichte liefern, grasen direkt nebenan am Berghof. Die vegetarischen Gerichte werden mit Kräutern aus dem eigenen Garten verfeinert. Von der schönen Sonnenterrasse genießt man herrliche Bergblicke.

Außerwald 1, Riezlern, Ortsteil Schwende, T 0043 5517 57 07, Mo Ruhetag, €–€€

Einkaufen

Kräuterprodukte

Alpengasthof Hörnlepass: Riezlern (s. Essen). Hausgemachte Kräuteröle, Salben, Teemischungen.

Kulinarische Souvenirs

Hoflaada: Hier gibt es zahlreiche Käsespezialitäten, Honig und andere Leckereien aus dem Tal. Wenn nicht geöffnet ist, kann man sich an Milch, Joghurt und Käse aus dem Automaten bedienen.

Mittelberg, ca. 200 m hinter der Walmendingerhornbahn, Mi–Sa 14–17 Uhr

Ausgehen

Spielrausch

Casino Austria: Walserstr., Riezlern, T 0043 5517 502 32 40, tgl. ab 19 Uhr.

Bewegen

Freibad mit Bergblick

Freizeitbad Riezlern: T 0043 5517 61 25.

Reiten für Kids

Berghof Felder: T 0043 5517 6314.
Eberlehof: Mahdtalweg, Riezlern, T 0043 5517 200 73; Ponys.

Drei Bergbahnen

Kanzelwandbahn in Riezlern, **Walmendingerhornbahn** in Mittelberg und **Ifenbahn** in Hirschegg sowie zwei Sessellifte (Heuberg/Parsenn-Sesselbahn, Zaferna-Sesselbahn) erschließen die Wandergebiete im Kleinwalsertal (www.ok-bergbahnen.com). Die hiesigen Bahnen kooperieren mit den Bahnen in Oberstdorf (Nebelhorn-, Fellhorn-, Söllereckbahn). Der Walserbus verbindet die Urlaubsregionen.

Wandern mit Führung

Bergschule Kleinwalsertal: Mittelberg (ggü. Tenniscenter), T 0043 5517 58 60, www.bergschule.at. Geführte Bergwanderungen, Canyoning, Kletterkurse (auch speziell für Kinder).

Infos

- **Kleinwalsertal Tourismus:** im Walserhaus, A-6992 o. D-87568 Hirschegg, T 0043 5517 511 40, www.kleinwalsertal.com.
- **Walserbus:** S. 126.
- **Nachttaxi:** T 0043 5517 51 20.

Unterallgäu

Eine Mittelalterperle, ein Barockjuwel — aber vor allem ist das sanft-hügelige Land an und östlich der Iller die Heimat des Wasserdoktors Pfarrer Sebastian Kneipp und seiner Naturheilkunde.

Eintauchen

Seite 150

Memmingen ✪

Beim Bummel zu den Kirchen, Plätzen und Zunfthäusern der ehemaligen freien Reichsstadt wird die mittelalterliche Blütezeit der Stadt lebendig. Doch auch das quicklebendige Kulturleben der Stadt, die mitten im Radlerparadies Illerwinkel liegt, beeindruckt.

Seite 155

Memminger Antonierhaus

Früher ein Hospital, heute ein Doppelmuseum mit einer Sammlung von Werken der Memminger Künstlerfamilie Strigel, die im Mittelalter europaweit für Furore sorgte.

In Memmingen regiert der Fischkönig.

Seite 161

Kloster Ottobeuren ✪

Seiner Bedeutung angemessen bekam das Kloster im 18. Jh. ein repräsentatives, barockes Gesicht, wurde nach der Säkularisierung wieder besiedelt und lohnt auch heute für eine ausführliche Erkundung. Die Klosterkirche ist ein Konzertsaal der Superlative.

Seite 162

Orgelkonzerte im Kloster Ottobeuren

Jeden Samstag um 16 Uhr wird die berühmte Orgel in der Basilika des Klosters zum Leben erweckt.

&

Seite 158

Buxheimer Kartause

In die Kartause zogen sich die Brüder des kontemplativen Kartäuserordens zurück. Ein Besuch gewährt Eindruck in den klösterlichen Alltag einst und jetzt und in den Einsatz, den Salesianer hier leisten.

Seite 167

Radtour an der Iller

Auf einer halbtägigen Radtour kann man einige der schönsten Ecken des Illerwinkels erradeln. Ein Abstecher zur Wallfahrtskirche Maria Steinbach bietet sich an.

Seite 174

Katzbrui-Mühle

Die 350 Jahre alte Mühle ist heute wunderbares Gasthaus mit urgemütlicher Stube und schattigem Biergarten.

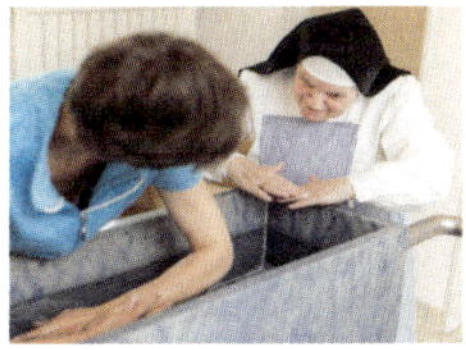

Seite 170

Bad Wörishofen

Wandern auf dem Kneipp-Waldweg ist angesagt, denn Bewegung ist eine der Säulen der Kneipp'schen Therapie. Die Therme in Bad Wörishofen ist ein Badetempel der Extraklasse. Kinder müssen draußen bleiben, für sie ist der Skyline-Park der Hit.

Gleich morgens Tautreten im Bad Wörishofener Kurpark – so startet man hellwach in den Tag!

»Die Natur ist die beste Apotheke.« »Vorbeugen ist besser als heilen.« In der Lehre von Pfarrer Sebastian Kneipp spielten Heilpflanzen die Hauptrolle.

erleben

Im Kneippland

P

Pfarrer Sebastian Kneipp machte im 19. Jh. das kleine Wörishofen weltbekannt. Heute ist der Kurort Mittelpunkt einer Region, in der sich viel, aber nicht alles, um den Gesundheitstourismus dreht. Unbedingt einen Bummel wert ist die einstige Freie Reichsstadt Memmingen. Und neben der herrlichen Illerlandschaft, die durchradelt werden will, locken zwei so unterschiedliche Klöster wie Buxheim und Ottobeuren.

Memmingen ✪ D 2

Die Schwaben jammerten, als 1803 nach mehreren Jahrhunderten die Reichsfreiheit **Memmingens** endete. Die Zeit der Fremdherrschaft begann: »Nun müssen wir bayerisch werden. Um unserer vielen Sünden willen haben wir dies nicht anders verdient«, soll ein Pfarrer geseufzt haben.

Das Schwäbeln ist den Memmingern nicht vergangen und auch nicht die Fähigkeit, über die den Allgäuer Schwaben nachgesagte Einfältigkeit zu lachen.

ORIENTIERUNG

Infos: Kneippland Unterallgäu, Bad Wörishofer Str. 33, 87719 Mindelheim, T 08261 99 53 75, www.tourismus-unterallgaeu.de
Allgäu Airport: 3 km östlich von Memmingen, zu erreichen mit dem Memmingen City Airport Shuttle ab Busbahnhof Memmingen. Zwischen dem Münchner Hauptbahnhof und dem Terminal verkehren mehrmals täglich die Busse des Allgäu Airport Expresses, T 08331 984 20 00, www.allgaeu-airport.de. Er wird angeflogen u. a. von Ryanair und bedient v. a. viele europäische Ziele, Portugal ebenso wie Rumänien und die Republik Moldau.

Tatsächlich haben die Memminger viel Grund zum Lachen: Die freie Kreisstadt mit 44 000 Einwohnern und großem Einzugsgebiet ist das wichtigste Handelszentrum im Unterallgäu und bedeutender regionaler Industriestandort mit einer lebendigen Kulturszene. Seit 2007 landen auf dem Allgäu Airport, früher Militärflughafen, auch Chartermaschinen. Und als eine Airline den Flughafen Memmingen als »München-West« bewarb, durfte man sich sogar ein ganz klein bisschen großstädtisch fühlen.

Stadtgeschichte

Im Jahr 1128 wurde Memmingen erstmals urkundlich erwähnt, bald darauf erhielt es die Stadtrechte, und ab 1268 war es Freie Reichsstadt. Eine einzigartige Blütezeit begann. Im **Spätmittelalter** kooperierten die regierenden Handwerkerzünfte erfolgreich mit dem Patriziat, das allein berechtigt war, Großhandel zu treiben. Grundlagen der Memminger Wirtschaft waren die Produktion von Tuch, Leder- und Eisenwaren sowie der Handel mit Luxusgütern wie Salz, Wein, Gewürze und Seide. Die bedeutendste Memminger Handelsgesellschaft war im Besitz der Familie Vöhlin, die sich mit den Augsburger Welsern Ende des 15. Jh. zur Großen Deutschen Kompanie zusammengeschlossen hatte. So kam es, dass sich die Memminger mit zwei Schiffen an den Handelsfahrten der Portugiesen nach Indien beteiligten. Der blühende Handel brachte auch die Kultur zum Blühen: So wirkte die bekannte Künstlerfamilie Strigel in Memmingen und trug zur prächtigen Ausschmückung der Stadt bei.

Im Brennpunkt stand Memmingen im frühen 16. Jh. während der **Bauernkriege.** Drei schwäbische Bauernhaufen formulierten hier, im Kramerzunfthaus am Weinmarkt, die »Zwölf Bauernartikel«, in denen sie unter anderem die Aufhebung der Leibeigenschaft, des Zehnten und der Frondienste forderten.

In der stürmischen Zeit der **Reformation,** um 1530, bekannte sich Memmingen zur neuen Lehre, bis 1803 sollte die Stadt bis auf drei Klöster rein evangelisch bleiben. Durch Zuzug aus dem katholischen Umland sind aber heute von den rund 44 000 Einwohnern wieder zwei Drittel katholisch.

Der **Dreißigjährige Krieg** traf die Stadt schwer. 1630 hielt sich der katholische Feldherr Wallenstein mit seinem Heer für mehrere Monate in der Stadt auf. Zwei Jahre später hielt sein Kontrahent, der Schwedenkönig Gustav Adolf, in Memmingen Einzug. Daran erinnert alle vier Jahre das Historienspektakel der Wallenstein-Spiele. Der wirtschaftliche Niedergang, den der Krieg mit sich gebracht hatte, erreichte seinen Tiefpunkt 1803 mit dem Ende der Reichsfreiheit. Erst 1862, mit dem Anschluss an die Bahnlinie, ging es wieder stetig bergauf. Heute darf man sich sogar ein ganz klein bisschen großstädtisch fühlen.

Der Fischertag

»Schmotz, Schmotz, Dreck auf Dreck, Schellakönig, wüaschte Sau.«

Solche derben Worte hört man am letzten Samstag vor Beginn der Sommerferien überall in Memmingen. – In den frühen Morgenstunden versammeln sich über 1000 Freizeitfischer am Schrannenplatz, um pünktlich gegen 8 Uhr mit ihren »Bären«, den traditionellen Fischernetzen, in den Bach zu springen oder zu »jucken«, wie man hier sagt. Eine halbe Stunde später ist schon alles vorbei. Die 3000 bis 4000 Forellen, die im September eingesetzt und mit Spezialfutter gemästet worden waren, sind ins Netz gegangen.

Dann schreitet man zum Wiegen. Der Fischer, der die größte und dickste Forelle ergattert hat, darf für ein Jahr die Krone des Fischerkönigs tragen.

Erstmals wurde das Fischerspektakel 1572 erwähnt. Damals war das Fischen Privileg der Zunftgesellen und ging einher mit Umzügen und einem zünftigen Festessen. Seit 1900 wird der Fischertag in der heutigen Form durchgeführt. Der Fischertagsverein setzt die Forellen in den Bach ein und organisiert das Ausfischen. Weibliche Fischer waren nicht willkommen, was Memmingerinnen immer vehementer infrage stellten. Im Jahr 2020 entschieden endlich die

Richter, dass fortan auch Frauen mitfischen dürfen.

Alle vier Jahre aber befasst sich der Fischertagsverein mit einer ganz anderen Aufgabe: Dann wird in den Schneiderwerkstätten fieberhaft geschneidert, um 3500 Kostümen im Stil des 17. Jh. den letzten Schliff zu geben. Und wenn im Juli in Memmingen die **Wallenstein-Spiele** beginnen (nächster Termin: voraussichtlich letzte Juliwoche 2021, 2024), wähnt man sich für ein paar Wochen in der Stadt wie in längst vergangenen Zeiten.

Memmingen

Ansehen
1. Kempter Tor
2. Rathaus
3. Steuerhaus
4. Großzunft
5. Kreuzherrnsaal
6. Städt. Museum
7. St. Martin
8. Antonierhaus
9. Kinderlehrkirche
10. Fuggerbau
11. Kramerzunfthaus
12. Landestheater Schwaben
13. Siebendächerhaus
14. Frauenkirche
15. MEWO Kunsthalle Memmingen

Schlafen
1. Hotel am Schrannenplatz
2. Weißes Ross
3. Camping am See

Essen
1. Weber am Bach
2. Kelly's Irish Pub
3. Klösterle
4. Moritz
5. Café & Bistro Bienvenue

Ausgehen
1. Zum Goldenen Löwen
2. Parterretheater im Künerhaus

Stadtmauer und Tore

Eine 4 km lange Stadtmauer mit nicht weniger als 32 Toren sollte die Memminger im Mittelalter vor Eroberungszügen schützen, und bis zum Dreißigjährigen Krieg erfüllte sie voll und ganz ihren Zweck. Fünf der Tore sind heute noch erhalten: Ulmer Tor, Wester Tor, Lindauer Tor, Einlasstor und Kempter Tor. Neben dem **Kempter Tor 1**, das erst Ende des 14. Jh. vollendet wurde, kann man noch ein gutes Stück dem ehemaligen Wehrgang folgen. Von einst 4 km Stadtmauer haben anderthalb die Sprengung des Mauergürtels zu Beginn des 20. Jh. überlebt. **Grimmelschanze, Kaisergraben** und **Königsgraben,** die den Verlauf der Stadtbefestigung markieren, erfreuen sich als Grünanlagen großer Beliebtheit.

Um den Marktplatz

Schon im Mittelalter wurde hier Markt abgehalten, wie auch heute dienstags und samstags. Neben historischen Bauwerken säumen Cafés und Geschäfte die gute Stube der Stadt. Das **Rathaus 2** (Marktplatz 3) passte sich im Laufe der Geschichte den Baumoden an. Ende des 15. Jh. wurde es als gotisches Giebelhaus errichtet, 100 Jahre später im Stil der Renaissance umgebaut. Erker und Hauben erhielt es zur Zeit des Rokoko. Das **Steuerhaus 3** wurde Ende des 15. Jh. als »Schuhhaus« mit Schuhmacherwerkstätten errichtet, heute hat hier die Stadtverwaltung ihren Sitz. Erst Anfang des 20. Jh. wurde der Bau mit den charakteristischen, farbenfrohen Malereien geschmückt. Die Arkaden verleihen dem Bau südländisches Flair.

Die **Großzunft 4** schließt den Platz zur Ostseite hin ab. Hier hatte die Zunft der Stadtadeligen ihren Sitz, die bis 1347 das alleinige Sagen in der Reichsstadt hatten. Dann erkämpften die Handwerker eine »Zunftverfassung«, die verlangte, dass auch die Patrizier sich in einer Zunft organisierten – der Großzunft. Von nun an hatten beide Parteien im Rat Sitz und Stimme – sehr zum Wohle der Stadt. Mitte des 16. Jh. setzte Kaiser Karl V. jedoch wieder ein Patriziatsregiment ein.

Lieblingsort

Mittelalterflair in Memmingen

Auf ihr Stadtjuwel mit viel Mittelalterflair sind die Memminger zu Recht stolz. Mittendrin der **Marktplatz:** Vor der historischen Kulisse mit **Rathaus, Steuerhaus** und **Großzunft** (❷ – ❹) wird heute wieder zweimal pro Woche Markt abgehalten. Hier kann man wunderbar Produkte der Region von Käse über Holundersirup und Wildblütenhonig bis zu Bio-Äpfeln einkaufen. Und danach geht es auf einen Cappuccino in ein Café. Abends dann taucht eine festliche Illumination den Platz in ein fast unwirkliches Licht.

Kreuzherrnsaal

In westlicher Richtung vom Marktplatz passiert man die säkularisierte Kreuzherrenkirche. 1210 wurde hier das **Heilig-Geist-Spital** des Ordens St. Spiritus de Roma in Saxia, in Memmingen Kreuzherren genannt, zur Armen- und Krankenpflege gegründet. Die alte Spitalkirche des Ordens wurde Ende des 15. Jh. nach einem Brand neu erbaut, im 18. Jh. barockisiert. Das Innere besticht durch die feinen Arbeiten der Wessobrunner Stuckateure und der **Kreuzherrnsaal** ❺ dient heute als städtischer Festsaal.

Hallhof 5, April–Okt. Di–So 14–17, Sa 10–12.30 Uhr

Stadtmuseum

Der **Hermannsbau** in der Zangmeisterstraße wurde im 18. Jh. im spätbarocken Palazzostil vom Kaufmann Benedikt von Hermann errichtet, der in Venedig ein Vermögen erworben hatte.

Die eleganten Räume bieten den idealen Rahmen für das **Städtische Museum ❻,** wo vor allem die Periode der Memminger Reichsstadt am Beispiel konkreter Lebensläufe erlebbar wird. Weitere Ausstellungen widmen sich dem Thema »Jüdisches Leben in Memmingen (1862–1945)« und zeigen edle Feinkeramik der Memminger Fayencemanufaktur Künersberg seit dem 18. Jh.

Zangmeisterstr. 8, Di–So und Fei 11–17 Uhr, Eintritt frei

St. Martin

Das geistliche Zentrum der mittelalterlichen Stadt lag nicht weit vom Marktplatz entfernt. Die heutige evangelische Stadtpfarrkirche **St. Martin** ❼ ist ein typischer Bau der Spätgotik, der während der Reformation 1531 fast sämtlicher Bildwerke beraubt wurde.

Als letzter Teil der Kirche war 1505 die **Zangmeisterkapelle** errichtet worden, gestiftet von der gleichnamigen Patrizierfamilie. Sie wurde von Bernhard Strigel, dem berühmtesten Mitglied der Memminger Künstlerfamilie, ausgemalt. Die Fresken, die nach der Reformation übertüncht worden waren, wurden zusammen mit älteren Freskenzyklen im Kirchenschiff im 20. Jh. wieder freigelegt. Als Kontrast zu den unerwünschten Heiligendarstellungen schufen protestantische Künstler 1588 einen Freskenzyklus zur Passion Christi, dessen überlebensgroße Figuren den Kopfbereich der Seitenschiffe und den Chorbogen schmücken. Der Altar entstand unter Einfluss des Schweizer Reformators Zwingli: Ein schlichter Steinaltar versinnbildlichte den Tisch des Herrn und ersetzte den gotischen Schnitzaltar.

Das Meisterwerk der Kirche ist jedoch zweifellos das Chorgestühl. Die Werkstatt der Schnitzerschule Ivo Strigels schuf ab 1501 charaktervolle Darstellungen von Aposteln und Propheten. Ein Geniestreich sind die Porträts, die die Wangen der Sitze schmücken: Memminger Bürger vom Bürgermeister über Kirchpfleger, Schulmeister, Antonierpräzeptor bis zum Maler Bernhard Strigel blicken dem Betrachter mal würdevoll, mal schelmisch, mal verschlagen ins Gesicht.

Zangmeisterstraße 13, in den Sommermonaten 10–17 Uhr

Antonierhaus

Die Antoniter waren im Mittelalter ein angesehener Hospitalorden mit Kranken- und Pflegehäusern in ganz Europa. Antonius war der Schutzpatron der am »Heiligen Feuer« oder Mutterkornbrand Erkrankten. Die Krankheit war in einer Zeit, als Brot und Getreidebrei das Hauptnahrungsmittel war, nicht selten.

1214 hatte Kaiser Friedrich II. dem Antoniterorden das Patronatsrecht über die Pfarrkirche St. Martin verliehen. Die damit verbundenen Zehnt-Einkünfte bildeten den Grundstock für eine

Niederlassung, ab 1267 gab es hier ein Hospital. Mitte des 15. Jh. wurde das **Antonierhaus** ❽ erbaut, das seinerzeit zu den fortschrittlichsten Hospitälern gehörte. Drei Jahrhunderte lang war die Niederlassung der Antoniter in Memmingen ein fester Bestandteil der Krankenfürsorge in der Stadt.

Das einstige Kloster wurde nach wechselvoller Geschichte als Pfarrhaus, Knabenschule, Kaserne, Bierkeller, Zuckerraffinerie und Wohnhaus 1987 von der Stadt erworben und mit viel Geld und Aufwand instand gesetzt. Heute ist es zusammen mit der Antoniterkapelle (s. u, Kinderlehrkirche) das besterhaltene spätmittelalterliche Beispiel einer Antoniterniederlassung in Europa. Zwei Museen teilen sich die Ausstellungsfläche im Antoniterhaus: das **Antonitermuseum** widmet sich der Geschichte des vergessenen Ordens, das zweite erinnert an die bekannteste Künstlerfamilie der Stadt, der **Familie Strigel**.

Drei Generationen der Künstlerfamilie, Bildhauer und Maler, allesamt typische Vertreter der Spätgotik in Schwaben, waren in Memmingen ansässig. 1430 kam Hans Strigel d. Ä. in die Stadt. Ivo Strigel brachte es als Bildhauer zu einigem Ruhm in der Region. Berühmtheit weit über Schwaben hinaus erlangte aber der Maler Bernhard Strigel, der um 1460 geboren wurde. Sein Hauptbetätigungsfeld war die Tafelmalerei, insbesondere als Porträtmaler war er höchst gefragt.

Kaiser Maximilian I., Angehörige des schwäbischen Adels und Patrizier aus den großen Handelsstädten der Region gehörten zu seinen Auftraggebern. Als Vorstand der Familienwerkstatt nahm er Aufträge an, die ihn bis nach Wien führten. Er wohnte im angesehenen Stadtviertel um St. Martin, bekleidete städtische Ämter und wurde als angesehener Bürger im Chorgestühl von St. Martin verewigt. Mit seinem Tod 1528 verlieren sich die Spuren der Sippe.

Die heutige **Kinderlehrkirche** ❾, einst Klosterkirche des Antoniterordens, kann nur im Rahmen von Führungen besucht werden. Über dem Portal prunkt eine Kreuzigungsszene von Bernhard Strigel, in die eine Szene aus der Antoniuslegende eingefügt wurde: Der heilige Antonius segnet Tiere und Menschen. Besonders nah standen dem Heiligen die Schweine, der Volksglaube erzählt sogar, dass der »Sautoni« aufdringliche Frauen in Schweine verwandelte.

Martin-Luther-Platz 1, Di–So und Fei 11–17 Uhr, Eintritt frei

Fuggerbau

Der **Fuggerbau** ❿ wurde Ende des 16. Jh. als Handelsniederlassung der Augsburger Fugger errichtet. 1630 nahm hier der kaiserliche Feldherr Wallenstein Quartier, bis er von seiner Absetzung erfuhr. Sein Kontrahent, der Schwedenkönig Gustav Adolf, hielt hier zwei Jahre später ein öffentliches Gastmahl ab. Ende des 17. Jh. wurde das Gebäude an die Reichsstadt verkauft und diente u. a. als Gästehaus für prominente Besucher. Heute ist nur der Innenhof des Gebäudes zugänglich.

Südliche Altstadt

Weinmarkt

Der Weinmarkt war einst der Platz der Zünfte. Hier ragt noch der Fachwerkgiebel der Weberzunft auf, der größten der Memminger Handwerkerzünfte im Mittelalter. Der steinerne Giebel am entgegengesetzten Ende des Platzes gehört zum einstigen **Kramerzunfthaus** ⓫, wo 1525 die aufständischen Bauern die »Zwölf Artikel« formulierten, die zum Manifest der Bauernbewegung wurden.

Stadtbach

Der Memminger Bach wurde schon Mitte des 12. Jh. erwähnt. An ihm siedelten sich Handwerker an, die auf das Wasser als Antriebskraft, zur Kühlung oder zum Wässern ihrer Waren angewiesen waren: Müller, Töpfer, Schmiede, Metzger und Gerber. Um der Hygiene willen musste das gemächlich dahinfließende Gewässer einmal jährlich abgelassen und gereinigt werden.

Die schönsten Wege durch die Stadt führen am Stadtbach entlang. Zahlreiche Weinstuben und Bierkneipen säumen die Bachgassen, schließlich hat Memmingen den Ruf zu verteidigen, nach Düsseldorf und Berlin die Stadt mit der höchsten Kneipendichte zu sein. Einmal im Jahr ist der Stadtbach Schauplatz des größten Stadtspektakels – des **Fischertags** (S. 151).

Um den Schrannenplatz

Der Schrannenplatz entstand erst 1951 nach dem Abbruch der alten Getreideschranne. Hier war im 15. Jh. das Zentrum des städtischen Kornhandels: drei Getreidespeicher, Kornhaus, Haberhaus und Gerstenstadel nahmen das Getreide auf. An ihrer Stelle erhebt sich heute das Verlagshaus der Memminger Zeitung, eine der schwersten Bausünden der Nachkriegszeit.

Das **Landestheater Schwaben** ⓬ (Memminger Stadttheater) am Theaterplatz verfügt über ein eigenes Ensemble, das Gastspiele in der gesamten Region gibt. Tatsächlich hat das Theaterspielen seit Langem hier Tradition. Schon im Mittelalter wurden auf dem Weinmarkt Osterspiele aufgeführt, und bereits 1802 wurde das einstige Zeughaus der Stadt zum Theater umgebaut.

Die Gerber spielten im Mittelalter eine große Rolle. Ihr Viertel, das 1945 schwere Bombenschäden erlitt, war von vielen Bächen durchflossen, die vom Stadtbach abzweigten, heute aber längst zugeschüttet sind. Im Zentrum steht das **Siebendächerhaus ⓭.** Seine zahlreichen luftigen Dachböden boten viel Platz für das Trocknen der gegerbten Felle.

Die evangelische **Frauenkirche** ⓮ (April–Okt. tgl. 10–18 Uhr; Schlüssel im Pfarramt nebenan), die älteste Pfarrkirche der Stadt, ist ein schlichter Bau des 15. Jh. Aus dieser Zeit blieben schöne Wandmalereien erhalten, die Szenen aus dem Marienleben zeigen. Ähnlich wie in St. Martin wurden sie während der Reformation übertüncht und erst 1890 wieder freigelegt. Die liebliche Hawanger Madonna an der linken Chorbogenwand stammt von Ivo Strigel.

Fielen der Reformation auch viele Kunstwerke zum Opfer, so hat man der Tatsache, dass die Freie Reichsstadt Memmingen evangelisch wurde, sicher zu verdanken, dass die während der Gegenreformation übliche Barockisierung ausblieb und die Kirchen ihr gotisches Gesicht behielten, obwohl die Frauenkirche von 1569–1804 von beiden Konfessionen genutzt wurde.

MEWO Kunsthalle Memmingen

Mit Eröffnung der **MEWO Kunsthalle Memmingen** ⓯ 2005 erhielt das Kulturleben der mittelalterlichen Stadt einen Platz für die Moderne (die Abkürzung MEWO leitet sich von der Memminger Wohnungsbau e. G. her). Im klassizistischen Ambiente der ehemaligen königlichen Post ranken sich helle Ausstellungsräume um einen überdachten Lichthof – beste Bedingungen für Wechselausstellungen, die ein überregionales Publikum anlocken.

Permanent werden Werke von Max Unold (1885–1964), einem Maler der Neuen Sachlichkeit, und Josef Madlener (1881–1967) gezeigt, der in Amendingen bei Memmingen lebte und arbeitete. Der Naturmaler Madlener rückte wieder ins Interesse der Öffentlichkeit, als

Das barocke Buxheimer Chorgestühl erlebte eine wahre Odyssee.

bekannt wurde, dass ein Bild Madleners Vorbild für die Figur des Gandalf in J. R. R. Tolkiens Romanzyklus »Herr der Ringe« war. Vorträge, Konzerte und Lesungen ergänzen das Programm des MEWO.

Bahnhofstr. 1, T 08331 85 07 71, www.mewo-kunsthalle.de, Di–So und Fei 11–17 Uhr, Eintritt frei

Buxheimer Kartause D1

Das kunsthistorische Kleinod lohnt den Abstecher ins kleine **Buxheim** (3000 Einw.), 3 km nordwestlich von Memmingen. Das einst bedeutende Kartäuserkloster ist heute Klostermuseum. Doch neben Kunstfreunden pilgern seit einiger Zeit auch Krimifans nach Buxheim: Schließlich spielt das berühmte Chorgestühl eine wichtige Rolle im berühmten Allgäu-Krimi »Erntedank« von Volker Klüpfel und Michael Kobr (S. 84).

Der **Kartäuserorden,** im 11. Jh. durch Bruno von Köln ins Leben gerufen, erlebte mit der mystischen Bewegung im 15./16. Jh. seine größte Verbreitung. 195 Klöster zählte der Orden zu dieser Zeit in Europa, allein 84 im deutschen Sprachgebiet. Anders als die Antoniter in Memmingen, die sich der Krankenpflege widmeten, lebten die Kartäuser in Abgeschiedenheit, verschrieben sich ganz Gott und dem Gebet.

1402 wurde die **Kartause** in Buxheim gegründet und im 16. Jh. zur einzigen Reichskartause des gesamten Ordens ernannt. Im Zeitalter des Barock fand ihrer Bedeutung gemäß eine aufwendige Umgestaltung statt, zahlreiche Kunstwerke wurden integriert. Nach der Säkularisation ging die Kartause in den Besitz des Grafengeschlechts Waldbott zu Bassenheim über. Hoch verschuldet verschleuderte Graf Hugo noch im 19. Jh. die Kunstschätze. Heute ist in der Kartause eine **Schule der Salesianer Don Boscos** eingerichtet sowie ein **Museum,** das das Leben des Ordens präsentiert.

Der lange **Kreuzgang** verbindet die wichtigsten Abschnitte des Klosters und heutigen Kartausenmuseums. Die Kirche wird durch den Kreuzgang in zwei Teile geteilt: den Priesterchor im vorderen und den Chor der Laienbrüder im hinteren Teil. Der ursprünglich gotische Raum wurde im frühen 18. Jh. von den Gebrüdern Zimmermann barock umgestaltet.

Das berühmteste Kunstwerk der Kirche ist das barocke **Chorgestühl,** für viele überhaupt das schönste des gesamten süddeutschen Raums, das erst nach einer Irrfahrt 1980 wieder nach Buxheim zurückfand. 1684 hatte der junge, noch wenig bekannte Schnitzer Ignaz Waibel vom Prior des Klosters den Auftrag erhalten, 31 Chorstühle und einen Zelebrantenstuhl zu fertigen. In nur vier Jahren vollbrachte er ein Wunder in Eichenholz: Apostel und Ordensstifter, Mönche und Heilige zeigen sich mal beschwingt und leidenschaftlich, mal kontemplativ und würdevoll – und jedes der wunderbaren Porträts fesselt.

Als Graf Hugo im 19. Jh. den Ausverkauf der Kunstwerke veranlasste, ging das Chorgestühl für einen Spottpreis nach Holland, dann weiter nach London, wo es vom Direktor der Bank of England erworben wurde. Dieser schenkte es den Schwestern eines Hospitals, das in den 1960er-Jahren seinen Sitz in die Grafschaft Kent verlegte. Im Laufe dieser Irrfahrt wurde es teilweise zersägt und zerhackt, um es immer wieder anderen Räumlichkeiten anzupassen. 1980 gelang es dem Bezirk Schwaben, das Chorgestühl zurückzukaufen. Umfangreiche Restaurierungsarbeiten waren nötig, damit es sich heute wieder in seiner ganzen Pracht präsentieren kann.

Ein weiteres Kleinod der Kartause ist die der hl. Anna geweihte **Rokoko-Kapelle,** die 1738–40 von den Gebrüdern Zimmermann gestaltet wurde. Illusionstechnik spiegelt eine Einheit von Architektur und Ausstattung.

In den Alltag der Kartäusermönche führt eine **historische Mönchszelle** aus den Anfängen des Klosters. Die kargen Zellen, in denen die Mönche für sich allein beteten und arbeiteten, waren nur mit Bettstatt, Waschtisch und Gebetsnische ausgestattet.

Zum Abschluss lohnt ein Abstecher in die barocke Pfarrkirche mit der berühmten **Buxheimer Madonna** auf dem linken Seitenaltar, eine farbig gefasste Tonfigur um 1420 im sogenannten Weichen Stil geschaffen.

April–Okt. 10–17 Uhr

Schlafen

In historischem Ambiente

1 **Hotel am Schrannenplatz:** Neues Hotel mitten in der Altstadt mit familiärem Service und zeitgemäßem Interieur in historischem Ambiente.

Am Schrannenplatz 4, T 08331 122 76, www.schrannenhotel.de, €€

Ein Hauch von Mittelalter

2 **Weißes Ross:** Bürgerhaus des 15. Jh. mit modernem Innenleben.

Salzstr. 12, T 08331 93 60, www.hotelweissesross.de, €€

Camping

3 **Camping am See:** Mit eigener Badewiese und Restaurant nebenan.

Am Weiherhaus 7, M.-Buxheim, T 08331 718 00, www.camping-buxheim.de

Essen

Gediegen

1 **Weber am Bach:** Gepflegte schwäbische Küche – mit Ausflügen in die Weltküche – in schönen Stuben am Stadtbach.

Untere Bachgasse 2, T 08331 24 14, €€

Gute Laune, gute Küche

2 Kelly's Irish Pub: Guinness, Cider, Whiskeys und mehr – alles kommt pubgerecht über die Theke, dazu gibt es ab und zu Livemusik und immer eine Bombenstimmung. Außerdem wird entsprechend Pub-Küche mit Klassikern von der grünen Insel von Guinness Stew bis Whiskey Steak serviert.

Ulmer Str. 13, T 08331 928 48 99, www.kellys-memmingen.de, €

Allgäuküche mit Pep

3 Klösterle: Saisonale Allgäuer Kreativküche in einem historischen Gasthaus im Herzen der Altstadt, die auch Vegetarier nicht vergisst. Im Sommer lockt die hübsche kleine Dachterrasse.

Im Klösterle 1, T 08331 49 76 00, So/Mo Ruhetag, €

Kultig

4 Moritz: Ein Lokal für jede Gelegenheit, in dem das Allgäu kulinarisch aufs Mittelmeer und auch auf Asien trifft. Beliebt ist es bei allen Generationen – zum Frühstücken, Brunchen, Lunchen, Kaffeetrinken, Abendessen, für den Pre-Party-Cocktail und den Absacker danach. Im Sommer sitzt man draußen zwischen Oleanderbüschen wie auf einer italienischen Piazza.

Weinmarkt 6–8, T 08331 929 92 24, €

Kaffeehausatmosphäre

5 Café & Bistro Bienvenue: Schönstes Café der Stadt, das Alt und Neu aufs Beste vereint. Toll ist das Frühstück hier, später bestellt man erstklassigen Kuchen und kleine Gerichte.

Zangmeisterstr. 4, T 08331 941 15 29, €

Museumscafé

8 Café Kunz im Antonierhaus: Leckere Kuchen und günstige Tagesgerichte serviert man im Sommer auch im schattigen Innenhof.

Di–So 10–18 Uhr, €

Bewegen

Baden

Buxheimer Weiher: Insgesamt acht Weiher, die im Mittelalter von den Mönchen der Kartause angelegt wurden, verstecken sich im Buxheimer Wald. Zum größten der Weiher gehören ein Campingplatz und ein Biergarten mit Liegewiese sowie Bootsverleih. Im Winter beliebt zum Schlittschuhlaufen.

Ausgehen

Weinstube mit Tradition

1 Zum Goldenen Löwen: 430 Jahre Tradition und beliebt wie eh und je – der schönste Platz für ein Viertele vor oder nach dem Abendessen.

Schrannenplatz 2, T 08331 52 90, tgl. außer Mo ab 18 Uhr

Kleinkunst

2 Parterretheater im Künerhaus: Jazz, Klassik, Kleinkunst und mehr. Eine Institution sind die Memminger Kabarett-Tage im Feb./März.

Künergasse 8, T 08331 98 08 07 (Abendkasse), 08334 987 68 88 (Vorverkauf), www.pik-mm.de

Theater für Groß und Klein

12 Landestheater Schwaben: Das Ensemble beherrscht ein buntes Programm: Klassiker, Musicals, Kinderstücke und mehr.

Theaterplatz 2, T 08331 94 59 16 (Vorverkauf), T 08331 94 59 18 (Abendkassen), www.landestheater-schwaben.de

Infos

- **Stadtinformation:** Marktplatz 3, 87700 Memmingen, T 08331 85 01 72, www.memmingen.de.

• **Fischertag:** Großes Ausfischen des Memminger Stadtbachs mit anschließendem Fest im Juli.
• **Kinderfest:** Jeweils am Donnerstag vor dem Fischertag (S. 151).
• **Wallenstein-Spiele:** Ein Historienspektakel inklusive feierlichem Einzug des Feldherrn Wallenstein mit seinem Tross in historischen Kostümen. Beim Lagerleben, Turnieren und mehr mischt die halbe Stadt mit; alle vier Jahre im Juli (S. 240, S. 152), www.wallenstein-mm.de.
• **Memminger Meile:** Ein buntes Sommerspektakel mit Musik, Theater, Kabarett in der Innenstadt, auf Plätzen und in historischen Gebäuden. Zwischen Mitte Juni und Mitte Juli wird die Stadt zur Bühne.

Ottobeuren

E 2

Der kleine Ort ist Kneippheilbad – kein Wunder: Im Dörfchen Stephansried bei **Ottobeuren** wurde der heilkundige Pfarrer geboren.

Im neu gestalteten **Kneipp-Aktiv-Park** möchte man Besuchern den Dreiklang von Natur, Kultur und Spiritualität vermitteln. Das gelingt nicht zuletzt, weil die größte Attraktion des Ortes – das Kloster Ottobeuren, das sich mächtig über dem Ort erhebt – nur einen Katzensprung entfernt liegt.

Kloster Ottobeuren

Gewaltig

Wo im 8. Jh. ein bescheidenes Benediktinerkloster gegründet worden war, das sich im 12. Jh. zu einer renommierten Stätte der Wissenschaft entwickelte, entstand rund 1000 Jahre später unter Abt Rupert II. Neß von Wangen ein repräsentativer barocker Klosterkomplex, für den man hervorragende Meister des süddeutschen Barock heranzog: Ab 1711 arbeitete Johann Michael Fischer an der doppeltürmigen Basilika, Johann Michael Feichtmayr schuf die Stuckaturen, Johann und Franz Zeiler die Fresken und Karl Joseph Riepp baute die Orgeln – schon wegen der gewaltigen Ausmaße ein »Schwäbisches Escorial« (S. 162).

Museum: Palmsonntag bis Allerheiligen tgl. 10–12 und 14–17 Uhr, **Basilika:** Führungen April–Okt. Sa 14.15 Uhr

Museum für zeitgenössische Kunst Diether Kunerth

Ein bisschen versteckt hinter dem Marktplatz setzt der moderne Museumsbau innen wie außen einen Kontrapunkt zum barocken Kloster. Die schlichten Ausstellungsräume präsentieren v. a. die Werke des Ottobeurer Künstlers Kunerth – Sonderausstellungen ergänzen die Präsentation.

Diether Kunerth (geb. 1940) ist Grafiker, Bildhauer und Maler und arbeitet in den Gebieten Malerei, Skulptur, Grafik, Collage, Materialkunst, auch mit Aquarell und Tusche.

Marktplatz 14 a, www.mzk-diku.de/de/index.php, Di–Fr 11–16, Sa/So 12–17 Uhr

Schlafen

Wellnessoase

Parkhotel Maximilian: Nicht nur Golfer schätzen das komfortable Wellnesshotel am Wald mit seinen renovierten Zimmern, dem Outdoor-Pool und dem attraktiven Spa.

Bannwaldweg 11, T 08332 923 70, www.parkhotel-ottobeuren.de, €€

TOUR
Benediktinischer Geist gestern und heute

Ein Besuch im Kloster Ottobeuren

Majestätisch thront die **Klosterbasilika** hoch über dem kleinen Ottobeuren mitten im Unterallgäu – ein barockes Gesamtkunstwerk, das seine spirituelle Kraft beim feierlichen Klang der Orgeln voll entfaltet. Die herrliche Akustik macht die Ottobeurer Basilika zu einem Konzertsaal von Weltrang. Doch darüber hinaus ist Kloster Ottobeuren nahe Memmingen nach wie vor geistliches Zentrum und Heimat von rund 20 Benediktinermönchen.

Ein barockes Gesamtkunstwerk

Der erhabene, helle Innenraum der **Klosterkirche St. Alexander und St. Theodor** zieht den Besucher in seinen Bann. Hier waren mehrere große süddeutsche Meister am Werk: Johann Michael Fischer übernahm die Bauleitung, Johann Michael Feichtmayr schuf die Stuckarbeiten, die Gebrüder Zeller aus Tirol malten die Deckenfresken. Ein Höhepunkt ist die Vierungskuppel, die das Pfingstwunder zum Leben erweckt.

Die beiden **Orgeln** von Orgelbaumeister Joseph Riepp gelten als Vollendung barocker Orgelbaukunst und erwachen jeden Samstag um 16 Uhr bei Orgelkonzerten zum Leben. Eingegliedert sind sie dem kunstvollen Chorgestühl, an dem vier Meister 12 Jahre lang schnitzten. Vergoldete

Reliefs erzählen Geschichten aus dem Alten Testament und aus dem Leben des hl. Benedikt. Wunderbar schlicht inmitten der barocken Pracht wirken Schätze aus der Frühzeit des Klosters: der romanische Christus am Kreuzaltar und die gotische Madonna am Alexanderaltar.

Seit 1959 wird die Basilika mit herrlicher Akustik auch als Konzertsaal genutzt. Schon Dirigentengrößen wie Herbert von Karajan und Leonhard Bernstein schwangen hier den Taktstock. Entsprechend frühzeitig muss man sich um Karten kümmern.

Tausende Bücher fassen die Regale der Klosterbibliothek in Ottobeuren, in der 40 Säulen die Empore stützen.

Ora et labora – Benedikts Erbe

Benedikt von Nursia gilt als Vater des abendländischen Mönchtums und über mehrere Jahrhunderte lang trieben Benediktinermönche die Kultivierung des Abendlandes entscheidend voran: Sie machten weite Landstriche urbar, unterrichteten Söhne aus Herrscherfamilien im Lesen und Schreiben, sammelten und verarbeiteten das Wissen ihrer Zeit und waren selbst wissenschaftlich tätig. Die Klöster lebten nach der **Regula Benedicti,** der berühmtesten aller Klosterregeln, die Benedikt für die Mönche seines Klosters Montecassino im frühen 6. Jh. verfasst hatte. Sie schreibt ein Gleichgewicht zwischen Gebet und Arbeit *(ora et labora)* vor, das im Laufe der Jahrhunderte jedoch immer wieder aufgeweicht wurde.

Im Jahre 764 wurde das Benediktinerkloster Ottobeuren gegründet und von Mönchen aus dem Bodenseeraum besiedelt. 1268 erlangte es Reichsunmittelbarkeit – sein Gebiet, das neben Ottobeuren 27 umliegende Dörfer umfasste, war innerhalb des deutschen Reiches unabhängig und allein dem Kaiser verpflichtet. Nach mehreren Blütephasen, in denen Ottobeuren bedeutendes Kulturzentrum war, wurde es im Dreißigjährigen Krieg schwer zerstört.

Unter Abt Rupert II. Neß lebte das Kloster im 18. Jh. glanzvoller denn je wieder auf. Sichtbares Zeichen dieser Renaissance ist die mächtige Klosteranlage, die zu den herausragenden Meisterwerken des europäischen

Infos

E 2

Dauer: Besichtigung ca. 2 Std.

Planung: Basilika 9 Uhr bis Sonnenuntergang; Museum Palmsonntag bis Allerheiligen tgl. 10–12 und 14–17 Uhr, im Winter eingeschränkte Öffnungszeiten. Kirchenführung April–Okt. Sa 14.15 Uhr

Barock zählt. Im Jahr 1802 wurde Ottobeuren säkularisiert, wird aber seit 1918 wieder als selbstständige Abtei geführt.

Prunk und Pracht – Klosterleben zur Barockzeit
Von klösterlicher Kargheit keine Spur: An Pracht stehen die Räume des Klosters denen einer weltlichen Residenz in nichts nach – das Armutsgelöbnis des hl. Benedikt war längst in Vergessenheit geraten, als Kloster Ottobeuren im 18. Jh. ein neues Gesicht bekam. Die Einnahmen aus dem Eigenbesitz des Klosters und dem Reichsstift hatten, gut verwaltet, für das nötige Finanzpolster gesorgt. »Zur Ehre der Dreifaltigkeit« brauchte Abt Rupert keine Kosten zu scheuen. Die Kunstsammlungen des Klosters von schwäbischen Meistern der Gotik bis zu barocker Malerei waren weithin berühmt. Nach der Säkularisation in alle Winde verstreut, konnten sie zumindest teilweise wieder zusammengetragen werden, als das Kloster 1918 neu besiedelt wurde.

Das **Klostermuseum** gibt einen guten Eindruck vom Klosterleben des 18. Jh. Ein Höhepunkt unter den zahlreichen Sälen, die durchwandert werden wollen, ist die **Bibliothek** mit rund 15 000 Bänden, allesamt in Schweinsleder gebunden. Die Bestimmung des Raumes illustrierte der Bauherr durch die Inschrift: »Der Mönch möge von diesen Schätzen des Geistes Gebrauch machen, damit er immer zur Verfügung habe, wovon er Altes und Neues schöpfen könne.«

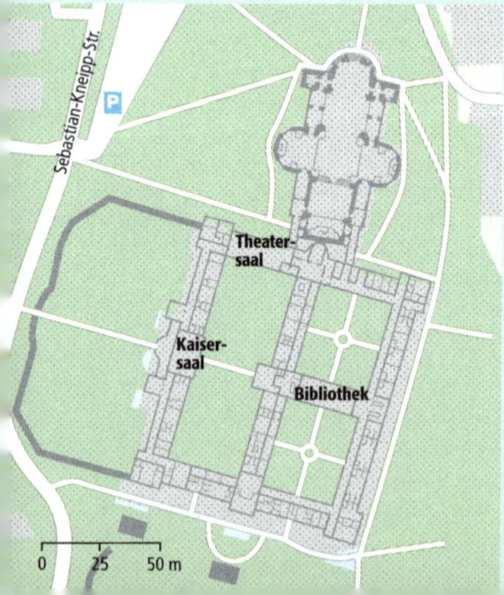

Mönche waren jahrhundertelang die Bildungselite Europas. Ihnen verdanken wir die Rettung des antiken Erbes, denn die Gelehrten sammelten und übersetzten antike Schriften. Nicht verwunderlich also, dass Pallas Athene, Schutzgöttin der Wissenschaft, einen Ehrenplatz im »Palast der Musen« erhielt.

Im **Theatersaal** pflegte man das benediktinische Barocktheater, wichtiger Bestandteil der Klostererziehung. Bis zur

Säkularisation 1802 brachten die Schüler Jahr für Jahr kunstvoll zur Aufführung, was die Patres als Lehrer dichteten und komponierten. Das Deckenfresko zeigt die antiken Patrone von Tragödie und Komödie – die Gottheiten Apollo und Athene.

Der **Kaisersaal** schließlich ist der größte Repräsentationsraum des Klosters. In diesem prächtig ausgestatteten Saal mit 16 lebensgroßen Statuen deutscher Kaiser huldigten namhafte Künstler dem Kaisertum »von Gottes Gnaden«, der Idee des Heiligen Römischen Reichs Deutscher Nation.

Zwischen Shop und Seminar

Seit 1918 leben und arbeiten im Kloster wieder Mönche getreu der benediktinischen Regel. Wie zur Zeit Benedikts steht das gemeinsame Gebet im Zentrum des Klosterlebens, das noch immer den Tagesablauf gliedert. Die rund 20 Ottobeurer Mönche beten und singen jeden Tag viermal gemeinsam – zwischen 5.30 und 19.30 Uhr – und widmen sich darüber hinaus dem stillen Gebet oder der geistlichen Lektüre.

Arbeit bietet den nötigen Ausgleich und sichert den Lebensunterhalt des Klosters. Vorrang haben in Benediktbeuren Arbeiten und Dienste für Haus und Klostergemeinschaft. So sind neben der Klosterleitung durch den Abt Positionen vom Pförtner bis zum Bibliothekar, Imker oder Bäcker zu besetzen. Aber auch außerhalb des Klosters sind Brüder in der Seelsorge in Ottobeuren und Umgebung oder in Schulen als religiöse Erzieher tätig.

Ein wichtiges Standbein der Gemeinschaft sind aber auch der Klosterladen, in dem Klosterprodukte wie Liköre oder Honig verkauft werden, und das hauseigene Bildungshaus mit umfangreichen Angeboten. Männer können zeitweise (»Kloster auf Zeit«) am Leben der Gemeinschaft teilhaben. »Einkehr im Kloster« heißt ein Programm, das sich an Männer und Frauen wendet, die in der Stille des Klosters Besinnung und Ruhe suchen und am Gebet der Mönche teilnehmen möchten. Darüber hinaus gibt es eine Vielzahl touristischer Angebote wie Schweigemeditation, Musikmeditation oder Kalligrafie.

Essen

Schwabenküche

Gasthof zum Mohren: Bodenständige Gerichte stehen auf der Speisekarte im Traditionsgasthof auf dem Hauptplatz des Ortes, der im Sommer südländisches Flair atmet.

Marktplatz 1, T 08332 921 30, €

Wildromantischer Garten

Klostercafé: Zwar nicht mit Klosterblick, dafür bietet das Café im Klosterhof eine schlichte Gaststube, vor allem aber einen wildromantischen Garten, wo man wunderbar bei Kaffee und Kuchen und kleinen Speisen sitzt.

im Kloster, T 08332 74 62, €

Bewegen

18- und 6-Loch-Golfplatz

Hofgut Boschach: Abwechlungsreicher Platz vor historischer Kulisse. Der Platz (AGLC) ist mit einem Zertifikat des Umweltprogramms »Golf & Natur« vom Deutschen Golf-Verband ausgezeichnet worden.

T 08332 925 10, www.golfclub-ottobeuren.de

Adventure Golf

Adventure Golf Park: Minigolf war gestern, heute spielt man Adventure Golf – ein Spaß für die ganze Familie.

Hawanger Straße 18, T 08332 2 98 99 76, www.adventuregolf-ottobeuren.de

Infos

- **Touristikamt:** Marktplatz 14, 87724 Ottobeuren, T 08332 92 19 50 53, www.ottobeuren.de.
- **Ottobeurer Konzerte:** Mai–Okt., Infos s. Touristikamt, www.ottobeuren.de.

Illerwinkel D 2

Der Illerwinkel mit den Gemeinden **Kronburg** mit **Illerbeuren, Legau** und **Lautrach** ist ein wunderbares Ausflugsziel. Neben der landschaftlichen Schönheit der Region – wie geschaffen für (Rad-)Wanderungen – lohnen unbedingt das Bauernhofmuseum Illerbeuren und die Wallfahrtskirche Maria Steinbach einen Besuch.

Bauernhofmuseum D2

Das älteste Freilichtmuseum Bayerns, das **Schwäbische Bauernhofmuseum Illerbeuren,** erinnert bereits seit 1955 an den bäuerlichen Alltag anno dazumal. Einige Häuser der Ortschaft Illerbeuren wurden integriert und immer wieder ergänzt durch historische Gebäude aus dem Raum Bayerisch-Schwaben.

So vermittelt das Ensemble einen authentischen Eindruck vom Bauernalltag in alten Zeiten: Insgesamt kann man mehr als 30 Gebäude aus vier Jahrhunderten bestaunen, dazu Möbel, Hausrat und Gerätschaften aus der Landwirtschaft. Ein Backhaus und eine Schmiede erzählen außerdem vom Alltag der Handwerker.

Und natürlich gehören Bauerngärten, Obstgärten und ebenso Weiden dazu, auf denen Vertreter alter Tierrassen grasen – darunter Zaupelschafe, Oberländer Noriker (Süddeutsches Kaltblut) oder das Allgäuer Original Braunvieh –, Rassen, die heutzutage vom Aussterben bedroht sind. Und auch fürs leibliche Wohl ist unterwegs auf dem weitläufigen Gelände gesorgt.

Museumsstr. 8, Kronburg–Illerbeuren, T 08394 14 55, www.bauernhofmuseum.de, März und 16. Okt.–Nov. 10–16, April–15. Okt. 9–18 Uhr (jeweils tgl. außer Mo), Erw. 6 €, erm. 5 €, Kinder ab 6 Jahren 1 €, Familien 7,50 €

Maria Steinbach ⚲ D2

Die **Wallfahrtskirche Maria Steinbach** thront auf einem Hügel, und ihr heller Ockerton kontrastiert wirkungsvoll mit dem kräftigen Grün der Wiesen.

Schon in romanischer Zeit stand hier eine erste Kirche, die durch einen spätgotischen Bau ersetzt wurde. Nachdem der Abt des Klosters Rot a. d. Rot der Kirche einen Span vom Kreuz Christi vermacht hatte, zogen die ersten Pilger zum Kirchlein. Doch erst nachdem mehrere Zeugen schworen, die frühbarocke Skulptur der Schmerzhaften Muttergottes habe wahrhaftige Tränen vergossen, ihre Gesichtsfarbe habe von weiß zu tiefrot gewechselt und sie habe die Augen geöffnet und geschlossen, strömten die Massen.

Unter den nicht wenigen Marienwallfahrtsstätten im Allgäu wurde Maria Steinbach die bekannteste. Bald platzte die Kirche aus allen Nähten, und 1742 wurden Pläne für den Neubau gezeichnet: An der kostbaren Innenausstattung des schwungvollen Barockbaus arbeiteten Wessobrunner Stuckateure und der Kemptener Maler Franz Georg Hermann. Die Fresken erzählen die Geschichte der Wallfahrt, und über dem Eingang zum Chor fällt der Blick auf das verehrte Gnadenbild.

Die Votivbilder in der Wallfahrtskirche Maria Steinbach geben einen Einblick in das Leben vergangener Zeit.

Radeln im Illerwinkel ⚲ D2

Wunderbar lässt sich der Illerwinkel auf einer Radtour (20 km) erkunden. Ausgangspunkt des Rundwegs ist der Wanderparkplatz an der Ostseite der Illerbrücke bei Au. Über **Au** und Rothenstein geht es zunächst in Richtung Bad Grönenbach, dann biegt man auf den **Iller-Radweg** ab, der durch Rothmoos und Unterbinnenwang führt – nun in Richtung Illerbeuren. In **Wagsberg** folgt man einem Wegweiser zur Fähre.

Beim Fährmann Josef Fischer (einen Tag vorher anmelden unter T 08394 665) klingelt man und trägt das Rad hinunter zum Fluss. Die Räder werden aufs Boot verladen, und dann darf man die Ruderpartie über den Fluss genießen (1 €).

Hoch über der Iller thront das nächste Ziel: die **Wallfahrtskirche Maria Steinbach.** Nach der Besichtigung geht es zurück zum Ausgangspunkt (Richtung Au/Bad Grönenbach).

Schlafen

Wohnen beim Schlossherrn

Gästehaus Schloss Kronburg: Im Gästehaus einer Allgäuer Adelsfamilie wohnt man stilvoll (Garten mit Naturbadeteich, kleine Wellnessoase, Fahrräder und mehr inkl.) und himmlisch ruhig. Woringer Str. 5, Kronburg (10 km südl. von Memmingen), T 08394 92 10, www.schloss-kronburg.de, €€

Essen

Feine Landküche

Museumsgasthof Gromerhof: Die feinen schwäbischen Spezialitäten schmecken in der gemütlichen Stube des Fachwerkhauses oder im Wirtsgarten gleich gut.
Museumsstr. 4, Illerbeuren, T 08394 594, €–€€

Infos

- **Verwaltungsgemeinschaft Illerwinkel:** Marktplatz 1, 87764 Legau, T 08330 940 10, www.illerwinkel.de.

Mindelheim

F 1

Starke Führungskraft

Die Kleinstadt **Mindelheim** (15 000 Einw.) wurde erstmals 1046 urkundlich erwähnt, gegen 1250 erhielt es das Stadtrecht. 1467 erwarben Ulrich und Hans von Frundsberg aus Schwaz in Tirol die Stadt Mindelheim und bezogen Residenz auf der Mindelburg.

Ein Bronzestandbild am 1897 historistisch erneuerten **Rathaus** erinnert an das bekannteste Mitglied der Familie, den kaiserlichen Obristen und Rat Georg von Frundsberg. Man nennt ihn auch »Vater der Landsknechte«. Frundsberg machte aus diesem zusammengewürfelten Haufen armer Knechte und Tagelöhner eine schlagkräftige Truppe und zog mit ihnen als Feldherr Maximilians I. und Karls V. in die Schlacht. Seine bedeutendsten

Das Obere Tor ist auch heute ein Zugang zu Mindelheims Altstadt.

Siege errang er in Bicocca (1522) und Pavia (1525) gegen die Franzosen, aber auch gegen die aufständischen Allgäuer Bauern zog er zu Felde. 1528 starb er auf der Mindelburg.

Ein großes Fest

Zur Erinnerung an die Freuden und Schrecken frundsbergischer Herrschaft feiert Mindelheim alle drei Jahre ein Mittelalterfest mit Lagerleben, Bauernmarkt, Handwerkerhof, Theater und Musik sowie einem großen Umzug von 2000 Mindelheimern in prächtigen mittelalterlichen Kostümen. Bereits in der ersten Hälfte des 19. Jh., als man den Feldherrn als beispielhaften Patrioten der deutschen Geschichte wiederentdeckt hatte, wurde das Fest ins Leben gerufen. In den 1980er-Jahren entwickelte es sich zum bunten Mittelalter-Spektakel jenseits jeglicher Kriegsverherrlichung – Wiederbelebung eines Stücks Stadtgeschichte.

Mindelburg

Bevor man die Altstadt Mindelheims erkundet, lohnt es, auf den **Bergfried** der Mindelburg – im 13. Jh. errichtet und im 15./16. Jh. umgestaltet – zu klettern und die mittelalterliche Pracht von oben zu betrachten.

Der Blick fällt auf das reich mit Fresken verzierte **Einlasstor** im Norden der Stadt, wo gegen eine Gebühr auch nach Torschluss Einlass gewährt wurde. Das **Obere** und das **Untere Tor** bewachen die alten Hauptzugänge, und innerhalb der Mauern überragen der Kirchturm von **St. Stephan,** der runde »Malefiz«- oder **Gefängnisturm** und der 48 m hohe Turm der ehemaligen Silvesterkapelle, der **Kappelturm,** die Häusergiebel.

Maximilianstraße

Die heutige Haupteinkaufsstraße der Stadt führt über den **Marienplatz** vom Unteren zum Oberen Tor und ist identisch mit der mittelalterlichen Salzstraße.

Benannt wurde sie nach Maximilian I., Herzog von Bayern, unter dessen Herrschaft die Stadt erstmals bayerisch wurde. Bis sie 1801 schließlich endgültig unter bayerische Herrschaft geriet, war sie jedoch zeitweise österreichisch und für ein paar Jahre gar Lehen des englischen Herzogs von Marlborough.

Mariä Verkündigung

Im Jahr 1618, also noch während des Dreißigjährigen Krieges, übernahmen die Jesuiten die ursprünglich gotische Kirche am Unteren Tor, die barock umgestaltet als wiederbelebt wurde, aber erst 1721/22 ihre Vollendung erfuhr. Stuckarbeiten höchster Qualität und figürliche Reliefs schaffen einen feierlichen Raum. In ein wahres Schmuckstück verwandelte der Rokoko-Baumeister Matthias Willerooter 1743 die Franz-Xaver-Kapelle.

Jesuitenkolleg: Museumszentrum

Nebenan, im einstigen **Jesuitenkolleg,** haben drei interessante Museen ein Zuhause gefunden: das **Textilmuseum** mit herrlichen Stoffen aus allen Kontinenten sowie interessanten Sonderausstellungen und Workshops; außerdem das **Schwäbische Krippenmuseum,** eine schöne Sammlung von Figurenkrippen aus fünf Jahrhunderten, sowie das **Schwäbische Vorgeschichtsmuseum,** in dem die Besiedlungs- und Kulturgeschichte Südschwabens von der Eiszeit bis ins Mittelalter präsentiert wird.

Hermelesstr. 4, Di–So 10–12 und 14–17 Uhr, 2,50 €

Turmuhrenmuseum

Ein Museum der besonderen Art fand seinen Platz in der profanierten Silvesterkapelle: Das Turmuhrenmuseum ermöglicht einen Spaziergang durch die

700-jährige wechselhafte Geschichte der mechanischen Turmuhren, die erst etwa 1970 zu Ende ging.

Hungerbachgasse 9, Mi 14–16 Uhr sowie letzter So im Monat 14–17 Uhr, 2,50 €

Schlafen

Stilvoll

Gasthof Alte Post: Gepflegte Zimmer im historischen Gasthof mitten im Stadtzentrum. Gutes Restaurant und schöne Weinstube.

Maximilianstr. 39, T 08261 76 07 60, €€

Essen

Romantisch

Weberhaus: Im ehemaligen Weberhaus an der Mindel kann man ganz nach Lust und Laune rustikal in der Stube oder gediegen im 1. Stock essen. Beliebte Adresse im Sommer: die Terrasse am Fluss.

Mühlgasse 1, T 08261 73 72 72, Di Ruhetag, €–€€

Kuschelig

Café K: Klein, aber fein. Im Café gibt es Gutes aus Küche und Backstube.

Dreerstr. 13, Mi–So 10–18 Uhr, €

Stylish

Café Sisters: Mit tollen Kuchen und kleinen Speisen verwöhnen zwei Schwestern in Wohnzimmeratmosphäre.

Maximilianstr. 24, T 08261 759 69 57

Bewegen

Fahrräder und E-Bikes

Radpavillon Steinmaier: Im Radpavillon können Fahrräder wie auch E-Bikes geliehen werden.

Landsberger Str. 36, T 08261 67 22, www.radpavillon.de

Infos

- **Tourist-Information:** Maximilianstr. 26, 87719 Mindelheim, T 08261 99 15 20, www.mindelheim.de.
- **Mindelheimer Jazztage:** im März, www.jazz-isch.de. Legendäre Jazzmusiker spielen im Theater im Forum und anderswo.
- **Frundsbergfest:** Das Stadtfest findet alle drei Jahre im Juli statt (2021, 2024 ...).

Bad Wörishofen

G 1

Mit dem Wasserdoktor verbunden

Wörishofen wäre wohl ein unbedeutendes kleines Dorf geblieben, hätte es nicht den jungen Pfarrer **Sebastian Kneipp** 1855 hierher verschlagen.

Mittelpunkt des 1000-Seelen-Ortes war damals das Kloster der Dominikanerinnen, das Kneipp als Geistlicher betreuen sollte. Doch für Furore sorgte Kneipp als Wunderheiler und »Wasserdoktor«, der Kranke aus aller Welt ins Unterallgäu lockte: 1890 konnte Wörishofen stolz 5000 Kurgäste aus aller Welt zählen. Die Abstimmung im Gemeinderat, ob Wörishofen Kurort werden oder Dorf bleiben solle, wurde dennoch mit nur einer Stimme Vorsprung entschieden.

Kneipp hatte sich gewünscht, dass Wörishofen Pflegestätte seiner Heilmethode bleiben möge, und bis heute ist die 17 000-Einwohner-Stadt, der 1920 das Prädikat »Bad« verliehen wurde, das Mekka der Kneippianer. Neben Entspannung und Therapie kommt die Unterhaltung mit vielen Angeboten zwischen Tanztee, Kurkonzert, geführten Wanderungen oder Vorträgen nicht zu kurz. Und natürlich sollte man den

Er machte Bad Wörishofen zu einem der bekanntesten Kurorte der Welt: Pfarrer Sebastian Kneipp, der hier seine Heilmethoden anwandte und weiterentwickelte.

Ort auf den Spuren des Wasserdoktors erkunden (s. a. S. 282).

Immer wieder Kneipp

Am Denkmalplatz thront der Pfarrer auf einem Sockel. Um das Kneipp-Denkmal breitet sich die Einkaufszone mit dem schicken Kurleben der Kuranlagen, Hotels, Restaurants, Cafés und Geschäften aus. In der Kneippstr. 8 stößt man auf das 1892 erbaute **Sebastianeum** – nach dem Badedoktor benannt und gegründet als Haus für »kranke Amtsbrüder und arme Studenten«, heute elegante Kneippklinik in der Trägerschaft des Ordens der Barmherzigen Brüder.

St. Justina

Die »Kneipp'sche Route« durch die Stadt beginnt am Pfarrhof St. Justina (Hauptstr. 23). In der Pfarrkirche war Sebastian Kneipp von 1881 bis zu seinem Tod 1897 zusätzlich zu seinen Aufgaben im Kloster als Seelsorger tätig. 1932 wurde der predigende Pfarrer im Zuge des Kirchenumbaus im Deckenfresko verewigt. Im Pfarrhaus nebenan lebte und arbeitete der Wasserdoktor, und im Garten des Hauses lag die »Waschküche«, wo er seinen Patienten regelmäßig kalte Güsse mit der Gießkanne verabreichte.

Dominikanerinnenkloster

Das **Dominikanerinnenkloster Maria Königin der Engel** wurde im frühen 18. Jh. unter der Leitung von Franz und Michael Beer erbaut, die Stuckaturen schuf Dominikus Zimmermann. Pfarrer Sebastian Kneipp, der am 2. Mai 1855 zum neuen Beichtvater berufen wurde, gelang es innerhalb kürzester Zeit, die

K

KNEIPPEN IM KLOSTER

Wo alles begann: Aus dem Kloster der Dominikanerinnen, wo Kneipp als Beichtvater der Schwestern seine Therapie entwickelte, wurde die **KurOase im Kloster** – eine Wohlfühloase mit klösterlichem Flair und professionellem Service. Spirituelle Angebote ergänzen die körperlichen Therapien – ganz im Sinne von Pfarrer Kneipp. Glaubhaft vermittelt der historische Ort die fünf Säulen der Kneipp'schen Lehre (S. 282) und strahlt eine Atmosphäre der Stille und Harmonie aus. Perfekt, um den Alltag eine Zeit lang hinter sich zu lassen und frische Kraft zu tanken (Klosterhof 1, T 08247 962 30, www.kuroase-im-kloster.de, €€).

marode Landwirtschaft zu sanieren und eine Schule zu gründen – bevor er als Heilkundiger von sich reden machte.

Kleinod der Klosterkirche ist die **Marienkapelle,** über der sich ein »Pflanzenhimmel« wölbt, den Mater Donatilla von Eckhart vom Orden der Englischen Fräulein in München 1956 schuf. Rund 60 Heilpflanzen, die auch Kneipp verwendete, kopierte sie mit großer Genauigkeit und Hingabe.

Heute leben noch 16 Schwestern im Kloster, die ein Hotel (Kuroase im Kloster, s. o.) und das unbedingt sehenswerte Kneipp-Museum im Nordtrakt des Klosters unterhalten.

Kneipp-Museum

Im **Kneipp-Museum** illustrieren Möbel, Bücher und Originaldokumente das Leben des heilkundigen Pfarrers, der zu seiner Zeit eine echte Berühmtheit war. Eindrucksvoll sind die historischen Fotos, die keinen gestählten Wellnessjünger zeigen, sondern einen ebenso kräftigen wie tatkräftigen Mann, der Lebenserfahrung und Herzenswärme ausstrahlt. Schräg gegenüber vom Museum liegt der Friedhof, auf dem der Pfarrer nach seinem Tod am 17. Juni 1897 begraben wurde.

Erst Jahre später ersetzte man das schlichte Grab durch ein Marmormausoleum.

Klosterhof 1, Feb.–15. Nov. tgl. außer Mo 15–18 Uhr und zusätzlich Mi 10–13 Uhr, 3 €

Badehaus und Wandelhalle

Kneipps erstes »Männerbad«, dem bald ein »Damenbad« folgen sollte, ist nur im Rahmen von Stadtführungen zugänglich. Von der Kanzel der Wandelhalle (Promenadestraße) nebenan hielt Kneipp im Oktober 1890 seinen ersten Vortrag. Ein Foto zeigt Kneipp inmitten seiner Anhänger.

Kurpark und Gärten

Der Kurpark mit altem Baumbestand und gepflegten Kneippanlagen führt von der Kneipp'schen Theorie zur Praxis und lädt zum Flanieren, Walken oder Joggen ein. Zu den Höhepunkten gehören drei Gartenanlagen: Der berühmte **Rosengarten** im südlichen Bereich des Parks verführt im Sommer zum Schnuppern. Der **Heilkräutergarten** teilt sich in verschiedene Abschnitte, die nach Heilkundigen aus unterschiedlichen Epochen benannt wurden: Abt Strabo (9. Jh.) repräsentiert den Garten des Mittelalters; dem Botaniker Leonhart Fuchs (16. Jh.) wurde der Renaissance-Garten gewidmet und der Garten der Neuzeit schließlich Sebastian Kneipp (19. Jh.).

»Immer der Nase nach« heißt es im **Duft- und Aromagarten.** Der Weg führt von Minzwiesen durch duftendes Gehölz und über Lavendelhügel, aber auch zur Gruppe der Stinker. Schließlich

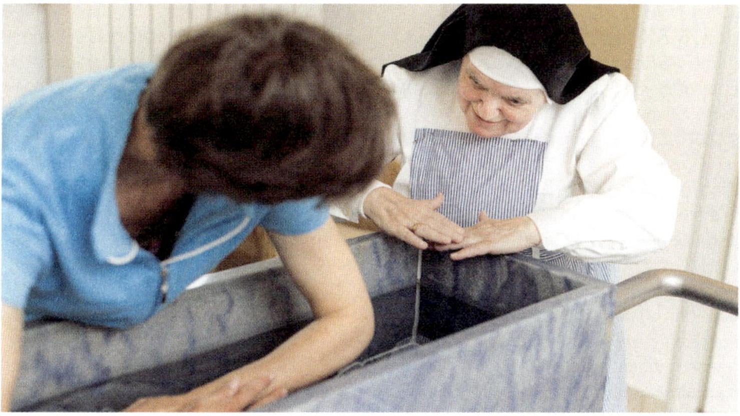

So macht man es richtig: Kneippen in Bad Wörishofen.

hatte schon Kneipp 1893 gesagt: »Den Pflänzchen, welche durch die ihnen vom Schöpfer angehängten Riechfläschchen den würzigen Heilduft sich uns selbst ankündigen und freundlich zuvorkommend stellen, wollen wir fleißig nachgehen.« Blinde und Sehbehinderte können Pflanzen in der modernen Tast-Galerie beschnuppern und ertasten.

Am Nordende des Parks liegt das **Kneippianum,** das noch von Pfarrer Kneipp selbst erbaut und zusammen mit der Kneipp'schen Kinderheilstätte den Mallersdorfer Schwestern übergeben wurde. 2018 stellte man den Betrieb als Kneippheilstätte ein und wartet nun auf eine neue Bestimmung.

Kneipp-Waldweg

Der 9 km lange **Wanderweg** macht an 25 Stationen mit den Elementen der Kneipp'schen Lehre bekannt. Wassertretanlagen, ein Trimm-Pfad und ein Barfußpfad, Waldpflanzen und Holzarten sind zu entdecken, ein »Kalorienpfad« informiert über gesunde Ernährung, Grotten und Rastplätze schließlich sorgen für Entspannung.

Schlafen

Wellnesstempel

Steigenberger Sonnenhof: Haus der Spitzenklasse in schöner Lage am Kurpark. Riesige Wellnessabteilung, die keine Wünsche offen lässt, und zahlreiche interessante Pauschalen.

Hermann-Aust-Str. 11, T 08247 95 90, www.spahotel-sonnenhof.de, €€€€

Kneipp-Paradies

Hotel Edelweiß: Das Herz des Traditionshauses ist die Kneipp-Abteilung, und die zahlreichen Stammgäste schätzen den persönlichen Service. Eine schicke neue Wellnessabteilung gibt es außerdem.

Bgm.-Singer-Str. 11–13, T 08247 350 10, www.hotel-edelweiss.de, €€€

In Traumlage

Hotel Tanneck: Großes elegantes Haus mit freiem Blick in die Natur, Wellnessabteilung, herrlichem Außenpool und vielfältigen Sportangeboten.

Hartenthaler Str. 29, T 08247 30 70, www.tanneck.info, €€€

Jung und frisch

das MAX Appartementhaus: Moderne Studios mit allem Drum und Dran, aber ohne Schnickschnack, als günstige Alternative zu den Hotels.

T 0160 95 19 55 42, www.das-max.de, €€

Kneipp-Bauernhof

Wellness-Ferienhof Lang: Wellness in der kleinen Wohlfühlabteilung inklusive Heudampfsauna mit echtem Alpenheu und Kneippinsel für die Eltern, Tiere im Stall und viel Auslauf für die Kinder. In den schönen Ferienwohnungen fühlt sich die ganze Familie wohl.

Kirchdorfer Str. 7 a, T 08247 99 73 00, www.wellnessferienhof-lang.de, €€

Essen

East meets west

Calla: im Steigenberger Sonnenhof. Fernöstliche Aromen, kombiniert mit regionalen Spitzenprodukten, zaubern die Köche in der offenen Küche des lichtdurchfluteten Gourmetrestaurants. Für alle, die es nicht ganz so exotisch mögen, gibt es aber auch vorzügliche Steaks.

S. 173, €€€

Deftige Küche, gute Stimmung

Gasthof Adler: Von Maultaschen bis zum Allgäuer Rostbraten reicht das Repertoire des Küchenchefs. In der Zirbelstube wie auf der Terrasse sitzt man herrlich, und sonntags ab 18 Uhr gibt es Volksmusik live.

Hauptstr. 40, T 08247 963 60, €–€€

Schwäbisch mit Tradition

Gasthof Rössle: Bodenständige Küche kommt hier zu fairen Preisen auf den Tisch, besonders die Schnitzel sind legendär. Innen ist der Gasthof urig und supergemütlich, im Sommer lockt ein herrlicher Biergarten.

Hauptstr. 14, T 08247 53 97, Mi Ruhetag, €

Mühlenromantik

Mühlengasthof Katzbrui: Hausgemachtes Bauernbrot, hausgeräucherter Schinken und fangfrische Forellen in einer der ältesten Mühlen Bayerns. Im Sommer sitzt man im Biergarten, im Winter in einer der Stuben mit Kamin oder Kachelofen. Immer gemütlich! Ein wunderbares Ziel für eine Fahrradtour.

Katzbrui 7, Köngetried, Ausflugslokal 5 km westl. von Bad Wörishofen, T 08269 575, www.katzbrui-muehle.de, €

Kuchenschlacht

Café Schwermer: Der perfekte Platz für süße Sünden nach dem Waldspaziergang. Neben hausgemachten Kuchen und Torten serviert man ebenfalls kleine Gerichte, im Sommer auch im idyllischen Garten.

Hartenthaler Str. 36, T 08257 902 13, €

Pflanzen sind in der Philosophie von Sebastian Kneipp für Heilung und Wohlbefinden von Bedeutung: Salbei.

Einkaufen

Süße Souvenirs

Café Schwermer: Die Confiserie, Ende des 19. Jh. in Königsberg gegründet, verwöhnt seit 1945 die Wörishofener Leckermäuler mit Königsberger Baumkuchen, Königsberger Marzipan und Pralinen, aber auch trendigen Schokoladenspezialitäten aus eigener Produktion. Auch am Sonntag geöffnet.

s. o., Café

Kneipp-Produkte

Kneipp-Shop in der Therme Bad Wörishofen. Badezusätze, Massageöle und mehr zu Sonderpreisen.

Bewegen

Baden

Therme Bad Wörishofen: Ein Wellnesstempel der Extraklasse. Das Thermalbad unter der Glaskuppel, die sich im Sommer öffnet, lockt mit Südseefeeling und grandiosem Saunaparadies. Entspannend wie ein Kurzurlaub! Familien kommen nebenan im Sport- und Familienbad **blue-Fun** mit Rutschen und Wildwassercanyon auf ihre Kosten (www.bluefun.info, Mo–Fr 11–20, Sa 9–18, So, Fei 9–20 Uhr).

Thermenallee 1, T 08247 39 93 00, www.therme-badwoerishofen.de, Mo–Mi/Fr 10–22, So 9–22 Uhr (Zutritt ab 16 Jahre), Sa 9–18 Uhr Familientag, 19–24 Uhr textilfrei, ab 17 €

Luftig

Freibad am Sonnenbüchl: Schönes Naturbad mit großer Liegewiese.

Sonnenbüchl 2, T 08247 51 24, Mai–Sept.

Golf

Golf-Club Bad Wörishofen: Herrlicher 18-Loch-Platz.

Rieden, Schlingener Str. 27, T 08346 777, www.gc-bw.de

Für Kids

Allgäu Skyline Park: Karussells und Spielplätze für die Kleinen, rasante Fahrgeschäfte für Teens oder die gemütliche Riesenradrunde mit Bergblick für die Großen – im Wörishofener Freizeitpark kommt die ganze Familie auf ihre Kosten. Außerdem regelmäßig Events und Showprogramme.

Im Hartfeld 1, direkt an der A 96 München–Lindau, Besucher-Hotline T 082 45 966 90, www.skylinepark.de. Kombiticket für 4 Pers. 96 € (2 Pers. größer 1,50 m, 2 Pers. kleiner 1,50 m)

Ausgehen

Beim singenden Wirt

Blütenhof: Café und Weinstube mit Tanz und Musik. Der Name des Lokals ist Programm, und Mitsingen ist erwünscht.

Schlingener Str. 2, T 08247 54 31, Di/Do/Fr/Sa ab 20 Uhr

Programmkino

Filmhaus Bad Wörishofen: Filmkunst im historischen Lichtspielhaus mit modernster Technik – in der Heimatstadt des Regisseurs Rainer Werner Fassbinder (1945–1982). Das Programm wurde vielfach ausgezeichnet.

T 08245 16 10, www.filmhaus-huber.de

Infos

- **Städtische Kurdirektion:** Luitpold-Leusser-Platz 2, 86825 Bad Wörishofen, T 08247 99 33 55, www.bad-woerishofen.de.
- **Jazz goes to Kur:** Ende Okt. im Filmhaus in der Bahnhofstr.
- **Festival der Nationen:** Ende Sept./Okt., www.festivaldernationen.de, Konzert-Hotline T 08245 96 09 63. Das Festival steht unter dem Motto: Stars und junge Weltelite.

Westallgäu

Kräuter, Käse und prächtige Schwabenstädte — das baden-württembergische Allgäu macht sich zwischen Bergen und Bodensee breit. Uneitel gibt es sich, bodenständig und überraschend.

Eintauchen

Seite 179

Lindenberg

Krönender Abschluss eines Badetags am Waldsee ist das Essen im Waldhotel Bacalau.

Seite 185

Wangen ✪

Die einstige Freie Reichsstadt ist eine Stadtschönheit: mittelalterliche Mauern, Tore und Türme, garniert mit Barockfassaden.

Seite 195

Kunsthalle am Schloss in Isny

Das »Schloss« von Isny beweist, dass im Allgäu auch moderne Kunst ihren Platz findet.

Gut behütet – in der Hutmetropole Lindenberg

Seite 190

Tour de Fromage per Rad

Nirgendwo sonst im Allgäu liegen so viele Sennereien so dicht beieinander wie im Westallgäuer Voralpenland. Man kann mit dem Genuss z. B. bei einer in Stiefenhofen starten und weitere erradeln.

Seite 196

Adelegg

Wandeln oder wandern auf den Spuren der Glasmacher, die vom 17. bis 19. Jh. Leben und Wohlstand in die abgelegene Region brachten, kann man entweder in Schmidsfelden im Museum oder auf einem Themenweg.

Seite 206

Bad Wurzacher Ried und Torfmuseum

Das Wurzacher Ried gilt als das größte noch intakte Hochmoor Mitteleuropas. Ein Torfmuseum informiert anschaulich über den Lebensraum Moor und die Geschichte des Torfabbaus.

Seite 182

Kräutergarten Stiefenhofen

Der Kräutergarten Artemisia in Stiefenhofen begeistert nicht nur Kräuterfans. Nach dem Streifzug durch den Garten kann man im Lädle stöbern und ein Stündchen in der Teestube vertrödeln.

Seite 199

Eistobel

Mit festen Schuhen ist der Weg durch die Schlucht ein Wandererlebnis.

&

Seite 181

Jakobsweg

Der Zubringerweg von München bis Bregenz ist anders als die nordspanische Etappe noch ein Geheimtipp.

Seite 204

Wolfegg

Beim Streifzug durchs Automuseum schlägt das Herz jedes Autofans höher.

Beim Waldbaden dem hellen Vogelgezwitscher lauschen … Stress ade!

»Vollmond, aufgehängt an einem italienischen Himmel über dem Marktplatz, auf dem Gotik, Renaissance, Barock ein architektonisches Trio spielen.« T. Troll, Wangen im Allgäu

erleben

Barock und bodenständig

I

In sanften Wellen zieht sich der Westzipfel des Allgäus in Richtung schwäbisches Meer, dem Bodensee – eine sanftbuckelige und beruhigende Landschaft, die durchwandert und durchradelt werden will. Aber auch Kunstfreunde finden so manches Juwel: In Isny und Wangen stehen noch heute die prächtigen stolzen Patrizierhäuser sowie trutzige Tore und Türme der alten Stadtbefestigungen, mit denen sich die einstigen Freien Reichsstädte über Jahrhunderte hinweg mit einigem Stolz als wohlhabende Handelszentren repräsentierten.

Entlang der Oberschwäbischen Barockstraße, in Bad Wurzach, Wolfegg oder Kißlegg, zeugen barocke Kirchen und Schlösser vom Geist der Gegenreformation, von der Lebenslust und religiösen Erneuerung nach dem Dreißigjährigen Krieg. Gehören diese Orte größtenteils zu Baden-Württemberg, so ist man in der Hutmacherstadt Lindenberg wieder auf bayerischem Boden, kreuzt mehrfach den bayerischen Jakobsweg in Richtung Bodensee und macht entlang der Allgäuer Käsestraße oder im Kräuterdorf Stiefenhofen Bekanntschaft mit den Raffinessen der Allgäuer Küche.

O

ORIENTIERUNG

Infos: Westallgäu Tourismus e. V., Museumsplatz 1, T 08382 27 04 33, www.westallgaeu.de
Radfahren: Die RadReiseRegion Naturschatzkammern bietet 14 Themenradwege im Fahrradparadies Westallgäu.

Lindenberg

C 4/5

Pferdehändler brachten die Kunst des Hutflechtens aus Italien mit und machten das kleine **Lindenberg** (11 500 Einw.) zur **Strohhutmetropole** Europas, zum »Klein-Paris« der Hutmode. Schon zu Beginn des 17. Jh. sorgte das Verflechten des einheimischen Naturmaterials Stroh für ein wichtiges Zubrot in der bäuerlichen Region. Ende des 19. Jh. versorgten 34 Hutfabriken in Lindenberg das Westallgäu mit Arbeitsplätzen und 1933 produzierte Lindenberg noch Hüte für alle fünf Kontinente. Zum Bedauern aller eingefleischten Hutträger hat nur eine einzige Lindenberger Hutfabrik die Ära der hutlosen Mode überlebt. In einer stillgelegten Fabrik setzte man der Lindenberger Hutgeschichte ein Denkmal.

Hutmuseum

Lindenberger Hutgeschichte zum Anfassen und Aufsetzen präsentiert das Hutmuseum in der ehemaligen Hutfabrik Raich: Eintauchen in die Welt der Hutmacherinnen, Huthändler und Hutfabrikanten, die Lindenberg zur Hutmetropole machten. An Mitmachstationen kann man Arbeitsabläufe nachvollziehen und nach Lust und Laune Hüte probieren, und schließlich geht es durch 300 Jahre Hutgeschichte – zurück in Zeiten, als man selbstverständlich noch »gut behütet« war.

Nebenan, im Kesselhaus der Fabrik, wo man den Dampf zum Pressen von Filzhüten erzeugte, kann man heute fein speisen.

Museumsplatz 1, Di–So 9.30–17 Uhr, 6 €

Schlafen

Seehotel mit Flair

Waldsee-Hotel: 100 Jahre alt ist das kleine, behutsam renovierte Hotel am Waldsee – ein perfekter Platz für kleine Fluchten aus dem Alltag. Bei Iris und Bodo Hartmann genießt man wunderbare Ruhe und nostalgisches Flair. Besonders empfehlenswert sind die Zimmer mit Balkon zum See. Als Tagesprogramm bieten sich im Sommer Schwimmen und Radeln oder Walken an, im Winter sind Eislaufen oder Eisstockschießen angesagt. Den Abend genießt man auf der Seeterrasse oder im bildhübschen Restaurant Bacalau (s. u.), wo vorzüglich gekocht wird.

Austr. 41, Lindenberg, T 08381 926 10, www.hotel-waldsee.de, €€

Essen

Mediterran

Bacalau: Fangfrischer Fisch ist eine der Spezialitäten des Hauses, z. B. Lachsfilet mit Tomaten-Oliven-Kruste, dazu kreative Salate oder Pastagerichte, aber auch Fleischesser und Vegetarier kommen auf ihre Kosten. Zum Essen empfiehlt der Chef des Hauses Weine aus dem Keller. Das Bacalau ist aber auch eine nette Adresse für Kaffee und Kuchen auf der aussichtsreichen Terrasse nach einem Bad im Waldsee zum Beispiel.

Austr. 41, im Waldsee-Hotel, T 08381 926 10, €€

Industriedesign

Kesselhaus: In der ehemaligen Energiezentrale einer Hutfabrik fand das Museumsrestaurant seinen Platz – Industrieambiente trifft auf schickes Design und moderne internationale Küche. Von schnellen Mittagsgerichten bis zu Steakspezialitäten (z. B. Irisches Roastbeef mit Maronenkruste, Schwarzwurzeln und Spätburgunderjus) reicht das Angebot des Küchenchefs.

Museumsplatz 1, T 08381 928 25 55, €€–€€€

Einkaufen

Hüte

Mayser Outlet: Hüte, Mützen, Kappen ... zu attraktiven Preisen.

Bismarckstr. 4, T 08381 50 71 60, https://mayserhats.com, Mo–Fr 9–12.30 und 14–18, Sa 9–13 Uhr

Bewegen

Baden

Moorfreibad am Waldsee, ein ökologisches Naturparadies.

Infos

- **Tourist Information:** Stadtplatz 1, 88161 Lindenberg, T 08381 803 28, www.lindenberg.de

Weiler, Simmerberg, Ellhofen

C 5

Ein Ort auf drei Etagen: Vor rund 1100 Jahren erstmals erwähnt, liegt der Hauptort Weiler auf 632 m Höhe im Tal der Rothach. Auf einem Höhenrücken folgen auf 700 bis 800 m die beiden Ortsteile Simmerberg und Ellhofen, die bei klarem Himmel Panoramablicke auf die Allgäuer und Vorarlberger Berge bis zum Schweizer Säntis-Massiv bieten.

Weiler ist stolz auf eine wechselhafte Geschichte: 1571 wurde der Ort an das Haus Habsburg verkauft und somit österreichisch. 1789 erhielt man das Marktrecht durch Kaiser Joseph II. Erst 1806 wurde man bayerisch. Zentrum des Ortes ist der historische Kirchplatz mit dem schmucken **Rathaus** aus dem Jahr 1681 und der klassizistischen **St.-Blasius-Kirche.** Vor 200 Jahren wurde das Kornhaus als Kornspeicher erbaut, um die Versorgung der Bevölkerung mit dem lebenswichtigen Getreide auch in Notzeiten sicherzustellen. Heute ist es Museum.

Viel zu erfahren

Das **Museum im Kornhaus** zeigt Gegenstände des bäuerlichen Alltags von anno dazumal, das **Heimatmuseum** im ehemaligen Gasthaus Zum Löwen eingerichtete bürgerliche Wohnstuben des 18. Jh., einen Tante-Emma-Laden der exklusiven Art aus dem 18. Jh, in dem man Gläser, Porzellan und Kleidung aller Art erstehen konnte, sowie Trachten und religiöse Volkskunst.

Hauptstr. 13 bzw. 2, www.westallgaeuer-heimatmuseum.de, April–Okt. Mi 10–12 und 14.30–21 Uhr, Kornhaus nur bei Sonderausstellungen Mi, Fr–So 14.30–17, Do 17–21 Uhr, je 5 €

Schlafen

Sport & Spa

Tannenhof: Komfortables Kur- und Sporthotel mit Bade-Erlebnis-Landschaft, Tennishallen, Golf-Kompakt-Anlage, Hotel-Kindergarten und eleganten Zimmern. Man kann an Sportkursen teilnehmen, die auf die Jahreszeiten abgestimmt sind, von Golf- bis zu Skikursen. Auch Kurangebote und Abnehmprogramme.

Lindenberger Str. 33, T 083 87 12 35, www.tannenhof.com, €€€

S

SKYWALK

In bis zu 40 Meter Höhe spaziert man über den **Baumwipfelpfad** bei Scheidegg (S. 181) – einen der höchsten in Deutschland – auf Stegen zwischen den Kronen von 34 Baumarten quasi durch den Himmel. Wie ein Skywalker halt. Von der obersten Aussichtsplattform reicht der Blick bis zu den Alpen und zum Bodensee. Für Nervenkitzel sorgt die Abkürzung zurück nach unten durch ein überdimensionales Spinnennetz und die Röhrenrutsche. Zurück auf dem Boden, machen Streichelzoo und Abenteuerspielplatz Kinder glücklich, während die Eltern entspannt von der Picknickwiese oder vom Biergarten aus zuschauen. Naturerlebnisse für alle Sinne bietet der Naturerlebnispfad mit Attraktionen wie Tannenzapfenschleuder, Spechtwippe, Barfußpfad. Beim Waldbaden auf Relax-Liegen vergisst man dann spätestens den Stress der Welt (Oberschwenden 25, www.skywalk-allgaeu.de).

Einkaufen

Hüte

Fabrikverkauf Hutfabrik Seeberger: Seit 1890 stattet der Familienbetrieb Männer wie Frauen mit modischen Kopfbedeckungen aus.

Alois-von-Brinz-Str. 26, T 08387 923 20, www.seeberger-hats.com, Mo–Fr 10–18, Sa 10–16 Uhr

Bewegen

Baden

Freibad Weiler: Mit Beach-Volleyball-Anlage.

Infos

- **Kur- und Gästeamt Weiler-Simmerberg-Ellhofen:** Hauptstr. 14, 88171 Weiler im Allgäu, T 08387 391 50, www.weiler-tourismus.de.

Scheidegg

C 5

Der heilklimatische Kurort und Kneippkurort **Scheidegg** liegt wie auf einer Sonnenterrasse über dem Bodensee und glänzt mit Panoramalage in 800 m Höhe auf dem Rücken des **Pfänders.** Von einigen Ortsteilen aus genießt man herrliche Blicke auf die Alpenkette, am schönsten zweifellos vom Skywalk (S. 180). Weil weder Österreich noch die Schweiz weit entfernt sind, sind die Ausflugsmöglichkeiten im Dreiländereck vielfältig.

Galluskapelle

Der **Jakobsweg** nach Santiago de Compostela (Spanien) führt auch durchs Westallgäu, und von Scheidegg aus stieg im Mittelalter und steigt auch heute wieder mancher Pilger zum Bodensee ab. Die kleine Galluskapelle (1798) ist eine Station der Einkehr, bevor ein aussichtsreicher Höhenweg weiterführt. Im **Pilgerzentrum** Scheidegg (T 08381 94 85 61) können Pilger aber auch übernachten.

»Bayerns schönste Biotope«: die Scheidegger Wasserfälle

Scheidegger Wasserfälle

Ein wunderbares Wanderziel, zu dem zuletzt 200 Stufen abwärts führen: Die beiden eindrucksvollen Wasserfälle des Rickenbachs in der tief eingeschnittenen **Rohrach-Schlucht** stürzen hier über 18 bzw. 22 m tosend in die Tiefe. In der Freizeitanlage Scheidegger Wasserfälle kommen vor allem Kinder im Streichelzoo und auf dem Wasserspielplatz beim Bauen von Staudämmen, beim Wasserradbauen oder einfach nur beim Planschen voll auf ihre Kosten.

Schlafen

Kur & Wellness

Landhotel Herzberger: Persönlich geführtes Hotel mit 18 Zimmern mit Balkons oder Terrassen. Yoga-Kurse und Therapieabteilung (Kneipp, Schroth). Selbst gebackene Kuchen und kleine Speisen.
Bräuhausstr. 28, T 08381 25 63, www.haus-herzberger.de, €€

Essen

Regional mit Pfiff

Zum Hirschen: Im 300 Jahre alten Schindelhaus wird bodenständige Regionalküche serviert.
Kirchstr. 1, T 08381 21 19, Di, Mi Ruhetag, €–€€

Göttliche Kuchen

Café Margit & Fehl: Im Benefiziatenhaus von 1775 samt Bauerngarten verwöhnen Mutter und Tochter ihre Gäste.
Pfarrweg 2, T 0 83 81 891 61 99, Do–So 13–18 Uhr

Bewegen

Baden

Alpenfreibad: Herrliches Naturfreibad mit Panoramablick.
Forst 113, im Sommer tgl. 9–19 Uhr

Für Kids

Reptilienzoo: Echsen, Spinnen, Skorpione, Warane und Schlangen.
Feb.–Nov. Sa–Do 10–18 Uhr

Infos

- **Scheidegg Tourismus:** Rathausplatz 4, 88175 Scheidegg, T 08381 895 55, www.scheidegg.de.
- **Fasnacht:** Traditioneller Fasnachtsumzug und »Gumpiger Donnerstag« mit Narrensturm auf das Rathaus.
- **Wendelinsritt:** Reiterprozession zur Wendelinskapelle am zweiten Oktobersonntag.

Mit dem Rad zum Bodensee B 5

Eine herrliche Radtour führt vom Scheidegger Hochplateau auf 800 m immer bergab zum Bodensee (400 m). Zurück geht es von Bregenz aus mit der Kabinenbahn auf den Pfänder (1064 m) und von dort wiederum bergab zurück nach Scheidegg.

Stiefenhofen C 5

800 Einwohner verteilen sich auf 25 Weiler und eine Handvoll Bauernhöfe, die rund um den Hauptort liegen. Das kleine Bilderbuchdorf **Stiefenhofen** im östlichsten Zipfel des Westallgäus machte eine steile Karriere. Das Wunder passierte vor einigen Jahren, als Stiefenhofen Kräuterdorf wurde. Seither kommen Gäste, um den Kräutergarten zu bestaunen, auf Kräuterwanderungen zu gehen, Kräuterseminare zu buchen und beim Kräuterwirt zu schlemmen.

Kräutergarten Artemisia

Der **Kräutergarten** von Tilmann Schlosser, 1997 im Ortsteil Hopfen gegründet, ist ein wahres Kräuterparadies. Auf 10 ha Land gedeihen alle denkbaren Kräuter und Kräutlein – auch solche, die längst in Vergessenheit oder als Unkräuter in Verruf geraten waren. Heute ist der Garten ein Dorado für alle, die mehr über die Magie der Pflanzen

K

KRÄUTER-CUISINE FÜR GOURMETS

Das älteste Wirthaus der Region schrieb Geschichte: Nach Querelen zwischen Adelshäusern führte ab dem 16. Jh. die Grenze zwischen Bayern und Österreich 300 Jahre lang mitten durch die Gaststube des Rössle. Erst nach Napoleons Sieg bei Austerlitz wurde das Gasthaus wieder ganz und gar bayerisch. Doch auch Traditionshäuser können manchmal ein bisschen frischen Wind vertragen. Und der weht in der Rössle-Küche, seit Axel Kulmus das elterliche Restaurant übernahm. Er entdeckte, dass Allgäuer (Un-)Kräuter köstlich schmecken, und ist heute als Kräuterwirt weit über die Grenzen des Allgäus hinweg bekannt. Lammnüsschen im pikanten Kräutermantel an Wildkräuter-Spätburgundersauce oder Wildkräuterknödel sind nur einige der würzigen Verlockungen. Kulmus kocht aber auch Regionalküche auf höchstem Niveau. Ein Renner seit Jahren sind die Sauren Kutteln (Landgasthof Rössle, Hauptstr. 14, Stiefenhofen, T 08383 920 90, www.roessle.net, Mi Ruhetag).

erfahren möchten. Viele der Kräuter werden auf dem Dachboden des Hofes getrocknet und zu Tees gemischt. Angegliedert sind ein Seminarhaus mit vielfältigen Angeboten, ein Laden und die gemütliche Teestube (S. 185).

Garten: Hopfen 29, T 08386 96 05 10, https://artemisia.de, rund um die Uhr geöffnet, Eintritt frei; **Gärtnerei:** März–Okt. Mi–Fr 14–18, Sa/So 10–18 Uhr

Mit viel Gottvertrauen hinauf

Das spätgotische Kirchlein **St. Stephan in Genhofen** (S. 184) war beliebte Raststation für Jakobspilger auf dem Weg nach Santiago de Compostela. Der Chor wurde wohl 1495 erbaut, das Kirchenschiff ist älter – steht an der alten Salzstraße, die den Bauern der Region einst einen wichtigen Nebenerwerb sicherte. Nur sie waren in ihrem Gebiet zu Roddiensten berechtigt, durften also den Transport auf Pferdefuhrwerken durchführen.

Bevor die Fuhrleute die im Immenstädter Salzstadel geladene Ware in Simmerberg, der nächsten Station, abliefern konnten, war eine gefürchtete Steigung zu überwinden. Deshalb betete man in der kleinen Stephanskirche, um den hl. Stephanus, den Schutzpatron der Pferde, gnädig zu stimmen für die Unternehmung.

Ein gefragter Mann war immer der in Genhofen ansässige Schmied, der, wenn nötig, die Pferde vor dem letzten harten Anstieg noch beschlug. Hufeisen als Votivgaben zieren folglich die Tür zur Sakristei. Und noch heute hütet der Schmied, der schräg gegenüber der Kirche seine Werkstatt unterhält, den Kapellenschlüssel.

Höchst ungewöhnlich sind die Malereien im Kirchenschiff. Sie scheinen gänzlich dem Volksglauben verhaftet, erinnern gar an Höhlenmalereien: primitive Tier- und Menschendarstellungen, Drudenfüße und Hakenkreuze (Sonnenrunen), alles in Schwarz und Rot gehalten. Über den Sinn dieser Malereien hat man lange gerätselt, möglicherweise entsprangen sie einfach einer Laune der Zeit. Sie gerieten mit dem Wandel der Mode in Vergessenheit, wurden übertüncht. Erst in den Jahren 1938/40 wiederentdeckt, beschäftigten sie seither die Kunsthistoriker. Bemerkenswert ist der spätgotische Hauptaltar mit seinen Schnitzfiguren, die u. a. den Augsburger Bischof St. Ulrich zeigen.

Lieblingsort

Ein Kraftort (nicht nur) für Pilger

Die Jakobspilger auf dem Weg nach Santiago de Compostela zogen von München aus durchs Allgäu. In der kleinen **Stephanskapelle in Genhofen** (📍 C 5; S. 183) beteten sie für eine gute Reise. Immer wenn ich auf Durchreise bin, mache ich hier halt, hole beim Schmied gegenüber den Kirchenschlüssel und lasse mich für ein paar Minuten in der Kirchenbank nieder, um den hl. Jakobus und all die anderen in Holz geschnitzten Heiligen in aller Ruhe zu betrachten. Oder ich setze mich draußen auf die Mauer und sauge die besondere Atmosphäre des Platzes auf.

Schlafen

Beim Kräuterwirt

Landgasthof Rössle: Sympathischer Familienbetrieb mit hellen, freundlichen Zimmern.

Hauptstr. 14, T 08383 920 90, www.roessle.net, €€

Kräuter & Kinder

Kräuterlandhof Baur: Wer sich für Kräuter interessiert und mit Familie unterwegs ist, ist auf dem Ferienhof Baur bestens aufgehoben. Neben einem Spielplatz gibt es jede Menge Freiraum für kleine und größere Kinder. Und für die Erwachsenen gibt es auf dem Hof Kräutergarten, Kräuterstube und Kräuterkurse und ringsum jede Menge Natur.

Hopfen 8, T 08386 21 90, www.ferienhof-baur.de, €€

Essen

Reiten & Schlemmen

Königsalpe: Ein wunderbares Ausflugsziel, das man am besten erwandert oder erradelt. Kutschfahrten oder Ausritte auf Haflingerpferden nach Voranmeldung. Brotzeit und Kuchen schmecken hervorragend. Ein Blick in die hauseigene Bonaventura-Kapelle macht die Allgäu-Idylle perfekt.

Mittelhofen 1, T 0175 527 71 20, www.landhaus-haflingerhof.de, Mai–Okt. tgl. außer Di 11.30–18 Uhr

Mit Liebe gemacht

Gaststube Artemisia: Egal ob man die selbst gebackenen Kuchen oder das vegetarische Tagesgericht wählt: Alles schmeckt köstlich, am besten auf der Terrasse. Dazu passt ein Kräutertee aus hauseigener Produktion.

Hopfen 29, T 08386 96 05 10, https://artemisia.de/gaststube, Mi–Fr 12–18, Sa/So 10–18 Uhr, €

Einkaufen

Alles aus Kräutern

Gärtnerei und Laden: Teemischungen, Räucherwerk, Kosmetika und jede Menge Literatur. Pflanzenverkauf in der Gärtnerei Mi–Fr 9–13 und 14–18 Uhr, Sa 10–18 Uhr.

Gärtnerei: März–Okt. Mi–Fr 14–18, Sa/So 10–18 Uhr; **Hofladen:** Mi–Fr 12–18, Sa/So 10–18 Uhr

Bewegen

Achtsamkeit, Selbsterfahrung

Artemisia: Alpkräuterwanderungen, Yoga-Kurse und Trommelworkshops, Räucherkurse, Vorträge rund um Kräuter, Berge, Mythen.

Hopfen 29, T 08386 96 05 10, https.//artemisia.de

Infos

- **Gästeamt Stiefenhofen:** Hauptstr. 16, 88167 Stiefenhofen, T 08383 72 00, www.stiefenhofen.de.

Wangen

✪ C 4

Gut bewehrt

Die einstige Freie Reichsstadt **Wangen** lockt mit einem wunderschönen Stadtensemble, das nicht nur im Allgäu seinesgleichen sucht. Der mittelalterliche Ortskern ist umgeben von Mauern, Toren und Türmen und prunkt mit barocken Fassaden, kunstvoll geschmiedeten Wirtshausschildern und modernen Brunnenanlagen, die einen stilvollen Kontrapunkt zum Mittelalterambiente

Ein mittelalterliches Kleinod ist die Wangener Oberstadt.

setzen. Doch Achtung: »In Wange bleibt ma hange«, warnen die Wangener, die um das besondere Flair ihrer denkmalgeschützten Altstadt wissen.

Stadtgeschichte

Erwähnt findet man Wangen erstmals im Jahr 815, unter staufischer Oberhoheit wurde es im frühen 13. Jh. Stadt und durfte sich mit einer Mauer schützen. Nach Erhalt des Marktrechts im Jahr 1286 folgte 1347 die Bestätigung als Freie Reichsstadt; ein Bürgermeister und die Vertreter der Zünfte bestimmten von da an die Geschicke der Stadt.

Die Stadt wuchs mit ihrer Bedeutung: 1400 wurde die Unterstadt in den Stadtmauerring einbezogen, galt aber bis ins 20. Jh. als der ›unfeinere‹ Stadtteil. Schmiede und Leinweber sorgten zusammen mit den heimischen Kaufleuten, die deren Produkte bis nach Spanien lieferten, für den Wohlstand der Stadt.

Während der Reformation blieb Wangen katholisch. Es folgten schwere Schicksalsschläge: Kriege, Seuchen und Feuersbrünste, von denen sich die Stadt nur schwer erholte. Das heutige Stadtbild stammt zum großen Teil aus der Zeit des Neuaufbaus nach 1539, nachdem ein Stadtbrand große Teile der Oberstadt in Schutt und Asche gelegt hatte. 1802 verlor Wangen die Reichsfreiheit, wurde zunächst bayerisch, wenige Jahre später württembergisch. Mehr als 100 Jahre dauerte der Dornröschenschlaf. Erst ab den 1980er-Jahren wurde umsichtig saniert, und heute erstrahlt Wangen wieder im alten Glanz. Die 26 000-Einwohner-Stadt präsentiert sich als lebendige Handelsstadt, die als Ganzes unter Denkmalschutz steht.

Oberstadt

Die Entwicklung der Stadt lässt sich am **Rathaus** ❶ (Marktplatz 1) ablesen, das von seinen Anfängen in romanischer Zeit bis ins 18. Jh. stetig erweitert wurde. Zum Marktplatz hin zeigt es seine repräsentative Barockfassade, zur Unterstadt hin sein mittelalterliches Gesicht.

Das markante **Hinderofenhaus** ❷ (Marktplatz/Herrenstraße 3) wurde drei Jahre nach der verheerenden Feuersbrunst von 1542 vom Kaufmann Onofrius Hinderofen im italienischen Stil mit schönem Innenhof erbaut. Heute genießt man italienische Kaffeespezialitäten im trendigen **HinderOfenCafé.**

Die gotische Stadtkirche **St. Martin** ❸ (Marktplatz 4) ist Nachfolgerin eines ersten, romanischen Gotteshauses an diesem Ort, das vor rund 1200 Jahren entstand.

In der Paradiesstraße fällt ein Haus mit barocken Fresken auf, das die Geschichte von Jonas und dem Wal in drastischen Bildern erzählt. Das **Café Walfisch** ist, wie der **Fidelisbäck** 2 (Paradiesstraße 3) nebenan, eine Wangener Institution. Die Backstube ist seit 1505 in Betrieb, und bei einem Blick hinter die Kulissen kann man sich davon überzeugen, dass die Brezeln auch heute noch von Hand geschlungen werden. Natürlich sollte man unbedingt die Allgäuer Seelen probieren, gesalzene Brotstangen – frisch aus dem Ofen unwiderstehlich.

Die Innenstadt verlässt man durch das **St.-Martins-Tor** ❹, das aus der ersten Stadtummauerung stammt, aber später mit einem Renaissance-Aufsatz versehen und mit Malereien zur Stadtgeschichte geschmückt wurde.

Ein Schlenker führt zum Alten Friedhof mit der **Rochus-Kapelle** ❺ (Stadtpark) aus dem späten 16. Jh. Die 66 Felder ihrer Holzdecke zeigen eine originelle Bilderbibel und die Wappen Wangener Familien (zu besichtigen nur im Rahmen von Stadtführungen: Mai–Okt. Mo 14.30 und Sa 10.30 ab Gästeamt).

Herrenstraße

Die Herrenstraße, an der im Mittelalter die Stadtherren residierten, ist die wichtigste Geschäfts- und Flanierstraße. Sie erhielt ihr Gesicht vor allem nach dem Stadtbrand des 16. Jh. Gotische Treppengiebel, farbenfrohe Fassadenmalereien und Wirtshausschilder aus dem 18. Jh. bilden ein schönes Ensemble. Das heutige **Hotel Mohren-Post** war bis 1903 Poststation. Dort, wo heute der **Marienbrunnen** steht, erhob sich im Mittelalter der Pranger. Den Abschluss der Herrenstraße bildet das **Liebfrauentor** ❻. Im Mittelalter zahlten die Besucher, die durch das Tor in die Stadt strömten, Pflasterzoll. Wer allerdings beim Verlassen einen Beichtzettel vorweisen konnte, dem wurde der gezahlte Betrag wieder erstattet. Das **Weberzunfthaus** ❼ (Zunfthausgasse 11), 1342 erbaut, gilt als ältestes Bürgerhaus im süddeutschen Raum und wurde aufwendig restauriert. Die Weberzunfthalle wird heute für kulturelle Veranstaltungen genutzt.

Museumslandschaft Eselsmühle

Heute dreht sich das Wasserrad der **Stadt- oder Eselsmühle** ❽ wieder. Sie stammt aus dem Jahr 1568 und war bis 1937 als Mühle in Betrieb. Hier beginnt eine einzigartige Museumslandschaft, deren einzelne Stationen z. T. über den Wehrgang der wieder instand gesetzten Stadtmauer verbunden sind.

Das **Heimatmuseum** erzählt Wangener Geschichte: vom Wesen der Zünfte, vom religiösen Leben und von den Gewerben, die die Stadt reich machten, vor allem die Flachsverarbeitung und die Leinenweberei. Sie wurde im 19. Jh. von der Käseherstellung abgelöst, daher ist die nächste Station das **Käsereimuseum.** Vom **Museum für Mechanische Musikinstrumente** führt der Weg auf dem Wehrgang ins ehemalige städtische Färbereigebäude zu den beiden Wangener **Literaturmuseen,** die Leben und Werk des Romanciers Gustav Freytag (1816–1895) und des Dichters und Erzählers Joseph von Eichendorff (1788–1857) dokumentieren. Über die **Museumsbuchdruckerei** mit einer originalen Druckereiausstattung des 19. Jh. führt der Weg zur größten Kostbarkeit des Wangener Museumskomplexes: der **Badstube** ❾.

Die massive, kreuzgewölbte Halle war Ort mittelalterlicher Badefreuden. Sie wurde 1589 über einer fast 200 Jahre älteren Anlage erbaut und war zuletzt als Obdachlosenheim zweckentfremdet. Eine Ausstellung erzählt von den Baderitualen im Mittelalter, als auch das Bartscheren und der Aderlass zu den Dienstleistungen eines Badehauses gehörten.

Der **Postplatz** in der Unterstadt wird von dem Anfang des 17. Jh. errichteten **Kornhaus** ❿ dominiert. Bis ins 19. Jh. wurde hier Getreide gelagert und gehandelt. Die ehemalige Posthalterei ist bereits seit 1884 Hotel.

Eselberg 1, April–Okt. Di–So 14–17 Uhr, in den Wintermonaten nur mit Führung, Erw. 2 €, erm. 1 €

Brunnenkunst

Die zahlreichen Stadtbrunnen sind Wahrzeichen der Stadt und bestes Beispiel für das Miteinander von mittelalterlicher Bausubstanz und moderner Kunst. Zu den frühesten Beispielen zählen die schönen Steinbrunnen der Oberstadt, die früher vom Wohlstand einer Stadt zeugten, wie der **St.-Martins-Brunnen** auf dem Marktplatz. In der Unterstadt dominieren gusseiserne Brunnen aus dem 19. Jh. In den 1980er-Jahren schließlich kamen die Figurenbrunnen hinzu, die liebevoll schwäbische Eigenarten aufs Korn nehmen. Als einen »Beitrag zur Selbstironie der Bürokratie« bezeichnete der Ravensburger Landrat den **Amtsschimmel-Brunnen** des Aachener Bildhauers Bonifatius Stirnberg, der 1984 vor dem Landratsamt aufgestellt wurde. Vorerst letztes Werk der Serie ist das »Denkmal für den verdruckten Allgäuer« des niederbayerischen Künstlers Josef Michael Neustifter, ein »Denkmal wider die Humorlosigkeit«, das sich erst in letzter Minute als Brunnen zu erkennen gibt: wenn nämlich einer der »Verdruckten« hinterrücks auf arglose Passanten spuckt. Besonders beliebt bei Kindern: der **Antonius-Brunnen** auf dem Saumarkt.

Schlafen

Ruhig

1 **Allgovia:** In Altstadtnähe mit Biergarten und Sauna.

Scherrichmühlweg 15, T 07522 916 88 90, www.hotel-allgovia.de, €€–€€€

Gepflegt und zentral

2 **Blaue Traube:** Angenehme Zimmer, einige mit Dachterrasse. Beliebt bei Radlern.

Zunfthausgasse 10, T 07522 66 27, www.blauetraube.com, €€–€€€

Essen

Authentische Schwabenküche

1 **Gasthaus Lamm:** Saure Linsen, Saure Kutteln, Schupfnudeln oder Schweinsbäckle und zahlreiche Maultaschen-Varianten (auch vegetarisch) – hier steht zweifellos ein Schwabe am Herd.

Bindstr. 60, T 07522 66 75, Mo Ruhetag, €–€€

Ländlich & stilvoll

2 **Weinstadel Rimmele:** Regionale und mediterrane Küche im alten Stadl oder im Biergarten mit Bergblick. Spielplatz und Schafwiese begeistern Kinder.

Hiltensweiler 25, T 07528 970 30, www.weinstadl-rimmele.de, Mo Ruhetag, €–€€

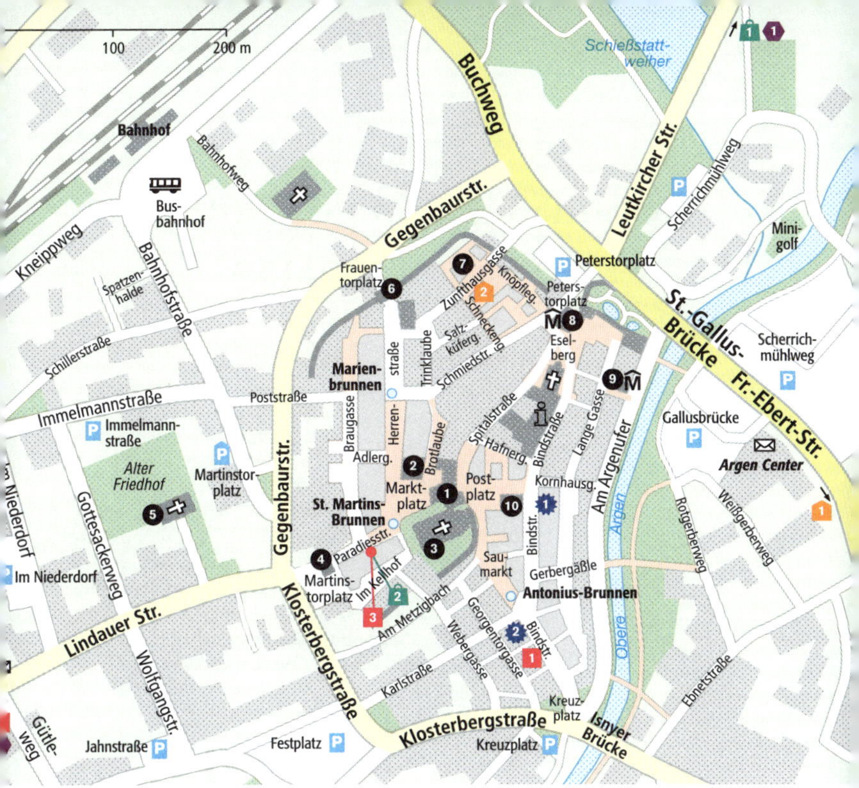

Wangen

Ansehen

❶ Rathaus
❷ Hinderofenhaus/ HinderOfenCafé
❸ St. Martin
❹ St.-Martins-Tor
❺ Rochus-Kapelle
❻ Liebfrauentor
❼ Weberzunfthaus
❽ Stadt- oder Eselsmühle
❾ Badstube
❿ Kornhaus

Schlafen

1 Allgovia
2 Blaue Traube

Essen

1 Gasthaus Lamm
2 Weinstadel Rimmele
3 Fidelisbäck

Einkaufen

1 Bio-Käserei Zurwies
2 Fidelisbäck

Bewegen

1 Freibad Stefanshöhe
2 Zieglerhof

Ausgehen

1 Weinstube zum Kornhausmeister
2 Weinstube Kempter

TOUR

Genuss am Wegesrand – Tour de Fromage

Radeln auf der Allgäuer Käsestraße

Allgäu ohne Käse? Undenkbar! Seit 200 Jahren prägt die Milchwirtschaft die Region und nirgendwo sonst liegen so viele kleine Sennereien so dicht beieinander wie im Westallgäuer Voralpenland. Auf der »Allgäuer Käsestraße« kann man einige davon erwandern oder erradeln – und neben Sennereien liegen auch traditionelle Gasthäuser am Wegesrand. Auf zur Tour de Fromage!

Alles Käse?

Aber Bergkäse ist nicht gleich Bergkäse: Käsespezialisten erkennen sofort, ob sie einen Sommer- oder Winterkäse anschneiden. Die frischen Frühlingskräuter färben den Maikäse genau wie die Maibutter gelb, der Herbstkäse ist würzig-nussig, aber vornehm blass.

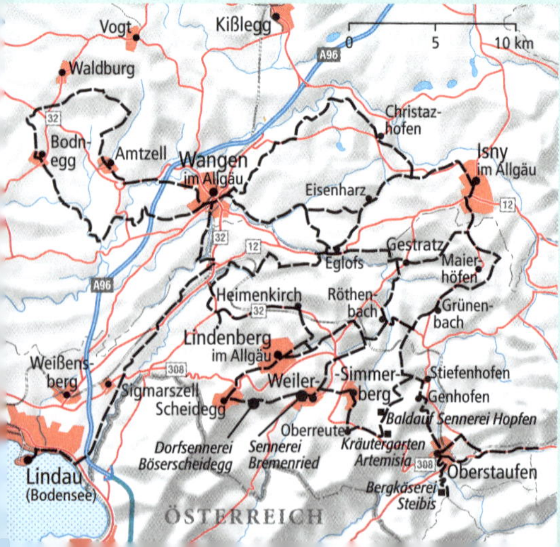

Wiese mit Einfluss

Auch die Rasse der Kühe, die Lage der Wiesen, die Art der Gräser und Kräuter und viele andere Faktoren bestimmen den Geschmack des herzhaften Bergkäses – das erfahren Besucher bei einer Sennereiführung in einer der Heumilch-Sennereien entlang der Allgäuer Käsestraße. Nach einer Einführung von Fachmann oder Fachfrau versteht man: Hier ist das Käsen noch Handarbeit, die großen Einsatz, Erfahrung

und Feingefühl verlangt. Die Führungen für Besucher erfordern von den Produzenten einiges an Engagement.

Doch es lohnt sich: Besucher, die sehen, wie viel Arbeit in einem Laib Käse steckt, können nachvollziehen, dass die Preise höher sein müssen als im Supermarkt. Und meist packen sie ein Stück Käse in ihre Fahrradtaschen.

Auch abseits der Käsestraße wird Käse produziert, etwa auf der Buchrainer Alpe.

Klasse statt Masse

Kunden haben an der Käsetheke der Westallgäuer Sennereien die Qual der Wahl zwischen Allgäuer Emmentaler, Allgäuer Bergkäse, Alpkäse, Romadur, Adellegger, Isnyer Rahmkäse, Bockshornklee-Käse, Knoblauchkäse und zahlreichen anderen Sorten. Diese Vielfalt wurde aus der Not geboren: Dumpingpreise für Industrie-Emmentaler verdarben in den 1960- und 1970er-Jahren zusehends den Käsemarkt, und mehr und mehr kleine Sennereien mussten schließen. Käseexperte Herbert Baldauf hatte die rettende Idee: Er propagierte den Umstieg auf einen Käse, der noch nicht industriell gefertigt werden konnte und deshalb angemessene Preise erzielte – Bergkäse. Der erste Bergkäse, der nicht auf der Hochalpe, sondern im Tal produziert wurde, läutete die Wende ein. Noch heute zählt er zu den beliebtesten Allgäuer Sorten.

Im Jahr 1997 schlossen sich einige Sennereien und Gasthöfe im Westallgäu zur Allgäuer Käsestraße zusammen, um durch gemeinsame Marketingaktivitäten den Profit zu steigern – mit großem Erfolg. Die Mitgliedsbetriebe garantieren Qualitätsstandards – das beginnt beim Futter der Kühe, die den Rohstoff für den Käse liefern. Rund 2500 Milchkühe von rund 100 Bauern geben die Milch für rund 1500 t Käse, die von den Mitgliedsbetrieben der Käsestraße produziert werden. Kühe sind Feinschmecker und genießen

Infos

C 5

Dauer: je nach Route 4 Std. bis 1 Tag

Planung: Infos über Verein Allgäuer Käsestraße, T 07562 97 56 30, www.allgäuer-käsestrasse.de. Tourenvorschläge sowie Voranmeldung von Sennereiführungen für Einzelreisende oder Kleingruppen: T 08382 27 04 33 oder info@westallgaeu.de

Infos

Regelmäßige Führungen:
Di, 10.30 Uhr: Käsküche Isny (Juli, Aug. kostenfrei)
Di, 11.30 Uhr: Bergkäserei Steibis
Di, 17 Uhr: Sennerei Bremenried (nur im Sommer)
Mi, 9.30 Uhr: Dorfsennerei Böserscheidegg (mit Voranm.)
Fr, 10.30 Uhr: Käsküche Isny (kostenfrei)
Fr, 17 Uhr: Baldauf Sennerei Hopfen
Sa, 9.30 Uhr: Dorfsennerei Böserscheidegg (mit Voranm.)
Voranmeldung bei Scheidegg Tourismus, T 08381 894 22 33, info@scheidegg.de

frisches Gras und sonnengetrocknetes Heu. Und weil das Futter außerdem entscheidend die Milch- und somit die Käsequalität bestimmt, zeigt man Silofutter klar die Rote Karte. Kein Wunder, dass es für die leckeren Heumilchkäse aus Allgäuer Sennereien bei der Käseolympiade und anderen Meisterschaften regelmäßig Auszeichnungen hagelt. Auch wenn die Qualität für sich spricht: Einfallsreich muss man bleiben. So gibt es auch Käsemoden. War der Bärlauchkäse viele Jahre ein Renner, so steht Blütenkäse neuerdings auf der Beliebtheitsskala ganz oben, verrät Käsermeister Alois Keck von der Sennerei Hopfen beim Rundgang durch seinen Käsekeller und streicht liebevoll über einen Käselaib.

Unterwegs mit dem Fahrrad

Die Käsestraße ist im Laufe der Jahre auf 150 km Länge angewachsen. Entlang der Strecke locken elf Heumilch-Sennereien. Wer nicht alle besuchen kann oder will, trifft eine Auswahl. Und wer eventuell beim Vorbeifahren auf verschlossene Türen trifft, muss nicht enttäuscht ohne Käse weiterziehen – vor vielen Käsereien steht heute ein praktischer Käseautomat.

Der Käsestraße angegliedert sind neben den Sennereien auch einige Gasthöfe, die attraktive Pauschalen mit Fahrradmiete, Abendessen und Sennereibesichtigungen anbieten. Ein idealer Ausgangspunkt beispielsweise für die Erkundung des östlichen Teils der Käsestraße mit dem Fahrrad ist **Stiefenhofen** (S. 182), von wo aus man zunächst die Sennerei Hopfen ansteuert und im Ort einen Abstecher zum Kräutergarten Artemisia (S. 182) machen kann.

Unterwegs auf der Genusstour

Wer nach dem kulinarischen Genuss noch etwas Kunst tanken möchte, macht einen Schlenker zur Kirche von **Genhofen** (S. 183) – einer Station der Jakobspilger auf dem Weg nach Santiago de Compostela und Kleinod aus dem ausgehenden Mittelalter –, bevor es zurück nach Stiefenhofen geht.

Mit Herz und Tradition

3 **Fidelisbäck:** Das älteste Gasthaus der Stadt serviert leckere Brotzeiten mit Seelen – dem Schwaben-Baguette – aus der eigenen Backstube.

Paradiesstr. 3, T 07522 79 59 31, So Ruhetag, Torten und Pralinen, €

Sehen und gesehen werden

2 **HinderOfenCafé:** Kleine Speisen genießt man hier im Sommer auf dem Rathausplatz und lässt das Leben vorbeiziehen.

Am Marktplatz, T 07522 34 56, www.hinderofencafe.de. Frühstück, Kaffeespezialitäten, kleine Gerichte, €

Einkaufen

Käse

1 **Bio-Käserei Zurwies:** Großes Sortiment an Bio-Rohmilch-Weichkäse, z. B. Brie oder »Gepfeffertes Ärschle«, aber auch Joghurt und Rahm.

Zurwies 11, T 07522 55 81, www.zurwies.com, Mo–Sa 10–12 Uhr

Traditionsbrezeln

2 **Fidelisbäck:** 500 Jahre Backtradition garantieren die besten Seelen und Laugenhörnle! Angeschlossen sind eine Gastwirtschaft und Biergarten.

Paradiesstr. 3, www.fidelisbaeck.de, s. auch S. 193

Bewegen

Rundgang

Stadtführungen durch die historische Altstadt: jeden Mo 14.30 und Sa 10.30 Uhr, Treffpunkt Gästeamt, 7 € p. P.

Baden

1 **Freibad Stefanshöhe:** Beheiztes Bad mit Rutsche und Erlebnisbecken.

Burgelitz 15

Reiten

2 **Zieglerhof:** Reitkurse auf Anfrage, 65 € pro Tag.

T 07528 23 82, www.zieglerhof.com

Ausgehen

Altdeutsch

1 **Weinstube zum Kornhausmeister:** Traditionsreiche Weinstube im Herzen der Altstadt.

Bindstr. 29, T 07522 23 83, So, Mo Ruhetag

Jugendstilstube

2 **Weinstube Kempter:** So Ruhetag.

Bindstr. 54, T 07522 220 20

Infos

- **Gästeamt:** Bindstr. 10, 88239 Wangen, T 07522 742 11, www.wangen.de.

Isny

D4

Offen für Neues

Isny, die mit knapp 15 000 Einwohnern kleinste der ehemaligen Freien Reichsstädte des Allgäus, liegt inmitten von sanften Hügeln und Mooren. Ein fast vollständig erhaltener Mauergürtel und sechs mittelalterliche Türme und Tore bezeugen das ehrwürdige Alter der Stadt, die im 11. Jh. erstmals erwähnt wurde. Ein Brand im 17. Jh. zerstörte viele Gebäude, sodass der Wiederaufbau im barocken Stil die Stadt heute ebenso prägt wie das Mittelalter.

Ab dem 13. Jh. wurde Isny durch die Flachsverarbeitung und den Handel mit Leinwand wohlhabend. Die Ravensburger Handelsgesellschaft, an der Isnyer Bürger beteiligt waren, hatte ihre Niederlassungen in ganz Europa.

Noch heute spiegeln die Fassaden der Altstadthäuser vergangene Größe und Weltoffenheit von Isny wider. Der Dreißigjährige Krieg brachte den Leinwandhandel zum Erliegen.

Die Aufhebung der Reichsfreiheit und die neu gezogene Grenze zwischen Bayern und Württemberg zu Beginn des 19. Jh. setzten der wirtschaftlichen Blüte endgültig ein Ende.

Heute sind eine ganze Reihe von Industrieunternehmen in und um Isny ansässig, Innovation hat Tradition – so baute hier beispielsweise Arist Dethleffs 1931 das erste »Wohnauto«, und bis heute werden Caravans gefertigt.

Darüber hinaus ist Isny Sitz einer Hochschule mit einem Schwerpunkt auf Technik und Naturwissenschaft sowie Kurort mit zahlreichen Kliniken, die sich Atemwegserkrankungen widmen wie u. a. orthopädischen und psychosomatischen Themen.

Marktplatz

Das **Rathaus** (Wassertorstraße 3), der schönste Profanbau der Stadt, erinnert an glorreiche vergangene Zeiten. 1365 hatten sich die Isnyer Bürger von ihrem Schutzvogt, dem Truchsess von Waldburg, freigekauft und Reichsfreiheit erworben. Wenige Jahre später hatten sie auch das Recht erworben, einen Bürgermeister frei zu wählen, und so wurde der Bau eines Rathauses notwendig. Das erste Rathaus der Stadt wurde beim großen Stadtbrand 1631 zerstört. 1733 erwarb die Stadt das heutige Ensemble von Patriziergebäuden, das schon gegen 1500 entstanden, aber barock verändert worden war.

Ebenfalls am Marktplatz steht das ehemalige **Hospital zum Hl. Geist,** dessen gotische Halle im Erdgeschoss heute einen vorzüglichen Ausstellungsraum abgibt. Das **Tuchhaus** auf der anderen Seite des Platzes war einst der Ort der

Kunstvoll geschmiedete Wirtshausschilder sind eine Allgäuer Spezialität. Der goldene Ochse hier verspricht zünftige Allgäuer Küche.

Leinwandschau, wo die Leinwand begutachtet und vermessen wurde. Auch der Salzhandel wurde hier abgewickelt, und im 19. Jh. wurde aus der Leinwandschau das Hallamt (Hall=Salz).

Auf dem angrenzenden **Blaserturm** hielt der Feuerwächter Tag und Nacht Ausschau.

Museum am Mühlturm

Zwei der mittelalterlichen Türme bzw. Tore wurden zu Museen umgestaltet: Im Museum am Mühlturm geht es um Stadtgeschichte. Die Ausstellung zur Geschichte der Leinwand würdigt das für Isny jahrhundertelang unverzichtbare Gewerbe.

Fabrikstraße 21, Do, Sa, So 14–17 Uhr, Erw. 3 €, erm. 1 €

Wassertormuseum

Im Torturm des Wassertormuseums aus dem 13. Jh. erinnern 500 Jahre alte Malereien und Inschriften an die Gefangenen, die bis zur Auflösung des Gefängnisses Mitte des 19. Jh. einsaßen. Ausstellungen zur Feuerwehrgeschichte, zu den Anfängen des Wintersports in Isny und eine Schuhmacherwerkstatt lohnen den Besuch. Aus der Türmerwohnung genießt man einen schönen Ausblick über die Stadt der Türme.

Mai–Okt. Sa 14 Uhr, nur mit Führung, Erw. 3 €, erm. 1 €

Kunsthalle und Städtische Galerie

Die Gebäude des ehemaligen Benediktinerklosters wurden nach dem großen Stadtbrand 1631 errichtet. Nach der Säkularisation verwandelten die Fürsten von Quadt-Wykradt die Räumlichkeiten für anderthalb Jahrhunderte in eine weltliche Residenz. Zu besichtigen ist das **Refektorium,** ein lichter Rokoko-Raum, der den stimmungsvollen Rahmen für Konzerte bildet. Die stilvoll renovierten Räume, die die **Kunsthalle im Schloss** mit einer Werkschau des zeitgenössischen Isnyer Malers Friedrich Hechelmann sowie Repliken antiker Skulpturen und Reliefs beherbergen, sind sehenswert.

Die **Städtische Galerie im Schloss** präsentiert in Wechselausstellungen zeitgenössische Kunst in der ehemaligen Remise des Schlosses.

Schloss 1, T 07562 91 41 00, https://kunsthalle-schloss-isny.de, Mi–Fr 14–18, Sa, So, Fei 11–18 Uhr, Erw. 5 €, erm. 3,50 €

Nikolaikirche

Die katholische Stadtpfarrkirche **St. Georg und St. Jakob** zeigt sich barock mit üppiger Rokoko-Ausstattung. Die protestantische **Nikolaikirche** nebenan in schlichter Gotik ist entsprechend bescheiden. Die Bilder hatte man nach der Reformation verkauft, die meisten verbliebenen Ausstattungsstücke fielen dem Stadtbrand zum Opfer. Verschont blieb die Predigerbibliothek. Sie wurde von Prädikanten gegründet, die von wohlhabenden Isnyer Kaufleuten eingestellt worden waren. Die weltgewandten und weit gereisten Bürger der Stadt wünschten neben den Dorfpfarrern noch Gelehrte, die Griechisch und Hebräisch sprachen. Diese sammelten Handschriften und frühe Buchdrucke. Zu den Kostbarkeiten der original erhaltenen **Bibliothek** aus dem ausgehenden 15. Jh. gehören ein Messbuch (12. Jh.), Stadtansichten des Kupferstechers Merian und sein sechsbändiger Amsterdamer Atlas aus dem 17. Jh. sowie zahlreiche Schriften aus der Zeit der Reformation, u. a. von Luther, Melanchthon und Zwingli.

Kirchplatz 1, www.isny-evangelisch.de, Bibliotheksbesichtigung mit Führung in der Regel Ostern–Okt. Mi 10.30 und 1. Sa im Monat 15.30 Uhr, €

Gasthof Adler in Großholzleute

Mehr schon ein Denkmal als ein Gasthaus – hier wurde (Literatur-)Geschichte geschrieben: Um 1400 als Wasserburg

TOUR
Mit dem richtigen Dreh – Glasmacher in der Adelegg

Ein Spaziergang und eine Wanderung auf ihren Spuren

Infos

D 3

Dauer: Museumsbesuch, Glasmachervorführung und Spaziergang zum Quarzpocher ca. 2 Std.

Planung: Glashütte Schmidsfelden, Leutkirch, T 07567 18 21 93, www.schmidsfelden.net. Glasmuseum Di–Fr 10–12.30 und 14–17, Sa 14–17, So und Fei 10–17 Uhr. Museum und Schauglasproduktion: Erw. 5,50, Kinder 4 €. Im Bistro Remise gibt es kleine Gerichte und Kuchen, Di–So 11–19 Uhr.

Glasmacherweg: 19,5 km, Gehzeit: 7 Std., Aufstieg: 735 m, Abstieg: 755 m

Ein dunkler, geheimnisvoller Höhenzug, der so gar nicht ins liebliche Allgäu passen will: die **Adelegg,** die sich zwischen Leutkirch, Isny und Kempten spannt. Wohlstand brachten der dünn besiedelten Region im 17. Jh. die Glasmacher, und auf ihren Spuren kann man im einstigen Schmidsfelden wandeln oder an der Eschach entlangwandern. 100 Jahre hielt das Glasmacherdorf Dornröschenschlaf, heute ist in der Glashütte wieder ein Glasmacher am Werk, der seine Glaspfeife allerdings nicht in den historischen Ofen aus dem 19. Jh., sondern in einen gasbefeuerten Hightech-Ofen hält. Glasmacher Stefan Michaelis demonstriert Besuchern, wie viel Geschick nötig ist, um die kleinen Kunstwerke durch Blasen, Drehen und Formen mit der Zange zu gestalten.

Adelegger Glasgeschichte

Ein dünn besiedeltes Mittelgebirge zwischen Kempten, Isny und Leutkirch – die Adelegg. Bis ins 17. Jh. streiften nur Jäger und Hirten durch die dunklen Wälder mit ihren verborgenen Schluchten und Tobeln. Dann erst kamen die Holzfäller, gefolgt von den Glasmachern, die riesige Mengen Holz zum Feuern ihrer Öfen brauchten. Auch andere Rohstoffe, die man zum Glasmachen benötigte – Kalk und Quarz –, waren hier im Überfluss vorhanden.

Die Glasmacher brachten Leben und Wohlstand in die abgelegene Region – 13 Glashütten entstanden zwischen 1660 und 1898. Waren die Wälder der Umgebung abgeholzt, zog das Dorf allerdings weiter. 1825 wurde **Schmidsfelden** gegründet, das einen letzten Aufschwung erlebte, als 1874 die Eisenbahnstrecke nach Isny ausgebaut wurde. Doch immer häufiger benötigte man das Adelegger Holz in der Papierherstellung, und

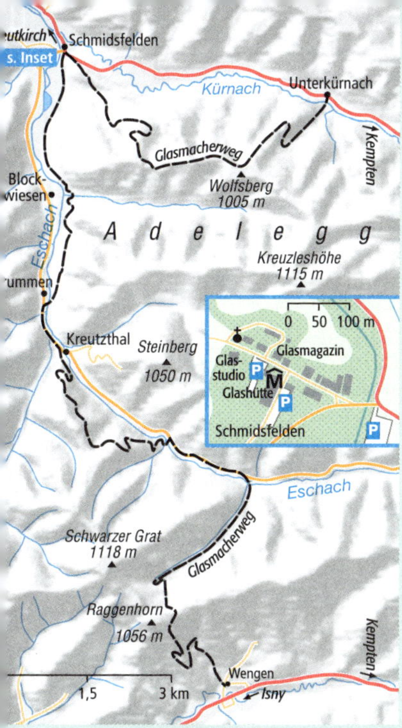

Der komplette Glasmacherweg führt vom Kürnachtal über Schmidsfelden bis Wengen.

1898 wurde in der Adelegg das letzte Glas gefertigt.

Schmidsfelden heute

Ein Dorfensemble aus Herrenhaus, Arbeiterhäusern, Kapelle, **Glashütte und Glasmagazin** zeugt von alten Zeiten. 1995, als Schmidsfelden zu verfallen drohte, beschlossen Heimatpfleger die Sanierung. Heute fühlt man sich ein bisschen wie in Astrid Lindgrens Bullerbü beim Bummel entlang der einzigen Dorfgasse, wo inzwischen wieder rund 40 Menschen leben – darunter auch Glasmacher der neuen Generation mit Familie. In den oberen Stockwerken der alten Glashütte kann man im **Glasmuseum** in Dokumenten zur Glasgeschichte stöbern und einiges über die Geschichte der Glasbarone, aber auch über den Alltag des einfachen Glasmachers, erfahren. Im Zentrum des Ortes liegt das **Glasmagazin,** wo noch heute verstaubte Flaschen, Röhren und Apothekergeräte aus dem 19. Jh. lagern. Im Verwalterhaus waren Kornspeicher und Backofen untergebracht. Hier wurden auch die Junggesellen verpflegt – unter ihnen Glasmacher, Schürer, Schmelzer und Handlanger aus Böhmen, die den Glasmacherdörfern ein internationales Flair verliehen. Überhaupt waren im Bauernland Allgäu die Glasmacherdörfer frühindustrielle Inseln, in denen ein ungewöhnlich liberaler Geist wehte.

Glasmacherweg

Schmidsfelden liegt am **Glasmacherweg,** einem Wanderweg durch die Adelegg, der an mehreren der einstigen Produktionsstätten vorbeiführt. Wer nicht den ganzen anspruchsvollen Weg vom **Kürnachtal** über **Schmidsfelden** bis **Wengen** laufen möchte, kann zumindest ein Stück zum Ufer der **Eschach** spazieren: Wie einst die Frauen und Kinder der Glasmacher kann man hier nach Quarzbrocken suchen – dem wichtigsten Rohstoff der Handwerker. Bevor das Quarz bei großer Hitze eingeschmolzen wurde, musste es im Pocher zermahlen werden – eine undankbare Tätigkeit, denn der Staub setzte sich in den Lungen fest, die Lautstärke war enorm.

errichtet, war der spätere Gasthof Adler 1525 schon Zeuge der Zusammenkünfte aufständischer Bauern. Gekrönte Häupter von Marie Antoinette bis Prinzessin Anne von England waren hier zu Gast.

Und 1958 diskutierten hier junge Literaten der legendären Gruppe 47, darunter Günter Grass, der aus der damals noch unveröffentlichten »Blechtrommel« las. Literaturpapst Marcel Reich-Ranicki war auch mit von der Partie und lobte den Autor als »vorzüglich und originell«. Im Gästebuch kann man nachlesen, dass dem späteren Literaturnobelpreisträger Grass die Küche schmeckte.

Nach Jahren der Ungewissheit, wie es weitergeht, fanden sich Investoren für den Gasthof und mittlerweile wird im Adler wieder gekocht – schwäbische Hausmannskost wie Allgäuer Käserahmsuppe, Krautkrapfen und Maultaschen – und natürlich auch Bier ausgeschenkt.

Hauptstr. 27, Isny-Großholzleute, T 07562 970 22 55, €

Schlafen, Essen

Mit Bergblick

Berghotel Jägerhof: Wellnesshotel in wundervoller Lage, aber in die Jahre gekommen.

T 07562 770, www.berghotel-jaegerhof.de, €€€

Adelsflair

Schloss Neutrauchburg: Stilvolle Adresse mit herrschaftlichen Zimmern und Blick auf den Park.

Schlossstr. 11, Isny-Neutrauchburg, T 07562 975 64 60, www.schloss-neu trauchburg.de, €€€

Das Naturschutzgebiet Eistobel bei Grünenbach lässt sich auf einer etwa drei Kilometer langen Wanderung erleben, die an Wasserfällen, Fels, Geröll und Strudellöchern vorbeiführt.

Waldesruh

Landhotel zur Grenze: Rustikale Zimmer, ländliche Ruhe, eine familiäre Atmosphäre und gute Küche empfangen die Gäste.

Schanz 2, Maierhöfen, T 07562 97 55 10, www.landhotel-zur-grenze.de, €€€

Mit Pfiff

Bären: Kreative und saisonale Küche – regional und international.

Obertorstr. 9, T 07562 24 20, €–€€

Hausmannskost

Berggasthaus Haldenhof: Kässpatzen, Krustenbraten oder Kuchen aus eigener Backstube werden auf der Terrasse mit Bergblick oder in der urgemütlichen Stube mit Kachelofen serviert.

Alpenblickweg 4, Isny-Neutrauchburg, T 07562 557 70 oder 934 30, www.haldenhof-allgaeu.de, Mi Ruhetag

Einkaufen

Bio-Käse

Käsküche Isny: Mehrfach ausgezeichneter Biokäse aus eigener Herstellung, Imbisse.

Maierhöfener Str. 78, T 07562 91 27 00, Mo–Fr 9–18.30, Sa 9–14, So 14–18 Uhr, Käsereiführung mit Verkostung: Fr 10.30, im Juli und Aug. zusätzlich Di 10.30 Uhr

Bewegen

Baden

Naturbad am Badsee Beuren: in Isny-Beuren.

Infos

- **Isny Tourismus:** Unterer Grabenweg 18, 88316 Isny, T 07562 975 63-0, www.isny-tourismus.de.
- **Kinderfest:** zweites Juli-Wochenende.
- **Opernfestival:** Juni, www.isny-oper.de. Junge Künstler machen Isny einmal im Jahr zur Opernbühne.
- **Theaterfestival:** Juli/Aug., www.theaterfestival-isny.de. Eine Woche lang ist man in Isny im Theaterrausch, wenn ein internationales Programm im Zirkuszelt geboten wird. Workshops ergänzen die Aufführungen.

Eistobel D4

Die Umgebung Isnys ist ideal für Wanderer und Radler. Das spektakulärste Naturschauspiel der Umgebung lässt sich kaum jemand entgehen: Der **Eistobel** liegt 7 km südlich an der Straße Isny–Maierhöfen–Oberstaufen. Ein voreiszeitliches Erdbeben ließ einen Höhenzug entstehen, der später vom Schmelzwasser des Rheingletschers durchgesägt wurde. Die Erosion verwandelte den Einschnitt in eine 3 km lange Schlucht. Das Wasser des Argen zwängt sich durch ein Gewirr riesiger Nagelfluhblöcke und bildet malerische Wasserfälle. Der Wanderer findet inmitten von Naturgewalten und Wassergetöse gesicherte Wege vor, die mit dem richtigen Schuhwerk zu jeder Jahreszeit begehbar sind. Im Winter entsteht durch die Eisbildung, die der Schlucht zum Namen verhalf, eine wahre Zauberwelt.

Leutkirch D 3

23 500 Einwohner zählt die Große Kreisstadt heute, die zu den flächenmäßig größten Gemeinden Baden-Württembergs zählt. Die einstige Freie Reichsstadt kam im Mittelalter durch Leinweberei zu Wohlstand. Heute ist Leutkirch wie-

der beliebte Einkaufsstadt und nicht zuletzt liegt hier die Zentralredaktion der Schwäbischen Zeitung, der größten Allgäuer Tageszeitung.

Marktstraße

Die **Marktstraße** – im Mittealter von zwei Toren begrenzt – ist heute wie damals Hauptachse der Stadt und wird jeden Montag zum Marktplatz. Traditionsreich und schön restauriert sind die meisten Häuser, darunter so manches Gasthaus. Eindrucksvoll ist das **Gotische Haus,** 1378 erbaut und damit eines der ältesten Gebäude Oberschwabens.

Gänsbühl mit Bockturm

Der **Gänsbühl,** ein ansteigender Platz, ist die gute Stube der Stadt und war einst Bühne im Freien – perfekte Kulisse für Märkte, Feste und Theater. Hier stand aber auch manch armer Sünder am Pranger. Der Blick fällt auf den Bockturm, einst Auslug und Quartier des Turmwächters, und das spätgotische Haus zum Bock, in dem heute das **Heimatmuseum** untergebracht ist. Ein schönes modernes Detail schließt den Platz ab: der **Gänselieselbrunnen.**

Museum im Bockturm

Hier dreht sich alles um die Stadtgeschichte. Handwerker und Bauern als Träger des mittelalterlichen Wirtschaftslebens werden gewürdigt – vor allem die Leinweber, die den Wohlstand der Stadt begründeten. Vom Leben wohlhabender Bürger der Barockzeit zeugen barocke Möbel. Aber auch gotische Holzskulpturen und schwäbische Volkskunst werden ansprechend präsentiert.

Gänsbühl 9, 13–17 Uhr, 3 €

Rathaus

Über dem Balkon des spätbarocken Repräsentationsbaues des 18. Jh. in elegantem Rot prangt das alte Wappen der Stadt, das die »Leutekirche« zeigt, den Namensgeber der Stadt, sowie den Doppeladler, Symbol der Freien Reichsstädte. Prunkstück im Innern ist der **Ratssaal** mit prächtigem Deckenstuck, den ein Schüler des berühmten Dominikus Zimmermann meißelte. Schräg gegenüber liegen das **Kornhaus** (Kornhausstraße 1) von 1500, heute Stadtbibliothek und Galerie, sowie zwei Traditionsgasthöfe. Die Fassade des ehemaligen Gasthofs Traube (heute Blauer Affe) schmücken Renaissance-Malereien.

Marktstr. 26, Mo–Fr 8–12, Do auch 14–17.30 Uhr

Geistliches Viertel

Zurück zu den Wurzeln: Die **Leutekirche,** 848 erstmals erwähnt, war Keimzelle der Siedlung, die später den Namen der Kirche übernehmen sollte. Im frühen 16. Jh. trat die Pfarrkirche **St. Martin** (Marienplatz) an ihre Stelle, eine gotische Hallenkirche mit gleich hohen Schiffen und einem schönen Netzgewölbe, allerdings nur spärlichen Resten der gotischen Ausstattung. Das Gotteshaus blieb übrigens katholisch, als die Reformation sich in Leutkirch durchsetzte. Nur 25 Katholiken duften 1546 noch innerhalb der Stadtmauern leben, zu denen sich aber zum Gottesdienst die Dörfler der Umgebung gesellten, die dem alten Glauben treu geblieben waren. Angrenzend liegen das alte Pfarrhaus und das ehemalige **Franziskanerinnenkloster.**

Dreifaltigkeitskirche

Nach dem die Stadt 1546 mehrheitlich protestantisch geworden war, hatte man den Gottesdienst zunächst in der kleinen Spitalkirche unweit der katholischen Kirche abgehalten. Erst zu Beginn des 17. Jh. wurde ein repräsentativer Bau errichtet – die erste Predigtsaalkirche in Oberschwaben. Anders als katholische Gotteshäuser besaß sie keinen Chor und stellte entsprechend dem neuen Gottesdienstverständnis die Predigt in den Mit-

telpunkt des Gottesdienstes. Schon von Weitem sichtbar ist der schlanke, helle Turm. Das Innenleben wurde mehrfach umgestaltet.
Lutherplatz

Schlafen, Essen

Solide

Brauerei Gasthof Mohren: Es erwarten hier die Gäste freundliche Gastzimmer ohne Schnickschnack.
Wangener Str. 1, T 07561 985 70, www.brauereigasthofmohren.de, €€

Familienparadies

Center Parcs Allgäu: Feriendorf mit allem, was Familien glücklich macht – von der Wasserwelt über den Wildwasserparcours zum Spieleparadies und zum Spa. Man wohnt in Ferienhäusern, aber auch Tagesgäste sind willkommen.
Allgäuallee 40, T 07561 90 950, www.centerparcs.de

Camping

Campingplatz am Ellerazhofer Weiher: Moorfreibad Campingplatz: Moorfreibad 7, T 07561 55 13, www.moorfreibad-herlazhofen.de.
Fam. Guggemos, Campingweg 13, Leutkirch-Ellerazhofen, T 07563 70 18, www.robacamping.de

Regionale Speisen

Dorfgasthof Hirsch: Eine Allgäuer Wirtschaft wie aus dem Bilderbuch. Dazu ein Biergarten für schöne Sommertage und prima Regionalküche (Mo–Mi kleine Karte, Do–So große Karte)
Unterer Dorfweg 4, T 07567 18 23 30, €–€€

Bahnhofsambiente

Leutkircher Kulturbrauerei: In der Wirtschaft mit eigener Brauerei im ehemaligen Bahnhof und im großen Biergarten fühlt sich die ganze Familie wohl. Neben

Glasproduktion prägt den Höhenzug der Adelegg Leutkirch.

klassischer Brauhausküche gibt es auch Holzofenpizza.
Bahnhof 1, T 07561 848 98 01, €–€€

Einkaufen

Kulinarische Souvenirs

Bauernmarkt: jeden Do 7–13 Uhr in der Fußgängerzone, Produkte der Region.

Bewegen

Baden

Naturfreibad Stadtweiher: Kemptener Str. Kinderstrand, Wasserrutsche und Erlebnis-Schwimmbecken; **Moorfreibad Herlazhofen; Freibad am Hinterweiher:** Herlazhofen-Viehweid. Naturfreibad mit Liegewiese, Kiosk mit Terrasse, Mai–Anfang Sept.

Angeln

Stadtweiher und **Weiher der Umgebung.** Angelkarten in der Touristinfo von Leutkirch.

Ausgehen

Kleinkunst, Kino & mehr

Kulturverein Larifari e. V.: T 07561 711 61, www.larifari-ev.de.

Infos

- **Touristinfo Leutkirch:** Marktstr. 26, 88299 Leutkirch, T 07561 871 54, www.leutkirch.de.
- **Leutkircher Kinderfest:** Jährlich in der zweiten Julihälfte mit großem Umzug der Leutkirchner Schüler.

Kißlegg

C 3

1394 verlieh König Wenzel IV. den Herren von Schellenberg, Marquard IV. und seinen Vettern Märk und Tölzer III., das Marktrecht und die Gerichtsbarkeit. Mit dem Marktrecht kamen Handel und damit Kaufkraft in die Gemeinde. Auch heute noch hält man in **Kißlegg** den wöchentlichen Markt am Samstag auf dem Marktplatz ab.

Das kleine Kißlegg mit seinen knapp 9000 Einwohnern besitzt gleich zwei Schlösser und eine Kirche, die die Zugehörigkeit des Ortes zur Barockstraße mehr als rechtfertigen. Eingebettet ist er in eine Landschaft, die mit acht Naturseen und sieben Mooren zum Erkunden und Entdecken einlädt. Der Tatsache, dass der Rheingletscher während der letzten Eiszeit gleich viermal ins Alpenvorland vorstieß und sich wieder zurückzog, hat Kißlegg sein abwechslungsreiches Umland mit Seen und Mooren zu verdanken. Hinzu kommen Weiher, die im Mittelalter für Löschwasser, als Leinenbleiche oder als Fischteiche angelegt wurden. Heute sind einige von ihnen herrliche Badeseen. Andere sind als Naturschutzgebiete Rückzugsorte für Vögel, Frösche, Kröten, Unken und Molche. Radtouren und Wanderwege erschließen die Feuchtregionen.

St. Gallus und Ulrich

Mitten im Ort thront die barocke Pfarrkirche **St. Gallus und Ulrich,** die auf dem Fundament einer mittelalterlichen Basilika erbaut und im 18. Jh. umgestaltet wurde. Das Tonnengewölbe wurde aufs Prächtigste ausgemalt. Eine elegante Madonna des schwäbischen Barockmeisters Hans Zürn und der wertvolle Augsburger Silberschatz (zu besichtigen im Rahmen der Kirchenführungen) gehören zu den bestgehüteten Besitztümern der Kirche.

Klosterhof 4, Kirchenführungen auf Anfrage

Altes Schloss

Das **Alte Schloss** in malerischer Lage am Zeller See wurde im 16. Jh. unter Hans Ulrich von Schellenberg errichtet, das Innere 1717–21 ausgebaut und barockisiert. Seit dem 13. Jh. hatten die Schellenberger in Kißlegg regiert. Ihre Nachfolge teilten sich die Grafen zu Waldburg-Wolfegg-Waldsee und Waldburg-Wurzach-Zeil, sodass ein zweiter Schlossbau notwendig wurde.

Das alte Schloss wird heute noch von den Angehörigen des fürstlichen Hauses Waldburg-Wolfegg-Waldsee bewohnt und kann nur von außen bewundert werden.

Montfordstr. 7

Neues Schloss

Das **Neue Schloss** am Rande des ausgedehnten Schlossparks wurde von 1721 bis 1727 von Johann Georg Fischer, einem Schüler des Dominikus Zimmermann (S. 40) erbaut.

Heute sind hier das Fremdenverkehrsamt und zwei Museen untergebracht: Die **Heimatstube** zeigt vor allem Volkskunst, hat aber auch der Käserei einen Raum gewidmet. Das **Museum Rudolf Wachter** dokumentiert das Werk des Holzbildhauers Wachter.

Doch auch die **Schlossausstattung** verdient eine Würdigung – so beispielsweise die acht lebensgroßen Sibyllenskulpturen aus Stuckmarmor im Treppenhaus, die der Rokoko-Künstler Joseph Anton Feuchtmayer (1696–1770) schuf, die hübsche **Schlosskapelle** oder das beachtliche Deckenfresko im Bankettsaal, das Siegesgöttin Nike verherrlicht.

Der 8 ha große **Schlosspark** wurde im englischen Stil von Fürst Eberhard von Waldburg-Wurzach angelegt. Prächtige Alleen, Entenweiher, ein kleines Wildgehege sowie Spielplatz und Boulebahn gehören dazu. Boulekugeln können im Gästeamt ausgeliehen werden (s. u.).

Schloss: Di, Do und Fr 14–17, So und Fei 13–17 Uhr Eintritt frei; **Schlossführungen:** Sa, So und Fei 15 Uhr

St. Anna

Nicht versäumen sollte man einen Besuch der Friedhofskirche **St. Anna,** die der Füssener Architekt Johann Georg Fischer im frühen 18. Jh. schuf. Die Deckenfresken malte Cosmas Damian Asam, ein Meister seines Fachs, in seinen jungen Jahren praktisch en passant, während er an der Basilika im nahen Weingarten arbeitete.

Schlafen, Essen

Historie trifft Zeitgeist

Hofgut Farny: Ob im alten Gutshof oder im neuen Anbau – in den renovierten Zimmern mit Naturmaterialien (Astfichte, Loden und Leinen) schläft man gut. Und auch fürs leibliche Wohl ist im angegliederten Brauereigasthof gesorgt.

Dürren 1, T 07522 97 28 80, www.hofgut-farny.de, €€€

G

GUT SCHLAFEN, GUT TAFELN

Rund 8 km von Kißlegg entfernt ist das Bio-Hotel Vogter Adler, ein Hotel-Restaurant im denkmalgeschützten Fachwerkhaus von 1800, mit zehn frisch renovierten Zimmern, Gartenterrasse und gemütlichen Stuben eine feine Adresse. Auf den Tisch kommen Wild aus der Region, Fisch aus Wildfang, hausgemachte schwäbische Spezialitäten und einfallsreiche vegetarisch und vegane Gerichte (Ravensburger Str. 2, Vogt, T 07529 91 22 12, www.vogter-adler.de, €€€ – Hotel, €€ – Restaurant).

Bewegen

Baden

Strandbad Obersee: mit Warmbadebecken und Bootsverleih; Kißlegger Seenplatte mit zahlreichen kleinen Seen und Weihern.

Boule

Boulebahn: im Schlosspark. Man kann sich Kugeln im Gästeamt ausleihen und versuchen, die Zielkugel zu treffen.

Malen & mehr

Kißlegger Kunstwochen: In den Osterferien und Herbstferien halten namhafte Künstler Kurse zu verschiedenen Gestaltungsmöglichkeiten ab. www.kisslegg.de, www.kunstwoche-kisslegg.de.

Infos

- **Gäste- und Bürgerbüro:** Neues Schloss, 88353 Kißlegg, T 077563 93 61 42, www.kisslegg.de.
- **Kißlegger Sommer:** Juni–Sept. jeden Di 19.30 Uhr Sommerabendkonzerte im Schlosshof.

Wolfegg

B 3

Hoch über dem Achtal, inmitten einer sattgrünen voralpinen Moränenlandschaft, erhebt sich die mächtige Vierflügelanlage des **Schlosses** der Fürsten zu Waldburg-Wolfegg-Waldsee. Der Renaissancebau ersetzte im 16. Jh. eine frühmittelalterliche Burg. Bauherr war der Enkel des Truchsesses Georg II., der im Bauernkrieg als »Bauernjörg« eine unrühmliche Rolle spielte.

Die fürstliche Familie bewohnt das Schloss auch heute noch, öffnet aber anlässlich hochkarätiger klassischer Konzerte rund ums Jahr seine Pforten. Den passenden Rahmen für die Klassik-Events bieten die Repräsentationsräume des Schlosses allemal – vor allem der **Rittersaal** mit den überlebensgroßen Ritterfiguren, die säkularisierte **Pfarrkirche** (»Alte Pfarr«) sowie die **Orangerie** im Fürstlichen Hofgarten, die 1700 der Mode der Zeit entsprechend zur Überwinterung exotischer Pflanzen erbaut wurde. Heute finden hier auch Ausstellungen statt.

St. Katharina

Die barocke ehemalige Stiftskirche **St. Katharina** (Mitte 18. Jh.), heute Pfarrkirche, ist Wolfeggs Beitrag zur Oberschwäbischen Barockstraße. Sie beeindruckt vor allem durch das farbenfrohen Deckenfresko, das die Geschichte des einstigen Wolfegger Chorherrenstifts erzählt und das gesamte Langschiff durchzieht, sowie die kunstvollen Wessobrunner Stuckaturen in Rosa, Ocker und Türkis. Aber auch die kostbare Orgel und das Chorgestühl mit prächtigen Intarsienarbeiten beeindrucken.

Chorherrenstr. 5, tgl. 8.30–18 Uhr

Automuseum Wolfegg

Nostalgie auf Rädern erwartet Besucher im liebevoll gestalteten Museum: Ob Opel Kadett oder Porsche Targa, VW Käfer oder Trabi – zwischen Pkws und Motorrädern gehen nicht nur Autofans auf Zeitreise in die Jugend. Sonderausstellungen setzen halbjährlich neue Schwerpunkte. Ausstellungen zu Automarken wie »80 Jahre Opel Kadett« wechseln sich mit Technikthemen ab.

Fritz-Busch-Weg 1, T 07527 921 03 90, www.automuseum-wolfegg.de, April–Nov. tgl. 10–18 Uhr, Nebensaison: Mi–Fr 13–17, Sa/So 10–17 Uhr, Erw. 8,50 €, erm. 4 €, Familien 19 €

Bauernhaus-Museum Wolfegg

Auf dem Hügel erhob sich die elegante Residenz, im Tal lebten die Bauern, denn das Allgäu war und ist Bauernland. Auf Einöden, in Dörfern und Weilern wurde und wird das Land bebaut. Im **Bauernhofmuseum Wolfegg,** das aus dem Fischerhaus des Schlossherrn hervorging, macht man einen Zeitsprung um 200 Jahre zurück. Hart war der Alltag, gering der Verdienst. Das Miteinander von Herrschaft, Dienerschaft und Vieh stellte hohe Anforderungen. Nicht immer reichten die Erträge, um die ganze Gemeinschaft auf den oberschwäbischen Bauerngütern zu ernähren.

Das Museumsgelände wirkt belebt, als wären die Bauern gerade aufs Feld gezogen. Die Betten sind zerwühlt, die Wäsche flattert im Wind, Gänse watscheln und schnarren, Hühner scharren auf dem Misthaufen.

Beim Rundgang durch ein Dutzend Bauernhäuser geht es nicht nur um die Vergangenheit, sondern auch um die Situation der Bauern heute. Auch die Wohnstuben und Bauernküchen muten kein bisschen museal an und laden den Besucher geradezu ein, in der guten Stube Platz zu nehmen, um am Leben teilzuhaben. Das Museum ist zudem ans Radwegenetz angeschlossen. An beiden Eingängen stehen E-Bike-Ladestationen zur Verfügung, am Haupteingang zusätzlich eine Rad-Service-Station.

Vogterstr. 4, www.bauernhausmuseum-wolfegg.de, Mai–Sept tgl. 10–18, April, Okt., Anfang Nov. Di–So 10–17 Uhr, Erw. 6 €, erm. 2,50 €

Loretokapelle

Der Mesner informiert über Öffnungsmöglichkeiten (T 07527 91 88 74). Die kleine Kapelle thront pittoresk auf einem kleinen Hügel an der Straße nach Rötenbach – ein idealer Platz für den Alpenblick. Das Kirchlein aus dem 17. Jh. beherbergt eine Madonna aus Zedernholz, eine genaue Kopie des Gnadenbildes im italienischen Loreto.

Essen

Kaffee & Kuchen

Café am Schlossplatz: Kuchen aus der hauseigenen Backstube und kleine Gerichte am Weiher.

Wette 2, T 07527 95 40 54.

Bewegen

Baden

Naturbadeseen **Stockweiher, Metzisweiler Weiher, Premer Weiher.**

Malen

Aquarellkurse von Künstlern, Infos über Wolfegg Information.

Infos

- **Wolfegg Information:** Rötenbacher Str. 13, 88364 Wolfegg, T 07527 96 01 51, www.wolfegg.de.
- **Internationale Wolfegger Konzerte:** Ende Juni; Internationale Festspiele Baden-Württemberg: Anfang Sept. **Wolfegger Wintermusik:** Konzerte zum Jahreswechsel jeweils auf Schloss Wolfegg.

Bad Wurzach C 2

Bad Wurzach (14 000 Ew.) liegt dort, wo sich **Schwäbische Bäderstraße** und **Oberschwäbische Barockstraße** treffen. Die kleine ehemalige Residenzstadt am Wurzacher Ried, dem größten noch intakten Hochmoor in Mitteleuropa, kann sich rühmen, das älteste Moorheilbad im württembergischen Allgäu zu sein.

Seit 80 Jahren weiß man hier um die heilende und wohltuende Wirkung von »unserem schwarzen Gold«. Eine eigene Thermalquelle ergänzt das Gesundheitsprogramm.

Kloster Maria Rosengarten

Das **Kloster** wurde 1514 von der Truchsessin Helena von Waldburg gestiftet, der Mutter des »Bauernjörg«, der 1525 in Wurzach den Bauernaufstand mit Kanonen niederschlug.

2007 wurde das Kloster aufgelöst und der nicht historische Flügel durch einen Neubau ersetzt, in dem auch die Tourist Info untergebracht ist. Hier ermöglicht die interaktive und multimediale Ausstellung MOOR EXTREM die Erkundung der Welt der Moore mit allen Sinnen (tgl. 10–17 Uhr, 4 €). Der historische Altbau des Klosters ist saniert worden.

Zur Besichtigung geöffnet ist die sehenswerte Rokoko-Kapelle des Klosters.

Schloss

Das weltliche Pendant zum Kloster ist das Wurzacher Schloss. 1723 bis 1728 erbaut, diente es bis 1903 als Residenz der Fürsten von Waldburg-Zeil-Wurzach. Das berühmte, elegant geschwungene Treppenhaus, überwölbt vom Deckenfresko mit Szenen aus der Herkulessage, wirkt ein bisschen überdimensioniert für die kleine Residenz, ist aber ohne Frage ein Meisterwerk. Früher war es Traumkulisse für höfische Feste und diente dem Zeremoniell der ersten Begegnung zwischen Gast und Gastgeber. Heute bietet es den stimmungsvollen Rahmen für die klassischen Residenzkonzerte.

Marktstraße 9, Barocktreppenhaus tgl. 8–18 Uhr

Wallfahrtskirche

In der **Barockkapelle zum Heiligen Kreuz,** 1709 erbaut, wird seit Mitte des 19. Jh. die Heilig-Blut-Reliquie verehrt. Mehr als 1700 Reiter ziehen Jahr für Jahr am zweiten Freitag im Juli in der zweitgrößten Reiterprozession Mitteleuropas zusammen mit bis zu 15 000 Wallfahrern auf den Gottesberg.

Wurzacher Ried

Vor rund 200 000 Jahren formte der Rheingletscher das Wurzacher Becken, in welchem sich dann im gleichen Zeitraum das Schmelzwasser des abtauenden Gletschers zu einem See aufstaute. Mit zunehmender Klimaerwärmung verlandete er, abgestorbene Pflanzenpartikelchen lagerten sich ab, ohne zu verrotten, weil der Sauerstoff fehlte.

Im Lauf der Jahrtausende bildeten sie dicke Torfschichten. Hochmoor und Niedermoor sowie verschiedene Übergangsformen prägen heute das Wurzacher Ried, das größte noch intakte Hochmoor Mitteleuropas.

Wie in vielen Mooren Oberschwabens wurde hier mehr als 200 Jahre lang Torf gestochen – Brenntorf, Streutorf für den Garten oder Badetorf, der schon früh als Heilmittel genutzt wurde. Moorerde besitzt eine einzigartige Wärmespeicherkraft und ist wirkungsvolles Heilmittel bei rheumatischen Erkrankungen, Arthrose und Bandscheibenleiden. 1996 wurde das Ried unter **Naturschutz** gestellt. Das rettete es davor, entwässert und abgetorft zu werden. So blieb ein Stück nacheiszeitlicher Urlandschaft erhalten, in dem mehr als 700 verschiedenen Pflanzen gedeihen wie Orchideen, Heidelbeeren, Wollgras, Sonnentau oder Moosbeere. Weitere Riedbewohner sind rund 1000 Tierarten.

Oberschwäbisches Torfmuseum

Eine **Ausstellung** im ehemaligen Zeiler Torfwerk, das 1880 im Oberen Ried gegründet wurde, informiert anschaulich über den Lebensraum Moor und die Geschichte des Torfabbaus zu industriellen Zwecken bis 1996, über die Heilkraft des Badetorfs und die Lebensbedingungen der Torfstecher.

Ergänzen kann man den Museumsbesuch durch eine Fahrt mit dem Torfbähnchen, das heute Besucher an den Öffnungstagen wie einst die Torfstecher ins Moor bringt. Jederzeit kann man auf dem stimmungsvollen, 1,5 km langen Torflehrweg, der hier seinen Ausgangspunkt hat, u. a. zum Riedsee wandern, der größten Wasserfläche im Ried, die durch Torfstich entstand.

April–Okt. jeden 2. So und jeden 4. Sa im Monat 13–17 Uhr, Erw. 3 €, erm. 1 €;
Info: Naturschutzzentrum Bad Wurzach, Rosengarten 1, T 07564 931 20, www.oberschwaebisches-torfmuseum.de;
Bähnchen: Abfahrtszeiten 13.30, 14.30 und 15.30 Uhr

Auf Torfwegen und Holzpfaden kann man das Wurzacher Ried erkunden.

Schlafen, Essen

Bodenständig

Gasthof Adler: Schlichte, gepflegte Zimmer – alles ohne Schnickschnack und ohne Tadel direkt im Zentrum. Mit Biergarten.

Schlossstr. 8, T 07564 930 30, www.hotel-adler-bad-wurzach.de, €€

Küche & Kabarett

Gasthaus Zum Adler: Gekocht wird, was dem Wirt gefällt – mal schwäbisch, mal exotisch, neuerdings auch vegan – immer aus besten Zutaten. Berühmt die Kleinkunstbühne nach dem Motto »herzhaft essen und herzhaft lachen«, lauschig der Biergarten.

Ochsenhausener Str. 44, Bad Wurzach-Dietmanns, T 07564 912 32, www.adler-dietmanns.de, Hauptgerichte ab 7,50 €

Bewegen

Baden

Vitalium-Therme: Thermalbad mit großer Saunalandschaft. Im angegliederten Wohlfühlhaus sind zahlreiche Anwendungen möglich – natürlich auch Moorbäder.

Karl-Wilhelm-Heck-Str. 10, am Moorsanatorium

Infos

- **Städtische Kurverwaltung:** Mühltorstr. 1, 88410 Bad Wurzach, T 07564 30 21 50, www.bad-wurzach.de.
- **Heilig-Blut-Fest:** 2. Freitag im Juli. Reiterprozession.
- **Residenzkonzerte:** Konzerte im Schloss, Auskunft über Termine erteilt die Kurverwaltung.

Bayerischer Bodensee

Der bayerische Löwe brüllt — am Hafen von Lindau, gegenüber vom einzigen Leuchtturm im Freistaat. Ein weinseliger Zipfel Bayerns am »schwäbischen Meer« ist die Region um Lindau.

Seite 210

Lindau

Ein kleines Eckchen am schwäbischen Meer ist bayerisch, und so wacht denn auch der bayerische Löwe über den Hafen von Lindau. Die Bodenseeperle liegt nicht am, sondern im See – zumindest die Altstadt ist eine Insel. Bildhübsch noch dazu.

Seite 219

Das Lindauer Montfort-Schlössle

Wahrhaft königlich ist der Blick, den Hausgäste beim Kaffee genießen können, vom romantischen Garten über die Weinberge bis zum Bodensee.

Im Reich der guten Tropfen am See

Eintauchen

Seite 224

Wasserburg

Das kleine Wasserburg am Bodensee kann sich gleich mit zwei Schriftstellern schmücken: Martin Walser wuchs hier am Bodensee auf; Romanautor Horst Wolfram Geißler lebte zwar selbst in Oberbayern, ließ aber den Helden seines bekanntesten Romans im Pfarrhaus von Wasserburg Kindheit und Jugend verbringen.

Seite 221

Nonnenhorn

Immer am See entlang auf dem Fahrradweg von Lindau nach Nonnenhorn – an sonnigen Tagen ist er gut frequentiert …

Seite 215

Haus zum Cavazzen in Lindau

Eines der schönsten Bürgerhäuser des gesamten Bodenseegebiets prunkt von außen mit prächtiger Illusionsmalerei.

Seite 219

Hotel Bad Schachen und Park in Lindau

Ein herrlicher Park im englischen Stil, direkt am Ufer des Bodensees, und ein mehr als 200 Jahre altes Grandhotel.

Seite 228

Bregenz

Der spektakuläre Bau des Architekten Peter Zumthor, das Kunsthaus Bregenz, stellt die erste Garde internationaler zeitgenössischer Künstler aus. Ein Besuch hier lässt sich schön kombinieren mit einem Festspielabend an der Bregenzer Seebühne.

&

Seite 230

Radeln zwischen Berg und See

Von Lindau aus kann man ins österreichische Bregenz radeln und mit der Seilbahn samt Fahrrad zum Pfänder hinaufschweben und dann hinunterbrausen.

Bodenseeweine direkt beim Winzer in Nonnenhorn kosten, dazu eine zünftige Brotzeit und jede Menge gute Stimmung.

Die Schiffe der Weißen Flotte gleiten von April bis Oktober vom Lindauer Hafen majestätisch über den See bis hinüber nach Bregenz oder Nonnenhorn.

erleben

Obst, Wein und Wasserfreuden

A

Am sogenannten schwäbischen Meer, dem mit 572 m² drittgrößten Binnensee Europas, weht ein milderes Lüftchen als nebenan im Allgäu: Hier hält der Frühling früher Einzug, im Sommer wähnt man sich fast schon in Italien, und die warme Herbstsonne haucht Obst und Trauben noch die letzte Süße vor der Ernte ein.

Unbedingt sehenswert ist Lindaus Altstadt, die sich in ihrer ganzen Schönheit auf einer Insel im Bodensee räkelt. Wasserburg und Nonnenhorn, die letzten bayerischen Bastionen am See, sind kleine Ferienparadiese.

Und Bregenz schließlich, die Hauptstadt Vorarlbergs, ist nur ein paar Schiffsminuten oder einen kurzen Radlausflug entfernt.

Lindau

B 5

Lindau (27 300 Einw.), die Perle im Dreiländereck mit historischer Altstadt und mediterranem Ambiente, liegt nicht am, sondern im Bodensee, nämlich auf einer 62 ha großen Insel mit geschichtsträchtigen Gassen. Aber auch in den Hügeln über dem Seeufer und im Vorort Bad Schachen lässt es sich wunderbar Urlaub machen.

ORIENTIERUNG

Infos: Lindau Tourismus, Alfred-Nobel-Platz 1, 88131 Lindau, T 08382 26 00 30, 08382 889 99 00, www.lindau.de.
Verkehr: Parkplätze sind auf der Insel selten, dazu teuer und zeitlich begrenzt. Park-&-Ride-Parkplätze P1 und P2 auf dem Festland sind von April bis Oktober durch Shuttle-Busse mit der Insel verbunden.
Bodensee-Schifffahrt: Ausflugs- und Rundfahrten, www.bsb.de.

Stadtgeschichte

Graf Adalbert von Rätien geriet eines Tages, es war um das Jahr 800 herum, auf dem Bodensee in Seenot, erzählt die Legende. In Todesangst legte er ein Gelübde ab: Dort, wo er wieder festen Boden unter den Füßen spüren würde, wolle er ein Kloster stiften. Und tatsächlich: Er wurde gerettet, hielt sein Wort und gründete auf der heutigen Insel Lindau ein Frauenkloster, das spätere **Damenstift.**

Ein knappes Jahrhundert später tauchte erstmals der Name »Lindau« auf. Obwohl das genaue Datum nicht bekannt ist, geht man davon aus, dass Lindau im ersten Viertel des 13. Jh. zur **Reichsstadt** erhoben wurde. Im Jahr 1241 wird es bereits als eine der wohlhabendsten Städte weit und breit erwähnt. Kein Wunder, denn hier liefen die Handelsstraßen aus Südwestdeutschland zusammen, von hier transportierte man Leinwand und Tuch, Korn und Salz und andere Waren über den See, weiter das Rheintal hinauf und über die Graubündner Alpenpässe nach Italien. Der »Mailänder Bote« – für die Mailänder der »Lindauer Bote« – brachte vom frühen 16. Jh. bis etwa 1825 Woche für Woche Waren, Briefe oder Geld nach Mailand und zurück oder fungierte als Reisebegleiter, zum Beispiel für Johann Wolfgang von Goethe, der 1788 von Mailand aus den Heimweg antrat.

Lindaus Erhebung zur Stadt mit all den damit verbundenen Rechten beobachteten die Stiftsdamen mit Argwohn, sah sich doch die Äbtissin als Herrin der Insel an.

Als dritte Kraft neben Handelsherren und Stiftsdamen traten zusehends die Handwerkszünfte auf den Plan, die ebenfalls an der Macht teilhaben wollten. Mitte des 14. Jh. erzwangen sie, dass zu den 14 Patriziern auch acht Zunftmeister Mitglieder im Rat der Stadt wurden. Ende des 14. Jh. wurde Lindau die Hohe Gerichtsbarkeit über Leben und Tod verliehen, der sogenannte Blutbann. Der Äbtissin blieb nur das »Scherenrecht« zum Durchtrennen der Fesseln der Verurteilten, also das Recht zur Begnadigung.

Prozessakten im Stadtarchiv geben Zeugnis vom ständigen Zwist zwischen Stadt und Stift, der schließlich zum unlösbaren Konflikt wurde, als 1528 die **Reformation** in Lindau Einzug hielt. Die Stadt wurde protestantisch, die Stiftsdamen blieben selbstverständlich katholisch.

Lindau blieb nicht gänzlich vom **Dreißigjährigen Krieg** verschont. Die protestantische Stadt musste die kaiserlich-katholische Besatzung erdulden und gemeinsam mit dem kaiserlichen Heer die protestantischen Schweden verjagen. Um die verwahrloste Jugend wieder auf den rechten Weg zu führen, wurde 1655 das Kinderfest ins Leben gerufen. Bis heute ziehen alljährlich an einem Sonntag Ende Juli die festlich gekleideten Lindauer Kinder mit Musikbegleitung durch die Stadt und treffen sich vor dem Rathaus zu einem großen Fest.

1720 suchten Brände die Stadt heim, und mit dem Wiederaufbau erhielt das Stadtbild ein neues Gesicht. Auch Stiftskirche und Kloster wurden neu erbaut. Stärker noch litt die Stadt unter den **Napoleonischen Kriegen**. Truppendurchzüge forderten hohe Kontributionszahlungen, Krieg und Kontinentalsperre brachten den Handel zum Erliegen. 1802 verlor die Stadt ihre Reichsfreiheit, das Stift wurde aufgehoben. Fürst Karl von Betzenheim, ein unehelicher Sohn des bayerischen Kurfürsten Karl Theodor und Bruder der vorletzten Fürstäbtissin Friederike von Betzenheim, wurde Landesherr. Zwei Jahre später bereits trat er die Stadt an Österreich ab, im dritten Jahr, also 1805, wechselte Lindau erneut die Nationalität und wurde (und blieb mit kurzer Unterbrechung nach dem Zweiten Weltkrieg) bis heute bayerisch.

Für einen erneuten Aufschwung in der Stadt sorgte der florierende Kornhandel. Weizen wurde über Lindau in die Schweiz transportiert, bis der Bau der **Arlbergbahn** 1884 neue Handelswege eröffnete und Lindau ins wirtschaftliche Abseits rückte.

Die Verbesserung der Infrastruktur durch die Gründung der ersten bayerischen Dampfschifffahrtsgesellschaft in Lindau (1835), die Eröffnung des Eisenbahnverkehrs (1854) und die Fertigstellung des Lindauer Hafens in der heutigen Form zwei Jahre später begünstigten die Entwicklung des Fremdenverkehrs. Außerdem gewann der Obstanbau Bedeutung, und im 20. Jh. kam es zur Ansiedlung verschiedener Industriebetriebe.

Den **Zweiten Weltkrieg** überstand Lindau ohne großen Schaden. 1945 wurde die Stadt nicht von den Amerikanern, sondern von den Franzosen besetzt und erhielt einen Sonderstatus. Erst zehn Jahre nach Kriegsende gehörte Lindau wieder zu Bayern.

Stadtrundgang

Schrannenplatz

Hier siedelten wohl bereits um das Jahr 800, als das Damenstift gegründet wurde, Fischerfamilien. Der Name des Platzes erinnert daran, dass hier im 19. Jh. das Zentrum des Kornhandels lag – Schranne ist das bayerische Wort für Kornhalle. Die alten Kornhäuser wurden jedoch abgerissen, als der Kornhandel an Bedeutung verlor.

Wahre Schmuckstücke sind einige restaurierte Bürgerhäuser, so das **Haus zur Glogge,** in dem die Glockengießerfamilie Ernst wohnte. Den Platz dominiert aber das mächtige **Zeughaus** Kaiser Maximilians aus dem Jahr 1508, das in späterer Zeit als Theatersaal, Kaserne und Salzstadel diente. Heute unterhält hier der Jugendtreff Scheune eine Kleinkunstbühne. Der **Narrenbrunnen,** den Michael Veit im Auftrag der Narrenzunft der Stadt Lindau 1989 errichtete, erinnert mit seinen Mostköpfen, Binsengeistern und Pflasterbutzen daran, dass die »Fasnet«, die schwäbisch-alemannische Fasnacht, in Lindau immer noch von großer Bedeutung ist. Hinter den merkwürdigen Namen der Figuren verbergen sich Vertreter der hiesigen Narrengruppen. Denn anders als im rheinischen Karneval etwa verkleidet man sich nicht individuell, sondern kommt gruppenweise im gleichen Kostüm.

Erkerreich

Aus dem Mittelalter stammt auch der **Diebsturm** ❶ (oder Malefizturm) mit seinen vier kleinen Erkern, der Teil der alten Stadtbefestigung des 14. Jh. war und als Gefängnis diente. Man nennt ihn auch Körbler in Erinnerung daran, dass unehrliche Bäcker, die zu kleine Brote gebacken hatten, hier in einen Korb gesteckt und damit in den Inselgraben getaucht wurden. Der Graben, an den heute noch ein Straßenname erinnert, teilte damals die Insel in zwei Hälften, die durch den Festungswall verbunden waren, und das Graben-Bad war sicher nicht nur wegen der Temperaturen, sondern auch wegen der Qualität des Wassers alles andere als angenehm. Schließlich landete der Unrat der Stadt in den Stadtbächen. Die westliche Inselhälfte war ein einziger großer Weingarten, in dem sich einige wenige Winzerhäuser versteckten.

Schutz für Fischer

Die **Peterskirche** ❷ ist rund ein Jahrtausend alt und nicht nur Lindaus älteste Kirche, sondern überhaupt eine der ältesten Kirchen im Bodenseeraum. Weil sie mitten im Fischerviertel stand, wurde der Schutzheilige der Fischer zum Patron der Kirche. Zur Zeit der Gotik wurde das kleine Kirchlein erweitert und zur Pfarrkirche erhoben.

Sehenswert sind die **Wandmalereien:** Zu den ältesten Motiven gehören der hl. Christopherus, der wohl aus der Zeit um 1300 stammt, Christus als Weltenrichter und das Motiv der Seligen und

Lindaus Peterskirche zieren Fresken, die Hans Holbein d. Ä. zugeschrieben werden.

der Verdammten. Von höchster Qualität sind die Fresken an der Nordwand, die im späten 15. Jh. kein Geringerer als Hans Holbein d. Ä. schuf. In drastischen und gleichzeitig innigen Bildern beschreibt er die Passion Christi. Nach der Reformation diente die Kirche als Werkstatt und Lagerraum, bis sie endlich nach dem Ersten Weltkrieg als Kriegergedächtnisstätte wieder einem würdigeren Zweck zugeführt wurde.

Schrannenplatz

Maximilianstraße

Die **Haupteinkaufsstraße** der Stadt wird von Häusern des 16. Jh. gesäumt. Gotische Treppengiebel, Spitzbögen, Laubengänge und Aufzugsgauben bildeten die pittoreske Kulisse mittelalterlicher Geschäftigkeit. Unter den Spitzbögen der Brodlaube etwa verkauften die Bäcker, deren Zunfthaus auf der gegenüberliegenden Straßenseite stand, ihr Brot. Das sicherlich prächtigstes Haus der Straße ist das **Alte Rathaus ❸,** das im frühen 15. Jh. erbaut und im Laufe der Jahrhunderte den Baumoden der jeweiligen Epoche angepasst wurde. So erhielt der gotische Treppengiebel barocken Schwung und wurde mit einem Glockenturm und, in Anlehnung an den Stadtnamen, einem Lindenbaum bekrönt. Farbige Wandmalereien erinnern seit dem mittelalterbegeisterten 19. Jh. an den Lindauer Reichstag im Jahre 1496, zu dem Kaiser Maximilian seinen Sohn Philipp den Schönen von Flandern schickte. Zu den Teilnehmern gehörte auch ein Götz von Berlichingen, dem nicht zuletzt Goethe durch sein Drama zur Unsterblichkeit verhalf. Die prächtigen gotischen Räume und Hallen sind während spezieller Rathausführungen zu bewundern.

Lindau

Ansehen
1 Diebsturm
2 Peterskirche
3 Altes Rathaus
4 Inselhalle
5 Haus zum Cavazzen mit Stadtmuseum
6 Heilig-Geist-Spital
7 St. Stephan
8 Mariä Himmelfahrt
9 Ehemaliges Damenstift
10 Heidenmauer
11 Gerberschanze
12 Stadttheater Lindau
13 Reichsplatz und Lindaviabrunnen
14 Bayerischer Löwe
15 Leuchtturm
16 Mangturm
17 Pulverturm

Schlafen
1 Hotel Bad Schachen
2 Hotel Reutemann, Hotel Seegarten
3 Gasthof Alte Post
4 Gasthof Monfort-Schlössle
5 Adara Boutique Hotel
6 Das Mietwerk
7 Park-Camping Lindau

Essen
1 Valentin
2 Strandhaus
3 Wissingers
4 Zur Fischerin
5 Großstadt

Einkaufen
1 Markt
2 Die Werke

Ausgehen
1 Eilguthalle
2 Spielbank

Der Platz vor dem Rathaus erfüllt als Versammlungs- und Festplatz heute immer noch seine Funktion, etwa wenn anlässlich des Kinderfestes, das seit dem Ende des Dreißigjährigen Krieges in Lindau begangen wird, Hunderte von Kindern sich hier versammeln. Das **Neue Rathaus** aus dem frühen 18. Jh. beherbergte einst die Stadtverwaltung, bis sie 1926 auf das Festland zog.

So mancher traditionsreiche Gasthof ist erhalten geblieben, etwa das **Weinhaus Frey,** das – wie früher üblich – die Schankstube im ersten Stock hatte, oder auch das **Gasthaus zum Sünfzen,** das frühere Gesellschaftshaus der Lindauer Patrizier. Der ungewöhnliche Name des Gasthauses leitet sich möglicherweise vom althochdeutschen Wort sufan, schlürfen, ab – genauso gut könnte man vom »saufen« sprechen, denn sicher tranken die hohen Herren während ihrer Versammlungen so manches ›Viertele‹ vom süffigen Bodenseewein. Durch das **Zitronengässle** musste man sich schon im Mittelalter hindurchzwängen.

Inselhalle
Ein Abstecher in die Moderne führt zur **Inselhalle** 4, ein modernes Kongresszentrum, das auf neu gewonnenem Land errichtet wurde, denn im 19. Jh. reichte

der See bis zur alten Stadtmauer. Seither wurde ein Drittel der Inselfläche neu aufgeschüttet.

Zwanzigerstraße 12

Marktplatz

Bereits im Jahre 1079 wurde der Markt von Äschach auf dem Festland auf die Insel verlegt, die besseren Schutz gewährte. Die Markttradition ist bis heute in Lindau lebendig: Jeden Mittwoch und Samstag werden von 7 bis 13 Uhr Brot, Käse, Fleisch, Obst, Gemüse auf dem Marktplatz angeboten.

Der gusseiserne **Neptunsbrunnen** in seinem Zentrum entstand Mitte des 19. Jh., die Gebäude ringsum fast alle aus der Zeit des Barock. Sie wurden errichtet, nachdem 1728 ein Brand die mittelalterliche Bausubstanz zerstört hatte.

Haus zum Cavazzen

Zu den schönsten Bürgerhäusern des gesamten Bodenseegebiets zählt das **Haus zum Cavazzen ❺**, das mit prächtiger Illusionsmalerei verziert ist. Der seltsame Name ›Cavazzen‹ geht wohl auf eine Familie de Kawatz zurück, in deren Besitz sich das Grundstück im bereits 16. Jh. befunden hatte.

Die Sammlung des **Lindauer Stadtmuseums** mit Möbeln von der Gotik bis

Lieblingsort

Hafenfeeling am schwäbischen Meer

Die Parade der Schweizer Alpengipfel trifft auf den Bodensee und an der **Hafenpromenade,** an der der einzige Leuchtturm Bayerns steht, kann man in Lindau (📍 B 6) den Schiffen der Weißen Flotte beim Auslaufen zusehen – einerseits morgens beim Frühstück in einem der Cafés am Wasser. Abends freue ich mich andererseits, wenn ich einen Platz auf der Dachterrasse der Eilguthallen (S. 224) ergattert habe: die Traumlocation für den Sundowner …

zum Jugendstil, Silber, Glas, Zinn, Keramik, historischem Spielzeug, mechanischen Musikinstrumenten und mehr, die hier untergebracht ist, bekommt eine Frischzellenkur und bleibt bis auf Weiteres geschlossen. Wechselausstellungen finden derzeit im Kunstmuseum am Inselbahnhof statt.

Derselbe Appenzeller Baumeister zeichnet auch für das **Haus zum Baumgarten** nebenan verantwortlich, das an der Stelle entstand, an der früher die Stiftsfräulein durch den klostereigenen Obstgarten spazierten.

Marktplatz 6, Sept.-Okt. Di–Fr, So 11–17 Uhr, Sa 14–17 Uhr Nov.–18. März, Winterpause im März, Mo–So 10–18 Uhr, Erw. 3 €, erm. 1,50 €

Heilig-Geist-Spital

Das **Heilig-Geist-Spital** ❻ ist eine der ältesten Wohlfahrtseinrichtungen im süddeutschen Raum überhaupt. Gegründet wurde es ursprünglich zur Aufnahme von Pilgern, war aber in seiner weiteren Geschichte Waisenhaus und Krankenhaus, heute ist es ein Altersheim.

Schmiedgasse 18

St. Stephan

Im 12. Jh. wurde **St. Stephan** ❼ als katholische Pfarrkirche erbaut, nachdem die Peterskirche zu klein geworden war. In den folgenden 300 Jahren wurde die Kirche mehrfach vergrößert, während der Reformation vernichteten allerdings Bilderstürmer einen Großteil der wertvollen Inneneinrichtung. Heute präsentiert sich die Stephanskirche als schlichte protestantische Predigerkirche in Grün und Weiß, in der die mächtige Orgel einen Akzent setzt. Ein barockes Epitaph im Chor erinnert an den einstigen Rechtsreferenten Valentin Heyder, den Gründer des Lindauer Kinderfestes: Begonnen wurde mit sogenannten Schulpredigten, die den Sinn und Zweck des Schulbesuchs vermittelten.

Mariä Himmelfahrt

In nächster Nachbarschaft zur protestantischen Pfarrkirche steht die frühere Stiftskirche und heute katholische Pfarrkirche **Mariä Himmelfahrt** ❽, die 1728 beim großen Stadtbrand bis auf die Grundmauern niederbrannte und im barocken Stil wieder aufgebaut wurde. Doch das Unglück hielt an: In den 1920er-Jahren zerstörte ein Brand den Dachstuhl, 1987 stürzte der gesamte Stuck von der Decke. Zwischen beiden Kirchen steht eine Linde, wie sie die Stadt im Wappen führt.

Marktplatz

Ehemaliges Damenstift

An die Stiftskirche schließt sich im Süden das **ehemalige Damenstift** ❾ an – um 800 als Benediktinerinnenkloster gegründet. Die strengen Regeln des hl. Benedikt lockerten sich im Laufe der Zeit. Wohl im 13. Jh. entschied man sich für die Augustinerregel, die weder zu persönlicher Armut noch zu Klausur oder lebenslangem Zölibat verpflichtete.

Das Kloster wurde zu einem Heim für unverheiratete Damen des schwäbischen Adels, und manche Klosterfrau hielt hinter dem Schleier nach dem Mann fürs Leben Ausschau. Seit 1466 durfte die Vorsteherin sich mit dem Titel Fürstäbtissin schmücken und war eine der einflussreichsten Persönlichkeiten der Stadt.

Zu literarischen Weihen stieg die Fürstäbtissin Friederike von Betzenheim (1771–1816) auf: Als Heldin des Romans »Der liebe Augustin« von Horst Wolfram Geißler (S. 222) verfiel die Stiftsdame dem Charme des Spieldosenmachers Augustin. Im wahren Leben verheiratete sie sich allerdings standesgemäß. Mit der Säkularisation wurde das Stift aufgelöst und ist heute Sitz des Landratsamtes und des Amtsgerichts.

Stiftsplatz 4

Fischergasse und Gerberschanze

Die **Heidenmauer ⓾**, die man früher irrtümlicherweise für ein Bollwerk der Römer gegen eindringende Alemannen hielt, stammt aus der Stauferzeit und bewachte im Mittelalter den Zugang zur Insel. Dahinter liegt die Seebrücke und schräg gegenüber die Spielbank, die 1950 gegründet, aber 2000 neu erbaut wurde. Die Fischergasse säumen die schmalen Häuser, in denen einst die Lindauer Bodenseefischer lebten.

Das Gasthaus Zur Post war bis ins 17. Jh. Poststation für den Lindauer bzw. »Mailänder Boten« (S. 211), der erst zu Beginn des 19. Jh. von der bayerischen Staatspost ersetzt wurde. An der **Gerberschanze ⓫**, die im frühen 17. Jh. zur Sicherung der Insel gegen Angriffe vom See her angelegt wurde, breiteten früher die Gerber ihre Felle zum Trocknen aus. Während des großen Stadtbrandes 1728 retteten sie viele Häuser der Umgebung, indem sie die nassen Häute zum Schutz gegen den Funkenflug auf die Dächer legten.

Heute ist die Gerberschanze ein herrlicher Platz, um, auf der Mauer hockend, den Blick vom Jachthafen über den See bis nach Bregenz und ins Rheintal oder auch über die Garten- und Dachlandschaften der Stadt zu genießen.

Stadttheater

Das **Lindauer Stadttheater ⓬** war nicht immer der Schauspielkunst gewidmet. Wo heute Schauspieler ihre Texte deklamieren, beteten früher die Franziskanermönche. Bis zum 13. Jh. gab es in Lindau nur ein Benediktiner- und ein Zisterzienserkloster. Doch diesem Orden durfte nur der Hochadel beitreten. Die Bettelorden dagegen, zu denen die Franziskaner oder Barfüßer gehören, verlangten keine Mitgift. Ihre Kirchen waren schlicht, hatten zum Beispiel keinen Turm, sondern nur einen kleinen Dachreiter. Auch das Lindauer Franziskanerkloster wurde nach der Reformation aufgelöst, die Kirche Ende des 19. Jh. schließlich in ein Theater umgewandelt. 1950 fand hier das erste Treffen der Nobelpreisträger in den Disziplinen Physik, Chemie und Medizin statt – eine höchst erfolgreiche Veranstaltung, die neben den Referaten der Preisträger auch Diskussionen mit Studenten vorsieht.

Fischergasse 37

Reichsplatz mit Lindaviabrunnen

Am **Reichsplatz ⓭** kann man das Alte Rathaus noch einmal von hinten bewundern, wo es sich im rein gotischen Stil der Erbauungszeit präsentiert. In der einstigen Markthalle im Erdgeschoss sind das Stadtarchiv und die ehemals Reichsstädtische Bibliothek untergebracht.

Wo heute der **Lindaviabrunnen** Lindavis, die weibliche Verkörperung der Stadt Lindau ehrt, wurde bis ins 19. Jh. der Fischmarkt abgehalten. Freunde des »Lieben Augustin« (s. o.) sollten nicht versäumen, einen Blick in die Dammgasse zu werfen: Das Haus Nummer 4 war Schauplatz der Schäferstündchen des Spieldosenmachers mit der Fürstäbtissin.

Hafen

Am Hafen wacht seit dem 19. Jh. der **Bayerische Löwe ⓮**, dem man sich auf einem Damm nähern kann. Ihm

S

SCHIFF AHOI!

Unvergesslich ist der Blick auf die Insel vom See aus. Die Flotte der Bodenseeschifffahrt bietet unterschiedliche Rundfahrten an, z. T. auch mit Abendessen und musikalischer Begleitung. Eine sicherlich stilvolle Wahl für Nostalgiker ist eine Seerunde mit dem altehrwürdigen Schaufelraddampfer Hohentwiel.

gegenüber steht der **Leuchtturm ⓯**, der im Zuge der Erneuerung des Hafens errichtet wurde – der einzige Leuchtturm Bayerns. An schönen Tag öffnet sich von oben ein herrlicher Blick auf Stadt und See. Der alte Leuchtturm an der Uferpromenade wird auch **Mangturm ⓰** genannt, nach den Wäschemangeln, die hier früher eingerichtet waren. Er war der äußerste Punkt der Stadtbefestigung, denn hier endete der Inselgraben, der die Stadt in zwei Hälften teilte.

Der westliche Teil diente der Versorgung – vor allem mit flüssiger Nahrung –, denn hier lagen die Weingärten der Lindauer. Heute noch wird dieser Teil der Insel durch die Bahngleise von der Stadt abgetrennt. Ein schöner Uferweg führt zum **Pulverturm ⓱**, der 1508 in die Stadtbefestigung einbezogen wurde. Die Uferpromenade mit ihren Cafés und Restaurants ist herrlicher Platz zum Flanieren und Entspannen, vor allem, wenn am Abend die Seehafenbeleuchtung den Lindauer Hafen in ein magisches Licht taucht.

Lindau Festland

Die meisten Lindauer leben auf dem Festland, in den Gemeinden, die sich zu beiden Seiten der Insel am Ufer entlang erstrecken und ins Hinterland hineinreichen. Bei schönem Wetter gibt es kaum etwas Schöneres als einen Radelausflug über den Ortsteil Schachen nach **Wasserburg** und **Nonnenhorn** oder in die andere Richtung, nach **Bregenz.** Im Nobelvorort **Schachen** mit seinen schönen Gründerzeitvillen erfreut ein wunderbar altmodisches Jugendstilschwimmbad.

Museum Friedensräume

Das **Museum Friedensräume in der Villa Lindenhof** liegt am Rande des Lindenhofparks, der im englischen Stil angelegt ist. Mit dem Museum Friedensräume beherbergt die Villa ein ›Museum in Bewegung‹ mit Bildern und Objekten, Leseecken und vielen Veranstaltungen. Im Anschluss an den Besuch kann man auf der Terrasse des vornehmen alten Hotels Bad Schachen stilvoll Kaffee trinken.

Lindenhofweg 25, www.friedens-raeume.de, Mitte April bis Mitte Okt. Di–Sa 10–17, So 14–17 Uhr, Erw. 3 €

Schlafen

Grandhotel mit Historienflair

1 **Hotel Bad Schachen:** Inmitten einer Parklandschaft am See gelegen ist die große alte Dame der Lindauer Hotellerie, seit 1752 in Familienbesitz – in Würde ergraut, aber weiterhin höchst attraktiv. Mit direktem Zugang zum Strandbad, Pool und luxuriösem Spa.

Lindau-Bad Schachen, T 08382 29 80, www.badschachen.de, €€€€

Promenadenschönheit

2 **Hotel Reutemann, Hotel Seegarten:** Die Lage, die Lage, die Lage! Zentraler geht's nicht: solides Hotel-Geschwisterpaar an der Hafenpromenade, mit Schwimmbad, Sauna, Spa.

Seepromenade, T 08382 91 50, www.reutemann-lindau.de, €€€

Im Inselherzen

3 **Gasthof Alte Post:** Gemütliche Zimmer zu fairen Preisen und nette Gastgeber im Herzen der Insel.

Fischergasse 3, T 08382 934 60, www.alte-post-lindau.de, €€€

Wohlfühloase mit Traumblick

4 **Gasthof Monfort-Schlössle:** Der Gasthof ist in einem 400 Jahre alten Gemäuer und befindet sich inmitten von Obstplantagen. Herrlicher Garten

mit Berg- und Seeblick, Kaminstube. Die Zimmer sind klein, aber fein.
Streitlesfinger Str., T 08382 728 11, www.montfort-schloessle.de, €€€

Mit persönlicher Note

5 **Adara Boutique Hotel:** Über vier kernsanierte historische Häuser im Herzen der Insel verteilen sich die Zimmer – keins ist wie das andere – des Boutiquehotels, das modernen Komfort und historisches Ambiente aufs Beste vereint.
Alter Schulplatz 1, T 08382 943 50-0, www.adara-lindau.de, €€€–€€€€

Kein bisschen 08/15

6 **Das Mietwerk:** Radler, Familien, Backpacker, Urlauber mit Handicap – alle werden in der stilvollen Gartenvilla mit unterschiedlichsten Übernachtungsoptionen – vom Bett im Viererzimmer bis zur Ferienwohnung – glücklich. Leihfahrräder und Elektroroller sorgen für Mobilität in der Stadt und ihrer Umgebung.
Holdereggenstr. 11, T 08382 504 11 30, www.dasmietwerk.de, €–€€€

Camping

7 **Park-Camping Lindau am See:** Schattiger Platz am See.
Fraunhoferstr. 20, T 08382 722 36, www.park-camping.de

Essen

Kreativ

1 **Valentin:** Gewölberestaurant mit schönem Ambiente, im Sommer auch im lauschigen Innenhof, und kleiner, aber sehr feiner Karte. Egal, was auf den Tisch kommt alles (z. B. hausgemachte Alpenkräuternüdele mit Kürbiskernpesto oder Variation vom Rind mit Trüffelrisotto, Federkohl- und Brokkoliblätter) – alles schmeckt köstlich.
In der Grub 28, T 08382 504 37 40, http://valentin-lindau.de, €€

Trendy

2 **Strandhaus:** Rustikal-gemütliches Lokal mit vorzüglicher Küche. Berühmt sind die kreativen BBQ-Gerichte, zu denen man Vorspeisen nach Wunsch auswählt.
Fraunhoferstr. 20, T 08382 273 79 92, €–€€

Beste Regionalküche

3 **Wissingers im Schlechterbräu:** Die Ochsenbäckle, 48 Stunden in Spätburgunder geschmort, sind ein Gedicht – genauso wie der Zwiebelrostbraten oder das Braumeistergulasch. Man genießt die feinen Speisen in der gemütlichen Gaststube oder im Biergarten unter Kastanien.
In der Grub 28, T 08382 504 274 3, €–€€

Lässige Gemütlichkeit

4 **Zur Fischerin:** Im historischen Fachwerkhaus serviert man junge, frische Küche bei guter Musik. Sporadisch sind Ausstellungen zu sehen.
Ludwigstr. 50, T 83 82 54 28, €

Gemüse, Gemüse

5 **Großstadt:** Das Café-Restaurant hat ein großes Herz für Vegetarier und Veganer und serviert kreative Weltküche.
In der Grub 27, T 08382 504 29 98, €

Im Inselherzen

3 **Gasthaus Alte Post:** Kulinarisch treffen sich hier Bayern, Schwaben und Bodensee (z. B. Rostbratwürste oder Felchenfilet mit Mandelbutter).
Fischergasse 3, T 08382 9 34 60, www.alte-post-lindau.de, €–€€

Einkaufen

Feines aus der Region

1 **Wochenmarkt:** Am Mittwoch und Samstag kann man an zahlreichen Ständen kulinarische Mitbringsel erstehen.
Therese-von-Bayern-Platz

Regionales Handwerk

2 **Die Werke:** Im Geschäft unter den Arkaden des Bayerischen Hofs liegt der Akzent auf langlebigen, hochwertigen Produkten regionaler Handwerker und Designer: Keramik, Schmuck, Kleinmöbel oder Teppiche gehören zum vielfältigen Angebot.

Ludwigstr. 29, Fr 10–18 Uhr, Mo–Do und Sa nach Terminvereinbarung, T 0151 53 51 58 10

Antiquitäten

In der Ludwigstraße, Nähe Reichsplatz, laden mehrere Antiquitätengeschäfte zum Stöbern ein.

Bewegen

Es war einmal …

… heißt es während der **Märchenstunden für Erwachsene** im historischen Verlies des **Mangturms** 16, die zwischen Juli und Anfang September stattfinden.

Fr 19 Uhr, Treffpunkt am Mangturm am Hafen, nfos: Lindau Tourismus, S. 210

Zu Lande

Stadtführungen: 21. Juni bis 30. Okt. Di 10.30, Fr 14.30 Uhr, 11. Juli bis 12. Sept. zusätzlich Sa 15 Uhr, 5. Mai–29. Sept. So 10.30 Uhr. Treffpunkt: Therese-von-Bayern-Platz, 10 €.

Boot fahren

Boote aller Art kann man an der **Seebrücke im Kleinen See,** bei der **Inselhalle** 4 sowie beim **Hotel Bad Schachen** mieten.

Zu Wasser

Ausflugsfahrten: Informationen erhalten Interessierte an der Tourist Information gegenüber dem Hauptbahnhof oder bei der Bodensee-Schifffahrt am Hafenschalter der Bodensee-Schiffsbetriebe, T 08382 275 84 10, www.bsb.de. Regelmäßig Verbindungen nach Bregenz, Konstanz, Überlingen, Kreuzlingen, Radolfszell und Rorschach (während der Hauptsaison meist stdl.), Schalter für Tages- und Rundfahrten am Seehafen, T 08382 48 98.

Baden

Strandbad Eichwald: im Ortsteil Reutin (Stadtbus Nr. 3 bis Kamelbuckel), T 08382 55 39, Mitte Mai bis Mitte Sept.; **Strandbad Lindenhof:** in Bad Schachen (B 5). Nostalgisches Jugendstilbad im Lindenhofpark; **Spaß- und Vitalbad Limare:** Bregenzer Str. 37 (B 5), T 08382 70 41 30.

Golf

18-Loch-Golfplatz am Schönbühl B 5: T 08382 961 70, www.gc-lindau-bad-schachen.de; **18-Loch-Golfplatz in Weißensberg bei Lindau** B 5: T 08389 91 90, www.logic-golf.com.

R

RADELN ZWISCHEN BERG UND SEE

Die Bodenseeregion ist ideales Terrain für Fahrradfahrer. Der See lässt sich sehr gut in Tagestouren, u. a. auf dem Bodensee-Radweg umradeln (www.bodensee-radweg.com). Von Lindau aus kann man immer am Wasser entlang ins österreichische Bregenz fahren. Und wer abends zu müde für den Heimweg per Rad ist – Alternative ist eine Bootsfahrt. Wer den Bodensee einmal von oben bestaunen möchte, schwebt ganz entspannt mit der Seilbahn samt Fahrrad zum Pfänder hinauf. Auf dem Bregenzer Hausberg angekommen, kann man in Richtung Scheidegg radeln und dann immer bergab wieder zum See hinunterbrausen.

TOUR
Dichterspuren am See

Fahrradtour in und um Wasserburg

Infos

B 5

Dauer: Mit dem Fahrrad in Wasserburg ein halber Tag, mit Abstecher nach Lindau 1 Tag

Die Bodenseeidylle zwischen Lindau und dem kleinen Wasserburg prägte gleich zwei Schriftsteller, auf deren Spuren man wandeln (oder radeln) kann: Martin Walser, einer der wichtigsten zeitgenössischen deutschen Schriftsteller, verbrachte Kindheit und Jugend in Wasserburg. Horst Wolfram Geißler wählte den bildhübschen Ort als Kulisse für seinen heiteren Roman »Der liebe Augustin« – die ideale Urlaubslektüre.

Eine Kindheit am See

Gegenüber vom **Wasserburger Bahnhof** liegt das schlichte **Haus (1),** in dem Martin Walser aufwuchs. Hier betrieb seine Mutter die Bahnhofsrestauration mit einigen Fremdenzimmern und zog nach dem frühen Tod des Vaters die drei Söhne allein groß. Der Schriftsteller, Jahrgang 1927, beschreibt in seinem autobiografischen Roman »Ein springender Brunnen«, der 1998 erschien, (s)eine Kindheit und Jugend in der NS-Zeit. Der Vater, ein Schöngeist, weckt beim kleinen Johann alias Martin die Liebe zur Sprache. Die pragmatische Mutter dagegen tritt in die Partei ein, um künftig in ihrer Gaststube die Parteiversammlungen beherbergen zu können. Im Hof des Gasthofs schlägt aber auch ein Wanderzirkus seine Manege auf, und Johann knüpft zarte Bande zur Artistentochter Anita. Der älteste Bruder fiel im Krieg und während Martin sein Leben der Literatur widmete, trat der jüngste der Walserbrüder in die Fußstapfen der Mutter. Die Regie in der Küche des **Hotel-Gasthofs Walserhof (2,** Nonnenhorner Str. 15, S. 225) hat inzwischen der Neffe des Schriftstellers übernommen, nach wie vor verspricht die Speisekarte beste Bodenseeküche. Allerdings ist der berühmte Onkel, der 2017 seinen 90. Geburtstag feierte, nicht mehr so oft wie früher in der Gaststube anzutreffen.

Der Turm der Kirche St. Georg überragt die Häuser auf der Halbinsel von Wasserburg.

Weiter geht es zur **Halbinsel** mit Kirche, Pfarrhaus, Friedhof und dem **Malhaus (3,** Halbinselstr. 77), früher Gerichtshaus – heute Museum der Gemeinde. Eine Etage ist dem berühmten Sohn Wasserburgs gewidmet, der 1984 zum Ehrenbürger ernannt wurde. »Das Schreiben wird als notwendig erlebt«, steht auf dem Bogen, der in die Original-Schreibmaschine des Schriftstellers eingespannt ist. Zahlreiche Fotos zeigen ihn mit der Familie sowie Kollegen und Weggenossen wie Max Frisch oder Jürgen Habermas. Signierte Bücher des Autors sind an der Kasse erhältlich und sporadisch kann man Walser, der heute in Nussdorf am Bodensee lebt, hier bei einer Lesung begegnen.

Eine Affäre ohne Happyend

Horst Wolfram Geißler (1893–1983) war nicht in Wasserburg zu Hause. Der gebürtige Dresdner verbrachte die meiste Zeit seines Lebens in Oberbayern, verliebte sich aber 1919 auf einer Reise in den hübschen Ort am Bodensee und siedelte die Handlung seines Romans »Der liebe Augustin« (1921) in Wasserburg und Lindau zur napoleonischen Zeit an. Der Romanheld Augustin Sumser wächst nach dem Tod der Mutter in Wasserburg beim Onkel im **Pfarrhaus** auf, das neben der **Kirche St. Georg (4)** auf der Halbinsel steht, und verbringt hier glückliche Tage. Auf dem **Friedhof** nebenan fand der Autor selbst auf eigenen Wunsch hin unter der großen Friedenseiche von 1871 seine letzte Ruhestätte. Seinem Romanheld wurde am Bodenseeufer beim Freibad (Richtung Sumserhalle fahren) ein **Denkmal (5)** gesetzt. Sehnsuchtsvoll blickt Augustin hinüber zur Wasserburger Halbinsel. In Lindau feiert er nach Lehrjahren als Geigenbauer in Mittenwald als Spieldosenmacher erste Erfolge. Wer Augustins Spuren nach Lindau folgen will: In der Dammgasse, unweit der heutigen Seepromendade, bezieht er eine kleine Wohnung, die zum Liebesnest wird, als er die blutjunge und bildhübsche Friederike von Bretzenheim, Fürstäbtissin des Lindauer Damenstifts, kennenlernt. Das Damenstift liegt nur einen Katzensprung entfernt.

Ein Denkmal an der Promenade vor dem Hotel Lindauer Hof erinnert an die beiden Liebenden aus dem Roman, den Instrumentenbauer Sumser und die Adelige Friederike.

Ausgehen

Für Theaterfreunde

⓬ **Stadttheater Lindau:** Tourneetheater in einer ehemaligen gotischen Klosterkirche mit abwechslungsreichem Programm. Schauspielaufführungen, Opern- und Ballettproduktionen kommen hier auf die Bühne. Des Weiteren eine Konzertreihe mit Kammerkonzerten sowie Kabarett und Kleinkunst.

Barfüßerplatz 1, T 08382 94 46 50, www.kultur-lindau.de, Vorverkauf Mo–Fr 10–13.30 und Mo–Do 15–17.15 Uhr, Abendkasse jeweils eine Stunde vor Beginn der Vorstellung

Puppentheater für Erwachsene

Lindauer Marionettenoper im **Stadttheater ⓬:** Fischergasse 37, T 08382 94 46 50, www.marionettenoper.de; Vorverkauf s. Stadttheater.

Logenplatz für den Sundowner

1 Eilguthalle: Einst verluden auf dem Bahnhofsgelände am Hafen Händler ihre Waren direkt von den Schienen auf Lastkähne. Heute sind Biergarten oder Dachterrasse des Lokals herrliche Plätze für einen Drink – vor grandioser Kulisse, wo Bergpanorama auf Bodensee trifft. Das Essen spielt hier die Nebenrolle.

Schützingerweg 2, T 08382 911 12 29, www.eilguthalle.li

Nervenkitzel

2 Spielbank: Hier lässt sich das Glück herausfordern.

Chelles-Allee 1, tgl. ab 15 Uhr, T 08382 277 40, www.spielbanken-bayern.de

Infos

- **Lindau Tourismus:** S. 210.
- **Inselfest:** im Juli.
- **Kinderfest:** im Juli, eine Woche vor Beginn der bayerischen Sommerferien.

Wasserburg am Bodensee

A/B 5

Hinter Lindau prägen Obstplantagen und Weinberge die Landschaft, die ihren alpenländischen Charakter nun ganz und gar verloren hat. Der sympathische kleine Urlaubsort Wasserburg, Heimat des »Lieben Augustin«, Romanfigur von Horst Wolfram Geißler, und des Schriftstellers Martin Walser (S. 222), kann ein erlauchtes Alter vorweisen.

Bis ins 18. Jh. war Wasserburg wie Lindau eine Insel, jüngste Funde lassen vermuten, dass diese schon in vorgeschichtlicher Zeit besiedelt war. Ganz sicher war eine »Burg im Wasser« bereits im 8. Jh. im Besitz des Klosters St. Gallen. Die einstige Inselfestung auf der heutigen Halbinsel wurde teilweise ausgegraben.

Die Halbinsel

Ein stimmungsvolles Ensemble erwartet Besucher auf der **Halbinsel.** Am besten ist es, erst mal mit einem Fischbrötchen vom Kiosk oder einem Eis auf die Hand den Segelschiffen beim Schaukeln zuzusehen, bevor man sich der Historie zuwendet: Das ehemalige **Schloss** geht im Kern auf das 13. Jh. zurück und erhielt sein heutiges Gesicht zwischen dem 16. und 18. Jh., als die Kaufmannsfamilie Fugger hier eine Niederlassung unterhielt. Diese war es auch, die den Seegraben 1720 zuschüttete und Wasserburg zur Halbinsel machte.

In einem Vorgängerbau der Pfarrkirche **St. Georg** beteten im 8. Jh. St. Gallener Mönche. Der heutige Bau mit dem üppig-bayerischen Zwiebelturm wurde nach einem Brand im frühen 19. Jh. errichtet. An drei Säulen im Inneren erinnern Steintafeln an die »Seegfrörnen«, das gänzliche Zufrieren des Bodensees in den Jahren 1573, 1830 und 1963.

Das Gerichtshaus (Malhaus), heute **Museum im Malhaus,** stammt aus der Zeit der Fugger, die hier Gericht hielten. Auch die Hexenprozesse, das düsterste Kapitel der Wasserburger Geschichte, wurden hier abgehalten. Im Erdgeschoss, am Gässchen zum See, lagen die Gefängniszellen.

Im ersten Stock ist das **Heimatmuseum** untergebracht, wo u. a. die Zeit der Hexenprozesse beleuchtet wird und der Schriftsteller Martin Walser, der berühmteste Sohn der Stadt, gewürdigt wird.

Wechselausstellungen, April–Okt. Mi–Fr und So 10.30–12.30, Sa/So 14.30–17 Uhr

Schlafen

Stilvoll

Schlosshotel Wasserburg: Ein historisches Ambiente am Seeufer – die Seeterrasse und der Wintergarten sind Lieblingsplätze.

Halbinselstr. 78, Tel 08382 273 33 00, www.schloss-hotel-wasserburg.de, €€–€€€

Beim Obstbauern

Ferien- und Obsthof Martin: Schlichte, aber sehr gemütliche Zimmer im Obsthof mit eigener Brennerei. Traumhafter Blick über Obstplantagen bis zum See.

Martinshöhe 58, Wasserburg-Hegnau, T 08382 892 82, www.haus-martin-wasserburg.de, €

Essen

Auf Dichterspuren

Walserhof: Ein Neffe Martin Walsers führt den sympathischen Familienbetrieb und kocht Bodenseefisch und bodenständige schwäbische Küche.

Nonnenhornerstr. 15, T 08382 985 60, www.walserhof.de, €–€€

Frische Fische

Fischerklause: Fisch aus eigenem Fang steht im Fokus des Restaurants mit Terrasse und Seeblick. Ob Felchen-Kaviar oder Filet von der Seeforelle mit Steinpilzen – Fischliebhaber kommen auf ihre Kosten.

Uferstr. 17, T 08382 88 70 66, €€

Einkaufen

Hochprozentig

Gierer Edelbrände: Hier wird eine große Auswahl an Obst- und Weindestillaten in elegantem Ambiente geboten; auch Degustationen werden veranstaltet. Spezialitäten: u. a. Elstar Edelbrand, Orange, Waldhimbeere oder Haselnuss Geist.

Auf der Egg 1, Bodolz, T 08382 94 41 90, www.gierer.li, Mo–Fr 9–12, 14–18, Sa 9–15 Uhr

Bewegen

Baden

Aquamarin: Frei- und Strandbad mit riesiger Liegewiese und Attraktionen für Kinder.

Reutener Str. 12, T 08382 251 87, www.wasserburg-bodensee.de/aktivitaeten

Segeln

Bodensee-Segelschule Wasserburg: Fam. Jörg K. Fischer, T 08382 89 23 88, www.segelschule-wasserburg.com

Surfen & Stand Up

Windsurfschule Wasserburg: T 08382 99 80 97.

Infos

- **Tourist Information Wasserburg:** Lindenplatz, 88142 Wasserburg (Bodensee), T 08382 88 74 74, www.wasserburg-bodensee.de.

Nonnenhorn

A 5

Der Luftkurort **Nonnenhorn** ist letzte bayerische Bastion am schwäbischen Meer und ein weinseliger Ort. Spätestens hier sind die Obstplantagen, die Radler wie Autofahrer ab Lindau begleitet haben, Weinfeldern gewichen. Ein historischer Weintorkel, eine Weinpresse aus dem 16. Jh., im Zentrum des Ortes weist auf die lange Tradition des Weinbaus in Nonnenhorn hin.

Bodenseeweine wie »Sonnenbichel« und »Seehalde« kann man vor Ort bei den Winzern oder in den Gaststätten kosten. Besonders gut munden sie aber in den zünftigen Rädlewirtschaften, den improvisierten Gaststuben der Winzer. Am schattigen Kapellenplatz erinnert die kleine spätgotische **St.-Jakobus-Kapelle** daran, dass eine Route des **Jakobsweges** nach Santiago de Compostela auch am Bodensee entlangführte.

Schlafen

Zum Wohlfühlen

Hotel Haus am See: Familiäres Haus mit Garten und eigenem Badestrand sowie kleinem Spa. Angegliedert ist ein gepflegtes Restaurant mit leichter Bodensee-Küche.

Uferstr. 23, T 08382 98 85 10, www.haus-am-see-nonnenhorn.de, €€€

Wohnen auf dem Weingut

Landhaus Hornstein am See: Wohlfühlambiente und wunderbare Gastgeber. Mit riesigem Garten und eigener Badestelle am See, die man auf einem kleinen Spaziergang durch die hauseigenen Weinstöcke und Obstgärten erreicht.

Conrad-Forster-Str. 50, T 08382 987 80, www.hornstein-am-see.de, €€–€€€

Essen

Historischer Gasthof

Zur Kapelle: Traditionslokal mit schönem Gastgarten. Saisonale, regionale Küche: Bodenseefisch und mehr.

Kapellenplatz 3, T 08382 82 74, €€

Rädlewirtschaft

Zum Winzer: Frische Bodenseeweine direkt vom Winzer, gute Brotzeiten und kleine Gerichte. Innen sitzt man auf langen Bänken, draußen gibt es eine Terrasse.

Uferstr. 14, €

Einkaufen

Wein

Weingut Roland Hornstein: Wein, Sekt, Edelbrände. Weinproben nach Absprache.

Conrad-Forster-Str. 50, T 08382 987 80

Bewegen

Baden

Strandbad Nonnenhorn: Freibad direkt am See mit großer Liegewiese.

Seestr. 12

Wandern mit Aussicht

Genießerweg: 3,6 km führt der ausgeschilderte Themenpfad durch Weinberge und Obstplantagen mit Seeblick und Informationen zum Obst- und Weinbau.

Fahrradverleih

Kugel: Seestr. 58, T 08382 81 10.

Infos

- **Touristinformation Nonnenhorn:** Seehalde 2, 88149 Nonnenhorn, T 08382 82 50, www.nonnenhorn.de.

Abstecher nach Bregenz

B 5

Nicht nur zur Festspielzeit, wenn große Stimmen von der Seebühne klingen, ist die Hauptstadt des österreichischen Bundeslandes Vorarlberg einen Ausflug wert. Besonders schön ist die Anreise per Schiff oder mit dem Rad von Lindau am See entlang – auch wenn man an schönen Sommertagen früh aufbrechen muss, um nicht im ›Verkehrsstau‹ auf dem Radweg stecken zu bleiben.

Mit dem Kunsthaus Bregenz (KUB), dem vorarlberg museum und zahlreichen Galerien ist die 29 000-Einwohner-Stadt ein Treffpunkt für Liebhaber moderner Kunst. Auch Fans moderner Architektur kommen angesichts von Bauten berühmter Architekten wie Jean Nouvel oder Hans Hollein auf ihre Kosten.

Ober- und Unterstadt

Die Bregenzer **Altstadt** thront auf einem Hügel, der den frühen Stadtherren nicht nur einen großartigen Seeblick, sondern auch Schutz vor Angreifern gewährte. Ruhig und sehr beschaulich geht es hier zu, seit sich das Geschäftszentrum in die Unterstadt verlagerte.

Am **Ehregutaplatz** erinnert ein Brunnen an den Minnesänger Hugo von Montfort. Alljährlich zur Faschingszeit kommen die ›Oberstädtler‹ hier zur traditionellen ›Geldbitlwäsch‹ zusammen und waschen ihre Geldbeutel, auf dass sie immer gut gefüllt seien.

Das alte Fachwerk-**Rathaus** aus dem 17. Jh. ist heute Wohnhaus. Der **Martinsturm** mit seiner mächtigen Schindelhaube wurde um 1600 vom Speicher zum Wachturm ausgebaut. Sehenswerter als die militärische Sammlung im Turm ist die angrenzende **Martinskapelle** mit Fresken aus dem 14. und 15. Jh.

Das hübsche **Deuring Schlössle** hat römische Grundmauern. Im 17. Jh. wurde es von Johann Albert von Deuring zum Schloss umgebaut. Seine efeuüberwucherten Mauern entzückten schon den Maler Egon Schiele, der es in einem Bild verewigte. Heute beherbergt das Barockschlösschen ein Hotel mit Gourmetrestaurant.

In der Unterstadt rund um den **Leutbühel** herrscht quirliges Leben, und besonders im Sommer sind die unzähligen Cafés gut besucht. Am **Kornmarktplatz,** wo früher Korn gehandelt wurde, wird zweimal in der Woche Markt abgehalten. Im einstigen **Kornhaus** wird heute Theater gespielt.

Das Kunsthaus Bregenz bietet auf drei Etagen Platz, sich mit internationaler Kunst auseinanderzusetzen.

Wirkungsvoll wird jedes Jahr die Seebühne bei den Festspielen in Bregenz in Szene gesetzt.

Kunsthaus Bregenz

Ein richtiger Hingucker ist das **Kunsthaus Bregenz,** das der Schweizer Architekt Peter Zumthor in den 1990er-Jahren erbaute, schon tagsüber. 700 Glastafeln sind an die Außenwand des Kubus montiert und zitieren die in der Bautradition des Bregenzerwaldes vorherrschenden Holzschindeln. Das ins Innere strömende Licht wird durch diese Glashaut zweimal gebrochen und beleuchtet die Exponate ideal. Nachts strahlt das Gebäude von innen geheimnisvoll und verwandelt das KUB in eine Lichtschönheit. 1999 wurde es mit dem Mies-van-der-Rohe-Preis für europäische Architektur ausgezeichnet.

Schwerpunkte der Sammlung sind zeitgenössische Werke der bildenden Kunst und Architektur sowie Design. Ausstellungen von zeitgenössischen Künstlern von Rang wie Jeff Koons oder Roy Lichtenstein, Thomas Schütte, Tacita Dean oder auch Ed Atkins ziehen ein kunstsinniges Publikum an.

Karl-Tizian-Platz, T 0043 5574 48 59 40, www.kunsthaus-bregenz.at, Di–So 10–18, Do 10–20 Uhr, Erw. 9 €, erm. 7 €

vorarlberg museum

In unmittelbarer Nähe von Kunsthaus Bregenz und Landestheater liegt das 2013 eröffnete architektonische Schmuckstück, das den Abschluss der Kulturmeile bildet. An der Außenfassade nutzten die Architekten – das Büro Cukrowicz Nachbaur Architekten –, inspiriert von römischer Keramik aus der Museumssammlung, den Boden handelsüblicher PET-Flaschen als Form und verliehen ihr damit eine eindrucksvolle Struktur.

Die Dauerausstellung »Buchstäblich Vorarlberg« beschäftigt sich mit der

Kulturgeschichte des österreichischen Bundeslandes gestern und heute.

Kornmarktplatz 1, T 0043 5574 460 50, www.vorarlbergmuseum.at, Di–So 10–18, Do bis 19 Uhr, Erw. 9 €

Seepromenade mit Seebühne

Der Bummel auf der Seepromenade, der längsten im Bodenseeraum, ist zu jeder Jahreszeit unterhaltsam – besonders aber zur Festspielzeit. Dann wird flaniert, geschaut und vor allem gelauscht: den Arien von der Probebühne, die sich mit den Gitarrenakkorden der Straßenmusiker mischen.

Der funktionale Bau des Festspielhauses wurde in den 1990er-Jahren um eine architektonisch bemerkenswerte Werkstattbühne erweitert und um weitere Zubauten ergänzt, die außerhalb der Festspielzeit für Kongresse genutzt werden. Herzstück der Bregenzer Festspiele aber ist natürlich die größte Seebühne der Welt mit ihrer fast 7000 Zuschauer fassenden Tribüne, die schon manche aufsehenerregende Inszenierung erlebte.

Große Oper wird Jahr für Jahr geboten, namhafte Stars sind schon in Bregenz zu Gast gewesen, Bühnenbildner und Techniker schaffen Wunderwerke der Fantasie und das Publikum kann sich der Verzauberung hingeben – wenn der Wettergott günstig gestimmt ist. Wenn der Regen prasselt, dürfen nur die glücklichen Besitzer einer Schlechtwetterkarte im Schauspielhaus Platz nehmen. Die anderen hoffen auf mehr Glück im nächsten Jahr.

Eine spannende Vorbereitung auf die Festspielvorführung sind die Führungen »Blicke hinter die Kulissen« (www.bregenzerfestspiele.com). Seit Daniel Craig alias James Bond 2008 im Festspielhaus und auf der Seebühne in den Kulissen der »Tosca« auf Verbrecherjagd ging, ist hier neben Opernliebhabern so mancher Bond-Fan auf Spurensuche unterwegs.

Schlafen

Mit Garten

Hotel Schwärzler: Frühstück im Garten, entspannen im Wellnessbereich unweit der Innenstadt – ein Hotel, das städtisches Ambiente und Urlaubsgefühl vereint.

Landstraße 9, T 0043 5574 49 90, http://schwaerzler.s-hotels.com, €€€

Großstädtisch

Hotel Weißes Kreuz: Das 4-Sterne-Stadthotel hat viel Flair. Geschmackvoll renoviert sind die Zimmer und das tolle Frühstücksbuffet verschafft mit hausgemachten Produkten einen guten Start in den Tag.

Römerstr. 5, T 0043 5574 498 80, www.hotelweisseskreuz.at, €€€

Perfektes Festspielhotel

Hotel Bodensee: Das elegante kleine Stadthotel liegt nur 5 Fußminuten vom See und von der Seebühne entfernt.

Kornmarktstr. 22, T 0043 5574 423 00, www.hotel-bodensee.de, €€–€€€

Essen

Neue österreichische Küche

Goldener Hirschen: Historisches Wirtshaus mit Wirtshausküche im Erdgeschoss und feinen Genüssen im ersten Stock, auch kreative fleischlose Küche, z. B. hausgemachte Ravioli mit Rote-Bete-Bergkäse-Fülle, schwarzen Nüssen, Feldsalat und Schwarzwurzelchips

Römerstr. 5, T 0043 5574 49 88

Bayern meets Austria

Kornmesser: Traditionsgasthaus mit über 300-jähriger Geschichte. Barockambiente im Gastraum, rauschende Kastanien im Biergarten und Dachterrasse mit Seeblick. Serviert wird gute österreichische Küche zu bayerischem Bier, Wiener

Schnitzel etwa oder auch Kaiserschmarren mit Zwetschkenröster.

Kornmarktstr. 5, T 0043 5574 548 54, www.kornmesser.at, außer im Sommer Mo Ruhetag, €–€€

Zwischen See und Seebühne

Wirtshaus am See: Solide Regionalküche in toller Lage, z. B. ofenfrischer Schweinsbraten oder Bodenseefelchenfilet.

Seepromenade 2, T 0043 5574 422 10, €–€€

Süße Sünden

Theatercafé Troy: Italienisch inspiriertes Ambiente mit leckeren Kuchen, hauseigenen Schokoladenspezialitäten und kleinen Mittagsgerichten.

Kornmarktplatz 4, T 0043 5574 471 15, €

Einkaufen

Strümpfe & mehr

Die Welt von Wolford: Strumpfmode und Lingerie vom Feinsten sowie andere Verlockungen für die modebewusste Dame auf 600 m^2 Verkaufsfläche in schickem Ambiente mit Restaurant. Für Schnäppchenjäger gibt es den Outlet-Store nebenan.

Wolfordstr. 1, T 0043 5574 69 00, www.wolford.com, Mo–Do 9–19.30, Fr 9–21, Sa 9–17 Uhr

Museums-Design

KUB Shop: Spiele, Schreibgeräte, Bücher, Geschenkartikel in trendigem Design im Museumsshop des KUB.

beim Kunsthaus Bregenz, Karl-Tizian-Platz, T 0043 5574 541 86

Möbel und Wohnaccessoires

Lifestyle Haus: Tische, Gartenmöbel, Accessoires – auch Bücher und andere Mitbringsel, die in den Kofferraum passen.

Lindauer Str. 64, Lochau

Bewegen

Baden

Strandbad Bregenz: zwischen Festspielhaus und Bodenseestadion gelegen. Großzügiges Gelände am See mit angegliedertem Saunenparadies. **Mili:** Nostalgiefans baden im Holzpfahlbau des ehemaligen Militärschwimmbads, ab Mitte Mai tgl. 10–20 Uhr.

Fahrradverleih

Radsport Drissner: Rheinstr. 64, T 0043 5574 660 22.

Bootsverleih

Elektro-, Tret- und Ruderbootverleih an der Seepromenade.

Bergbahn

Pfänderbahn: Mit Alpenwildpark, Greifvogelschau und Spielplatz. Fahrradbeförderung 8–10 Uhr kostenlos. Informationen zu Wanderungen und Radkarten mit den zehn schönsten Radtouren sind an der Kasse der Pfänderbahn erhältlich.

Steinbruchgasse 4, tgl. 8–19 Uhr, T 0043 5574 42 16 00, www.pfaenderbahn.at

Wasserski & Wakeboard

Wasserskischule Schneeweiß: Am Brand 2, T 0043 5574 433 33, fsschneeweiss.info@aon.at.

Ausgehen

Faites vos jeux

Spielcasino: Platz der Wiener Symphoniker 1, T 0043 5574 451 27, www.casinos.at/de/bregenz, 15–3 Uhr.

Kult

KUB-Café: Abends verwandelt sich das Tagescafé neben dem Museum in eine schicke Cocktailbar.

S. 228, 8.30–1.30 Uhr

Die Pfänderbahn führt auf den Aussichtsberg mit Dreiländerblick.

Infos

- **Bregenz Tourismus:** Bahnhofstr. 14, A-6900 Bregenz, T 0043 5574 495 90, www.bregenz.at.
- **Bregenzer Festspiele:** Platz der Wiener Symphoniker 1, T 0043 5574 40 70, www.bregenzerfestspiele.com. Auf der Seebühne und im Festspielhaus.
- **Bregenzer Frühling:** Symphoniekonzerte und Ballettgastspiele, März–Mai.

Pfänder

B 5

Vom See ist es nicht weit in die Berge. Der Pfänder (1064 m), Hausberg der Bregenzer, ist ein rechter **Aussichtsberg mit Dreiländerblick** über den Bodensee und bei entsprechender Sicht auf nicht weniger als 240 Alpengipfel. Kinder begeistert der Alpenwildpark sowie die Adlerwarte mit Flugschau (Mai–Okt. tgl. 11 und 14.30 Uhr). Wer auf diesen alpinen Rummelplatz aber keine Lust hat, kann in kürzester Zeit in die Einsamkeit entfliehen. Mehrere Wanderwege stehen zur Auswahl – von der einfachen Talwanderung über Fluh, wo man im schönen Gasthaus Adler einkehren kann, bis zur Tageswanderung. Rund 16 km lang ist der **Käsewanderweg** bis nach Scheidegg und zurück (5 Std., Infos zu den Wanderungen an der Talstation der Bergbahn). Unterwegs locken Bauernhöfe, Sennereien und Käseläden. Man geht vom Pfänder Richtung Eichenberg und Möggerberg. Wenn man sich auf ein Teilstück beschränkt, eine schöne Familienwanderung. Aber auch Radler kommen auf ihre Kosten, denn in der Pfänderbahn (www.pfaenderbahn.at/de) lassen sich sogar Räder transportieren.

Das Kleingedruckte

Die geschmückte Kranzkuh leitet die Herde auf ihrem Weg zum Viehscheidplatz.

Anreise

… mit dem Auto

Von München über die A 96 Richtung Lindau, von Norden kommend über die A 7 Richtung Kempten/Nesselwang/Füssen erreicht man bequem das Allgäu. Auf manchen Strecken lohnt der Umweg über die Bundesstraße, z. B. die B 12, die vom Ostallgäu über Kaufbeuren, Marktoberdorf, Kempten und Isny nach Lindau führt. Das letzte Teilstück gehört zur **Oberschwäbischen Barockstraße.** Von Augsburg über Landsberg am Lech nach Füssen fährt man ein Stück auf der **Romantischen Straße.**

… mit der Bahn

Ins Allgäu gibt es Direktverbindungen von Hannover über Dortmund und Köln sowie von Hamburg und München nach Oberstdorf mit Halt in Kempten, Immenstadt, Sonthofen und Fischen. Weitere Anlaufpunkte im Zugverkehr sind Augsburg, Ulm und Lindau, von wo aus Regionalzüge weiter ins Allgäu fahren. Kaufbeuren, Marktoberdorf, Füssen, Pfronten, Bad Wörishofen, Mindelheim, Memmingen, Nesselwang, Oberstaufen, Lindau, Wolfegg haben Bahnanbindung.

Einige Allgäuer Ferienorte umwerben den Bahntouristen mit Pauschalangeboten, die eine Anfahrt mit der Bahn beinhalten (ReiseService der Deutschen Bahn, T 0180 699 66 33 (20 ct./Min., aus dem deutschen Festnetz), www.bahn.de). Auch Infos zur Mitnahme von Fahrrädern erhält man unter der Nummer. Die Broschüre »Bahn & Bike« ist an Bahnhöfen erhältlich.

… mit dem Flugzeug

Der Allgäu Aiport in Memmingen wird derzeit nicht von deutschen Städten aus angeflogen. Er bedient Ziele in Europa, aber auch etwa Jordanien und die Ukraine.

Bewegen und Entschleunigen

Golf

Im Allgäu gibt es rund 20 Golfplätze (www.golfparadies-allgaeu.com), darunter Deutschlands höchstgelegenen Abschlagplatz am Golfplatz Wiggensbach. Greenfee-Spieler mit Platzreife bzw. Mindesthandicap sind auf den Allgäuer Golfplätzen willkommen. Viele Golfclubs bieten Schnupperkurse an. Golfen ohne Greenfee bietet Oberstaufen an: Hinter der Initiative Oberstaufen PLUS Golf verbergen sich Hotels, in deren Angebot die Nutzung der Golfplätze bereits inklusive ist.

Radwandern und Mountainbiking

Genussradeln von Badesee zu Badesee, von Sennerei zu Sennerei oder zwischen Kirche und Gasthof – entspannte Touren für Genussradler oder Familien gibt es in Hülle und Fülle im seenreichen Ostallgäu, im flachen Unterallgäu und im sanfthügeligen Westallgäu oder am Bodensee. Und wer vorzeitig müde wird, packt das Rad einfach in den Zug (S. 249). Im Trend liegen zweifellos E-Bikes, die auch wenig trainierten Radlern längere Touren in hügeligem Gelände ermöglichen. Sie stehen in vielen Gemeinden zur Ausleihe bereit. Mountainbiker finden im Oberallgäu zahlreiche Herausforderungen.

www.allgaeu.de/rad fasst die Möglichkeiten für Radsportler in den einzelnen Gemeinden zusammen und beschreibt und bewertet einige der schönsten Routen.

Seen und Bäder

Wenige Besucher kommen in erster Linie zum Baden ins Allgäu, viele sind jedoch überrascht über den Reichtum an erstklassigen Badeseen, die an heißen Sommertagen für Abkühlung sorgen (und im Winter zu vorzüglichen Eislaufplätzen werden).

W

WANDERTRILOGIE ALLGÄU

Immer wieder stoßen Wanderer unterwegs auf ein Hinweisschild zur »Wandertrilogie Allgäu«. Dahinter verbirgt sich kein normaler Fernwanderweg, der von A nach B führt. Die drei Wanderrouten Wiesengänger, Wasserläufer und Himmelsstürmer führen durch unterschiedliche Landschaften der Region und bilden ein Weitwanderwegenetz, das insgesamt 876 km lang ist (www.allgaeu.de/infrastruktur). Der **Wiesengänger** wandert im Westen des Allgäus durch die Hügellandschaft oder im Osten und im Unterallgäu durch sanfte Terrassenlandschaften und genießt das Bergpanorama aus der Ferne. Der **Wasserläufer** ist der Erlebniswanderer der Voralpenlandschaft. Der **Himmelsstürmer** ist der eher sportlich ambitionierte Wanderer, der in den höheren Gebirgslagen unterwegs ist und vielfach von oben das Allgäu überblickt.

Wer **Wassersport** treiben möchte, ist am Forggensee oder Hopfensee bei Füssen, am Alpsee bei Immenstadt oder natürlich am Bodensee bestens aufgehoben. Ruhige Badefreuden genießt man am Bannwaldsee oder Alpsee (beide Schwangau) und an zahlreichen kleinen Seen im Allgäuer Seenland oder rund um Kißlegg im Westallgäu. Familien fühlen sich an Hopfensee, Weißensee und Schwansee im Königswinkel oder am Niedersonthofener See bei Kempten besonders wohl.

Die Zahl der Frei- und Hallenbäder ist beachtlich. Sehr beliebte **Allwetterbäder mit Saunalandschaften** und vielen Extras sind u. a. die Kristalltherme in Schwangau, das Aquaria in Oberstaufen, die Therme in Bad Wörishofen, das CamboMare in Kempten oder das ABC in Nesselwang. Ruhige Badefreuden genießt man in der Therme Bad Wörishofen, wo nur am Samstag Kinder unter 16 Jahren Zutritt haben.

Wandern und Klettern

Das Allgäu ist ein Wanderparadies. Kein Wunder, dass Wandern zu den Lieblingsbeschäftigungen der Allgäu-Urlauber zählt. Nicht zwangsläufig geht es dabei immer hoch hinauf. Auch im relativ flachen Voralpenland locken herrliche **Wanderwege** im Bereich von Flüssen, Seen oder Mooren. Großer Beliebtheit erfreuen sich Kulturwanderwege, die viele Gemeinden angelegt haben. Auf Infotafeln entlang des Weges wird über Geologie, Flora, Fauna und Kultur der Region informiert. Am Schwangauer Tegelberg beispielsweise hat man die Wahl zwischen dem Schutzengelweg und dem Ahornreitweg, in Oberstaufen lockt der familienfreundliche Erlebniswanderweg Hündle-Schwandalpe, im Westallgäu kann man auf der Allgäuer Käsestraße wandern (oder radeln). Im Oberallgäu gehören die Sennalpen zu den schönsten Wanderzielen in mittleren Höhenlagen.
www.allgaeu.info/natur/wandern

Wer die Aussicht nicht missen, aber die Berge nicht im Schweiße seines Angesichts erklimmen mag, den befördern **Bergbahnen** auf die schönsten Aussichtsberge. Und schließlich ist die Bergstation auch immer Ausgangspunkt für Wanderungen unterschiedlichster Schwierigkeitsgrade.

Natürlich gibt es auch anspruchsvolle **Bergwanderungen** in Hülle und Fülle. Und hat man den Gipfel erst einmal erklommen, so locken schöne Höhenwege über den Allgäuer Hochalpenkamm, die Hütten und Gipfel verbinden.

Alle **Hütten** sind im Sommer bewirtschaftet und bieten Schlafquartiere sowie leckere Hüttengerichte, sollten aber rechtzeitig vorgebucht werden (www.allgaeu.info/wandern).

Zahlreiche **Bergschulen** machen fit für Abenteuer in luftiger Höhe, darunter sind: Alpinschule Oberstdorf (T 08322 94 07 50, www.alpinschule-oberstdorf.de), OASE Alpincenter (T 08322 800 09 80, www.oase-alpin.de), Bergschule Oberallgäu (T 08321 49 53, www.alpinschule.de), Bergschule Kleinwalsertal (T 0043 5517 302 45, www.bergschule-kleinwalsertal.de).

Wellness

Kneippkur, Schrothkur, Heukur oder Moorkur – (K)Urlaub hat im Allgäu Tradition, und die gesunde Luft tut ein Übriges. Haben die klassischen Kuren abgenommen, so ist der Wellnesstrend ungebrochen, und auf Nachhaltigkeit setzen Medical-Wellness-Angebote. Dass Gesundheitsvorsorge nicht immer an Sternehotels gekoppelt und entsprechend teuer sein muss, zeigen die »Allgäuer Gesundheitshöfe«, ein Zusammenschluss hervorragend ausgestatteter Bauernhöfe, die z. T. vom Kneipp-Bund anerkannte Kneippkuren in persönlicher Atmosphäre anbieten (www.allgaeu-urlaubaufdembauernhof.de). Wer sich besonders für die Heilkraft der Kräuter interessiert, ist auf einem der Kräuterlandhöfe bestens aufgehoben (www.allgaeuer-kraeuterland-hoefe.de).

Wintersport

Zwischen Mitte Dezember und Ende März ist in schneereichen Wintern das Allgäu ein beliebtes Ziel für Wintersportler. Familien fühlen sich in den kleineren Orten wie Fischen, Oberjoch (Hindelang) oder Balderschwang wohl. Zu den unzähligen Schlepp- und Sesselliften und den 250 km Skiabfahrten kommen 450 gut gespurte Loipenkilometer. Rodelreviere findet man am Tegelberg bei Schwangau oder am Imberger Horn bei Hindelang.

Auf Eisläufer und Eisstockschützen warten zugefrorene Seen und angelegte Eisbahnen. In den Bundesleistungszentren für Eiskunstlauf in Oberstdorf (Roßbichlstr. 2–6, T 08322 91 51 10, www.oberstdorf-sport.de) und Füssen (Am Kobelhang, T 083 625 07 50, www.blz.fuessen.de) kann man das ganze Jahr über Schlittschuh laufen.

Essen und Trinken

Ausgefallene Gewürze und raffinierte Saucen wird man in der Allgäuer Küche vergeblich suchen. Weil im rauen Bergklima auch wenig Obst und Gemüse gedeihen und Fleisch teuer war, kam traditionell Tag für Tag auf den Tisch, was reichlich vorhanden war: einfache, aber dennoch schmackhafte Schwabenkost aus Mehl, Milch, Käse, Butter und Eiern. In den Gasthäusern dominiert auch heute noch

Kässpatzen sind ein Traditionsgericht im Allgäu, das Topping besteht aus Röstzwiebeln.

R

DAS BESTE AUS DER REGION ...

»Das Beste aus der Region frisch auf den Tisch« – so lautet das Motto von rund 80 Wirten im Allgäu und Oberschwaben, die sich zur Gemeinschaft der **LandZunge-Gasthöfe** (www.landzunge.info) zusammengeschlossen haben. Wer das LandZunge-Schild an der Gasthaustür erspäht, weiß, dass hier vor allem Produkte aus der **Region** verarbeitet werden: bestes Fleisch vom Weiderind oder handgefertigter Käse – viele Produkte vom Bauern im Dorf, vom Jäger, aus der örtlichen Sennerei oder vom Landmetzger, die keine langen Transportwege hinter sich haben.

die schwäbische Küche, aber inzwischen haben auch zahlreiche bayerische Klassiker wie Schweinsbraten, Haxen, Leberkäs oder sogar die Münchner Weißwurst ihren Platz auf den Speisekarten gefunden – kein Wunder nach 200 Jahren unter bayerischer Herrschaft.

Mehlspeisen über alles

Mehlspeisen unterschiedlicher Art, das traditionelle Arme-Leute-Essen, lieben die Allgäuer auch heute noch, und Nationalgericht quasi sind Kässpatzen, die auf kaum einer Speisekarte fehlen. Kreiert wurden sie auf der Alp, heißt es, denn viel stand dem Senn in den Bergen nicht zur Verfügung. Einen Sack Mehl konnte er mit hinaufschleppen, wenn er zu Beginn des Alpsommers seine Hütte in den Bergen bezog. Käse gab es mehr als genug. Dass der Original-Spatzenteig ohne Eier gerührt wird, ist alte Senntradition, denn Hühner konnte man am Berg nicht halten. Heute werden – allein der Farbe wegen – einige Eier unter den Teig gemischt.

Neben Spätzle findet man **Knöpfle** (knopfförmige Mini-Spätzle), **Spinatspatzen** (mit Spinat im Teig), **Krautspatzen** (mit Sauerkraut) oder **Maultaschen** (Teigtaschen gefüllt mit Brät, Zwiebeln und Spinat), die in der Brühe gegart oder mit Käse überbacken werden. Die Legende erzählt, dass sie als kulinarische Mogelpackung entstanden (Herrgottsbscheißerle) sind, weil das Fleisch in der Fastenzeit unter der Teigschicht versteckt in die Suppe geschummelt wurde. Eine interessante Variante zu den klassischen Mehlspeisen sind Schupfnudeln, fingerdicke Nudeln, die meist aus Kartoffelteig gerollt und mit Kraut serviert werden.

P

PREISKATEGORIEN

... in diesem Band für **Hauptgerichte, Menüs** etc.
€ = 10–20 Euro
€€ = 20–30 Euro
€€€ = 30–60 Euro

Die Käseküche Deutschlands

Allgäu und Käse – das gehört zusammen, seit der Schweizer Senn Johann Althaus im Jahre 1827 den Allgäuern das Geheimnis des Emmentaler-Käsens verriet. Carl Hirnbein, der die Milchwirtschaft zur Basis der Landwirtschaft im Allgäu machte, lernte wenige Jahre später in Holland, wie man Limburger und Romadur zubereitet. Seither ist das Spektrum der Käsesorten im Allgäu ständig gewachsen. Und natürlich lässt sich mit Käse viel mehr zubereiten als nur Kässpatzen. Käsesuppe, Käsemus, Käsknödel oder Käsesalat werden von Gasthöfen im Sennalpgebiet oder entlang der Allgäuer Käsestraße (S. 190) serviert.

Kräuter

Auf den Wiesen sprießen die Kräuter, und was den Kühen eine Delikatesse ist, sollte auch dem Menschen munden, überlegten innovative Allgäuer Köche und begannen, die einfachen Allgäuer Gerichte entsprechend zu veredeln. So kann man seit rund 20 Jahren die Alpwiese auf den Teller frisch, aber auch getrocknet genießen in Form von Bergwiesenheusuppe, gebackenen Heukartoffeln mit Schnittlauchtopfen oder Schupfnudeln mit Heublumen (z. B. Gasthof Mohren in Oberstdorf, Du-Familotel Krone in Oberjoch, Berwanger Hof in Obermaiselstein oder Allgäuer Berghof in Ofterschwang). Kräuterwirt Axel Kulmus bringt im Landgasthof Rössle in Stiefenhofen innovative und leckere (Un-)Kräutergerichte auf den Teller (S. 185, S. 274).

Fisch, Fleisch und Wild

Fleisch kam im armen Bauernland Allgäu nur selten auf den Tisch, heute ist vor allem Rindfleisch aus der Allgäuer Küche nicht wegzudenken. Gastwirte setzen mehr und mehr auf regionale Quellen, was wiederum den Bauern zugute kommt, die faire Preise für ihr Fleisch erhalten. Großer Beliebtheit erfreuen sich edle Stücke vom Weiderind, aber auch Innereien wie Saures Züngerl oder Saure Kutteln, die man lange als Abfallprodukt verschmähte, liegen wieder im Trend. Das **Wild** der Region schätzten schon die Wittelsbacher Herrscher, die im Ammergebirge gern auf die Jagd gingen. Und auch heute steht Wild – Rehbraten, Hirschgulasch oder Gamskeule – vor allem im Herbst auf vielen Speisekarten.

Die Bodenseeküche ist ohne **Seefisch** nahezu undenkbar, und Fischgerichte bieten die meisten Restaurants am See an. Auch am kleinen bayerischen Seezipfel werfen Berufsfischer über das ganze Jahr – außer im November – ihre Netze aus.

46 verschiedene Fischarten tummeln sich im See – die wichtigsten darunter Felchen, Barsch, Aal, Zander, Seeforelle, Hecht, Rüschen und Weißfisch.

Der Brotfisch ist zweifellos der Felchen, ein grätenarmer Edelfisch mit weißem Fleisch und zartem Biss, gefolgt von den Barschen. Die Seeforelle ist ein zwar gern gesehener, aber seltener Gast, weil sie sich zur Laichzeit in die Quellgebiete der Zuflüsse verzieht. Dafür, dass die

T

TRADITIONSGERICHT KÄSSPATZEN – REZEPT FÜR 4 PERSONEN

Zutaten: 500 g Weizenmehl, 4–5 Eier, ca. 200 ml Wasser, 1 TL Salz, 200 g Emmentaler (alternativ 100 g Emmentaler und 100 g Romadur) und 100 g Bergkäse, beide gerieben, 1 Zwiebel oder mehr nach Geschmack, Pfeffer, 100 g Butter, 1 Bund Schnittlauch in Ringe geschnitten (nach Geschmack)
Das Mehl und die Eier samt Wasser und Salz mit dem Handrührgerät so lange schlagen, bis der Teig Blasen wirft. Einige Minuten quellen lassen. In der Zwischenzeit reichlich Wasser in einem Topf zum Kochen bringen und salzen. Mithilfe eines Spätzlehobels lässt man den Teig portionsweise ins kochende Wasser tropfen. Fortgeschrittene schaben ihn vom Brett. Sobald die Spatzen an der Oberfläche schwimmen, können sie mit dem Schaumlöffel abgeschöpft und in eine vorgewärmte Schüssel gegeben werden. Mit dem geriebenen Käse bedecken, nach Belieben pfeffern und im vorgeheizten Backofen bei ca. 100 °C warm stellen. Die Zwiebel(n) hobeln und in Butter bräunen. Dann die Röstzwiebeln auf den Kässpatzen anrichten. Wer mag, gibt noch eine Handvoll Schnittlauchringe darüber. Dazu schmeckt ein grüner Salat.

Fische nicht ausgehen, sorgen sechs Fischbrutanstalten rund um den See, eine davon in Nonnenhorn. Zur Gewinnung des Fischlaiches werden Laichfische aus dem See und einigen Flussstrecken gefangen und die Jungfische vor Ort erbrütet und angefüttert. Ein Paradox: Das Bodenseewasser ist so sauber wie nie. Gerade das macht aber den Bodenseefischern zu schaffen, denn das saubere, nährstoffarme Wasser führt zu rückläufigen Fangmengen.

Allgäuer Braukunst und Wein

Das »Bier zum Käs« liefert eine Reihe mittelständischer und kleiner Brauereien. Jede Brauerei verfügt über ihre Hausspezialitäten, die so manchen Bierkenner überraschen. Selbstverständlich unterliegt auch das Allgäuer **Bier** dem ältesten Lebensmittelgesetz der Welt, dem Reinheitsgebot für das bayerische Bier, das bereits im Jahr 1516 von Herzog Wilhelm IV. erlassen wurde. Wer mehr über den Gerstensaft wissen möchte, belegt eines der Bierseminare, besucht das Biermuseum im Kloster Irsee oder nimmt an einer Führung durch eine der Brauereien teil (S. 60). Im westlichsten Zipfel Bayerns, am Bodensee, wird seit der Römerzeit **Wein** angebaut, und seit der Christianisierung des Bodenseeraums im 7. Jh. wurde der Anbau von den Klöstern fortgeführt. Heute produzieren 18 Winzer am bayerischen Bodensee in kleinen Familienbetrieben vor allem frische, spritzige Weißweine aus der klassischen Rebe der Bodenseeregion – Müller-Thurgau – und einen leichten Spätburgunder.

W

WEINFESTE UND WEINPROBEN AM BODENSEE

Die Vielfalt der Weine aus Nonnenhorner Winzereien kann man auf einem der traditionellen **Weinfeste** testen: »Komm und See« (Tag der offenen Weingüter im Juni oder Juli; www.kommundsee.de), Winzerfest am See (Aug.).
Abseits der Feste probiert man den Bodenseewein am besten in einer der **Rädlewirtschaften** in Nonnenhorn. In diesen Lokalen, die anderswo Besenwirtschaft oder Buschenschank heißen, dürfen Winzer die eigenen Weine ausschenken. Dazu müssen sie lediglich ein kleines Wagenrad an einer Stange vor dem Haus aufhängen, um anzuzeigen, dass jedermann, der Lust auf ein Glas Wein und eine deftige Brotzeit hat, herzlich willkommen ist.

Feiertage

1. Januar: Neujahr
6. Januar: Heilige Drei Könige
Ostertage: Karfreitag, Ostermontag
1. Mai: Tag der Arbeit
Christi Himmelfahrt
Pfingsten: Pfingstmontag
Fronleichnam
15. August: Mariä Himmelfahrt
3. Oktober: Tag der Deutschen Einheit
1. November: Allerheiligen
Weihnachten: 25./26. Dezember

Feste und Events

Das Brauchtum im Allgäu lebt, und ein Grund zum Feiern ist schnell gefunden. Die meisten Feste sind Konstanten des Kirchenjahrs, viele orientieren sich zudem am Rhythmus der Jahreszeiten und damit der Landwirtschaft. So erinnert die Kirchweih zum einen an die Weihe der Dorfkirche, ist aber andererseits das bäuerliche Fest zum Abschluss der Erntearbeit. Im Sommer finden regelmäßig Bergmessen statt, die einst der Seelsorge für die Senner und Alpbewohner dienten.

F

FESTE

Februar

Fasnachtsumzüge in Marktoberdorf, Schwangau, Bad Wurzach, Oberstaufen, Isny, Scheidegg, Wangen, Wolfegg
Funkenfeuer: Sonntag nach Fasnacht
Eggaspiel in Sonthofen: alle drei Jahre, Wochenende nach Fasnacht (2022, 2025, …)
Wilder Männle Tanz in Oberstdorf: alle fünf Jahre (2025, …)

März

Mindelheimer Jazztage: Ende März

April

Kemptener Jazz-Frühling: Ende April/Anfang Mai
Maibaumaufstellen mit Tanz in den Mai: 30. April u. a. in Bad Wurzach, Wiggensbach, Wasserburg, Lindenberg, Immenstadt, Balderschwang

Mai

Internationaler Kammerchor-Wettbewerb in Marktoberdorf: Ende Mai/Juni

Juni

Ottobeurer-Konzerte: Juni–Sept.
Füssener Orgelsommer und **Fürstensaalkonzerte** in Füssen
Internationale Kneipp-Musiktage in Bad Wörishofen: Ende Juni
Memminger Meile: Ende Juni–Anf. Juli, Kunst, Kultur, Festivalstimmung
Internationale Wolfegger Konzerte in Schloss Wolfegg: letzte Juniwoche

Juli

Heilig-Blut-Fest in Bad Wurzach: Mitte Juli
Frundsbergfest in Mindelheim: Ende Juli alle drei Jahre (2021, 2024, …)
Kinderfest in Isny, Wangen, Memmingen, Lindau: Mitte bis Ende Juli
Tänzelfest in Kaufbeuren: Mitte Juli
Oberstdorfer Musiksommer: Mitte Juli bis Mitte August
Theaterfestival in Isny (Ende Juli)
Fischertag in Memmingen: Ende Juli
Wallenstein-Spiele in Memmingen: Ende Juli alle vier Jahre (2024, 2028 …)
Bregenzer Festspiele: Juli, August

August

Halbinselfest in Wasserburg

September

Festival vielsaitig in der Lauten- und Geigenbaustadt Füssen
Viehscheid (Abtrieb der Tiere von der Alp mit Volksfest) u. a. in Hindelang, Oberstdorf, Balderschwang, Oberstaufen, Seeg, Schwangau, Pfronten, Obermaiselstein, Wertach
Fürstensaal Classix in Kempten
Schlosskonzerte Neuschwanstein in Schwangau: Ende Sept.
Festival der Nationen in Bad Wörishofen: Ende Sept.

Oktober

Colomansfest in Schwangau: 2. So

November

Leonhardi-Ritt im Bauernhofmuseum Illerbeuren: 1. Novemberwochenende

Dezember

Weihnachtsmärkte u. a. in Memmingen, Isny, Mindelheim, Bad Wurzach, Kempten, Füssen, Immenstadt, Sonthofen, Wangen, Pfronten, Marktoberdorf, Lindenberg, Kaufbeuren
Klausentreiben in Immenstadt, Burgberg, Sonthofen, Fischen, Obermaiselstein, Oberstdorf: Anfang Dez.
Auftaktspringen zur Vierschanzen-Tournee in Oberstdorf: Ende Dez.

Fasnachtstreiben

Wenn die Narren mit bunten Kostümen und hölzernen Masken durch die Städte poltern und Rathäuser stürmen oder gruselige Hexen durch die Gassen toben, dann will der Winter vertrieben werden. Das versuchen die Allgäuer und Alemannen mithilfe furchterregender Masken und viel, viel Krach.

Beim **Scheidegger Fastnachtsumzug** lehren 3500 Musiker und Maskierte das Fürchten, darunter die originellen »Käsmolle«, die sich wie überdimensionale Käselaibe mit Kopf durch die Straßen wälzen. In **Wangen** und Umgebung wagen Gestalten wie der »Flachsnarr«, der »Spindlenarr« und das »Schellenweiblein« in ihren bunten Gewändern den **Narrensprung** und hüpfen so hoch, dass sie den Dämonen der Kälte ins Genick treten können. So manches Mal war das närrisch-ausgelassene Treiben im Lauf der Jahrhunderte von der gestrengen Obrigkeit verboten worden, die um Sitte und Moral fürchtete, besiegen konnte sie es nicht. Und seit man sich nach dem Ersten Weltkrieg zu Narrenzünften zusammenschloss, sind die Narren wieder schwer in Form.

Am Abend des ersten Sonntags nach Fasnacht lodern auf den Hügeln des Allgäuer Voralpenlandes die **Funkenfeuer**. Es gilt, den Winter zu vertreiben und das Ende der dunklen Jahreszeit zu markieren. Zu diesem Zweck versammelt sich Alt und Jung bei Einbruch der Dunkelheit bei Glühwein und »Funkenkiachle« und verbrennen die »Funkenhex«, eine Strohpuppe, die mit Schießpulver gefüllt wird. Mit Spannung erwarten Einheimische wie Besucher die Explosion der Funkenhexe und das anschließende Feuerspektakel. Das Feuer selbst gibt angeblich Aufschluss über das kommende Jahr: Je höher und heller es brennt, desto fruchtbarer und besser, so glaubt man, wird es.

In Sonthofen geht dem Funkenfeuer das **Eggaspiel**, ein pantomimisches Spektakel, voraus, das 1955 wiederbelebt wurde und seither alle drei Jahre auf dem Rathausplatz aufgeführt wird. Eine Hexe symbolisiert die dämonischen Kräfte, die für alles Unheil verantwortlich gemacht werden. Sie lässt alles misslingen, »eggt« überall an, bis man ihrem Treiben symbolisch durch das Verbrennen im Funkenfeuer ein Ende setzt (S. 105).

In Oberstdorf lebt alle fünf Jahre der **Wilde Männle Tanz** wieder auf, ein archaischer Hüpftanz, den 13 Männer in urtümlichen Kostümen aufführen.

Historienspektakel und -feste

Alljährlich kurz vor Beginn der Sommerferien wird in Memmingen der **Fischertag** begangen, der auf den Brauch des Stadtbachausfischens vor dessen großer Reinigung zurückgeht.

Alle vier Jahre hält der Feldherr Wallenstein Einzug in die Metropole des Unterallgäus. Das Historienspektakel der **Wallenstein-Spiele** (das nächste Mal 2024) zählt zu den Highlights im Allgäuer Festkalender. Lagerleben, Musik, Theater und Umzüge in historischen Kostümen gehören auch in Mindelheim dazu, wenn die Stadt alle drei Jahre (das nächste Mal 2021) mit historischen Festzügen mit über 2000 Mitwirkenden das **Frundsbergfest** begeht.

It's time for Jazz …

Freunde der Jazzmusik können sich auf zwei Events freuen: die **Mindelheimer Jazztage** im März (www.jazz-isch.de) und den **Kemptener Jazz-Frühling** (www.klecks.de) Ende April.

Klausentreiben

Empfindsame Gemüter sollten am 6. Dezember (Nikolaus) nach Einbruch der Dunkelheit die Straßen mehrerer Allgäuer Orte meiden. Dann nämlich machen ledige Burschen die Gegend unsicher: Mit Tierfellen bekleidet, geschmückt mit Stierhörnern, Geweihen und einem Gurt aus

Kuhschellen schlagen sie mit Ruten nach den Schaulustigen. Über die Bedeutung des Klausentreibens kann nur spekuliert werden. Eine Theorie führt es zurück auf die Zeit der Kelten, bei denen die Wochen vor der Wintersonnenwende als Periode der Enthaltsamkeit galten. Um die Bauern vor dem Brechen des Gebots zu warnen, heißt es, zog ein »Wilder Klaus« durch die Straßen, der demonstrieren sollte, dass die trotz Verbots gezeugten Kinder den Eltern durch Naturkräfte wieder genommen würden.

Bis heute erinnert das traditionelle Gebäck zum Klausentag an die keltischen Sitten. Die »Laible« symbolisieren die Sonne (Wintersonnenwende), während die »Klausenmändle« ursprünglich eine Naturgottheit darstellten, deren Kraft man sich durch das Verspeisen einverleibte.

Klostermusik

Besonderen Musikgenuss bieten zwei Klöster: Weltberühmt sind die **Ottobeurer Konzerte** (www.ottobeuren.de) in der Barockbasilika Ottobeuren. **»Ein Ort wird Musik«** heißt es jedes Jahr im Oktober in Bad Hindelang (Infos unter www.badhindelang.de). Dann trifft Mozart auf Stubenmusik, bekannte klassische Werke begegnen Volksmusik der Region.

Maibaum bis Viehscheid

Der Wonnemonat wird überall mit einem zünftigen Fest begrüßt, zu dem das feierliche Aufstellen des Maibaums gehört. Bis es so weit ist, will der Baum allerdings gut bewacht werden, damit ihn nicht ›Diebe‹ aus dem Nachbardorf entwenden. Die Schmach ist groß, wenn der Baum mit einem Fass Bier ausgelöst werden muss.

Ab Mitte September wird das Vieh, das den Sommer auf der Alp verbracht hat, wieder abgetrieben und würdevoll im Tal empfangen. Längst hat sich der Viehscheid zum Volksfest entwickelt. Nachdem die festlich geschmückten Rinder

Beim Tänzelfest in Kaufbeuren spielen Kinder die Hauptrolle.

ihren jeweiligen Besitzern zurückgegeben wurden, treffen sich Einheimische und Besucher im Festzelt zu Bier und Musik (S. 257).

Musikfestspiele

Ohne Musik läuft nichts im Allgäu – keine Wallfahrt, kein Umzug, kein Fest ohne die Begleitung einer der traditionellen Blasmusikkapellen. Und daneben gibt es längst eine ganze Reihe von Musikfestivals von Rang, die zahlreiche Besucher ins Allgäu locken.

Im August, während des **Oberstdorfer Musiksommers** (T 08322 959 20 05, www.oberstdorfer-musiksommer.de), treffen sich Solisten und Ensembles von Rang und begabte Nachwuchsmusiker. Unvergesslich bleiben die Gipfelkonzerte in 2000 m Höhe.

Das **Festival vielsaitig** (www.stadtfuessen.de/festival-vielsaitig.html) lässt

Anfang September die Geschichte Füssens als Wiege des europäischen Lauten- und Geigenbaus aufleben.

Im Sängersaal des Schlosses erinnern die **Schlosskonzerte Neuschwanstein**, nachdem sie eine Pause wegen der Restaurierung der Prunkräume eingelegt hatten, wieder an den Musikliebhaber Ludwig II. Beim **Festival der Nationen** in Bad Wörishofen trifft sich Ende Sept./ Anfang Okt. die junge Weltelite (www.festivaldernationen.de).

Die **Bregenzer Festspiele** sind vom Allgäu aus gut zu erreichen (T 0043 5574 40 70, www.bregenzerfestspiele.com) und zeigen Opern oder Musicals auf der grandiosen Seebühne.

Prozessionen und Wallfahrten

Ein farbenprächtiges Spektakel bieten Wallfahrten hoch zu Ross. Der **hl. Georg,** Schutzpatron der Pferde, wird Ende April mit einer prächtigen **Pferdeprozession** in Bodelsberg (Gemeinde Durach) südlich von Kempten, aber auch auf dem Auerberg bei Stötten gefeiert. Am zweiten Freitag im Juli wird in Bad Wurzach das **Heilig-Blut-Fest** begangen. Mehr als 1700 Reiter ziehen in der zweitgrößten Reiterprozession Mitteleuropas zusammen mit bis zu 15 000 Wallfahrern auf den Gottesberg, um in der Heilig-Kreuz-Kirche eine Reliquie des Heiligen Blutes zu verehren. Anfang Oktober ist **St. Coloman** in Schwangau Ziel einer Reiterprozession mit rund 200 Teilnehmern. Dem Patron der Hirten, dem **hl. Wendelin,** zu Ehren finden ebenfalls im Oktober Ritte u. a. in Fischen und Scheidegg statt. Während einer Pferdeseuche im Jahr 1652 wurde in Blaichach bei Oberstdorf der **Martinusritt** ins Leben gerufen, der alljährlich im November durchgeführt wird.

Theaterfestivals

Auch Theaterspielen liegt den Allgäuern im Blut. Im hintersten Winkel des Ostallgäus, in **Waal**, ist wie im viel berühmteren oberbayerischen Oberammergau die Passionsspieltradition lebendig geblieben. Im Gegensatz zu den Oberammergauern haben die Waaler keinen festen Rhythmus. Etwa alle 12 Jahre (zuletzt 2015) kommt die Passion Christi, deren Aufführung bis 1791 zurückverfolgt werden kann, auf die Waaler Bühne. Nicht ganz so alt ist die Tradition des Laientheaters in **Altusried**. Seit rund 120 Jahren inszeniert man hier Freilichtspiele (www.altusried.de/de/freilichtbuehne/pro gramm/), alle vier bis fünf Jahre große Historienspiele wie das eigens für die Altusrieder Bühne verfasste »Anno 1525 – Bauernkrieg im Allgäu«.

Informationsquellen

Tourismusverbände

Bayern Tourismus Marketing GmbH: Leopoldstr. 146, 80804 München, T 089 21 23 97 0, www.bayern.by

Tourismusverband Allgäu/Bayerisch-Schwaben e.V.: Schießgrabenstr. 14, 86150 Augsburg, T 0821 45 04 01 0, www.bayerisch-schwaben.de

Tourismusverband Ostallgäu: Schwabenstr. 11, 87616 Marktoberdorf, T 08342 911-506, www.schlosspark.de

Kneippland Unterallgäu: Bad Wörishofer Str. 33, 87719 Mindelheim, T 08261 99 53 75, www.unterallgaeu.de

Oberallgäu Tourismus: Oberallgäu Tourismus Service GmbH, Jahnstr. 6, 87509 Immenstadt, T 08323 99 49-0, www.oberallgaeu.de

Westallgäu Tourismus e. V.: Museumsplatz 1, 88161 Lindenberg, T 08381 928 43 10, www.westallgaeu.de

Im Internet

www.allgaeu.de

Website der Allgäu Marketing GmbH in Kempten. Kostenfreie Urlaubs-Hotline: T 0800 257 36 78, Mo–Fr 8–18, Sa, So, Fei 10–18 Uhr (kein Publikumsverkehr).

www.dein-allgaeu.de
Nichtkommerzielles Portal mit zahllosen Links zu Kultur, Wandern, Sport, Medien und mehr im Allgäu.

www.all-in.de
Online-Ausgabe der Allgäuer Zeitung mit zahlreichen Veranstaltungstipps.

Kinder

Das Allgäu ist ein Familienparadies. Fast jeder Urlaubsort bietet zumindest in den Sommerferien spannende Kinderprogramme für alle Altersstufen, **Stadtrundgänge** für Kinder oder geführte **Familienwanderungen**.

Kinderfreundliche Unterkünfte und Familienhotels gibt es ebenfalls überall und in allen Preisklassen. Das Angebot geht dabei erfreulicherweise weit über Kinderspeisekarten und Kinderstühle hinaus. Vor allem aber: Kinder haben Auslauf, Platz zum Toben und Spielen inmitten der Natur. Ponyhöfe, Reit- und Kletterkurse, Badeseen, Sommerrodelbahnen und Erlebnisparks sorgen für genügend Abwechslung während des Familienurlaubs bei jedem Wetter.

So geht also Heumachen. – Es gibt viel zu erleben auf dem Land, z. B. auf dem Ferienhof Burger bei Oberstaufen.

Neben den zahlreichen **Seen** locken **Spaßbäder** mit Rutschenparadiesen, **Hochseilgärten, Sommerrodelbahnen, Schatzsuchen** mit GPS und viele andere Attraktionen.

Der **Skylinepark** in Bad Wörishofen (www.skylinepark.de) ist wie das **Ravensburger Spieleland** (www.spieleland.de) und das **Legoland** bei Günzburg (www.legoland.de), die beide nicht mehr zum Allgäu gehören, gut zu erreichen.

Bei schlechtem Wetter warten zahlreiche **Heimatmuseen** auf einen Besuch, außerdem das Bauernhofmuseum Illerbeuren (S. 166), das Puppentheatermuseum in Kaufbeuren (S. 56), der Reptilienzoo in Scheidegg (S. 182) oder das Automobilmuseum Wolfegg (S. 204).

Der **Miniaturpark Allgäu** (zwischen Kempten und Isny), der einzige überdachte Freizeitpark Europas, zeigt zahlreiche Modelle berühmter Bauwerke aus aller Welt und viele andere Attraktionen (Miniaturpark Allgäu: Hofen, Zur Eisenschmiede 1–3, 27. März–Okt. tgl. 10–19 Uhr).

Unweit des Grüntensees lockt der **Buron-Kinderpark** (www.buron-familienspass.de) mit Riesenrutsche, Tubing-Bahn, einer 300 m langen Reifenrutsche mit Steilkurven, einer Kletterwiese mit über 20 Stationen zum Klettern und Balancieren, Cross-Kart-Strecke und mehr.

Ob Ritter, Burgfräulein, Landsknecht oder Marketenderin – Allgäuer Kinder erzählen bei den traditionellen **Kinderfesten** im Juli die Geschichte ihrer Heimatstädte. Ein großer Umzug und Feststimmung in der ganzen Stadt ziehen auch zahlreiche Urlauber an. Am bekanntesten ist das Tänzelfest in Kaufbeuren (S. 53), aber auch in Leutkirch, Isny, Wangen, Memmingen und Lindau stehen die Kids an diesem Tag im Mittelpunkt. Außerdem ist für Musik, Tanz und kulinarische Schmankerln gesorgt, das freut die Erwachsenen.

Klima und Reisezeit

Das Allgäu-Klima ist atlantisch geprägt, als Faustregel gilt: Je näher die Berge, desto größer sind die Temperaturunterschiede zwischen Sommer und Winter und zwischen Tag und Nacht. In den Bergregionen fallen auch mehr Niederschläge. Die Monate mit den meisten Niederschlägen sind Juni, Juli und August. Die Sonnenscheindauer dagegen ist höchst unterschiedlich verteilt. In den höheren Lagen scheint die Sonne im Winter häufig und beschert herrliche Skitage, während der Bodensee im Nebel versinkt.

Im Sommer sieht es ganz anders aus: Etwa von Juni bis August meint es die Sonne mit Lindau besonders gut, während sie sich im Oberallgäu häufig hinter Wolken versteckt.

Wetterdienst

www.wetter-allgaeu.de
Die Website des Allgäuer Wetterdienstes gibt nicht nur Wetterprognosen für die wichtigsten Regionen, sondern auch Infos zu Badewetter und Bergwetter sowie Unwetterwarnungen.

Alpenvereinswetterbericht:
www.alpenverein.de/DAV-Services/Bergwetter

Lawinenwetterbericht:
www.lawinenwarndienst-bayern.de

Reisezeit

Ein mildes Klima und prachtvoll blühende Obstbäume sind im **Frühjahr,** ab April, die besten Gründe für einen Abstecher an den Bodensee. Das Oberallgäu liegt zu dieser Zeit oft noch unter einer Schneedecke. Erst Ende April, Anfang Mai hält der Frühling zaghaft Einzug, und die Löwenzahnblüte sorgt auf den Wiesen für einen Farbrausch. Während der ›Löwenzahnwochen‹ wirbt manche Gemeinde mit attraktiven Vorsaisonpauschalen. In höheren Lagen erschweren Schneefelder an schattigen Hängen aber nach wie vor das Wandern. Hier erwacht die Vegetation erst Anfang Juni und alpine Wanderungen sind oft erst im Juli möglich.

In den **Sommermonaten** verwandeln sich Berghänge und Almwiesen in kleine Blumenparadiese. Im Juni kann die Sonne schon heiß vom Himmel brennen und schafft es doch noch nicht, die letzten Schneeflecken zum Schmelzen zu bringen. Die besten Bedingungen finden Bergwanderer von August bis Oktober vor. Während der Sommer-Hauptsaison werden besonders Familien mit Kindern durch ein attraktives Freizeitprogramm

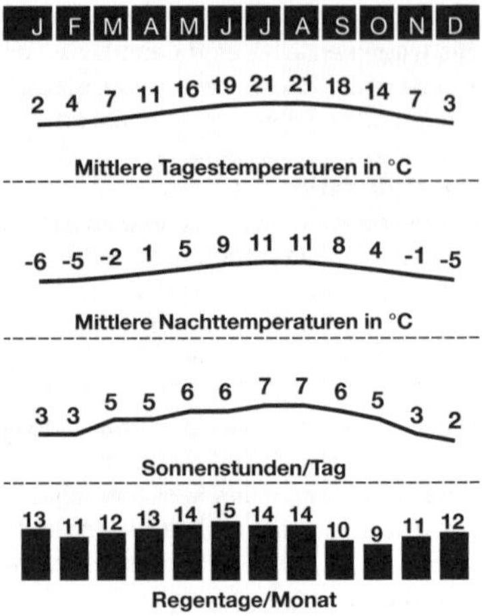

So ist das Wetter in Kempten.

umworben. Die zahlreichen Seen locken auch Badegäste und Wassersportler an.

Mitte September wird das Vieh von den Alpen wieder ins Tal getrieben, der Sommer geht unweigerlich zu Ende. Wanderer finden aber im **Herbst** oft Idealbedingungen vor – noch warme Tage mit viel Sonne. Die Abende werden allerdings merklich kühler.

Ab Ende Oktober kann es schon wieder **Winter** werden, der erste Schnee fällt oft überraschend. Im November schließen die Bergbahnen, um nach technischer Revision meist Mitte Dezember die Skisaison zu eröffnen. In den Novemberwochen schließen auch einige Hotels, Wellnesshotels locken aber oft mit günstigen Pauschalen Gesundheitsurlauber an.

Wintersportler kommen von Mitte Dezember bis Ende März auf ihre Kosten. Und während im Gebirge noch bis in den April hinein die Wintersportfreaks über die Pisten jagen, bereitet man sich am Bodensee schon auf die Frühjahrssaison vor – kein Wunder, hier hält der Frühling vier bis sechs Wochen früher Einzug als in den Bergen.

Lesetipps

Wanderführer

Wanderführer Allgäu, Wilfried Bahnmüller: 35 Wanderungen zwischen Füssen und Oberstdorf.

Kräuter

Das Heilpflanzenjahr, Adelheid Lingg: Kräuterwissen und Rezepturen einer Allgäuer Kräuterfrau.

Kochen

Mein Allgäu-Kochbuch, Christian Henze: Der Allgäuer TV-Koch präsentiert Lieblingsgerichte der Region – immer mit einem besonderen Dreh.

Mahlzeit! Das Kluftinger Kochbuch, Volker Klüpfel, Michael Kobr: Die Lieblingsgerichte des Kommissars und noch mehr Allgäuer Spezialitäten.

Ludwig II.

Die phantastische Welt des Märchenkönigs Ludwig II., Klaus Reichold, Thomas Endl.

Bayern auf den Spuren von König Ludwig II., Cornelia Ziegler: Die Spuren des Märchenkönigs führen die Autorin auch ins Allgäu.

Belletristik

Der liebe Augustin, Horst Wolfram Geißler: Der heitere Roman spielt in Wasserburg und Lindau und schildert das Leben des Spieldosenmachers Augustin und seine Liebesaffäre mit der Fürstbischöfin Lindaus.

Ein springender Brunnen, Martin Walser: Ein autobiografischer Roman Walsers, der eine Kindheit zur Zeit des Nationalsozialismus in Wasserburg am Bodensee erzählt.

Krimis

Funkenmord, Volker Klüpfel und Michael Kobr: Von Milchgeld (2007) über Erntedank (2007), Seegrund (2008), Laienspiel (2008), Rauhnacht (2009), Schutzpatron (2011), Herzblut (2013), Grimmbart (2014), Himmelhorn (2017) bis Funkenmord (2020) löste »Klufti« inzwischen neun Fälle – alle diese Kultkrimis des Allgäuer Autorenduos drehen sich um Kommissar Kluftinger (S. 84), aber auch seine Kollegen und Familie.

Heimatherz, Nicola Förg (2017): Kommissar Weinzirl ermittelt in einem kniffligen Fall zwischen Forggensee und Marktoberdorf.

Wanderkarten

Exzellente Wanderkarten gibt das Bayerische Landesvermessungsamt heraus (Maßstab 1:50000). Die vier Blätter zu Füssen, Kempten, Allgäuer Alpen und Lindau-Oberstaufen decken die Region ab. Für Bergwanderungen eignen sich die Karten im Maßstab 1 : 25 000 (Reihe TK 25N/W).

Reisen mit Handicap

Informationen zu behindertengerechten Einrichtungen in den Urlaubsorten sowie zu barrierefreien Quartieren halten die Fremdenverkehrsämter bereit.
www.allgaeu.de/allgaeutirol-barrierefrei

Reiseplanung

Stippvisite – Allgäu zum Kennenlernen

Für ein verlängertes Wochenende könnte man sich im **Königswinkel** rund um Füssen einmieten. Hier lassen sich Natur- und Kulturgenuss wunderbar verbinden. Wanderer zieht es in die umliegende Bergwelt, Radfahrer ins sanft hügelige Umland. Gleich in drei Schlössern taucht man in die Welt des Märchenkönigs Ludwigs II. ein, der irgendwie immer noch Kultfigur und mit der Region verbunden ist: Neuschwanstein, Hohenschwangau und Linderhof.

Die nahe Seenplatte zwischen Forggen- und Schwansee sorgt bei einer Badepause anschließend für Erholung, bevor ein Tag beim Flanieren durch Füssens Altstadt ausklingt oder vielleicht bei einem Abendessen in einem der Restaurants mit Allgäuer Küche.

Oberstdorf ist ein guter Ausgangspunkt für grandiose Naturerlebnisse in der Bergwelt, vielleicht ist ja auch noch Zeit für einen Abstecher ins **Kleinwalsertal,** ebenfalls ein Wanderparadies.

Gibt es überlaufene Touristenhochburgen?

Die Schlösser des Bayernkönigs Ludwig II. – **Neuschwanstein, Hohenschwangau** und **Linderhof** – sind von reichlich Rummel umgeben. Auch die sehenswerte **Wieskirche** hat nichts an ihrer Anziehungskraft verloren. Wie diese Ziele hat das Allgäu insgesamt fast das ganze Jahr über Saison. Unter den etwa 50 Skiorten sind **Oberstdorf** und das **Kleinwalsertal** mit entsprechendem Après-Ski-Programm sicher die bekanntesten. Ein wahres »Schneeloch« ist das Hörnerdorf Balderschwang.

Rundreisevorschlag: Klassiker und Eskapaden

Im Unterallgäu kann man ins Mittelalterflair der einstigen Freien Reichsstadt **Memmingen** eintauchen und von hier der **Kartause Buxheim** einen Besuch abstatten. Das barocke Chorgestühl lohnt einen genauen Blick, denn die Figuren hier sind sehr lebhaft gestaltet.

Durch das Kneippland um **Bad Wörishofen** – ein wunderbarer Ort, um zwischendurch Kraft zu tanken, ist die **Kur-Oase im Kloster** – gelangt man nach **Ottobeuren,** wo ein Abstecher ins Barockkloster führt. Die spirituelle Kraft der Basilika ist vor allem bei Orgelkonzerten spürbar, wenn man sich darauf einlässt.

Im Westallgäu gehört **Wangen** mit seiner hübschen Altstadt zu den Favoriten der Autorin. Von dort geht es mit dem Bike abwärtsrollend bis **Lindau am Bodensee.** Auch wenn die Region Bayerischer Bodensee nicht mehr zum Allgäu gehört, lohnt sie einen Abstecher. Allein der Blick auf den großen See verschafft schon Glücksmomente. Die Altstadt von Lindau – eine wahre »Perle« mit Kirchen, Plätzen, mittelalterlichen Bürgerhäusern und dem Hafen mit dem einzigen Leuchtturm Bayerns – liegt tatsächlich auf einer Insel im Bodensee.

Mit dem Schiff kann man von hier gemütlich nach **Bregenz** schippern – es lohnt immer, in der aktuellen Ausstellung im Kunsthaus Bregenz oder im vorarlberg museum vorbeizuschauen – oder mit dem Rad die kleinen Weinorte **Wasserburg** und **Nonnenhorn,** den letzten Ort am Bodensee auf bayerischem Boden an der Grenze zu Baden-Württemberg, aufzusuchen.

Radler erwartet vom flachen Unterallgäu über das hügelige Voralpenland bis hinauf in die Allgäuer Alpen ein riesiges **Radwegenetz,** in dem Genussradler genauso auf ihre Kosten kommen wie ambitionierte Biker. Längst ist der E-Bike-Boom auch im Allgäu angekommen, mehr und mehr Besucher entdecken die Schönheit des Voralpenlandes auf zwei Rädern. Ein Tipp für alle, die Bewegung an der frischen Luft gerne mit kulinarischen Entdeckungen verbinden: eine Radtour auf der **Allgäuer Käsestraße** einplanen. Dort radelt man entspannt von Sennerei zu Sennerei, kann beim Käsen zuschauen, einkaufen, probieren und eventuell bei Stiefenhofen auf der Königsalpe einkehren oder im Gasthof Artemisia einen Kräutertee zum Kuchen genießen.

Sicherheit und Notfälle

Ärztlicher Bereitschaftsdienst: T 116 117 (bei dringenden medizinischen Problemen in der Nacht, am Wochenende oder an Feiertagen)
Polizei: T 110
Feuerwehr: T 112
Notruf per Handy europaweit: T 112
Alpiner Rettungsdienst: T 192 22
Sperrung von Bank- und Kreditkarten: T +49 116 116 (24 h)
Pannenhilfe
ADAC-Pannendienst: T 01802 22 22 22
ACE-Pannendienst: T 01802 34 35 36

Übernachten

Hotels, Pensionen und Gasthöfe
Gemütliche Familienpension, rustikaler Gasthof oder Luxushotel mit Spa und Gourmetküche? Alles steht zur Wahl.

Im Oberallgäu sind Zimmer oft in der Skisaison am teuersten, gefolgt von der Hauptferienzeit im Sommer. In anderen Regionen ist eindeutig der Sommer Hauptsaison. In der Nebensaison werden Preisnachlässe gewährt. Viele Betriebe bieten außerdem günstige Pauschalarrangements an.

Im Bereich **Wellness** war das Allgäu von Anfang an führend – entsprechend gibt es Unterkünfte mit Wohlfühlprogramm für unterschiedliche Vorlieben und jeden Geldbeutel. Neben den klassischen Kurhotels (Schrothkur in Oberstaufen oder Kneippkur in Bad Wörishofen u. a.) gibt es Häuser, die auf Medical Wellness setzen, regionale Anwendungen wie Heubäder oder Moorbäder oder Mental Wellness mit Yoga und anderen fernöstlichen Entspannungstechniken anbieten. Eine Auswahl renommierter

Kempten mit seinem südlichen Flair eignet sich gut als Ausgangsort für das Allgäuer Seenland.

S

SPARTIPP

Mehrere Urlaubsorte werben seit Jahren mit zahlreichen **Inklusivleistungen** wie kostenfreien Bergbahnfahrten, Busfahrten, Museumseintritten, geführten Wanderungen zum Nulltarif und mehr (Oberstdorf mit der Allgäu-Walser-Card, Oberstaufen Plus, Bad Hindelang PLUS oder die KönigsCard im Königswinkel und angrenzenden Regionen).
Es lohnt sich zu schauen, ob der Wunsch-Gastgeber die jeweilige Karte inkludiert hat.

Häuser hat sich zur Kooperative Alpenwellness Allgäu zusammengeschlossen (www.allgaeu.de/wellness). Aber auch in kleinen Pensionen oder Bauernhöfen kann man Wellness tanken. **Familienhotels** bieten in der Regel Kinderbetreuung an.

Ferienwohnungen

In der Regel wird wochenweise vermietet. Inzwischen bieten auch einige Hotels in Ergänzung zum Hotelservice Ferienwohnungen an. Die Unterkunftsverzeichnisse der Fremdenverkehrsämter wie auch einschlägige Portale listen entsprechende Angebote auf.

Bauernhöfe

Besonders Familien fühlen sich auf dem Bauernhof wohl. Streicheltiere für Kinder, viel Platz zum Spielen, großzügige Ferienwohnungen und faire Preise – das Angebot spricht für sich. Aber auch auf Bauernhöfen ist das Angebot in den letzten Jahren stetig gewachsen. So mancher Hof bietet Wellnessanwendungen, Kneipptherapien oder Seminare an.

»Mit Natur und Kuh auf Du und Du« – versprechen die Allgäuer Ferienbauernhöfe. Vom kinderfreundlichen Hof mit Ponyreiten bis zum Wellness-Bauernhof ist die Spannbreite beachtlich. Im Portal Allgäu-Bauernhofurlaub wird man fündig: Gesundheitshöfe, Kräuterlandhöfe, Kinderbauernhöfe, Natur- & Aktivhöfe sowie Kunst- & Kulturhöfe. Im Angebot sind sowohl Ferienwohnungen (z. T. mit Klassifizierung) als auch Zimmer.
www.allgaeu-urlaubaufdembauernhof.de

Hütten

Die perfekte Hütte kann man über Hüttensuchportale (z. B. www.berghuetten-allgaeu.de) suchen. Eine Übersicht über Hütten des Deutschen Alpenvereins bietet die Website des Vereins.
www.alpenverein.de oder T 089 14 00 30

Campingplätze

Campingurlauber haben die Qual der Wahl unter zahlreichen Plätzen, einige davon liegen direkt an den Ufern der Allgäuer Seen, z. B. in Immenstadt-Bühl am Alpsee, in Füssen-Hopfen am Hopfensee, in Schwangau am Bannwaldsee und am Forggensee. Der Standard steigt und der ein oder andere Platz bietet neben einem Schwimmbad auch schon Saunalandschaften an. Verzeichnisse halten die Fremdenverkehrsverbände bereit, die Broschüre Camping des Tourismusverbandes oder auch die Camping- und Stellplatzführer des ADAC.

Jugendherbergen

Jugendherbergen gibt es in den Städten Füssen, Lindau, Oberstdorf und Ottobeuren. Sie bieten preiswerte Übernachtungen vor allem für junge Leute bis

P

PREISKATEGORIEN

… in diesem Band für die **Übernachtungen:**
€ = 20–70 Euro
€€ = 70–120 Euro
€€€ = 120–220 Euro

27 Jahre, aber auch für Familien, die z. T. Familienzimmer vorfinden. Voraussetzung ist der DJH-Ausweis. Infos beim DJH, Landesverband Bayern e. V.
T 089 92 20 98-0, www.jugendherberge.de

Kurtaxe

In den Allgäuer Fremdenverkehrsorten ist eine Kurtaxe zuzüglich zur Zimmerrechnung zu entrichten. Dafür erhalten die Gäste eine Kurkarte, die u. a. Ermäßigungen auf den Eintritt in Hallenbädern oder Museen sowie auf die Benutzung von Bergbahnen verschafft.

Verkehrsmittel

Auto

Der Autourlauber findet im gesamten Allgäu gut ausgebaute, allerdings zur Hauptsaison auch viel frequentierte Straßen. Eine Verbindungsachse, die landschaftlichen Hochgenuss verspricht, ist die B 308, bekannter als die **Deutsche Alpenstraße,** die vom Westallgäu über Oberstaufen, Immenstadt, Hindelang und in vielen Kehren nach Oberjoch und weiter nach Füssen ins Ostallgäu führt.

Bahn/Bus

Die Verbindungen mit öffentlichen Verkehrsmitteln sind ausgezeichnet, sodass man der Umwelt zuliebe gern auf das Auto verzichten kann. Von der Hauptstrecke München–Memmingen–Lindau zweigen zahlreiche Regionalstrecken ab, die größtenteils im Stundentakt verkehren. Pauschalen ermöglichen kostengünstiges Reisen: Sa/So können Gruppen bis zu 5 Personen mit dem **Schönes-Wochenende-Ticket** unterwegs sein. Unter der Woche gilt das **Bayern-Ticket** in Nahverkehrszügen. Im Oberallgäu können Feriengäste mit dem **Oberallgäu-Ticket** (Tagesticket oder Tickets für die Dauer des Aufenthalts) in Bussen und Zügen günstig reisen. Fahrräder werden in einigen Zügen des Nahverkehrs kostenlos transportiert. **Busse** erschließen das Hinterland, das nicht an das Bahnnetz angeschlossen ist, und verkehren in regelmäßigen Abständen. Fahrpläne sind in den Verkehrsämtern der Gemeinden erhältlich, oft ist die Nutzung für Urlaubsgäste der Gemeinden kostenlos. Im Oberallgäu verkehren zusätzlich Sammeltaxis. Infos in den Urlaubsorten.

Schiff

Von Lindau verkehren Schiffe nach Rorschach am anderen Seeufer (Fahrtzeit ca. 1.10 Std.) oder am gesamten Nordufer entlang (nach Friedrichshafen ca. 1.30 Std., Meersburg 2.45 Std., Bregenz 20 Min.). Fahrradmitnahme gegen Gebühr, für Kinder bis 15 Jahre kostenlos (Bodensee-Schiffsbetriebe GmbH, Service-T Lindau 08382 275 84 84, www.bodenseeschifffahrt.de).

Linienverkehr gibt es von Anfang Juni bis Mitte Oktober außerdem auf dem Forggensee bei Füssen.

N

NACHHALTIG REISEN

Nachhaltiges Reisen ist im Allgäu viel mehr als ein Trendthema. Das **Ökomodell Hindelang** (S. 271) legte schon in den 1990er-Jahren den Grundstein für einen ressourcenschonenden Tourismus, in dem Bauern, die die Ursprünglichkeit der Landschaft erhalten, eine entscheidende Rolle spielen. Die bequeme **Anreisemöglichkeit** mit der Bahn oder **Vor-Ort-Angebote** wie der WalserBus in Oberstdorf/Kleinwalsertal (S. 126) sorgen dafür, dass Besucher das Auto öfter mal stehen lassen. Direktvermarktung und regionale, saisonale Küche – oft in Bioqualität – bieten viele Gastgeber.

Das

Magazin

Satte Weiden, friedlich grasende Kühe, hohe, felsige Berge als Kulisse – die Alm bei Sonthofen kommt einem idealen Bild des Allgäus ziemlich nahe.

Daten & Fakten

Das Allgäu — als Wanderziel mit den Allgäuer Alpen und dem attraktiven Voralpenland zwischen Bodensee und Lech ist es allgemein bekannt. Interessantes zur historischen und wirtschaftlichen Basis der Region ist hier zusammengefasst.

Geografie und Natur
Das Herz des Allgäus bilden die Allgäuer Alpen zwischen Kleinwalsertal, Oberstdorf, Bad Hindelang, Füssen und dem Tiroler Lechtal – der größte Gebirgsstock der nördlichen Kalkalpen und ein 260 km langer und 10–30 km breiter Streifen, der sich durch ungewöhnliche landschaftliche Vielfalt auszeichnet. Einzigartig im Alpenraum sind die Grasberge, aber auch die Negelfluhkette oder die Karststöcke bieten ein herrliches Wanderterrain. Im Voralpenland sorgen Wiesen, Wälder, Moore und Seen für landschaftliche Abwechslung.

Geschichte und Kultur
Die Ausgrabungen im Archäologischen Park Cambodunum bei Kempten zeugen von der Baukunst der römischen Eroberer, die im bäuerlichen Allgäu erste Architekturakzente setzten. Im 8. Jh. leisteten die St. Gallener Mönche Theodor und Magnus kulturelle Entwicklungshilfe und brachten den christlichen Glauben in die Region. An die Frühzeit des Christentums erinnern Wandmalereien in der Krypta der ehemaligen Klosterkirche St. Mang in Füssen. Eine erste Blütezeit erlebte das Allgäu, als Städte wie Lindau, Isny, Wangen, Memmingen oder Kaufbeuren vor allem im 15. Jh. einen politischen und wirtschaftlichen Aufschwung erlebten.

Soziale und religiöse Spannungen kennzeichneten das 16. und frühe 17. Jh. Kriege, Aufstände, Plünderungen und Seuchen ließen keinen Raum für künstlerisches Schaffen, im Gegenteil: Als sich die Freien Reichsstädte der Reformation anschlossen, wurden unzählige Kunstwerke zerstört, um schlichte Predigerkirchen zu schaffen.

Mit Prunk und Pathos propagierten dagegen die Katholiken ihren Glauben. Schon 1652, kurz nach Ende des Dreißigjährigen Krieges, wurde der Grundstein für den ersten großen barocken Kirchenbau in Süddeutschland, die Klosterkirche St. Lorenz in Kempten, gelegt. Im 18. Jh. trugen auch oberbayerische Künstler wie die Gebrüder Zimmermann dazu bei, dass Perlen barocker Baukunst entstanden, allen voran die Benediktinerabtei von Ottobeuren. Im 19. Jh. blühte der Historismus, der seinen Höhepunkt in den Schlössern Hohenschwangau und Neuschwanstein erlebte. Traditionelle Formen und Materialien erfahren in der Architektur heute eine Renaissance.

Staat und Verwaltung

Weite Teile der Region sind bayerisch und gehören zum Regierungsbezirk Schwaben mit den vier Landkreisen Lindau, Oberallgäu, Ost- und Unterallgäu. Ein Teil des Westallgäus aber gehört zum baden-württembergischen Kreis Ravensburg; das Kleinwalsertal und die Enklave Jungholz gehören wirtschaftlich zu Deutschland, politisch zu Österreich.

Wirtschaft und Tourismus

Traditionell ist das Allgäu Bauernland. Heute arbeiten mehr und mehr Bauern im Nebenerwerb oder geben die Landwirtschaft ganz auf. 34 % der Beschäftigten sind im produzierenden Gewerbe tätig, 62 % im Dienstleistungsbereich – davon etwa jeder Achte im Tourismus. Vor allem in den Alpen und im Voralpenland ist der Tourismus ein unverzichtbarer Wirtschaftsfaktor.

Zahlreiche Unternehmen in Sparten wie Maschinenbau, Metallverarbeitung und Elektroindustrie sorgen dafür, dass das Allgäu jenseits der Haupttouristenregionen, in denen Landwirtschaft und Dienstleistungsgewerbe klar dominieren, keinesfalls eine strukturschwache Region ist. So verfügt die Firmengruppe Liebherr gleich über mehrere Standorte im Allgäu (Lindau, Lindenberg, Kempten), das Transportunternehmen Goldhofer hat seinen Sitz in Memmingen wie auch die Berger Holding, die in Standorten in Ottobeuren und Wertach Präzisionsdrehteile fertigt. Der Traktoren- und Landmaschinenhersteller Fendt hat seinen Sitz in Marktoberdorf. Das Hauptwerk der Firma Dornier liegt in Lindau, ein weiterer Standort in Pfronten.

Bevölkerung

Bayerisch sind die Allgäuer erst seit 200 Jahren, zuvor hatten sie mit den Bayern wenig zu schaffen. Sie sind der Herkunft nach Alemannen und pochen auf Eigenheiten, wenn es beispielsweise darum geht, ihre Spätzle gegen den Vormarsch des bayerischen Knödels zu verteidigen. Doch längst hat sich die einheimische Bevölkerung mit Zuwanderern durchmischt. Nach dem Zweiten Weltkrieg fanden heimatvertriebene Schlesier und Sudetendeutsche eine neue Heimat im Allgäu, die die Bevölkerung um ein Drittel anwachsen ließen. Nach der Wiedervereinigung zog es rund 500 000 Menschen aus den Neuen Bundesländern ins Alpenvorland. Der Anteil der Allgäuer mit Migrationshintergrund liegt bei 10 %.

Sprache und Religion

Die Allgäuer sprechen eine schwäbisch-alemannische Mundart. Überwiegend sind sie katholisch. Nur in den ehemaligen freien Reichsstädten Lindau, Memmingen, Kaufbeuren und Kempten, die mit der Reformation lutherisch wurden, lebt auch heute eine nennenswerte protestantische Minderheit. ■

STECKBRIEF

S

Fläche: rund 4800 km^2
Lage: Der Name, abgeleitet vom althochdeutschen Albigowe (»Landschaft vor den Alpen«), bezeichnet in erster Linie eine Landschaft und keine Verwaltungsregion. Daher stimmen die politischen Grenzen des heutigen Allgäus nicht unbedingt mit den geografischen Grenzen überein. Im Wesentlichen reicht es von Lindau am Bodensee bis zum Lech im Westen, von Memmingen im Norden bis Oberstdorf.
Einwohner: 570 000, davon lebt ein gutes Viertel in den vier größten Städten: Kempten (70 000 Einw.), Kaufbeuren (42 000 Einw.), Memmingen (41 000 Einw.) sowie Lindau (25 000 Einw.).

Eine Landschaft wird geschaffen

Naturliebhaber — kommen im Allgäu voll auf ihre Kosten. Die landschaftliche Vielfalt zwischen Voralpenland und Gipfelmeer der Alpen fasziniert. Doch bevor das Allgäu sein heutiges Gesicht bekam, spielten sich in der Region ein paar dramatische Kapitel der Erdgeschichte ab.

Am Anfang war das Meer: Vor 250–200 Mio. Jahren bedeckte das Thetys-Meer den Alpenraum. Schlamm, Sand, abgestorbene Tiere und Pflanzen lagerten sich auf dem Meeresgrund ab und verfestigten sich im Laufe von Jahrmillionen zu Stein. So wuchs allmählich der mächtige Hauptdolomit, der heute einige der berühmtesten Allgäuer Hochalpengipfel wie Hochvogel (2593 m) oder Mädelegabel (2645 m) prägt, aus dem Schlamm des urzeitlichen Meeres empor. Durch Bewegung auf dem Meeresgrund wurden andere Schichten zutage gefördert – Fleckenmergel beispielsweise und andere Gesteine, deren Kombination, da im Allgäu besonders häufig, auch als Allgäu-Schichten bezeichnet wird. Sie bilden das Rückgrat der Allgäuer Grasberge, die zweifellos zu den Stars der Gipfelwelt zählen. Steil und glatt ragen ihre Spitzen auf, und das leicht verwitternde Gestein schafft beste Voraussetzungen für eine reiche Vegetation: Als wären sie mit grünem Samt überzogen, wirken die stolzen Grate der schwer bezwingbaren Höfats (2268 m) und anderer Bergschönheiten wie Himmelhorn, Rotkopf oder Schneck.

Ein Unfall der Erdgeschichte vor ca. 100–40 Mio. Jahren brachte die Ordnung der Natur gehörig durcheinander: Die afrikanische und die eurasische Kontinentalplatte prallten aufeinander (Kontinentaldrift), und durch die gewaltige Kollision wurden die abgelagerten Schichten auf dem Meeresboden gehoben. Die Erdkruste legte sich in Falten. Gesteinsschichten unterschiedlichen Alters schoben sich übereinander und türmten sich zu Bergen auf. Kein Wunder, dass das Gesteinspotpourri der Allgäuer Alpen Geologen fasziniert. Heute wären die Berggipfel wohl Kilometer hoch, hätten nicht Verwitterung und Erosion gleichzeitig am Gestein genagt. Ein Prozess, der bis heute nicht abgeschlossen ist.

Am Nordrand des Thetys-Meeres setzten sich Kalke ab, die sich verfestigten: Der harte, helle Schrattenkalk prägt u. a. den Hohen Ifen (2230 m) und das Gottesackerplateau (1900–2000 m) im Kleinwalsertal oder den Grünten bei Sonthofen. Die Allgäuer Voralpen bestehen vorwiegend aus Molasse, wie der Pfänder (1064 m) oder im westlichen Oberallgäu die Nagelfluhkette, und Flysch, wie das Riedberger Horn (1787 m) oder das Fellhorn (2037 m) bei Oberstdorf – Schichtgesteinen, die aus Konglomeraten, Mergel und Tonschiefer zusammengesetzt sind.

Tief in die Allgäuer Bergwelt führt die Wanderung über den Luftigen Grat von Imberg bis zum Staufner Haus am Hochgrat – damit ist die höchste Erhebung der Nagelfluhkette erreicht.

Landschaftsarchitekten

Sorgte die Kontinentaldrift für den Rohbau, für die Feinarbeit am Bauprojekt Alpenkette, die Modellierung der Gipfel und Wände, sorgte das Wasser. Regenwasser drang in Spalten und Ritzen, wo es gefror und das Gestein sprengte, Wildbäche trugen das Geröll mit sich fort und gruben im Laufe von Jahrmillionen Schluchten und Klammen in die Berge. Die Breitachklamm bei Oberstdorf oder die Sturmannshöhle bei Obermaiselstein zeugen von der Gestaltungskraft des Wassers.

Die eifrigsten Architekten der Alpen und des Alpenvorlandes aber waren die Gletscher, die im Verlauf von sechs Eiszeiten, die vor ca. 1 Mio. Jahren begannen und vor etwa 10 000 Jahren beendet waren, Landschaften formten. Vor rund 20 000 Jahren reichten die eisigen Gletscherzungen noch bis Kaufbeuren, und nur die höchsten Gipfel ragten aus dem 700 m dicken Eispanzer hervor. Noch heute kann man erkennen, welche Teile der Bergwelt von Eis bedeckt waren: Die schroffen Formen der Hauptdolomit-Gipfel waren dem rauen Frostklima ausgesetzt. Die von Eis überzogenen Gebirgsteile dagegen wurden abgeschliffen und rundgehobelt, als die Gletscher bei ihrem Weg in die Ebenen große Mengen von Geröll mitführten, das den darunter liegenden Fels abschmirgelte. Vor etwa 12 000 Jahren zogen sich die Gletscher nach und nach zurück und hinterließen Geröll und Steinblöcke, die sich am Gletscherrand abgelagert hatten: die Moränenhügel. Auch die meisten Seen des Voralpenlandes haben ihre Entstehung den Gletschern zu verdanken. Im Ostallgäu bildete aufgestautes Schmelzwasser eine riesige Wasserfläche, den Füssener See, der allmählich verlandete und einige kleinere Seen wie Hopfen-, Bannwald- oder Schwansee zurückließ. Und auch

Bedrohtes Objekt der Begierde – das Edelweiß. Wie erklärt sich der Kult um die Bergblume?

Moore sind als verlandete Seen, die einst unter einer üppig wuchernden Vegetationsdecke verschwanden, Zeugen der Eiszeit. Mit dem Wurzacher Ried liegt das größte noch intakte Hochmoor Mitteleuropas im Allgäu.

In steilen Höhen

Je höher der Gipfel, desto rauer das Klima. Bei rund 1500 m ü. M. verweigern kälteempfindliche Bäume wie Tanne oder Buche das Wachstum. Die robustere Fichte und der Bergahorn sind dagegen noch bis auf 1700 m zu finden. In noch höheren Lagen wachsen Latschen (Krüppelkiefern), die schließlich von der Mattenregion abgelöst werden.

Alpenrosen verwandeln im Sommer ganze Berghänge in ein Meer roter Blüten. Dazu gesellen sich andere klassische Vertreter der Alpenflora wie der Stängellose Enzian oder der Gelbe Enzian, aus dessen Wurzel der Enzianschnaps gebrannt wird. In den Hochalpen, wo Boden und Klima keine geschlossene Vegetationsdecke mehr zulassen, überleben nur Fels- und Polsterpflanzen, die extremen Lebensbedingungen angepasst sind: Zwergwuchs, Behaarung oder ein Überzug aus Wachs schützen sie vor extremen Temperaturen. Der Star unter ihnen? Keine Frage: das Edelweiß.

Kult ums Edelweiß

Wanderclubs und Bergpensionen, Heimatvereine und Blaskapellen schmücken sich mit ihm, unzählige Heimatlieder besingen die Königin unter den Alpenblumen, und 1869 wählte der Alpenverein »das schönste Bleamerl auf der Welt« zum Emblem. Dabei ist die bekannteste aller Alpenpflanzen eigentlich ein Einwanderer und kam während der Eiszeiten aus dem Himalaja in den Alpenraum. Sie gehört zur Familie der Korbblütler, fühlt sich am wohlsten auf sonnigen, kalkreichen Hängen und Magerwiesen, gedeiht aber auch an steilen Felswänden in Höhen zwischen 1800 und 3400 m.

Wenn man ehrlich ist: Es gibt schönere Blumen. Eher schmutzig- als edelweiß wirkt es wie eine alternde Diva neben der frischen Schönheit der bunten Bergblumen. Doch weil es selten ist und schwer zu erreichen, war es begehrt und gesucht – fast bis zur Ausrottung. Als Trophäe schenkten es junge Burschen ihren Madeln, erbeuteten es, um Mut und Liebeseifer zu beweisen. Ganze Edelweißsträuße verkaufte man in der Anfangszeit des Tourismus als Souvenirs an Urlauber. Doch 1957 bezog die erste »Edelweißwacht« ihren Posten.

Heute zählt die Bergwacht auch den Schutz des Edelweiß und anderer bedrohter Alpenpflanzen zu ihren Aufgaben und hat Erfolge zu verzeichnen: Auf der Höfats bei Oberstdorf beispielsweise, deren Gipfel nur Kletterer erklimmen können, blüht es wieder in stattlicher Zahl. ■

Sommerfrische fürs Vieh

Ein Sommer auf der Alpe — schon von Weitem hört man das Bimmeln der Kuhglocken und sieht Kühe auf grünen Bergweiden grasen. Alpwirtschaft ist ein Stück Allgäu-Idylle für Urlauber, die sich nach Ursprünglichkeit sehnen.

Jahr für Jahr ziehen im Frühsommer rund 30 000 Allgäuer Rinder hinauf in die Berge, um drei Monate Sommerfrische auf saftigen Bergweiden zu genießen. Die rund 50 Sennalpen sind für Urlauber herrliche Wanderziele, und fast immer kann man den Bergkäse, der vor Ort gekäst wird, probieren.

Um 4.30 Uhr beginnt der Arbeitstag für Markus Bertele. 26 Kühe warten darauf, gemolken zu werden. Der Mann mit der kleinen goldenen Kuh im Ohr ist Senn auf der Willersalpe im Hintersteiner Tal in Bad Hindelang, die er seit 1999 bewirtschaftet. Ein wahres Schmuckstück und ein wunderbares Wanderziel ist die Alpe, die um 1500 erstmals erwähnt wurde.

Vor der Hütte in 1456 m Höhe grasen drei stämmige Packpferde, mit denen Bertele täglich ins Tal hin- und zurückläuft – bepackt mit allem, was in Haushalt und Wirtschaft benötigt wird. Weder eine Fahrstraße noch eine Materialseilbahn führen zur Alpe hinauf. Der Senn betreibt Alpwirtschaft fast wie im 19. Jh. und versorgt neben den Milchkühen eine Schar Hühner und 90 Stück Jungvieh. Zugeständnis an die Moderne sind Sonnenkollektoren auf dem Dach, die dafür sorgen, dass elektrisches Licht, Radio, Käsekessel-Rührer und Melkmaschine funktionieren.

Alpwirtschaft gestern und heute

Schon im Mittelalter rodeten Allgäuer-Bauern Weideflächen im Gebirge, auf denen das Vieh im Sommer von Hirten betreut wurde. Zunächst trieb man nur Jungtiere hinauf auf die Almen, die im Allgäu Alpen heißen, und im Herbst

A

ABSCHIED VON DER ALP

Der Viehscheid ist in vielen Gemeinden ein Volksfest, das zahlreiche Besucher anlockt (S. 106). Über Termine informiert: www.allgaeu-viehscheid.de.

W

EINKEHR UND ÜBERNACHTUNG

Willersalpe: Hintersteiner Str., Bad Oberdorf. Es gibt Brotzeiten und tgl. ein warmes Gericht, Übernachtungsmöglichkeit (S. 100).

Wanderungen

Eine Wanderung zur Willersalpe ist in Bad Hindelang ausgeschildert. Aufstieg ca. 1,5–2 Std. Auch zahlreiche weitere Allgäuer Alpen sind wunderbare Wanderziele. Frühaufsteher können nach Anmeldung beim Käsen zuschauen. Porträts einiger Alpen findet man unter: www.alpen-allgaeu.de.

weiter über die Alpenpässe nach Oberitalien, wo man sie verkaufte. Sinn der Alpwirtschaft war und ist bis heute einerseits, das Gras auf den Talwiesen als Futter für den Winter aufzusparen. Außerdem ist das Vieh, das Tag für Tag die Bergwelt durchstreift und leckere Kräuter frisst, gesünder und widerstandsfähiger und erzielt bessere Verkaufspreise als Kühe, die ihr Leben im Stall verbringen und von Kraftfutter leben.

Nach dem Ausbau der Käseproduktion Mitte des 19. Jh. wurden zahlreiche der bestehenden »Galtalpen«, auf denen nur Jungvieh gehalten wird, in »Sennalpen« mit Milchkühen umgestaltet, auf denen nun gekäst wurde. Mit dem Aufkommen der Massenviehhaltung geriet die Alpwirtschaft in eine tiefe Krise. Der Auftrieb der Tiere auf die Bergweiden erschien manchem Bauern mühselig und teuer, die Käserei wurde mehr und mehr ins Tal verlegt, und von Jahr zu Jahr wurden weniger Sennalpen bewirtschaftet. Attraktive Förderprogramme sorgten schließlich im letzten Drittel des 20. Jh. für ein Comeback der Alpwirtschaft in den Allgäuer Alpen. Dies kommt dem Vieh zugute, aber auch der Landschaft: Alpweiden, die nicht mehr beweidet werden, verbuschen. Durch die Alpwirtschaft bleiben die charakteristischen Allgäu-Landschaften erhalten.

Ingesamt verbringen heute allein im Oberallgäu auf 691 anerkannten Alpen – darunter rund 40 Sennalpen – wieder etwa 37 000 Stück Jungvieh, 3000 Milchkühe sowie einige Hundert Schafe, Ziegen, Schweine und Pferde ihre Sommerfrische. Ende Mai oder Anfang Juni wird das Vieh hinaufgetrieben, Mitte September, wenn der Herbst in den Bergen Einzug hält, geht es zurück ins Tal.

Alltag auf der Alpe

Markus Bertele ist in aller Früh auf den Beinen, obwohl er abends oft erst spät ins Bett kommt. Ein paar Jahre lang kümmerten sich seine Brüder Christian und Stefan um Gastronomie und Übernachtungsgäste – und Hüttennächte auf der Willersalpe waren oft lang. Brüderliche Arbeitsteilung. Heute ist Markus alleiniger Chef hier oben. Für ihn beginnt nach dem Melken die eigentliche Arbeit. Im Kessel werden die entrahmte Milch vom Vorabend und die frische Morgenmilch vermengt und alles zusammen auf 32 °C erwärmt. Dann gibt Markus eine Kultur aus Milchsäurebakterien in den Kessel, die er am Tag zuvor angesetzt hat. Sie beeinflusst den Geschmack des Käses und ist dafür verantwortlich, dass sich später bei der Reifung die Löcher im Käse entwickeln. Dosis und Mischung müssen stimmen. Später kommt noch Lab hinzu, ein Enzym aus dem Kälbermagen, das die Milch zum Gerinnen bringt.

Jetzt muss die Milch im Kessel 30 Minuten ruhen. Endlich Zeit fürs Frühstück. Danach greift der Senn zur »Käseharfe«. Der Zauberstab des Käsers ist ein Schneidegerät mit stählernen Saiten, mit dem die eingedickte Milch sorgfältig zerteilt und dann auf 52 °C erhitzt wird. Der »Bruch«, erbsengroße Klümpchen, die nach dem Pressen zu Käse werden, wird anschließend mit einem Leintuch aus der Molke gehoben und in eine runde Form gepresst. Am nächsten Tag wird dieser Käselaib für 72 Stunden in eine Salzlake gelegt, um die Rinde zu bilden. Nach außen gut geschützt kann der Käse im Inneren reifen.

Neben der Tagesproduktion darf die Käsepflege im Erdkeller nicht zu kurz kommen. Die Laibe lagern dort 4–12 Monate ihrer Vollendung entgegen und müssen jeden zweiten Tag gebürstet, gewendet und mit Salzlake eingerieben werden, um die Rinde zu pflegen und Schimmelbildung zu verhindern.

Während der Reifezeit gärt es im Käse und die geheimnisvollen Löcher entstehen: Bakterien im Inneren des Käselaibs fressen Fetttropfen und stoßen dabei Kohlensäure aus. So bilden sich kleine Höhlen, die beim Schneiden zu Löchern werden. Trotz moderner Hilfsmittel hat sich an der Arbeit des Käsens in den letzten 100 Jahren wenig geändert. Heute wie damals ist neben der Erfahrung und dem Fingerspitzengefühl des Käsers vor allem die Qualität der Milch für den Geschmack des Käses zuständig. Die Milchqualität wiederum beeinflusst das Futter. »Die guten Kräuter hier oben schmeckt man im Käse«, beteuert Markus Bertele. Zwei Tonnen Bergkäse produziert er in einem Alpsommer. Den größten Teil davon verkauft er direkt an hungrige Wanderer.

Der Viehscheid

Rund hundert Tage genießen die Allgäuer Kühe ihre Sommerfrische auf der Alpe. Gut gemundet hat ihnen das mit Bergkräutern versüßte Gras hoch oben am Berg, frisch war die Luft und für reichlich Auslauf war gesorgt. Aber irgendwann im September geht auch der schönste Alpsommer zu Ende. Der Tag des Alpabtriebs, der Viehscheid, ist gekommen.

Ist der Alpsommer ohne Zwischenfälle verlaufen und kein Tier in den Bergen zu Schaden gekommen, darf das »Kranzrind«, das schönste und kräftigste Tier der Herde, ein kunstvolles Kranzgebinde aus Natur- und Seidenblumen, Gräsern, Farnen, Silber- und Golddisteln tragen. Ein kleiner Spiegel, der die bösen Geister vertreiben soll, ergänzt den Schmuck, genau wie das Kreuz zur Anrufung der himmlischen Mächte. Gut, wenn man sich nach allen Seiten absichert! Auch die übrigen Tiere – in einigen Gemeinden machen alle Herden zusammen mehr als tausend Tiere aus – sind herausgeputzt für die Kameras der Fotografen und kündigen sich mit ohrenbetäubendem Glocken- und Schellengeläut an.

Etwas Wehmut verspürt auch Markus Bertele, wenn er die Kühe an die Besitzer zurückgibt. ■

Viehscheid bedeutet Trennung – die Kühe kommen nach dem Sommer auf der Alpe wieder an ihre Besitzer.

Landwirtschaft und Tourismus – Hand in Hand

Es grünt so grün im Allgäu — eine Landschaft breitet sich vor Besuchern aus, in der man die inneren ›Akkus‹ wieder aufladen kann. Damit das so bleibt, braucht es engagierte Bauern, die gleichzeitig Landschaftspfleger sind.

Eis und Wasser modellierten Berge, Moränenhügel und Seen. Die grünen Alpwiesen, die Touristen magisch anziehen, sind jedoch Menschenwerk. Und ohne die bäuerliche Landschaftspflege wäre die Landschaft zwischen Füssen und Lindau nur halb so attraktiv. Doch wie bindet man Bauern im Zeitalter des Höfesterbens an die Scholle?

Maria Herz ist ein Teenager wie viele andere. Ihr Traumberuf ist allerdings weder Model noch Popstar: Das blonde Mädchen aus Oberstaufen möchte Käserin werden. Vorbild ist ihr Onkel Thomas, Käser auf der Hompessenalpe, die zum Hof der Familie gehört, den Marias Vater seit Anfang der 1990er-Jahre ökologisch bewirtschaftet. Xaver Herz und seine Familie lieben ihre Arbeit und haften an der Scholle. Doch immer mehr Bauern können von ihrer Arbeit nicht mehr leben.

Mühsam ist der Alltag der Bergbauern immer gewesen – davon zeugen Szenen aus dem Allgäuer Bauernleben anno dazumal im Bergbauernmuseum Diepolz, S. 110). Trotz harter Arbeit – die Preise, die Bauern für ihre Milch bekommen, decken längst nicht mehr die Kosten. Immer mehr Landwirte geben auf. Und anders als im Flachland gibt es in der Alpenregion kaum Alternativen – die sattgrünen Wiesen in Hanglage können nicht in lukrativere Getreide- oder Maisäcker umgewandelt werden. Doch das Höfesterben schafft nicht nur soziale Probleme, auch das Landschaftsbild leidet. Wiesen und Weiden, die nicht mehr bewirtschaftet werden, sind bald wieder von Sträuchern und Bäumen überwuchert. Die klassische Allgäu-Landschaft aber ist das Kapital der Region, sie lockt Urlauber an.

Tourismus – Fluch oder Segen?

Der Tourismus hat der Landwirtschaft an wirtschaftlicher Bedeutung längst den Rang abgelaufen. Jahrzehntelang bastelten die Gemeinden emsig an der Perfektionierung der touristischen Infra-

Nicht nur Idylle: der Alltag der Bergbauern ist reinste Knochenarbeit.

struktur, die Gier nach mehr und mehr Profit wuchs. Für viele Landwirte wurde der Tourismus zum unverzichtbaren Zubrot. Ein Mehr an Ferienwohnungen und Hotelbetten, Spaßbädern und Skiliften bedeutet aber auch ein Weniger an Landschaft. Was passiert, fragten immer häufiger Tourismuskritiker, wenn auch der letzte Kuhstall in eine Ferienwohnung verwandelt ist?

In Bad Hindelang erkannte man das Problem bereits Ende der 1980er-Jahre: Von rund 200 Landwirten in den 1960er-Jahren waren 20 Jahre später nur knapp 90 übrig. Das Höfesterben schien unaufhaltsam und damit einhergehend die Vernachlässigung der Bergwiesen.

Die Not trieb die Gemeindeväter zum Handeln und zusammen mit dem Bund Naturschutz entwickelte man ein Konzept, das den Bergbauern aus der Misere helfen und zugleich den Tourismus in der Region stabilisieren sollte. Was lag näher, als die Bauern in den Naturschutz einzubinden, sie gewissermaßen zu Landschaftspflegern zu erklären? 1992 schlossen sich die Hindelanger Bauern zum Verein »Hindelang – Natur & Kultur« zusammen und unterwarfen sich strengen Regeln. Sie verpflichteten sich zur extensiven Bewirtschaftung ihrer Flächen, zum Verzicht auf Kunstdünger und dazu, den Großteil der Futtermittel selbst zu erzeugen. Als Ausgleich für die Einkommenseinbußen erhielten sie von der Gemeinde einen festen Betrag.

Qualität und Verträglichkeit

Der Pakt zwischen Landwirtschaft und Tourismus trug Früchte: Die Urlauber können weiterhin landschaftliche Vielfalt genießen; die Landwirte sind nicht nur Landschaftsgärtner im Dienst der Gemeinde, sondern erzeugen mit extensiver Wirtschaftsweise auch Qualitätsfleisch und hochwertige Milchprodukte, die sie dank Direktvermarktung mit Gewinn verkaufen und so ihr Einkommen stabilisieren.

U

URLAUB AUF DEM BAUERNHOF

Allgäu – Urlaub auf dem Bauernhof: Mir Allgäuer e. V., Adenauerring 97, Kempten, T 0831 96 06 61 22, www.allgaeu-urlaubaufdembauernhof.de. Ein Katalog informiert über Allgäuer Bauernhöfe und deren Angebote – darunter Gesundheitshöfe, Kräuterlandhöfe, Kinderbauernhöfe, Natur- & Aktivhöfe, aber auch Kunst- & Kulturhöfe.
Landhaus Herz: Orthalde 4, Oberstaufen-Kalzhofen, T 08386 13 33, www.landhausherz.de. Liebevoll eingerichtete Zimmer und Wohnungen auf dem Hof der sympathischen Bauernfamilie. Teilnehmer der Karte Oberstaufen Plus, €€.

Neue Bauern braucht das Land
Schon als 18-Jähriger – nach Abschluss der Landwirtschaftsschule – wusste Xaver Herz, dass er keinen Massenbetrieb mit Hochleistungstieren leiten wollte. Er wollte glückliche Kühe züchten. Schwerstarbeit war es damals, den Vater zum Umstieg auf Biolandbau zu überzeugen.

Doch es hat sich gelohnt. Sein Original Allgäuer Braunvieh – eine traditionsreiche Rasse, die Mitte der 1980er-Jahre wegen der Konkurrenz durch Hochleistungskühe bereits auszusterben drohte – weidet inmitten bunter Wiesenblumen statt im Stall Kraftfutter zu fressen. »Außerdem tragen unsere Kühe alle Hörner, wie die Natur es vorgesehen hat«, betont der Bauer. Der Erfolg gibt ihm recht: Der Bergkäse von der Hompessenalpe, der direkt auf dem Hof oder in Bioläden der Umgebung verkauft wird, ist preisgekrönt und heiß begehrt.

Seit Mitte der 1990er-Jahre ist die Zahl der Bauern, die von konventioneller auf ökologische Landwirtschaft umgestiegen sind, stetig gewachsen. Das Allgäu ist die Region mit den meisten ökologisch arbeitenden Landwirtschaftsbetrieben in Deutschland. Ob der Umstieg immer aus Überzeugung geschah, bezweifelt mancher Pionier des biologischen Landbaus. Nicht erst seit Gammelfleischskandalen sind Verbraucher kritischer geworden. Bio liegt im Trend, und für gute Qualität sind immer mehr Kunden bereit, angemessene Preise zu zahlen. Längst sprechen die Zahlen für sich: Biolandbau lohnt sich – zumindest ab einer bestimmten Betriebsgröße.

Auch Eric Beißwenger vom Bergbauernhof Hoiser in Unterjoch bewies, dass ein Biobauer erfolgreicher Unternehmer sein kann. Kein Wunder: In seinem ersten Leben war Beißwenger Banker. Dass er Bauer werden wollte, wusste er schon als Zwölfjähriger – das BWL-Studium war ein Zugeständnis an die Wünsche des Vaters. Als 1996 der 400 Jahre alte Hof in Unterjoch zum Verkauf stand, griff er spontan zu und lebte gemeinsam mit der Familie seinen Traum. Erfolgreich, wie er beteuert. Statt um Subventionen zu betteln, produzierte Familie Beißwenger, was auch verkäuflich ist, und fand eine Nische: Man züchtete bedrohte Nutztierrassen wie braune Bergschafe, Schwäbisch-Hällische Schweine, Bronzeputen, bayerische Landgänse, Vorwerkhühner oder dunkle Bienen. »Einige davon«, so der Bauer, »sind gefährdeter als Sibirische Tiger.«

Die Arbeit mit den Tieren macht den Beißwengers Spaß. »Aber Ökologie und Ökonomie müssen in Einklang stehen«, beteuert der Ex-Banker, der inzwischen als Politiker im Bayerischen Landtag sitzt, wo natürlich Natur und Umwelt zu seinen Lieblingsthemen zählen. Die Geschäfte auf dem Hof führt inzwischen einer der Söhne. ■

Alles Käse?

Bergkäse, Emmentaler & Co. — spielen im Allgäuer Wirtschaftsleben eine Hauptrolle, keine Frage. In Großkäsereien wie in kleinen Dorfsennereien oder ganz traditionell auf Sennalpen produziert man Käse, der auch international Preise abräumt.

5000 Käselaibe liegen dicht an dicht im Gärkeller der Westallgäuer Käserei Hopfen. Käsermeister Alois Keck betrachtet sein Werk wohlgefällig und bohrt mit dem Käsehobel ein kleines Loch in den ein oder anderen Laib: So kann der Fachmann den Reifegrad des Käses überprüfen.

Groß denken …!

4000 l Milch, geliefert von den Bauern der Umgebung, landen täglich im Kessel der kleinen Dorfsennerei. Das klingt gewaltig, aber für einen Laib Emmentaler von 75 kg benötigt man stolze 1000 l Milch – das entspricht der durchschnittlichen Tagesleistung von 70 Kühen! Im Hopfener Drei-Mann-Betrieb wird wie in vielen anderen kleinen Allgäuer Käsereien wieder ganz traditionell mit naturbelassener Rohmilch gekäst. Die Ergebnisse können sich schmecken lassen, und Qualität geht vor Quantität. Nur so können Kleinbetriebe im Wettbewerb bestehen. Insgesamt werden rund 15 % des deutschen Käses und fast 40 % des deutschen Hartkäses in den etwa 90 Allgäuer Käsereien produziert. Damit ist die Region heute zweifellos Deutschlands Käseküche. Das war nicht immer so.

Das Allgäu war immer Bauernland, aber angesichts karger Böden und eines rauen Klimas war der Bauernalltag hart und die Gewinne bescheiden. Zu Beginn des 19. Jh. baute man außer Getreide – meist Hafer und Gerste – vor allem Flachs an, den Rohstoff für Leinen. Die Flachsverarbeitung sicherte den Bauernfamilien im Herbst und Winter ein dringend notwendiges Zubrot.

Vom »blauen« zum »grünen« Allgäu

Und weil das Blau der Flachsblüten die Allgäuer Felder im Frühjahr überzog, sprach man vom »Blauen Allgäu«. Als jedoch im 19. Jh. billige Baumwolle aus Übersee den Markt überschwemmte, wurde der Markt für die handgewebten Allgäuer Tücher immer kleiner.

Eine Geschäftsidee witterte 1827 der findige Oberstaufener Fuhrunternehmer Aurel Stadler, der in der Schweiz den Emmentaler Käse schätzen gelernt hatte. Allgäuer Bergkäse war bis dahin, weil begrenzt haltbar, nur in kleinen Mengen in Hauskäsereien hergestellt und auf Flößen die Iller hinunter bis nach Ulm transportiert worden. Stadler holte den Senn Johann Althaus aus dem Schweizer Emmental als »Entwicklungshelfer« ins Gunzesrieder Tal, wo er den Allgäuern das Geheimnis des Schweizer Emmentalers, eines lagerfähigen Hartkäses, enthüllte. Nun war es nicht mehr weit bis zum »Allgäuer Emmentaler«, der auf Anhieb zum Verkaufsschlager wurde.

Den endgültigen Strukturwandel vom Ackerbau zur Milchwirtschaft vollzog wenige Jahre später der Molkereifachmann Carl Hirnbein (1807–1871). Er ließ sich von den Holländern zeigen, wie man Limburger und Romadur produziert, und führte 1840 als Erster die Weichkäserei im Allgäu ein. 1843 besaß er bereits 100 Sennereien, verkaufte seine Käselaibe nicht nur im Allgäu, sondern in ganz Deutschland und machte Kuh und Käse zum Markenzeichen des Allgäus. Zehn Jahre später wurden Immenstadt und Oberstaufen an das Bahnnetz angeschlossen und damit wurde ein riesiger Markt für den Allgäuer Käse erschlossen. Der wirtschaftliche Aufschwung der Region war nicht mehr aufzuhalten. Aus dem »Blauen Allgäu« der Flachsfelder war das »Grüne Allgäu« der Viehweiden und der Milchwirtschaft geworden.

Großkäserei contra Dorfsennerei

Die Gründung des »Milchwirtschaftlichen Vereins« (1887) und der »Butter- und Käsebörse« (1921) in Kempten trugen zur Regelung des schnell wachsenden Absatzmarktes bei. Letztere ist bis heute zuständig für die Bundesländer Bayern, Baden-Württemberg und Sachsen, und rund 120 Molkereien melden hier, wie viele Milchprodukte sie in der vergangenen Woche zu welchen Preisen verkauft haben. Auf dieser Grundlage werden im Allgäu die Preise für Butter und Käse ermittelt – als unverbindliche Preisempfehlung, die den Händlern hilft, den Markt einzuschätzen. Beste Notierungen erzielt der Käse übrigens während des Münchner Oktoberfestes, wenn er als deftige Grundlage fürs Bier gebraucht wird.

Die Käse, die im Käseladen jamei laibspeis in Kempten verkauft werden, hatten Zeit zu reifen – das schmeckt und sieht man.

Ab den 1960er-Jahren ging auch im bäuerlichen Allgäu der Trend zu Großkäsereien. Doch vor allem in den 1990er-Jahren setzte eine Rückbesinnung ein. Kleinsennereien besetzen heute wieder eine Nische mit qualitativ hochwertigem Bergkäse, der – anders als der Emmentaler – nur in Handarbeit produziert werden kann. Fast 100 % des Käses aus Dorfsennereien oder von den Sennalpen werden direkt vermarktet, also an Urlauber oder auch an Einheimische verkauft. Das ist ein Segen für die Käser wie für die Bauern der Region, die vom Verkauf ihrer Milch längst nicht mehr leben könnten. Für hochwertigen Käse sind Liebhaber aber gern bereit, angemessene Preise zu zahlen.

Die Favoriten

Die Allgäuer Klassiker sind bis heute Emmentaler und Bergkäse. Allgäuer Bergkäse ist das Prestigeprodukt der meisten Käsereien und eine EU-weit geschützte Ursprungsbezeichnung. Produziert wird er hauptsächlich auf Sennalpen und in einigen Talsennereien und auch heute noch ausschließlich in Handarbeit.

Charakteristisch sind die erbsengroßen Löcher und der würzige Geschmack. Er reift mindestens drei und bis zu 16 Monate. Markenzeichen des Allgäuer Emmentalers sind die kirschkerngroßen Löcher und sein nussiger Geschmack. Ein milder Schnittkäse ist dagegen der Alpkäse. Der Romadur, ein Weichkäse mit Rotschmiere, gehört wie der Limburger zu den traditionellen Weichkäsespezialitäten. Eine beliebte Variante ist der Backsteinkäse, ein pikanter Käse, der in Form und Farbe einem Backstein gleicht – außen weich und sehr aromatisch, innen je nach Reifegrad etwas fester. Geheimnis des Weinkäses ist ein etwa einwöchiges Bad in einem kräftigen Rotwein, der für ein besonderes Aroma sorgt. Das eigenwilligste Produkt aus Allgäuer Käseküchen aber ist der Weißlacker, der wahrlich zum Himmel stinkt. Die pikante Spezialität wurde in Wertach erfunden und verdankt seine Existenz einer Nachlässigkeit: Ein Käser hatte den Limburger in der Salzlake vergessen. Als man ihn nach einem halben Jahr entdeckte, warfen ihn die sparsamen Allgäuer nicht auf den Kompost, sondern probierten erst einmal ein Stück und entdeckten einen Käse mit viel Charakter.

Neben den traditionellen Sorten beleben Neuentwicklungen wie Bärlauchkäse, Bockshornkleekäse oder Heublumenkäse das Sortiment. ■

D

DORFSENNEREIEN

Die genannten Sennereien (Auswahl) produzieren hochwertigen Käse.

Sennerei Hopfen: Hopfen, Stiefenhofen, T 08386 28 33, www.baldauf-kaese.de, Führung Fr 17 Uhr oder nach Absprache.

Sennerei Rutzhofen: Rutzhofen 7, Stiefenhofen, T 08384 580, www.sennerei-rutzhofen.de.

Biokäserei Obere Mühle: Ostrachstr. 40, Bad Oberdorf, T 08324 28 57, www.obere-muehle.de.

Bergkäserei Steibis: Im Dorf 12, Oberstaufen-Steibis, T 08386 81 56, www.berg-kaese.de.

Bio-Käserei Zurwies: Zurwies 11, Wangen im Allgäu, T 07522 55 81, www.zurwies.com.

Käsküche Isny: Maierhöfenerstr. 78, Isny, T 07562 91 27 00, www.kaeskueche-isny.de

Käseschule Allgäu: Thalkirchdorf bei Oberstaufen, T 0172 890 87 38, www.kaeseschule.de. Hier kann man das Käsen lernen.

Das Wandgemälde »Geschichte des Stifts Kempten« im Foyer des Landgerichts (Residenz), 1990/91 geschaffen von dem Maler Josef Löflath, war ein »Skandalgemälde« mit seiner unverhohlenen Kritik.

Reise durch Zeit & Raum

Geschichte kann spannend sein — von der Römerzeit über die Bauernkriege bis heute hat das Allgäu schließlich so einiges erlebt. Lassen Sie sich auf eine kleine Zeitreise ein!

Eine Straße von der Adria über die Alpen

um 15. v. Chr.

Die Römer strecken ihre Fühler immer weiter nach Norden aus. Kaiser Augustus beauftragt seine Adoptivsöhne Drusus und Tiberius, das Voralpengebiet bis zur Donau zu erobern. Drusus nimmt mit seinen Legionen den Weg über den Fernpass. Die Route wird – unter Kaiser Claudius ausgebaut – als Via Claudia Augusta während der ersten beiden nachchristlichen Jahrhunderte die wichtigste Verbindungsachse zwischen Adria, Poebene und dem westlichen Voralpenraum. Die seit Jahrhunderten im Voralpenland ansässigen Kelten müssen sich den Römern geschlagen geben. Aus dem keltischen Kambodunon wird das römische Cambodunum, das heutige Kempten, eine der ältesten Römerstädte in Deutschland. 260 n. Chr. wird sie von Alemannen zerstört. Die Trasse der Via Claudia Augusta ist auch heute noch teilweise nachvollziehbar. So verläuft sie im Gemeindegebiet von Rieden am Forggensee bei Füssen auf dem Grund des 1954 aufgestauten Sees und ist während des winterlichen Abstaus deutlich sichtbar.

Zum Anschauen:
Forggensee, S. 24; Archäologischer Park Cambodunum in Kempten, S. 88

Das Allgäu wird christlich

8./9. Jh.

Die Benediktinermönche Magnus und Theodor aus dem Kloster St. Gallen kommen auf ihrer Missionsreise ins Allgäu und sind erfolgreich: Von den Stützpunkten Füssen und Kempten aus verbreiten sie die Lehre des Christentums. St. Mang gilt seither als Schutzheiliger des Allgäus. Mehrere Klöster künden von der Christianisierung – 752 wird das Benediktinerkloster, später Fürststift, in Kempten gegründet, 764 das Kloster Ottobeuren, das zum mächtigsten Kloster des Allgäus aufsteigt und bis heute Abtei ist. 850 folgt das Kloster in Füssen. Alle entwickeln sich zu wichtigen wirtschaftlichen und kulturellen Zentren der Region. Das Allgäu wird als Albigowe (Albgau) 817 erstmals erwähnt.

Zum Anschauen:
Kloster St. Mang in Füssen, S. 21

Der Aufstieg der Städte

ab 1079

Konrad III. aus dem Geschlecht der Staufer, die seit 1079 Herzöge von Schwaben sind, erringt die Königswürde. Mehr als ein Jahrhundert lang stellen die Staufer die deutschen Könige und Kaiser und machen Schwaben zum Stammland des Kaiserhauses. 1268 stirbt mit Konradin das Geschlecht der Staufer aus. Nun beginnt die Zersplitterung ihres Herrschaftsbereichs in weltliche und geistliche Territorien: Es regieren Hochadel und Ritterschaft, Bistümer und Klöster. Neben dem Bischof von Augsburg gehört der Fürstabt von Kempten zu den mächtigsten Persönlichkeiten der Zeit. Es kommt zur Gründung der Freien Reichsstädte Lindau, Wangen, Isny, Leutkirch, Kempten, Memmingen und Kaufbeuren, in denen sich eine einflussreiche Kaufmanns- und Handwerkerschicht bildet. Gemeinsam etablieren sich die Städte als dritte Kraft neben Adel und Klerus.

Zum Anschauen: Kaufbeuren, S. 52; Kempten, S. 78; Kempten, Residenz, S. 83; Memmingen, S. 150; Wangen, S. 185; Isny, S. 193; Leutkirch, S. 199 und Lindau, S. 210

Stadt und Land – Bauern, Künstler, Händler

15. Jh.

Rodungsarbeiten verändern nach und nach die Allgäuer Landschaft, und zunehmend prägen Wiesen, Weiden und Acker das Bauernland. In den Städten dagegen schaffen Künstler wie der Maler und Bildhauer Hans Multscher (1400–1467) aus Reichenhofen bei Leutkirch, der Maler Bernhard Strigel (1460/1–1528) aus Memmingen und der Füssener Bildschnitzer Jörg Lederer (um 1470–1550) unsterbliche Werke, die man heute noch in mancher Kirche bewundern kann. 1488 gründet sich der Schwäbische Bund als Vereinigung der schwäbischen Reichsstädte, um der Ausbreitung des bayerischen Territoriums unter den Wittelsbacherherzögen entgegenzuwirken. Im gleichen Jahr lassen die Grafen von Montfort die Alte Jochstraße zwischen dem heutigen Oberjoch und Hindelang bauen und öffnen das Oberallgäu für den lukrativen Salzhandel.

Zum Anschauen: Jochstraße Bad Hindelang, S. 99

Bauern auf den Barrikaden – Bauernkrieg im Allgäu

1525

Die unter dem Joch der Feudalherren leidenden Bauern erheben sich im Frühjahr in mehreren deutschen Städten. Im Allgäu greift die Bewegung von Kempten aus auf andere Städte über. Die Bauern verabschieden am 14./15. März im Memminger Haus der Kramerzunft die berühmten »Zwölf Artikel der Bauernschaft in Schwaben«, deren Wirkung weit über die Grenzen des Allgäus hinausreicht. Sie fordern darin die Aufhebung des Zehnten, der Leibeigenschaft und der Frondienste sowie die freie Wahl des Pfarrers. Der 4000 Mann starke Allgäuer »Haufen« wird bei Wurzach durch den als grausam bekannten Truchsess Georg von Waldburg (»Bauernjörg«), den Vertreter des Schwäbischen Bundes, vernichtend geschlagen. Allein im Allgäu wurden 10 000 Bauern hingerichtet.

Zum Anschauen: Haus der Kramerzunft in Memmingen, S. 156

Die Reformation geht um

1525–1555

In den meisten Freien Reichsstädten setzt sich die neue Lehre Luthers durch. Das Umland bleibt katholisch. 1533 zerbricht schließlich der Schwäbische Bund an der unterschiedlichen religiösen Parteinahme der Mitglieder. Erst 1555 kommt es zu einem Durchbruch in den konfessionellen Auseinandersetzungen: Der Augsburger Religionsfrieden klärt die Verhältnisse und gesteht zumindest den Regierenden freie Konfessionswahl zu. Gemäß der Formel »Cuius regio, eius religio« sind die jeweiligen Landesherrn fortan ermächtigt, die Religion ihrer Untertanen zu bestimmen.

Zum Anschauen: Predigerbibliothek in der Nikolaikirche in Isny, S. 195

Dreißig Jahre Krieg
1618–48
Während des Dreißigjährigen Krieges ziehen plündernde Landsknechthorden durchs Land, die Städte, Kirchen und Klöster, darunter Stift und Reichsstadt Kempten, zerstören. Feldherr Wallenstein zieht 1630 als Sieger in Memmingen ein und erleidet gleichzeitig seine größte Schmach. Er erfährt hier von seiner Absetzung als Oberbefehlshaber des kaiserlichen Heeres. Durch Hungersnöte und Seuchen verliert das Allgäu zwei Drittel seiner Bevölkerung. Kempten schmilzt von 9000 auf 900 Bewohner zusammen. 1651/52 erfolgt der Wiederaufbau der Stadt mit Residenz und Lorenzkirche, dem ersten großen Barockkirchenbau Süddeutschlands.
Zum Anschauen:
Lorenzkirche in Kempten, S. 87

Die Residenz in Kempten diente der Repräsentation.

Einödhöfe und barocke Baulust
18. Jh.
Immer mehr Bauern lösen sich aus der Dorfgemeinschaft und bauen Einödhöfe inmitten ihrer Wiesen und Felder. Auf diese Weise gewinnen sie zusammenhängendes Weideland fürs Vieh, das leichter zu bearbeiten ist und die Voraussetzung für den erfolgreichen Aufbau der Milchwirtschaft im 19. Jh. schafft. In dieser politisch stabilen Zeit zeigt sich die Baulust der Barockäbte vor allem in Ottobeuren, das aufs Prächtigste umgestaltet wird. Aber auch einfache Pfarrkirchen werden barockisiert.
Zum Anschauen:
Kloster Ottobeuren, S. 162

Nieder mit den Pfaffen!
1802/03
Die Aufklärung gebietet der Bauwut und Prunksucht des Klerus Einhalt. Ein jähes Ende findet beides durch die Säkularisation. Bayernkönig Max I. Joseph möchte Bayern in einen modernen Staat verwandeln und im Rahmen der Umgestaltung werden die einst mächtigen Klöster verstaatlicht, müssen Rechte und Besitztümer dem jeweiligen Landesherrn übertragen. Kirchliche Bauten werden in Wohnhäuser, Zuchthäuser oder Schrannenhallen umgewandelt.
Zum Anschauen:
Fürststift in Kempten, S. 83

Die Bayern kommen!
1803–10
Durch Napoleon erfährt Süddeutschland eine Neugliederung, die bis heute gültigen Grenzen werden festgelegt. Die Reichsstädte verlieren ihre Unabhängigkeit. Kurfürst Max von Bayern begründet als Maximilian I. Joseph die Königsdynastie im Hause Wittelsbach. Der bayerische König erhält den größten Teil des Allgäus, Württemberg den kleineren Teil im Westen. Bayerische Beamte lassen Kunstschätze aus den Allgäuer Residenzen nach München bringen. Mit seinem Ersten Minister Montgelas wird der König Schöpfer eines modernen bayerischen Staates: Religionsfreiheit,

Gleichheit der Bürger vor dem Gesetz, Trennung von Rechtsprechung und Verwaltung sowie das Recht auf freie politische Meinungsäußerung werden gesetzlich verankert. Die Erblichkeit und Käuflichkeit von Ämtern ist nunmehr verboten und die allgemeine Schulpflicht wird eingeführt.

Zum Anschauen:
Museum der Bayerischen Könige in Schwangau am Alpsee, S. 39

Vom blauen zum grünen Allgäu
1827

Der Schweizer Senn Johann Althaus, den der Händler Aurel Stadler als »Entwicklungshelfer« in Sachen Käse ins Allgäu holt, produziert auf der Aualpe im Gunzesrieder Tal einen Käse nach Schweizer Vorbild: Die Geburtsstunde des Allgäuer Emmentalers hat geschlagen. Wenige Jahre später vollzieht Agrarreformer Carl Hirnbein (»Notwender des Allgäus«) den Strukturwandel vom Ackerbau zur Milchwirtschaft im Allgäu: Aus dem »blauen« Allgäu, in dem der Flachsanbau dominiert, wird das »grüne« Allgäu, in dem die Weidewirtschaft die wirtschaftliche Hauptrolle spielt. Die Einrichtung der »Allgäuer Butter- und Käsebörse« (seit 1950 Süddeutsche Butter- und Käsebörse) in Kempten ermöglicht seit 1921 die gemeinsame Vermarktung Allgäuer Milchprodukte auch über die Landesgrenzen hinaus.

Zum Anschauen:
Blaichach und Gunzesrieder Tal, S. 107

Das Allgäu als Ferienlandschaft
1832–1847

Bergsteiger entdecken die Allgäuer Berge: die Anfänge des Alpinismus. Der bayerische Kronprinz Maximilian baut die Ruine Schwanstein zum Schloss Hohenschwangau um, dem Sommersitz der Familie. Seine Frau Marie, eine gebürtige Preußenprinzessin, gehört zu den frühen Alpinisten und fördert die Entdeckung der Allgäuer Berge als Erlebnislandschaft. 1847 fährt die erste Eisenbahn von Augsburg nach Kaufbeuren und sechs Jahre später weiter bis Lindau, was enorm zum wirtschaftlichen Aufschwung der Region beiträgt. 1852 erbaut der Agrarreformer Carl Hirnbein mit dem Grüntenhaus das erste Hotel in den Allgäuer Alpen.

Zum Anschauen:
Schloss Hohenschwangau in Schwangau, S. 30; Heimatmuseum in Oberstdorf, S. 130

Ein König träumt
1864–1886

Nach dem Tod Maximilians II. wird sein Sohn als Ludwig II. König von Bayern, der durch große Bauprojekte von sich reden macht. 1869 wird der Grundstein für Schloss Neuschwanstein gelegt, sein berühmtestes Bauwerk, das unvollendet bleibt, schon bald nach dem Tod des Königs Besuchermassen ins Allgäu brachte und bis heute die größte Touristenattraktion Bayerns ist. 1886 ertrinkt Ludwig II. unter ungeklärten Umständen im Starnberger See, sein ehrgeiziger neuer Plan für ein noch prächtigeres Schloss auf dem Falkenstein bei Pfronten bleibt in der Schublade. Der »Kini« wird zur Legende, zum Pop-Star unter Bayern-Königen, und ist im Allgäu gar als Musical-Held auf der Bühne zu sehen.

Zum Anschauen:
Museum am Falkenstein in Pfronten, S. 70

Der Wasserdoktor
1886

Sebastian Kneipp, Pfarrer in Bad Wörishofen, begründet im Selbstversuch eine Naturheilkunde, landet mit »Meine Wasserkur« einen Bestseller, der in 17 Sprachen übersetzt wird, und löst damit den ›Kneipp-Boom‹ aus. Seine Patienten kommen aus aller Welt und das kleine Wörishofen wird als Kurbad zum »Promi-Ort«, in dem Männer und Frauen sich in den eigenen »Bädern« erholen können.

Zum Anschauen:
Kneipp-Museum, Bad Wörishofen, S. 172

Das Allgäu wächst

1945–47

Das Allgäu wird vertriebenen Böhmen und Schlesiern zur neuen Heimat. Die Bevölkerung wächst um ein Drittel. Neugablonz, heute ein Ortsteil Kaufbeurens, ist noch heute ein Zentrum der Modeschmuckproduktion.

Zum Anschauen:
Isergebirgsmuseum in Neugablonz bei Kaufbeuren, S. 62

Ludwig als Musicalstar

2000

Im April erlebt das Musical »Ludwig – Sehnsucht nach dem Paradies« im eigens dafür erbauten Musicaltheater in Füssen am Forggensee seine Premiere, gefolgt von der Neuinszenierung »Ludwig2« 2003. Wirtschaftlich steht das Projekt jahrelang auf wackeligen Füßen, aber dank eines Investors steht der »Kini« als Musicalstar seit 2016 wieder auf der Bühne.

Zum Anschauen: Festspielhaus Neuschwanstein in Füssen, S. 30

Der Tourismus spielt lange schon eine große Rolle im Allgäu – und Wandern erlebt einen Boom.

Einfach mal abheben

2007

Der Allgäu Airport in Memmingen wird eröffnet. 2017 nutzen bereits 1 Mio. Passagiere den Regionalflughafen.

Zum Anschauen:
Allgäu Airport Memmingen, S. 233

Masse oder Klasse – Entwicklung des Tourismus

2016

Das Allgäu entwickelt sich ab den 1950er-Jahren zu einer der beliebtesten Ferienregionen in Deutschland. »Masse oder Klasse«?, lautet immer öfter die Frage. Mit dem »Ökomodell Hindelang« macht Bad Hindelang 1990 einen ersten Schritt in Richtung sanfter Tourismus. 2016 würdigt die deutsche UNESCO-Kommission nachhaltigen Naturschutz, sanften Tourismus und regionale Vermarktung im Allgäuer Urlaubsort und nimmt die Hindelanger Alpwirtschaft ins bundesweite Verzeichnis »Immaterielles Kulturerbe« auf.

Zum Anschauen: Bad Hindelang, S. 98

Fischerinnen an den Köcher!

2020

Beim alljährlichen »Ausfischen« des Memminger Stadtbachs am Fischertag waren die Männer seit 1465 unter sich. Im August 2020 entscheidet das Memminger Amtsgericht: Ab 2021 dürfen auch Frauen mitfischen. Eine männliche Domäne fällt nach 555 Jahren.

Zum Anschauen: Fischertag in Memmingen, S. 151

Kräuterhexen und Kräuterwirte

Unkraut gibt es nicht! Der Kräutergarten Artemisia bei Stiefenhofen bietet eine große Vielfalt an Heil- und Kräuterpflanzen.

Die delikaten Kräuter der Bergwiesen — wussten Kühe im Allgäu schon immer zu schätzen. Seit einigen Jahren entdecken immer mehr Urlauber das Wissen der Allgäuer Kräuterfrauen wieder. Kräuter veredeln auch manches Gericht.

Tees und Tinkturen

Im Mittelalter wäre Betha Grath möglicherweise als Hexe verbrannt worden, heute ist sie eine gefragte Referentin zu Kräuterthemen. Sieben Kinder hat die Bäuerin aus Stiefenhofen im Westallgäu geboren und so manche Lebenskrise durchgestanden – die Kräuter haben ihr dabei oft geholfen. Als die Kinder selbstständiger wurden, absolvierte sie die Kneippschule und später manche Zusatzschulung, um den Hof der Familie in einen anerkannten Kräuterlandhof umzuwandeln.

Heute veranstaltet sie Führungen durch den eigenen Kräutergarten, gibt Kräuterseminare, in denen sie den Besuchern zeigt, wie man Kräuter trocknet, wie man mit Kräutern räuchert und wie man Tees, Tinkturen, Hautcremes, Sirupe, Kräutersalze und einiges mehr herstellt.

Ihr persönlicher Favorit? Die Brennnessel, keine Frage. Über ihr Lieblingskraut könnte die Kräuterfrau stundenlang philosophieren …

Kräuterparadies Bergwiese

Es grünt und blüht üppigst auf Allgäuer Bergwiesen. Bald nach der Schneeschmelze entfaltet sich hier eine einzigartige Blütenpracht: Bergflockenblume, Hornklee, Akelei, Berberitze, Glockenblume, Seidelbast und Türkenbund blühen um die Wette.

Wer dies allein der Kraft der Natur zuschreibt, irrt allerdings. Das Gesamtkunstwerk Bergwiese ist ein Wunder, das sich nur durch die sorgsame Bearbeitung der Wiesen durch den Bergbauern entwickeln kann. Denn nur wenn die Wiesen regelmäßig gemäht werden, sprießt diese Vielfalt an Blumen, Heilkräutern und Gräsern. Wird die Wiese aber vor dem Ausreifen der Samen gemäht, geht diese Vielfalt verloren. Auch Überdüngung vertragen die Pflanzen nicht: Wenn zu viele Kühe auf der Wiese stehen, gedeiht nur noch der Sauerampfer.

Altes Wissen wiederbelebt

Seit Jahrtausenden nutzte man im Allgäu die Kräfte der einheimischen Wildkräuter von Meisterwurz und Bergarnika bis zu Sanikel und Giersch, die auf den Bergwiesen sprießen. Das Wissen drohte jedoch verloren zu gehen, bis eine neue Generation von Kräuterfrauen es wiederbelebte. Man erkannte das touristische Potenzial der Kräuter, und 2000 gründeten Kräuterfans den Verein Allgäuer Kräuterland e. V., zu dem auch Gasthöfe und Hotels gehören. Interessierte Urlauber können auf Kräuterführungen mit modernen »Kräuterhexen« Wissen rund um die Heilkräuter sammeln, aber auch mit Kräutern kochen oder Kräuteröle kreieren.

»Warum sollten die Blüten und Kräuter, die für Kühe eine Delikatesse sind, nicht auch dem Menschen munden?«, überlegten innovative Allgäuer Köche im Rahmen des Kräuter-Revivals und begannen, die einfachen Allgäuer Gerichte zu veredeln. Die »Allgäuer Heuwirte« kreierten ungewöhnliche Speisen mit Bergheu: Bergwiesenheusuppe, gebackene Heukartoffeln mit Schnittlauchtopfen oder Schupfnudeln mit Heublumen. Seither liegen Kräuter im Trend und stehen im Mittelpunkt mancher Geschäftsidee.

Kochen mit (Un)kräutern

Stiefenhofen bei Oberstaufen darf sich seit 2002 Kräuterdorf nennen, denn Kräutergarten, Kräuterlandhöfe, Wildkräuterfrauen und ein Kräuterwirt versprechen geballtes Kräuterwissen. Das wiederum zieht Besucher an.

Großen Anteil an der Erfolgsgeschichte des Ortes hat Kräuterwirt Axel Kulmus. Am Anfang stand für den Inhaber des Traditionsgasthofs Rössle der Wunsch nach einem Alleinstellungsmerkmal – 1995 rührte Kulmus sein erstes Bärlauch-Pesto und erntete Skepsis. Heute produziert er 150 kg im Jahr und ist weit über die Grenzen Stiefenhofens hinweg berühmt.

Für den Küchenchef sind die Kräuter längst eine Passion. Hopfen, Bergminze, Kampfer, Ysop, wilder Majoran und mindestens 80 weitere (Un)kräuter wuchern im Gasthausgarten – alle wandern irgendwann in den Kochtopf. Momentan gehören dem französischen Estragon und dem Lavendel seine Liebe. Und immer wieder sucht und findet er Überraschungen für seine Gäste. Nachdem Prosecco mit Holunderblütensirup längst zum Kultgetränk avancierte, serviert Kulmus seinen Gästen Schaumwein mit Wildblütensirup. Und sein wunderbarer »Un-krautstrudel« sorgt auch in Feinschmeckerkreisen für Furore.

Das Stiefenhofener Beispiel machte Schule: Inzwischen dreht sich auch in weiteren Allgäuer Kräuterdörfern wie dem Hörnerdorf Ofterschwang und Niedersonthofen im Allgäuer Seenland vieles ums Kraut. ■

URLAUB IM KRÄUTERLAND

K

Die 15 Allgäuer Kräuterlandhöfe sind über das gesamte Allgäu verteilt und bieten Bauernhofurlaub mit Kräuterkunde (T 08379 13 01, www.allgaeuer-kraeuterland-hoefe.de).
Im Verein **Allgäuer Kräuterland e.V.** haben sich Kräuterlandhöfe, Kräuterfrauen, Kräuterwirte, Gärtnereien, Hotels und andere Anbieter zusammengeschlossen (T 08381 94 85 81, www.all gaeuer-kraeuterland.de).
Kochkurs beim Kräuterwirt: Die Kochschüler von Axel Kulmus beizen Forellen, zupfen Blättchen und Blüten für Salate und kreieren ein Wildkräuterparfait. Die Kräutermischung für den Kräutersud rupft sich jeder Kochlehrling selbst zusammen. Experimentieren ist im dreistündigen Kochkurs erwünscht, damit garantiert jeder sein Lieblingskraut findet.
Infos zu Kursen: Landgasthof Rössle, T 08383 920 90, www.roessle.net.

»Ich bin dann mal weg ...«

Sich den Platz im Jenseits verdienen — das wollte einst mancher gläubige Christ und machte sich auf den Weg, um Gott näherzukommen. Es entstanden Pilgerrouten quer durch Europa. Einige von ihnen erleben heute eine Renaissance.

Das Leben der Allgäuer Bauern war einst beschwerlich. Kein Wunder, dass sich mancher gläubige Christ von der Sehnsucht nach dem Jenseits nährte. Und weil man sich das Himmelreich verdienen musste, wie der Pfarrer von der Kanzel predigte, griff manch einer zum Pilgerstab. Die Pilgermuschel weist den Weg, der sich mit Blick auf Alpengipfel durchs Oberallgäu weiter in Richtung Bodensee schlängelt. Bis zur Endstation des Jakobswegs in Santiago de Compostela ist es noch weit, doch die Allgäuer Etappe gehört sicher zu den landschaftlich schönsten. Ein Wanderweg zum Genießen.

Pilgerwege im Allgäu

Heute steigen die meisten Jakobspilger in den Flieger nach Bilbao, um bewusst die letzte Etappe durch Nordspanien zum Grab des heiligen Jakobus zu wandern. Der mittelalterliche Pilger hatte nicht die Wahl, und so führten zwei Zubringerwege durchs Allgäu: Die Münchner Pilger zogen über Steingaden, wo sich heute die Wieskirche erhebt, und Marktoberdorf weiter nach Kempten. Die Augsburger liefen durchs Unterallgäu über Ermengerst bei Kempten, wo sich die beiden Routen trafen. Weiter ging es über Genhofen, Weiler und Scheidegg nach Bregenz.

Schon bevor Hape Kerkelings Pilgertagebuch »Ich bin dann mal weg« die Bestsellerlisten stürmte und den Jakobsweg in den Blickpunkt einer breiten Öffentlichkeit rückte, wurde der Schwäbische Jakobsweg wiederbelebt. Ein Juwel am Wegesrand: die Kapelle St. Stephan (S. 183) in Genhofen bei Oberstaufen. So mancher Pilger wird im Laufe der Jahrhunderte vor dem Hauptaltar, der den hl. Jakobus mit den Symbolen der Wallfahrt, der Pilgermuschel und dem Pilgerstab, direkt neben der Jungfrau Maria zeigt, gekniet und um eine glückliche Rückkehr gebetet haben.

Pilgern wird heute als eine Möglichkeit erfahren, auch zu sich selbst zu finden.

Die Wanderer von heute tragen bequeme Wanderschuhe und Funktionskleidung, müssen unterwegs keine Wegelagerer fürchten und finden an der Kirchtür die Telefonnummer der Pilgerherberge in Scheidegg – die Faszination des Weges ist geblieben. Und Pilgern, die Rückkehr zur Langsamkeit, erlebt in unserer schnelllebigen Zeit eine Renaissance.

Pilgern – die Rückkehr zur Langsamkeit – erlebt eine Renaissance.

Große Pilgerrouten …

Die großen Pilgerrouten nach Santiago, Rom und Jerusalem erfreuten sich im Mittelalter großer Beliebtheit – die Aussicht, vollständigen Ablass zu erlangen, zog viele Christen in die Ferne. Aber auch pure Abenteuerlust motivierte manchen Pilger, der – wenn überhaupt – erst nach Monaten oder gar Jahren in die Heimat zurückkehrte.

Die Reformation setzte eine Zäsur: Soziale und religiöse Spannungen kennzeichneten das 16. und 17. Jh. Kriege, Aufstände, Plünderungen und Seuchen ließen wenig Raum für Spiritualität oder auch künstlerisches Schaffen, im Gegenteil: Als sich die Freien Reichsstädte der Reformation anschlossen, wurden unzählige Kunstwerke zerstört und Fresken übertüncht, um schlichte Predigerkirchen zu schaffen. Diejenigen, die katholisch blieben, propagierten jedoch mit Prunk und Pathos ihren Glauben. 1652, kurz nach Ende des Dreißigjährigen Krieges, wurde der Grundstein für große Barockbauten wie St. Lorenz in Kempten oder die Benediktinerabtei von Ottobeuren gelegt.

In einer Prozession ziehen TeilnehmerInnen des Ulrichsritts bei Steingaden zur Kapelle hinauf.

… und Wallfahrten

Mit der Gegenreformation blühte aber auch das Wallfahrtswesen wieder auf. Zahllose kleine Gnadenstätten entstanden, die den großen, aufwendigen Pilgerfahrten nach Rom, Jerusalem oder Santiago den Rang abliefen. Besonders Marien-Wallfahrtsorte erfreuten sich großer Beliebtheit wie Maria Trost und Maria Rain (S. 66) bei Nesselwang oder Maria Steinbach (S. 167) im Unterallgäu. Dort beteten im 18. Jh. bis zu 100 000 Pilger im Jahr. Besonders beschwerlich war die Wallfahrt über das fast 2000 m hohe Mädelejoch vom Tiroler Lechtal bis zu den Loretokapellen (S. 133) in Oberstdorf, die ab 1665 während einer Pestepidemie erstmals durchgeführt wurde, Ende des 19. Jh. langsam einschlief, um 1992 wiederbelebt zu werden.

Hoch zu Ross

Ein farbenprächtiges Spektakel bieten heute noch die Wallfahrten hoch zu Ross. Der hl. Georg, Schutzpatron der Pferde, wird Ende April mit einer prächtigen Pferdeprozession in Bodelsberg (Gemeinde Durach) südlich von Kempten, aber auch auf dem Auerberg bei Stötten gefeiert. Am zweiten Freitag im Juli wird in Bad Wurzach das Heilig-Blut-Fest (S. 206) begangen. Mehr als 1700 Reiter ziehen in der zweitgrößten Reiterprozession Mitteleuropas zusammen mit bis zu 15 000 Wallfahrern auf den Gottesberg, um in der Heilig-Kreuz-Kirche eine Reliquie des Heiligen Blutes zu verehren.

Anfang Oktober ist St. Coloman in Schwangau (S. 39) Ziel einer Reiterprozession mit rund 200 Teilnehmern. Dem Patron der Hirten, dem hl. Wendelin, zu Ehren finden ebenfalls im Oktober Ritte u. a. in Fischen und Scheidegg statt. Während einer Pferdeseuche im Jahr 1652 wurde in Blaichach bei Oberstdorf der Martinusritt ins Leben gerufen, der alljährlich im November durchgeführt wird.

Auf den Spuren der hl. Crescentia

Im Jahr 2001 sprach Papst Johannes Paul II. Maria Crescentia Höß (1682–1744), die ehemalige Oberin des Franziskanerinnenklosters in Kaufbeuren, im Petersdom heilig (S. 57). Ein großer Tag für die Allgäuer Katholiken. Das Kloster war schon bald nach dem Tod der Oberin, die als Trösterin und Ratgeberin geschätzt wurde, zum Pilgerziel geworden. Als der Papst im Dezember 2000 die wundersame Rettung eines Mädchens nach Gebeten zu Crescentia als Wunder anerkannte, setzte ein Pilgerboom ein.

Drei Jahre später wurde der Crescentiapilgerweg eröffnet – ein stiller Weg, der über 86 km an Wiesen, Feldern, Dörfern, Kapellen und Höfen entlang durch die Voralpenlandschaft von Kaufbeuren über Ottobeuren nach Mindelheim führt. Die Nonne war selbst oft auf diesem Weg unterwegs gewesen, um ihre Kontakte zum Kloster Irsee, zum Kreuzkloster Mindelheim oder zur Reichsabtei Ottobeuren zu pflegen. ■

S

AUF DEM WEG NACH SANTIAGO

Die Jakobuswege in Bayerisch Schwaben, die anders als im Mittelalter abseits der Haupthandelswege liegen, wurden 2003 am Jakobstag, dem 25. Juli, in Augsburg offiziell eröffnet. Weitere Infos liefern folgende Websites:

www.regionalentwicklung-oberallgaeu.de/jakobswege-im-oa.html: Mit PDF-Downloads zu einzelnen Etappen des Allgäuer Jakobswegs inkl. Informationen zu pilgerfreundlichen Unterkünften, Gaststätten, Gottesdienstzeiten und den Besonderheiten am Weg.

www.camino-europe.eu: Allgemeine Infos zum Jakobsweg, zahlreiche weiterführende Links und Infos zu einigen Etappen des Allgäuer Jakobswegs.

www.jakobuspilgergemeinschaft-augsburg.de: Einzelne Teiletappen des Schwäbischen Jakobswegs werden vorgestellt.

Literatur

Bayerisch-Schwäbischer Jakobsweg von Oettingen zum Bodensee, Christiane Haupt, Markus Meier, Janina Meier: Mit ausführlicher Beschreibung der interessantesten Etappen.

Ludwig II. – ein König als Kultfigur

Es lebe der »Kini«! — Ludwig II., der unglückliche Bayernkönig, beschäftigt auch 125 Jahre nach seinem Tod noch die Gemüter und seine Schlösser ziehen Scharen von Urlaubern ins Allgäu.

König-Ludwig-Eintopf und König-Ludwig-Dunkelbier stehen auf den Speisekarten, Neuschwanstein-Golfbälle, Kini-Zuckerlöffel und Ludwig-Bierkrüge türmen sich in den Souvenirgeschäften. All der Kitsch zeigt aber auch: Ludwig II. ist und bleibt eine Kultfigur.

»Ein ewig Räthsel bleiben will Ich Mir – und andern ...«, schrieb Ludwig II. von Bayern (1845–86) – Schiller zitierend – im April 1876 an die Hofschauspielerin Marie Dahn-Hausmann. Tatsächlich gibt der schöne, scheue und unglückliche Bayernkönig bis heute Rätsel auf, und nicht zuletzt deshalb ist seine Faszination ungebrochen. Ein Langweiler aus der Mottenkiste der Geschichte ist der Bayernkönig gewiss nicht, sondern zählt zu den schillernden Gestalten der deutschen Geschichte.

Der Bayernkönig war ein Träumer voller Sehnsucht nach einer Welt, in der nicht Staatsbudgets und Waffengewalt regierten, sondern die Schönen Künste. Nicht zuletzt deshalb liebt(e) ihn das Volk. Die rund 60 bayrischen Ludwig-Vereine zählen heute mehr als 6000 Mitglieder und zelebrieren regelrecht den Ludwig-Kult, während Millionen von Menschen Jahr für Jahr die drei Königsschlösser Neuschwanstein, Linderhof und Herrenchiemsee besuchen.

Sehnsucht nach Rückzug

Ludwig wurde am 25. August 1845 als ältester Sohn des späteren Königs Maximilian II. von Bayern und seiner Frau Marie im Münchner Schloss Nymphenburg geboren. Der Thronfolger und sein Bruder Otto erfuhren eine strenge, lieblose Erziehung und waren am glücklichsten, wenn die königliche Familie in der Sommerresidenz Hohenschwangau bei Füssen weilte.

Nach dem frühen Tod des Vaters bestieg der Prinz 18-jährig den Thron und wurde mit der Realität der Staats-

Elektrifizierte Romantik: der Muschelkahn in der Venusgrotte von Schloss Linderhof

Bayernkönig Ludwig II. – auf seine Weise wohl der Michael Jackson des 19. Jahrhunderts

geschäfte konfrontiert. Eine Rückzugsnische fand Ludwig in der Musik Richard Wagners. Der Musiker wiederum fand in dem König einen Mäzen, der ihm eine sorgenfreie Künstlerexistenz ermöglichte. 1867 wollte Ludwig dem väterlichen Freund sogar ein Festspielhaus in München errichten lassen, ein Projekt, das am Veto der Münchner Beamten scheiterte.

Erst später konnte es in der Bayreuther Provinz gebaut werden, als die Entzweiung zwischen den beiden ungleichen Männern bereits ihren Lauf genommen hatte, weil Wagners Nationalkult sich an Ludwigs Frankreichneigung rieb.

Der Verlust der Freundschaft traf den König, der auch in der Liebe glücklos war, tief. Seine homoerotischen Neigungen fanden keine Erfüllung. Die aus politischen Gründen geschlossene Verlobung mit seiner Cousine Sophie, der jüngeren Schwester Sissis, ließ er platzen. Sehnsucht und Entsagung sind Themen, die auch in den Bildmotiven seiner Schlösser immer wieder thematisiert werden.

Bauherr mit Anspruch

Auch in der Politik war er glücklos – ein König ohne Macht: Gegen seinen Willen wurde der Pazifist Ludwig in Kriege verwickelt, und 1871 verlor Bayern seine Souveränität nach der Gründung des Deutschen Reiches. So wurde das Bauen zum Lebensinhalt, zur Passion des Königs. 1869 wurde der Grundstein für Neuschwanstein gelegt, 1878 für Herrenchiemsee. Beide Schlösser blieben Fragmente, lediglich Linderhof wurde 1879 fertiggestellt. Die Baukosten aller Schlösser betrugen 31 Millionen Mark, die größtenteils aus dem Privatvermögen des Königs stammten.

Die Königsschlösser waren kaum als Wohnschlösser und schon gar nicht als Regierungssitze konzipiert, vielmehr waren es symbolbeladene »Erlebnisräume«, die nicht für die Öffentlichkeit bestimmt waren und deren komplizierte Bildprogramme auch im 19. Jh. nur Gebildete mit einer hervorragenden Kenntnis der Welt der Mythen und Sagen hätten verstehen können.

Ludwig baute im Zeitalter der Industrialisierung nicht Fabriken und Eisenbahnen, sondern schuf mit seinen Schlössern Gegenwelten zur Realität. »Ich halte dafür«, insistierte Ludwig bereits 1878, »dass das Glück der Völker nicht in der Menge ihrer Eisenbahnen liegt. (…) Auch für zahllose andere Menschen, als ich einer bin, wird eine Zeit kommen, in der sie sich nach einem Land sehnen und zu einem Fleck der Erde flüchten, wo die moderne Kultur, Technik, Habgier und Hetze noch eine friedliche Stätte weit vom Lärm, Gewühl, Rauch und Staub der Städte übriggelassen hat.«

Für die Köpfe des bayerischen Staates war Ludwig, mit Anfang Vierzig aufgedunsen und drogenabhängig, ein gefährlicher Spinner. Im Juni 1886 erklärte man den König für »seelengestört« und ließ ihn entmündigen. »Dass man mir die Krone nimmt, könnte ich verschmerzen, aber dass man mich für irrsinnig erklärt hat, überlebe ich nicht …«, bekannte Ludwig. Am 13. Juni ertrank der als guter Schwimmer bekannte Bayernkönig zusammen mit seinem Nervenarzt Dr. Gudden im kniehohen Wasser des Starnberger Sees. Die näheren Umstände wurden nie geklärt.

Pop-Ikone

So wie heute Urlaubstraumwelten die Sehnsucht nach der Flucht aus dem Alltag befriedigen, schuf Ludwig mit seinen Schlössern Rückzugsorte, in denen er von einer besseren Welt träumen konnte, in der die Musen regierten.

Sicher hätte er seine Schlösser lieber in die Luft gesprengt, als sie von Menschenmassen entweiht zu sehen. Doch schon wenige Wochen nach dem Tod des Königs wurde das Schloss, das Jahrzehnte später Walt Disney als Vorbild für sein Cinderella-Schloss diente, von Schaulustigen gestürmt. Und bis heute zieht die Welt des »Märchenkönigs« Besucher aus aller Welt magisch an. Die Kombination von Schönheit, Ruhm und Unglück fasziniert die Massen – ein bekanntes Phänomen. Das galt für Ludwigs schöne Cousine Sissi, der er sich seelenverwandt fühlte, genauso wie ein Jahrhundert später für Lady Di oder für Michael Jackson. Ob Ludwig heute Popstar wäre? Oder ob er heute Luxushotels mit Wellnesstempeln baute statt Schlösser? – Der Kult um den unglücklichen König spült(e) in der strukturschwachen Region des Ostallgäus viel Geld in die Gemeindekassen – allein dafür sei ihm gedankt, dem Kini. ■

K

DER »KINI« IN TEXT UND BILD

Literatur

Das König-Ludwig Wanderbuch, Michael Neumann-Adrian: 26 Touren auf den Spuren des Märchenkönigs.

Ludwig II. Der unzeitgemäße König, Oliver Hilmes: Spannende Biografie des Bayernkönigs mit neuesten Forschungsergebnissen.

Speisen wie ein König. Das königliche Kochbuch von der Tafel Max II. und Ludwig II., Katja Lau, Renate Schütterle und Ernst Roscher.

Film

Ludwig II. Glanz und Ende eines Königs. Regie: Helmut Käutner, 1955. O. W. Fischer glänzt als Ludwig, Klaus Kinski als sein (schwachsinniger) Bruder Otto. Gedreht an Originalschauplätzen.

Ludwig II. Regie: Luchino Visconti, 1972. Brillante Charakterstudie mit Helmut Berger in der Titelrolle und Romy Schneider als Sissy.

Ludwig II. Regie; Peter Sehr und Marie Noelle, 2012. Psychogramm des Märchenkönigs, das Ludwig als tragische Künstlerseele zeigt. Mit Sabin Tambrea als junger König und Edgar Selge als Richard Wagner.

Website

www.dein-allgaeu.de/kultur/kultur_ludwig.html: Gesammelte Links zu Schlössern, Musicals und mehr. Eine Fundgrube für Ludwig-Fans.

Vom Wasserdoktor zum Wellnesstrend

(K)urlauben im Allgäu — Fiel auch die unbeschreibliche Leichtigkeit des Kurlebens der Gesundheitsreform zum Opfer, so feiert der altbackene Gesundheitsurlaub als Medical Wellness ein glänzendes Comeback.

Berge, Wiesen, Seen und gesunde Luft im Überfluss. Kein Wunder, dass im Allgäu Kurorte erblühten wie Kräuter auf den Alpwiesen.

Kuren à la Kneipp in Bad Wörishofen (S. 170) und anderen Kneippkurbädern, Entschlacken nach Johann Schroth in Oberstaufen (S. 114) oder in Moorpackungen schwitzen in Bad Wurzach (S. 205) und Bad Faulenbach (S. 25) – im Allgäu hat der Gesundheitsurlauber die Qual der Wahl. Und seit die Krankenkassen weniger spendabel sind, propagiert man wieder, dass Vorbeugen besser als Heilen ist: Gemeinden und Hotels übertreffen sich im Schnüren von Wellnesspaketen und bieten alles, was das Urlauberherz begehrt. Wer den Tag fernöstlich beginnen möchte, kann wählen zwischen Tai Chi, Qi Gong und Yoga. Und längst kann man sich ayurvedisch oder im orientalischen Stil durchkneten lassen. Gleichzeitig besinnt man sich auf heimische Traditionen, und Heu, Heilmoor und Kräuter erleben ein Revival. Und als Ursprung der modernen europäischen Naturheilkunde gilt bis heute das ganzheitliche Konzept von Sebastian Kneipp.

Kneipp und kein Ende

Auf dem Bauch, auf dem Rücken, auf der Hüfte oder auf dem Knie? Wo der Heublumensack platziert wird, entscheidet der Kneipp-Arzt. Doch egal auf welchem Körperteil er landet – heiß und duftend beginnt damit zu früher Stunde ein Kneipptag in Bad Wörishofen. Und auch bei kalten Güssen, warmen Güssen, Wechselbädern oder Tautreten wird heute wie vor hundert Jahren des Pfarrers Wort zur Tat. Bauten auch bereits vor 2000 Jahren die Römer die ersten Thermen im Allgäu (davon kann man sich im Römerbad an der Talstation der Tegelbergbahn in Schwangau oder in den Ausgrabungen der Römerstadt Cambodunum überzeugen) – die Karriere der Region als Ziel für Gesundheitsurlauber ist an Pfarrer Sebastian Kneipp gekoppelt.

A

ALPEN-WELLNESS

Die Kooperation Alpen-Wellness Allgäu, der 28 Partner angeschlossen sind, informiert auf ihrer Internetseite (www.alpenwellness.de) ausführlich über regionale Produkte, Gesundheits- und Wohlfühlprogramme und hilft, den geeigneten Gastgeber – vom Kurhotel bis zum Kneipp-Bauernhof – für jeden Bedarf und Geldbeutel zu finden.

Wellness rustikal: Wassertreten regt den Kreislauf an – wusste schon Sebastian Kneipp.

Kaum 1000 Menschen lebten in Wörishofen, als Kneipp 1855 dort seinen Dienst antrat. 35 Jahre später zählte man stolz 5000 Kurgäste aus aller Welt, und bekannter als der heilkundige Geistliche war in Deutschland nur Otto von Bismarck. Eine weiter Weg für den Mann, der 1821 als Sohn bitterarmer Weber in Stephansried bei Ottobeuren geboren wurde und früh mit anpacken musste. »Mit zwölf Jahren musste ich täglich fünf Ellen Leinwand weben, wozu ich von morgens früh bis abends brauchte«, schrieb er in seinen Erinnerungen. Bei der Arbeit träumte er davon, Priester zu werden. Doch woher das Geld für die Ausbildung nehmen? Kneipp war schon 23, als er in Pfarrer Merkle aus Grönenbach einen Gönner fand, der ihn mit Lateinstunden aufs Gymnasium vorbereitete.

Die Freude über das bestandene Abitur war kurz: Kneipp erkrankte an Lungenschwindsucht. Die Ärzte gaben ihn auf, doch der Lebenswille des Patienten war stärker als die Krankheit. In der Münchner Hofbibliothek entdeckte er ein Buch über Krankenheilung durch die Kraft frischen Wassers.

Auch winterliche Temperaturen hielten Kneipp fortan nicht von regelmäßigen Tauchbädern in der Donau ab. Das Wunder geschah: Kneipp wurde wieder gesund und 1852 in Augsburg zum Priester geweiht. Drei Jahre später trat er als Beichtvater der Dominikanerschwestern seinen Dienst in Wörishofen an.

Neben seinen Pflichten als Seelsorger brachte der praktisch veranlagte Kneipp auch die Landwirtschaft des Klosters auf Vordermann: Er legte Wiesen trocken und suchte persönlich auf dem Viehmarkt die Kühe aus. Sorgen bereiteten ihm jedoch die Dominikanerchorfrauen, die blass und vergeistigt an ihm vorbeihuschten. Das änderte sich, als er ihnen vitaminreiche Kost und frische Luft bei der Gartenarbeit als Ausgleich zum Gebet verordnete.

Krankenpflege betrieb er zunächst zurückhaltend, wollte nicht als Kurpfuscher in Verruf geraten. Doch wo er sich der Kranken annahm, war er überaus erfolgreich. Sein Ruf als »Wunderdoktor« verbreitete sich in Windeseile weit über die Grenzen hinaus. Die Zahl der Kranken, die seine Hilfe suchten – darunter Adelige und Bischöfe –, stieg Jahr für Jahr. Einer der ersten Stammgäste war Erzherzog Joseph von Österreich, den Kneipp – der alle Gäste duzte – neben dem Metzgermeister oder Bauern Holz hacken ließ. Ende 1893 zählte sogar Papst Leo XIII. zu Kneipps Patienten, der den Wasserdoktor zum Päpstlichen Geheimkämmerer ernannte.

Auch falsche Scham ließ der Pfarrer nicht gelten: Weil die Damen beim Wassertreten die Röcke zu heben hatten, galt Wörishofen als »sündiges Dorf«.

In seinen wenigen Mußestunden brachte Kneipp seine Theorien zu Papier. »Meine Wasserkur«, 1886 erschienen, wurde zum Bestseller weltweit und in 17 Sprachen übersetzt. Aber auch Vortragsreisen und Werbeeinnahmen – der Pfarrer warb für Malzkaffee, um den Import teuren Bohnenkaffees zu bremsen – mehrten das Vermögen, das er in sein Werk investierte. Erst nachdem seine drei großen Stiftungen – Sebastianeum, Kneippianum und Kneippsche Kinderheilstätte – fertiggestellt waren, konnte er am 17. Juni 1897 in Frieden sterben.

Kneipp im Trend

»Erst als ich Ordnung in die Seelen der Menschen brachte, besserten sich auch die körperlichen Gebrechen«, stellte Kneipp fest. Die Ordnungstherapie war für ihn die wichtigste der fünf Säulen seines Naturheilverfahrens. Damit war er seiner Zeit voraus. Kneipps spirituelles Angebot war das Gebet, heute können

So vielfältig die Landschaft im Allgäu, so unterschiedlich die Aktivitäten, die für die Bewegung sorgen, die schon Kneipp als eine Säule seiner Therapie empfahl: auf dem Mountainbike geht's durchs Oytal (oben) oder zu Fuß durch die Sommerwiesen vor St. Coloman bei Schwangau (unten).

Kneippkurgäste auch fernöstliche Entspannungstechniken wie Qi Gong oder Trommelworkshops wählen. Und heute hätte der Allgäuer Pfarrer, dem man die Vorliebe für gute Schwabenküche ansah, sicher auch mit Tofu gekocht und leichte Salate serviert. Davon sind die Therapeuten des 21. Jh. überzeugt, die Kneipp zeitgemäß interpretieren.

Ein imposantes Denkmal haben die Stadtväter dem berühmtesten Wörishofener auf dem Kneipp-Platz gesetzt (S. 170). Aus Dankbarkeit. Doch wahrscheinlich hätte dem bescheidenen Pfarrer ein anderes Ehrenmal besser gefallen: der Kneipp'sche Heilkräutergarten im Kurpark.

Mit Schroth und Heu

Neben Kneipp etablierten sich andere Naturheilverfahren im Allgäu. Nach dem Zweiten Weltkrieg brachte der schlesische Arzt Dr. Hermann Brosig die Schrothkur in den Westzipfel des Oberallgäus. Seither darf sich Oberstaufen einziges Schroth-Heilbad Deutschlands nennen.

Mit Schrot und Korn hat das nichts zu tun, sondern mit Brosigs Landsmann Johann Schroth, der vor rund 170 Jahren das Naturheilverfahren, das die wohltuende Wirkung von feuchter Wärme mit einer Diät kombiniert, entwickelte. Entschlacken und Entgiften ist Ziel der Kur: Die allmorgendliche feucht-warme Schroth'sche Packung wärmt den Körper, lockert die Muskeln, stärkt die Abwehrkräfte. Die fettfreie, salzlose und eiweißarme Schroth-Diät, versüßt durch ein Gläschen Wein jeden zweiten Tag, entschlackt den Körper. Der rhythmische Wechsel von Trink- und Trockentagen führt zur Gewebsdrainage. Das alles zusammen sorgt für einen Großputz im Organismus, der Fitness und Vitalität schenkt. Dass man anschließend ein paar Pfunde leichter wiegt, ist angenehmer Nebeneffekt.

Dass Bergheu viele Wehwehchen heilen kann, wussten Allgäuer Holzknechte schon vor langer Zeit: Eine Nacht im Heustadel machte müde Männer wieder munter. Und auch so manche Bergbäuerin linderte Rheuma, Gicht oder Hexenschuss mit Heupackungen. Seit einigen Jahren erlebt Heu als Heilmittel sein Comeback: Heubäder, Heuschwitzbäder im Kraxenofen oder Bauernsaunen – an Wellness- und Spahotels besteht kein Mangel. Als Gesundheitsdestination ist das Allgäu auch heute noch wegweisend. Ob Medical oder Mental Wellness – in den Wellnesshotels der Region findet jeder sein Wohlfühlprogramm.

Der Kreativität sind keine Grenzen gesetzt: So kombiniert Alpyurveda, das Beste aus den Naturheilverfahren zwischen Alpen und Asien. ■

K

FÜNF SÄULEN DER KNEIPP'SCHEN THERAPIE

Wasser: Anwendungen mit warmem und kaltem Wasser regen den Kreislauf an und steigern die Abwehr- und Selbstheilungskräfte des Körpers.
Heilkräuter: Pflanzliche Wirkstoffe schützen vor Krankheiten und lindern Beschwerden. Wird mit Wassertherapie kombiniert.
Bewegung: Sanfte Ausdauersportarten möglichst in freier Natur bringen den Organismus in Schwung und bauen Stress ab.
Ernährung: Vitalstoffreiche und fettarme Mahlzeiten ergänzen das Gesundheitsprogramm.
Ordnung: Die Ordnungstherapie zielt auf eine Balance zwischen Aktivität und Entspannung – Grundlage für ein zufriedenes Leben.

A

DAS KLIMA IM BLICK

Reisen bereichert und verbindet Menschen und Kulturen. Wer reist, erzeugt auch CO_2. Der Flugverkehr trägt mit einem Anteil von bis zu 10 % zur globalen Erwärmung bei. Wer das Klima schützen will, sollte sich für eine schonendere Reiseform (z. B. die Bahn) entscheiden – oder die Projekte von atmosfair unterstützen. Atmosfair ist eine gemeinnützige Klimaschutzorganisation. Die Idee: Flugpassagiere spenden einen kilometerabhängigen Beitrag für die von ihnen verursachten Emissionen und finanzieren damit Projekte in Entwicklungsländern, die dort den Ausstoß von Klimagasen verringern helfen. Dazu berechnet man mit dem Emissionsrechner auf www.atmosfair.de, wie viel CO_2 der Flug produziert und was es kostet, eine vergleichbare Menge Klimagase einzusparen (z. B. Berlin – London – Berlin 13 €). Atmosfair garantiert die sorgfältige Verwendung Ihres Beitrags.

atmosfair

FSC
www.fsc.org
MIX
Papier aus verantwortungsvollen Quellen
FSC® C018236

Elke Homburg Die Reisejournalistin, Studienreiseleiterin und Redakteurin kennt das Allgäu seit Kindertagen und verliebte sich schon damals heftig in den grünen Südwestzipfel Bayerns. Ob es Zufall war, dass sie Jahre später einen Allgäuer heiratete? Zieht es die Münchnerin beruflich auch oft in ferne Welten – in ihrer Freizeit entschwindet sie am liebsten ins beschauliche Allgäu. Auch nach unzähligen Besuchen geht ihr beim Wandern in den Bergen, bei der Brotzeit, beim Radeln im Seenland oder bei Konzerten auf Berggipfeln, in Kirchen oder Schlössern das Herz auf. Und immer noch gibt es jede Menge Neues zu entdecken.

Abbildungsnachweis
DuMont Bildarchiv, Ostfildern: S. 51 M., 51 re., 74, 97 re., 116, 121, 133, 149 li., 158, 241, 271 (Katja Kreder); 261 (Markus Heimbach); 209 re., 231 (Rainer Kiedrowski); 6, 7 o. li., 7 re., 10, 12/13, 14 li., 14 re., 15 re., 18, 23, 28, 32, 35, 37, 41, 42, 50 li., 53, 56, 59, 76 re., 79, 86, 88, 96 li., 101, 109, 112, 124 li., 124 re., 125 re., 129, 138, 141, 148li., 148re., 163, 167, 174, 176 re., 177 li., 181, 184, 186, 191, 198, 201, 207, 232, 243, 247, 250/251, 264, 266, 269, 276, 284 u. (Sylvia Pollex, Thomas Rötting); 256 (Udo Bernhart) **Elke Homburg,** München: S. 31, 171, 176 li., 291 **laif,** Köln: Titelbild, 91, 235 (Guenter Standl); 275 (Hollandse Hoogte) **Mauritius Images,** Mittenwald: S. 77 M., 94 (Bruno Kickner); 213 (Busse & Yankushev); 2/3 (Frank Fleischmann); 46 (Franziska Maier); 49 (Reinhard Schmid); 97 li. (Walter G. Allgöwer); 227 (Westend61/Werner Dieterich) **Shutterstock.com,** Amsterdam (NL): S. 7 u. li (Axio Images); 15 M., 279 (Mikhail Markovskiy); 50 re., 69 (moreimages) **Thomas Peter Widmann,** Regensburg: S. 71, 92, 154, 177 re., 192, 194, 208 li., 208 re., 216, 223, 280, 283 **Thomas Rötting/ Sylvia Pollex,** Leipzig: Umschlagklappe vorn, 8, 76 li., 77 re., 82, 85, 96 re., 111, 115, 122, 125 M., 135, 145, 146, 149 re., 168, 173, 255, 259, 272, 284 o. **Wilfried Bahnmüller,** Geretsried: S. 209 M., 228

Textnachweis: S. 7, aus »Milchgeld«

Umschlagfotos
Titelbild: Bergwanderung bei Pfronten
Umschlagklappe vorn: Ausblick vom Berggipfel im Allgäu

Kartografie
DuMont Reisekartografie, Fürstenfeldbruck
© DuMont Reiseverlag, Ostfildern

Autorin: Elke Homburg **Redaktion/Lektorat:** Christiane Wagner **Bildredaktion:** Claudia Martins, Titelbild: Carmen Brunner **Grafisches Konzept und Umschlaggestaltung:** zmyk, Oliver Griep und Jan Spading, Hamburg

Hinweis: Autorin und Verlag haben alle Informationen mit größtmöglicher Sorgfalt geprüft. Gleichwohl erfolgen alle Angaben ohne Gewähr. Infolge der Corona-Pandemie im Jahr 2020 kann es darüber hinaus zu kurzfristigen Geschäftsschließungen und anderen Änderungen vor Ort gekommen sein. Bitte schreiben Sie uns! Über Ihre Rückmeldung und Ihre Verbesserungsvorschläge freuen wir uns: DuMont Reiseverlag, Postfach 3151, 73751 Ostfildern, info@dumontreise.de, www.dumontreise.de

1. Auflage 2021
© DuMont Reiseverlag, Ostfildern
Alle Rechte vorbehalten
Printed in Poland

Offene Fragen*

Kann man den Memminger Mau essen?

Ist das Allgäu tatsächlich ein Öko-Paradies?

Seite 249

Warum ist der Forggensee im Winter eine Schlammwüste?

Seite 3

Wo brütet »Klufti« über seinem neuesten Fall?

Seite 84

Gehen Kässpatzen auch vegan?

Wo liegt Deutschlands höchster Weinberg?

Seite 103

Wer bleibt in Wangen hangen?

Seite 185

Sind die Allgäuer eigentlich Bayern oder Schwaben?

Seite 253

Warum zahlte man im österreichischen Kleinwalsertal früher mit DM?

Seite 142

Wie kommen die Löcher in den Käse?

Seite 259

Warum nannte man Lindenberg auch »Klein-Paris«?

Seite 178

Wurde der Kini tatsächlich ermordet?

* *Fragen über Fragen – aber Ihre ist nicht dabei? Dann schreiben Sie an info@dumontreise.de. Über Anregungen für die nächste Ausgabe freuen wir uns.*